Schwerpunkte Bode/Niehaus • Hausarbeit im Strafrecht

Hausarbeit im Strafrecht

herausgegeben von

Prof. Dr. Thomas Bode
Hochschule für Polizei und öffentliche Verwaltung Nordrhein-Westfalen

und

Prof. Dr. Holger Niehaus
Richter am Landgericht Düsseldorf; Honorarprofessor der Universität Münster

bearbeitet von

Dr. Thomas Bode (Hochschule für Polizei und öffentliche Verwaltung Nordrhein-Westfalen) – Dr. Holger Niehaus (Landgericht Düsseldorf) – Nils Kosmetschke (Universität Frankfurt/Oder) – OStA Gunnar Herrmann (Generalstaatsanwaltschaft Hamm) – Dr. Christopher Kluth (Amtsgericht Münster)

2., neu bearbeitete Auflage

C.F. Müller

Bibliografische Information der Deutschen Nationalbibliothek
Die Deutsche Nationalbibliothek verzeichnet diese Publikation in der Deutschen Nationalbibliografie; detaillierte bibliografische Daten sind im Internet über <https://portal.dnb.de> abrufbar.

Print: ISBN 978-3-8114-5824-6
ePub: ISBN 978-3-8114-5922-9

E-Mail: kundenservice@cfmueller.de
Telefon: +49 6221 1859 599
Telefax: +49 6221 1859 598

www.cfmueller.de

Satz: TypoScript, München
Druck: Westermann Druck, Zwickau

Vorwort

Mit diesem Buch wenden sich die Verfasser sowohl an die Studentinnen und Studenten der Anfangssemester als auch an Fortgeschrittene und Examenskandidaten, die eine Hausarbeit im Strafrecht schreiben.

Im 1. Teil werden in einer kurzen Einleitung die Formalien einer Hausarbeit sowie die Methodik der (strafrechtlichen) Fallbearbeitung erörtert, gerade auch anhand erfahrungsgemäß in der (Korrektur-)Praxis häufiger auftretender Fragestellungen und Probleme.

Den folgenden Hauptteil bilden acht Strafrechtshausarbeiten (zwei aus der Anfängerübung und sechs auf Fortgeschrittenenniveau), die überwiegend in dieser Form Gegenstand universitärer Prüfungen waren.

Der Kreis der Autoren besteht aus jungen Wissenschaftlern wie auch aus Richtern und Staatsanwälten und spiegelt damit ebenso wie die Auswahl der Fälle einen breiten Ausschnitt der Prüfungswirklichkeit wider. Das Buch kann und möchte dabei selbstverständlich Darstellungen des erforderlichen Fachwissens nicht ersetzen, sondern um die Vorstellung realistischer Prüfungsaufgaben ergänzen.

Neben den Lösungsvorschlägen werden jeweils – grau hinterlegte – didaktische Hinweise gegeben, in denen etwa vermittelt wird, weshalb eine bestimmte Darstellungsweise oder Formulierung gewählt oder andere Überlegungen nicht in das Gutachten aufgenommen wurden.

Unser Dank gilt den studentischen Mitarbeitern, insbesondere *Maik Papiernick*, *Annika König* und *Christopher Röpke* für das Korrekturlesen, für Diskussionen und Verbesserungsvorschläge.

Für Kritik und Anregungen sind wir auch weiterhin dankbar (thomas.bode@hspv.nrw.de).

Köln und Düsseldorf, im April 2023

Thomas Bode

Holger Niehaus

Inhaltsverzeichnis

1. Teil

Einleitung – Allgemeine Hinweise zur Methodik und zu den Formalien einer Hausarbeit

Die Hausarbeit im Strafrecht

von Thomas Bode und Holger Niehaus

I. Die Hausarbeit als Prüfungsaufgabe

Das strafrechtliche Hausarbeits-Gutachten unterscheidet sich methodisch nicht von einer Klausuraufgabe. Unterschiede bestehen darin, dass in der Hausarbeit die Gesetzesgeschichte und die Motive des Gesetzgebers (**historisch-teleologische Auslegung**) im Rahmen der Normauslegung herangezogen werden können, und darin, dass fremde Aussagen mit Belegen (Fußnoten) versehen werden müssen. Im Übrigen beschränken sich Unterschiede auf die Formalia (vgl. unten II). So wird etwa dem Gutachten in der Hausarbeit eine Gliederung vorangestellt, was in der Klausur unterbleibt. 1

Ansonsten gilt auch in der Hausarbeit, dass etwa die richtige **Schwerpunktsetzung** und die Vermeidung überflüssiger Ausführungen ein wesentliches Qualitätskriterium der Bearbeitung ist. Die fehlende Begrenzung der Bearbeitungszeit und ggf. des Umfangs der Hausarbeit darf also nicht etwa dazu führen, dass der Bearbeiter diese Gesichtspunkte aus dem Blick verliert. Es ist daher – auch und gerade bei fehlender Seitenzahlbegrenzung – eine Fehlannahme, dass eine längere Bearbeitung auch eine bessere wäre.

Soweit dem Bearbeiter Hausarbeiten in unterschiedlichen Abschnitten des Studiums begegnen („Anfänger-Hausarbeit“, „Fortgeschrittenen-Hausarbeit“, „Examens-Hausarbeit“[1]), sind damit ebenfalls keine methodischen Unterschiede bezeichnet, sondern lediglich unterschiedliche Maßstäbe hinsichtlich des Umfangs der Aufgabe, der Auswahl des Prüfungsgegenstandes und des Erwartungshorizonts bei der Bewertung.

Zeiteinteilung: Wer jemals einen juristischen Text verfasst hat, weiß, dass es sich bei der Annahme, man habe die Probleme der Aufgabe gedanklich durchdrungen und müsse jetzt die Ergebnisse „nur noch (innerhalb weniger Tage) niederschreiben“, um einen weitverbreiteten Irrtum handelt. Der Bearbeiter sollte daher unbedingt rechtzeitig vor Ablauf der Abgabefrist mit der Niederschrift beginnen.

---

1 Examenshausarbeiten im universitären **Schwerpunktbereich** sind meist Themenarbeiten. Vgl. insoweit etwa *Schimmel/Weinert/Basak*, Juristische Themenarbeiten, 2. Aufl. 2011. Vgl. auch *Beaucamp/Beaucamp*, Methoden und Technik der Rechtsanwendung, 4. Aufl., 2019, 134 ff.

II. Formale Gestaltung

1. Bestandteile der Hausarbeit

2 Eine juristische Hausarbeit besteht üblicherweise aus folgenden Abschnitten[2]:

a) Deckblatt,
b) Sachverhalt,
c) Literaturverzeichnis,
d) Gliederung,
e) Gutachten,
f) gegebenenfalls Unterschrift, Versicherung, die Arbeit ohne fremde Hilfe angefertigt zu haben (wenn ausdrücklich von der Prüfungsordnung oder vom Aufgabensteller verlangt).

Ein **Abkürzungsverzeichnis** ist in Hausarbeiten regelmäßig nicht veranlasst. Der Hinweis auf das Standardwerk von Kirchner („Hinsichtlich der verwendeten Abkürzungen wird auf Kirchner, Hildebert, Abkürzungsverzeichnis der Rechtssprache, 10. Aufl., 2021 Bezug genommen.") ist mancherorts üblich, aber nicht erforderlich.

2. Deckblatt

3 Auf das Deckblatt gehören (links oder rechts oben) der Name des Verfassers und das Fachsemester. In der Mitte findet sich die Bezeichnung der Veranstaltung, in deren Rahmen die Hausarbeit geschrieben wird (z.B.: „Übung im Strafrecht für Fortgeschrittene, Sommersemester 2023, Prof. Dr. X, 1. Hausarbeit").

Selbstverständlich sind die Vorgaben des Aufgabenstellers zu beachten. Handelt es sich um eine Examenshausarbeit, so darf nicht der Name des Verfassers, sondern nur die Kennziffer angegeben werden.

3. Sachverhalt

4 Nach dem Deckblatt folgt der Sachverhalt der Aufgabenstellung. Auch wenn dem Korrektor der Sachverhalt ohnehin vorliegt, wird die Hausarbeit erst durch die Wiedergabe des Sachverhalts ein in sich geschlossenes und für den Leser nachvollziehbares Gutachten.

> Der Sachverhalt sollte abgeschrieben und nicht etwa der ausgedruckte Aufgabentext des Aufgabenstellers eingeheftet werden.

4. Literaturverzeichnis

a) „Literatur"-Verzeichnis (nicht Rechtsprechungsverzeichnis)

5 In das Literaturverzeichnis werden alle Schriften aufgenommen, die im Gutachten Verwendung gefunden haben (und nur solche), nicht aber die zitierte Rechtsprechung (auch nicht, wenn nicht die amtliche Sammlung (BGHSt), sondern eine Fundstelle in einer

2 Vgl. auch *Hartmann*, in: Hartmann, Hausarbeit im Staatsrecht, 4. Aufl., 2020, S. 9 ff.

Zeitschrift verwendet wird (BGH, NJW 2023, 166)). Das darf nicht zu dem Missverständnis verleiten, die Berücksichtigung der Rechtsprechung sei etwa weniger wichtig für die Auseinandersetzung mit den im Gutachten aufgeworfenen Rechtsfragen als die Beschäftigung mit der einschlägigen Literatur (siehe Rn. 17).

Anmerkungen zu Gerichtsentscheidungen gehören hingegen in das Literaturverzeichnis (Bsp.: „*Roxin, Claus*, Anmerkung zu BGH NStZ 1999, 147, in: NStZ 1999, 149“).

Nicht in das Literaturverzeichnis gehören selbstverständlich Werke und Aufsätze, die im Gutachten überhaupt nicht zitiert werden (selbst wenn das Werk thematisch zu den im Gutachten behandelten Problemen passt).

b) Kein „Wettbewerb“ um das längste Literaturverzeichnis

Das Literaturverzeichnis dient (lediglich) der Information des Lesers darüber, welche 6
Werke im Gutachten vom Verfasser herangezogen worden sind. Es stellt keine Qualität der Bearbeitung dar, wenn das Literaturverzeichnis künstlich ausgedehnt wird, und umgekehrt ist es selbstverständlich kein Mangel der Bearbeitung, wenn aus der stetig größer werdenden Vielzahl der Lehrbücher und Monographien nur einige ausgewählte zitiert werden.

Wenn z.B. erkennbar Werke lediglich einmal im Gutachten zitiert werden (oftmals zu Aspekten, die sich in jedem beliebigen Lehrbuch oder Kommentar finden, wie etwa der Vorsatzdefinition), um sie in das Literaturverzeichnis aufnehmen zu können, so entspricht dies nicht dem Sinn des Gutachtens und schon der Student im 1. Semester sollte derartige Manöver für unter seiner Würde erachten. Es gibt im Rechtswissenschaftsstudium keine „Fleißkärtchen“ für das Zitieren von möglichst viel Literatur. Eine inhaltlich mit einer anderen Arbeit gleichwertige Leistung wird nicht dadurch besser (und wird deshalb auch nicht besser benotet), weil in ihr mehr Kommentare und Lehrbücher zitiert werden.

Wer sich allerdings – umgekehrt – ausweislich seines Literaturverzeichnisses nur in ganz geringem Umfang mit der zur Verfügung stehenden Literatur auseinandergesetzt hat, erfüllt die ihm gestellte Aufgabe nicht in vollem Umfang und wird sich in aller Regel dem Einwand einer oberflächlichen Bearbeitung der angesprochenen Probleme ausgesetzt sehen. Die im Rahmen einer Hausarbeit aufgeworfenen Probleme werden sich nämlich in aller Regel nicht lediglich mit den abstrakten Problemdarstellungen in zwei oder drei Lehrbüchern und Kommentaren lösen lassen. Der Verfasser soll in der Hausarbeit auch zeigen, dass er das „juristische Handwerk“ beherrscht, also mit der zur Verfügung stehenden Literatur arbeiten und diese zur vertieften Bearbeitung einzelner Probleme nutzen kann.

c) Welche Werke sollen zitiert werden?

Nicht selten wird vor dem Zitieren sog. grauer Literatur gewarnt (also von Repetitor- 7
und sonstigen Skripten; Anleitungsbüchern für Anfänger etc.).

Richtig an dieser Empfehlung ist (nur), dass ein Zitat möglichst den Urheber des zitierten Gedankens benennen soll (vgl. unten zu **Primär- und Sekundärliteratur**). Deshalb entspricht es nicht einer wissenschaftlichen Herangehensweise, wenn lediglich Werke zitiert werden, in denen fremde Gedanken lediglich in einer auf die (vermeintlichen) Bedürfnisse von Studierenden zugeschnittenen Weise zusammengefasst und präsentiert werden, ohne dass der Verfasser das Werk überhaupt mit dem Anspruch verfasst hat, diese Gedanken einer kritischen Würdigung zu unterziehen und mit seiner Autorität für die Richtigkeit des Geschriebenen einzustehen.[3]

Es geht also bei den entsprechenden Hinweisen nicht darum, dass bestimmte Werke, Verlage oder gar Verfasser „verpönt" wären, sondern darum, den geistigen Urheber eines Gedankens oder jedenfalls einen Autoren, der diesen Gedanken als eigenen im rechtswissenschaftlichen Diskurs vertritt, zu benennen.

d) Formelle Gestaltung

8 Die Titel im Literaturverzeichnis werden alphabetisch geordnet (im Fall der Untergliederung, siehe sogleich unten aa), selbstverständlich für jede Kategorie getrennt). Sie werden nicht durchnummeriert (sondern man lässt zwischen den Beiträgen jeweils eine Zeile frei oder arbeitet mit einem Abstand[4]).

aa) Untergliederung im Literaturverzeichnis?

9 Es ist eine Zweckmäßigkeitsfrage (und damit dem Verfasser überlassen), ob im Literaturverzeichnis zwischen Kommentaren, Lehrbüchern/Monographien und Aufsätzen differenziert wird oder nicht. Ersteres wird sich nur anbieten, wenn es sich um umfangreichere Literaturverzeichnisse mit einer erheblichen Anzahl von Titeln zu jeder der genannten Kategorien handelt.

bb) Aufsätze (in Zeitschriften, Festschriften, Sammelbänden)

10 Es werden genannt: Name, Vorname (bei mehreren Verfassern werden beide vollständig zitiert, wobei die Namen durch einen Schrägstrich getrennt werden (s.u. im Beispiel)), Titel des Beitrags, Zeitschrift, Jahrgang, Anfangsseite.

Akademische Titel der Verfasser („Prof.", „Dr."), **Amts- und Berufsbezeichnungen** („Richter am BGH"; „Rechtsanwalt und Fachanwalt für Strafrecht") werden weggelassen. Für die Bezeichnung der Zeitschrift reicht eine in der Fachsprache gebräuchliche **Kurzform** aus (also „NJW" und nicht „Neue Juristische Wochenschrift"). Es wird im Literaturverzeichnis nur die **Anfangsseite** des Beitrags genannt, nicht die Seite der Fundstelle(n), die im Gutachten verwendet wird/werden. Ob die Namen der Verfasser im Literaturverzeichnis (und/oder in den Fußnoten im Gutachten) *kursiv* gesetzt werden, ist dem Geschmack des Bearbeiters überlassen.

Handelt es sich um einen Beitrag, der in einer Festschrift (ggf. abgekürzt mit „FS") oder in einem Sammelband erschienen ist, werden anstelle der Zeitschrift die Festschrift oder der Sammelband und die Anfangsseite des Beitrags genannt:

---

3 Im Übrigen gilt selbstverständlich: Wenn ein Gedanke erstmals in einem solchen Werk auftauchen sollte und wenn der Hausarbeits-Verfasser diesen Gedanken für bedeutsam für seine Aufgabe hält, dann ist selbstverständlich auch dieses Werk zu zitieren.

4 Bei Microsoft-Word im Menü „Start", „Absatz", „Abstand", „Vor".

Beispiele:

Dencker, Friedrich, Organisierte Kriminalität und Strafprozess, in: Albrecht/Dencker u.a.: Organisierte Kriminalität und Verfassungsstaat, Band 33, Heidelberg 1998, S. 41 ff.

Welp, Jürgen, Die Entwicklung der Fernmeldeüberwachung in der Bundesrepublik Deutschland, FS für Mangakis, Athen 1999, S. 809 ff.

Wissing, Volker/Cierniak, Jürgen, Strafbarkeitsrisiken des Arztes und von Betriebsinhabern nach dem Entwurf eines Gesetzes zur Bekämpfung der Korruption im Gesundheitswesen, NZWiSt 2016, 41.

Ob bei einem Beitrag, der sich über mehrere Seiten der Zeitschrift oder des Werkes erstreckt, der Zusatz „ff." verwendet wird, bleibt dem Belieben des Verfassers überlassen. Die Handhabung sollte lediglich einheitlich erfolgen. Gleiches gilt für die Frage, ob die Autoren- und/oder Bearbeiternamen (in Kommentaren) *kursiv* geschrieben werden oder nicht.

cc) Lehrbücher/Monographien

Hier gilt dasselbe wie bei den Aufsätzen (s.o.). Anstelle der Zeitschrift und der 11
Anfangsseite werden Erscheinungsort und -jahr genannt. Es wird jeweils (nur) die neueste vorhandene Auflage zitiert.[5] Die Angabe einer Seitenzahl entfällt. Die Angabe von Untertiteln des Werkes (z.B. „Straftaten gegen Persönlichkeits- und Gemeinschaftswerte" in dem Lehrbuch Wessels/Hettinger/Engländer, Strafrecht BT 1) ist nicht erforderlich (allerdings auch nicht falsch).

Beispiele:

Grünwald, Gerald, Das Beweisrecht der Strafprozeßordnung, Baden-Baden 1993

Wessels, Johannes/Hettinger, Michael/Engländer, Armin, Strafrecht, Besonderer Teil 1, 46. Aufl., Heidelberg 2022

(zit.: *Wessels/Hettinger*, BT 1)

dd) Kommentierungen

Kommentierungen werden nicht als Werk des zitierten Bearbeiters der jeweiligen Vor- 12
schrift zitiert, sondern als Werk des/der Herausgeber(s). Hat sich ein Kommentar unter einem bestimmten Werknamen etabliert, so sollte dieser Werkname zitiert werden (also etwa: „Münchener Kommentar zur StPO" (im Literaturverzeichnis unter „M"), nicht: „*Kudlich, Hans* (Hrsg.), Münchener Kommentar zur StPO" (im Literaturverzeichnis unter „K")).

5 Ausnahme: Es soll gerade eine Aussage aus einer früheren Auflage zitiert werden, die sich in der aktuellen Auflage nicht mehr findet.

Beispiele:

Fischer, Thomas, Strafgesetzbuch, 70. Aufl., München 2023

(zit.: *Fischer*)

Leipziger Kommentar zum Strafgesetzbuch, Band 13 (§§ 242 – 262), 13. Aufl., Berlin 2022

(zit.: LK-StGB/*Bearbeiter*)

Schönke, Adolf/Schröder, Horst, Strafgesetzbuch, 30. Aufl., München 2019

(zit.: Schönke/Schröder/*Bearbeiter*)

Systematischer Kommentar zum Strafgesetzbuch, herausgegeben von Rudolphi/Horn/Samson, Loseblattkommentar[6]

(zit.: SK-StGB/*Bearbeiter*)

ee) Angabe einer Zitierweise?

13 Will man ein häufig im Gutachten zitiertes Werk nicht ständig in der Fußnote vollständig zitieren (mit Titel, Auflage und Erscheinungsjahr), so bietet es sich an, in den Fußnoten ein Kurzzitat zu verwenden (z.B. „Schönke/Schröder/*Perron/Weißer*, § 21 Rn. 4). In diesem Fall muss im Literaturverzeichnis die im Gutachten verwendete **Zitierweise** unter dem zitierten Werk angegeben werden (vgl. die obigen Beispiele). Das gilt im Übrigen für alle Werke (also auch für Lehrbücher etc., die im Gutachten abgekürzt zitiert werden). Werden Bücher nur einmal oder wenige Male zitiert, so erscheint ein abgekürztes Zitat in der betreffenden Fußnote und dementsprechend die Angabe einer abgekürzten Zitierweise im Literaturverzeichnis als entbehrlich. Bei der Angabe der Zitierweise im Literaturverzeichnis werden die Namen der jeweiligen Kommentatoren durch den Platzhalter „Bearbeiter" ersetzt (s.o.). Die Angabe der weiteren Zitierweise („§, Rn.") ist entbehrlich, weil selbsterklärend. Bei Aufsätzen entfällt eine Angabe der Zitierweise, weil diese sich von selbst versteht.

Wer unsicher ist, wie er ein Werk abgekürzt zitieren soll, findet häufig **„Zitiervorschläge"** auf einer der vordersten Seiten des Werkes. Orientieren kann man sich auch an der von den obersten Gerichtshöfen verwendeten Zitierweise. Der BGH kürzt in seinen Entscheidungen z.B. den Leipziger Kommentar zum Strafgesetzbuch üblicherweise wie folgt ab: „LK-StGB/Bearbeiter".

5. Gliederung

14 Die dem Gutachten vorangestellte Gliederung richtet sich nach den Gliederungspunkten im Gutachten: Jede im Gutachten verwendete Überschrift soll sich in der Gliederung wiederfinden. Die Vermeidung unnötiger Überschriften im Gutachten („1. Tatbestand", „a) Objektiver Tatbestand" usw., vgl. Rn. 19) trägt insoweit auch dazu bei, die Gliederung übersichtlich zu halten, so dass sie ihre Funktion der Übersicht über die Struktur der Arbeit erfüllen kann.

---

6 Bei Loseblattkommentaren kann ggf. noch der Stand der verwendeten Bearbeitung angegeben werden, also z.B. „35. Ergänzungslieferung, 2016".

Die Gliederungsüberschriften sollten aus aussagekräftigen, kurzen **Schlagworten** bestehen. Es sind also nicht etwa ganze Sätze oder gar Fragen zu formulieren (also nicht: „a) Hat A eine fremde bewegliche Sache weggenommen?").

Wer einen Sachverhalt in „Teile", „Abschnitte" oder „Handlungskomplexe" gliedert, muss durch eine *Umschreibung* deutlich machen, auf welchen Abschnitt des Sachverhalts sich diese Einteilung bezieht.

Nicht weiterführend ist daher etwa folgende – vielfach anzutreffende – Gliederung:

1. Tatkomplex.

...

2. Tatkomplex.

Hilfreich für die Verständlichkeit kann dagegen eine solche Gliederung sein:

1. Handlungsabschnitt: Das Verbrauchen der Mietkaution

...

2. Handlungsabschnitt: Das Geschehen an der Tankstelle

Bei der Umschreibung dürfen wiederum keine Rechtsbegriffe vorweggenommen werden, die erst noch im nachfolgenden Gutachten untersucht werden sollen (also nicht: „1. Tatkomplex: Die *Wegnahme* der Geldbörse",[7] sondern etwa: „Die Entwendung der Geldbörse").

In juristischen Arbeiten (und auch später in der Praxis) ist folgende **Gliederungsstruktur** üblich:

1. Handlungskomplex: Der Überfall auf O *(soweit Handlungskomplexe gebildet werden, s.o.)*
A. (z.B.: Strafbarkeit des X)
I. (Körperverletzung, § 223 StGB)
1. (Körperliche Misshandlung)
a) ...
aa) ...
(1) ...
(a) ...

Welche Textebene mit welcher Gliederungsziffer versehen wird, ist nicht vorgegeben. Es kann also z.B. auch die Deliktsbezeichnung auf der Ebene A., B. usw. erfolgen („A. Körperverletzung, § 223 StGB"). Auch ist es eine reine Darstellungsfrage, die dem Bearbeiter überlassen bleibt, ob die unteren Gliederungsebenen jeweils ein Stück nach rechts eingerückt werden oder ob eine linksbündige Darstellung erfolgt, ob zwischen dem Gliederungspunkt und der Seitenangabe am rechten Rand jeweils eine Reihe von Punkten gesetzt wird oder nicht usw.

7 Eine Ausnahme gilt selbstverständlich dann, wenn der Rechtsbegriff bereits im Sachverhalt verwendet wird. Dies wird aber in aller Regel nicht der Fall sein. Besonders negativ auf die Notenvergabe wirkt sich eine Vorwegnahme von Merkmalen dann aus, wenn das in der Überschrift bereits unterstellte Merkmal (im Beispiel: die Wegnahme) sich bei näherer Untersuchung als problematisch herausstellt.

Die in geisteswissenschaftlichen Arbeiten übliche Gliederung („1.1.1.4.", „1.1.1.5." usw.) sollte vermieden werden, da sie in juristischen Arbeiten nicht zur Übersichtlichkeit beiträgt.

6. Gutachten

a) Zitierweise im Gutachten

15 Ein Nachweis in einer Fußnote muss sich stets auf eine abstrakte Aussage (Rechtsausführungen) im Text beziehen, darf also nicht etwa an Aussagen zum konkreten Fall anschließen (Denn eine Aussage dazu, ob etwa A und B den PKW VW Golf des Z weggenommen haben, findet sich in dem zitierten Werk oder in der Gerichtsentscheidung sicherlich nicht.). Zulässig ist es hingegen, einen Beleg im Anschluss an eine Passage, in der sowohl abstrakte Rechtsausführungen als auch Aussagen zum konkreten Fall enthalten sind, anzubringen, wenn dies mit „Vgl." eingeleitet wird (Denn dadurch wird kenntlich gemacht, dass sich unter der angegebenen Fundstelle nicht exakt der Inhalt des Textes findet. Dem Autor des Beleges oder dem zitierten Gericht wird dann also keine Aussage untergeschoben, die er oder es gar nicht getätigt hat.).

aa) Formale Gesichtspunkte

16 (1) Bei **Gerichtsentscheidungen** reicht die Angabe der Fundstelle (unter Verwendung der fachsprachlich üblichen Abkürzungen, z.B. NStZ, aus). Die Angabe des **Entscheidungsdatums** und des **Aktenzeichens** ist dann **nicht** erforderlich (anders als es etwa der BGH in seinen Entscheidungen handhabt, wenn er eigene Entscheidungen zitiert[8]). Eine Entscheidung wird nur dann mit Datum und Aktenzeichen zitiert, wenn keine Fundstelle (etwa in einer Fachzeitschrift) bekannt ist und angegeben wird. Wird nicht aus der dem Hausarbeitsverfasser vorliegenden Entscheidung selbst zitiert, sondern aus einer juristischen Datenbank (juris, BeckRS), dann wird zusätzlich die Datenbank angegeben.

Werden mehrere Entscheidungen eines Gerichts zitiert, so reicht es, die Gerichtsbezeichnung der Zitatenkette einmal voranzustellen (selbst wenn es nur „BGH" als Bestandteil von „BGHSt" ist)

Beispiele:

BGHSt 49, 502, 504; NJW 2002, 602, 604; NStZ 2009, 104, 106; OLG Frankfurt, NJW 2003, 15, 17.

LG Berlin, Urt. v. 27.2.2017 – (535 Ks) 251 Js 52/16 (8/16), juris.

Wenn die Rechtsprechung zu einer bestimmten Frage einheitlich ist (z.B. zur Definition des Merkmals „Heimtücke"), reicht es aus, einige wenige Entscheidungen des BGH zu zitieren. Es ist nicht erforderlich, in diesem Fall dutzende Entscheidungen zu zitieren. Auch ist es überflüssig, Entscheidungen der Oberlandesgerichte oder der Tatgerichte zu zitieren, wenn diese mit der Rechtsprechung des BGH übereinstimmen.

8 Bei anderen Entscheidungen als denen des BGH (also etwa des BVerfG) zitiert auch der BGH lediglich die Fundstelle.

Auf der anderen Seite reicht die Behauptung, etwas sei „ständige Rechtsprechung“ als Beleg nicht aus (Ein solcher Hinweis ist im Übrigen auch nicht weiterführend (da es sich um eine reine Behauptung handelt)). Es müssen einige Fundstellen dafür als Beleg angegeben werden.

Werden unterschiedliche Gerichte zitiert, so werden üblicherweise die Entscheidungen des ranghöheren Gerichts vorangestellt (also Entscheidungen des BGH vor solchen eines Oberlandesgerichts). Eine festgelegte Reihenfolge bei mehreren Entscheidungen desselben Gerichts gibt es nicht. Zum Teil wird empfohlen, die älteste Entscheidung zuerst zu zitieren, zum Teil wird das Gegenteil empfohlen. Dies bleibt daher dem Bearbeiter überlassen.

(2) Die Abkürzung für **„Randnummer“** sollte im gesamten Fußnotenapparat **einheitlich** verwendet werden, selbst wenn in den Zitiervorschlägen der Kommentierungen unterschiedliche Schreibweisen empfohlen werden sollten (also z.B. in einem Werk „Rn.“ und im anderen „Rdnr.“).

bb) Primär- und Sekundärliteratur/Berücksichtigung der Rechtsprechung

Primärliteratur wird so genannt, weil in ihr der Gedanke erstmals entwickelt wird. **17**
Juristische **Sekundärliteratur** diskutiert diese Idee und entwickelt sie weiter. Tertiärliteratur bereitet den Stand der Sekundärliteratur für Lehrzwecke auf.

Grundsätzlich sollten bei der Wiedergabe einer fremden Auffassung der oder die Urheber des Gedankens zitiert werden (Primärliteratur). Für Ausbildungszwecke reicht es aber auch aus, wenn im Rahmen der Darstellung unterschiedlicher Auffassungen Werke zitiert werden, in denen sich der Verfasser den fremden Gedanken zu eigen macht und erkennbar selbst hinter der These steht. Wer dagegen nur Tertiärliteratur in dem o.g. Sinne verwendet, setzt sich Einwänden aus:

Anmerkung: Wenn laut Gutachtentext eine „von der Rechtsprechung“ vertretene Auffassung wiedergegeben wird (wobei allerdings die Bedenken schon dabei anfangen, dass es im Gutachten gleichgültig ist, wer eine Auffassung vertritt, s.u.), dann aber in der Fußnote als Beleg etwa eine Fundstelle aus einem Lehrbuch angegeben wird, kann es sich bestenfalls um eine Aussage des Hausarbeitsverfassers „vom Hörensagen“ handeln. Es ist die Aufgabe des Bearbeiters, selbst die Rechtsprechung aufzuarbeiten und die entsprechenden Rechtsprechungs-Fundstellen zu benennen.

Wenn in einem Gutachten einschlägige Rechtsprechung überhaupt nicht berücksichtigt wird (etwa weil der Bearbeiter nur mit einem oder wenigen Lehrbüchern gearbeitet hat), sondern nur Literaturfundstellen genannt werden, so ist dies im Übrigen ein Mangel des Gutachtens, weil das Meinungsspektrum im juristischen Diskurs nicht ausgeschöpft wird.

Nicht selten werden in studentischen Bearbeitungen bei der Darstellung von gegensätzlichen Auffassungen dieselben Werke als Beleg für unterschiedliche Auffassungen zitiert (weil in dem Lehrbuch die unterschiedlichen Auffassungen dargestellt werden). Auch dies ist ein Mangel, weil es sich um einen „Beleg“ „vom Hörensagen“ handelt, denn der Bearbeiter sagt damit letztlich kaum mehr als Folgendes aus: „Der Verfasser des Lehrbuchs X sagt, der Verfasser der Monographie Y oder das Gericht G hätte gesagt, dass …“

b) Gesetzeszitate

18 **Normen** müssen **vollständig** mit Absatz, Satz und „Alternative“ (bei *zwei* Auswahlmöglichkeiten, z.B. § 266 I 1. oder 2. Alt. StGB) bzw. „Variante“ oder „Modalität“ (bei mehr als zwei Auswahlmöglichkeiten, z.B. § 267 I 1, 1. – 3. Var. StGB) zitiert werden. Auch hier handelt es sich nicht um Formalismus. Wer etwa bei der Untreue nur „§ 266 I StGB“ zitiert und dadurch nicht zu erkennen gibt, ob er die Missbrauchs- oder die Treuebruchsalternative prüft, zeigt schon dadurch mangelndes Problembewusstsein.[9]

Zur Schreibweise: Entweder werden Absätze einer Vorschrift durch römische Ziffern und die Sätze des jeweiligen Absatzes durch eine anschließende arabische Ziffer gekennzeichnet (§ 243 I 2 Nr. 1 StGB) oder durch die Abkürzungen „Abs.“ und „S.“ (§ 243 Abs. 1 S. 2 Nr. 1 StGB). Eine Vermischung dieser Schreibweisen sollte unterbleiben (also nicht: „§ 243 I S. 2 Nr. 1“).

Abgesehen von solchen in der Rechtssprache etablierten Gebräuchlichkeiten richtet sich die Darstellung nach dem Belieben des Bearbeiters (Es gibt etwa keine Regeln dafür, ob der Begriff „Bundestagsdrucksache“ überhaupt abgekürzt wird und, falls ja, mit „BT-Dr.“, „BT-Drucks.“ o.a.).

Das BVerfG und der BGH zitieren in ihren Entscheidungen im Original[10] wie folgt: „§ 243 Abs. 1 Satz 2 Nr. 1 StGB“ (abgekürzt wird also nur beim Absatz und bei Ziffern).

Der zu Beginn einer Bearbeitung häufig zu lesende Satz *„§§ ohne besondere Kennzeichnung sind solche des StGB“* ist nicht erforderlich, da sich dies von selbst versteht (insoweit handelt es sich um überflüssigen Formalismus), aber auch nicht falsch.

Beispiele:

Art. 1 I, 2 I GG	§ 241a I Var. 1 StGB
Art. 34 S. 3 GG	Art. 229, § 5 S. 2 EGBGB
§ 993 I Hs. 2 BGB	RL 2000/43/EG
§ 224 I Nr. 2 Var. 2 StGB	BT-Drs. 1/3713, S. 19
§§ 242 I, 243 I 2 Nr. 3 StGB	BGBl. I (1998), S. 12
§ 238 I Nr. 1-4 StGB	

c) Gliederung des Gutachtens

19 Das Gutachten sollte sinnvoll und **maßvoll** gegliedert sein, um die Lesbarkeit und Verständlichkeit der Ausführungen zu erhöhen; ein seitenlanger, ununterbrochener Fließtext ist also zu vermeiden.[11] Andererseits dürfen die Gliederung und der Prüfungsaufbau aber nicht zum bloßen Selbstzweck werden.[12]

9 *Kretschmer*, StV 2008, 348. Etwas anderes gilt wiederum, wenn der Bearbeiter im Tatbestand beide Alternativen untersuchen möchte und diese Frage daher im Einleitungssatz noch offen halten möchte. Es gilt erneut: Formale Regeln erfüllen lediglich eine dienende Funktion und sind kein Selbstzweck.

10 Wenn die Entscheidungen veröffentlicht werden, ersetzen die Verlage diese Zitierweise wiederum nicht selten durch eine kürzere (etwa in der NJW oder der NStZ).

11 Vgl. *Putzke*, Juristische Arbeiten erfolgreich schreiben, 7. Aufl., S. 35, Rn. 12.

12 *Wessels/Beulke/Satzger*, Strafrecht AT, 52. Aufl., Rn. 1200.

Das gilt etwa für die Unterteilung des Sachverhaltes in einzelne – z.B. chronologisch geordnete – Abschnitte. Wer ein überschaubares und inhaltlich zusammengehöriges Geschehen in unterschiedliche „Handlungsabschnitte" unterteilt, erhöht die Verständlichkeit des Gutachtens nicht; möglicherweise reißt er sogar inhaltlich zusammengehörige Aspekte auseinander.[13]

Beispiel: Wenn der Dieb auf der Flucht Gewalt anwendet (§ 252 StGB), wäre es ungeschickt, das Wegnahmegeschehen und die Flucht in zwei Handlungsabschnitte aufzuteilen, denn der Diebstahl (§ 242 StGB) ist Voraussetzung des räuberischen Diebstahls und wird von diesem im Wege der Gesetzeskonkurrenz verdrängt.

Zu vermeiden ist auch eine „Übergliederung", die nicht etwa die Lesbarkeit erhöht, sondern den Eindruck einer anfängerhaften und schematischen Prüfung hinterlässt.[14]

Beispiel für eine „Übergliederung", wie sie oftmals in strafrechtlichen Bearbeitungen anzutreffen ist:

„I. Diebstahl, § 242 I StGB

A könnte sich wegen Diebstahls gem. § 242 I StGB strafbar gemacht haben indem er...

1. Tatbestand

A müsste den Tatbestand verwirklicht haben.

a) Objektiver Tatbestand

Dazu müsste er zunächst den objektiven Tatbestand verwirklicht haben.

aa) Sache

Dann müsste es sich bei der Schmuckschatulle um eine Sache handeln. Eine Sache ...

bb) fremd

...

cc) beweglich"

Die Vielzahl von Überschriften und nicht weiterführenden, vielmehr inhaltsleeren Füllsätzen erschwert dem Leser das Nachvollziehen des Gedankenganges und wird mit hoher Wahrscheinlichkeit zu Zeit- bzw. Platzknappheit (an den wirklich problematischen Stellen der Aufgabe) führen.

Gegenbeispiel:

„I. Diebstahl, § 242 I StGB

A könnte sich wegen Diebstahls gem. § 242 I StGB strafbar gemacht haben, indem er...

1. Dann müsste es sich bei der Schmuckschatulle um eine für ihn fremde bewegliche Sache gehandelt haben."

---

13 Vgl. *Beulke*, Klausurenkurs im Strafrecht I, 8. Aufl., Rn. 35, 38.

14 Vgl. *Putzke*, Juristische Arbeiten erfolgreich schreiben, 7. Aufl., S. 39, Rn. 137.

d) Rechtschreibung und Grammatik/Sprache

aa) Rechtschreibung

20 Es versteht sich bei einem Studium, das ausschließlich aus dem Umgang mit Sprache besteht und das darauf gerichtet ist, den Absolventen dazu zu befähigen, die späteren Kommunikationspartner (Gerichte, Kollegen, Staatsanwälte, gegnerische Anwälte, Mandanten) mittels der eigenen Texte zu überzeugen, von selbst, dass auch sprachliche Aspekte bei der Bewertung eine Rolle spielen können (und ggf. müssen).

Es ist also nicht etwa ein Grund zur Remonstration oder Prüfungsanfechtung, wenn bei der Korrektur diese Gesichtspunkte bewertet werden oder sich entsprechende Randbemerkungen finden.

Das bedeutet selbstverständlich nicht, dass jeder Tippfehler oder jeder zu lang geratene oder sprachlich nicht ganz geglückte Satz zu Punktabzügen führt. Häufen sich aber orthographische[15] oder grammatikalische Fehler (wird z.B. ständig „das“ (Relativsatz) mit „dass“ verwechselt), so ist dies ein Qualitätsmangel, der neben anderen Gesichtspunkten bei der Bewertung Berücksichtigung finden wird.

Beispiele:

- Im Rahmen der Obersätze lautet die korrekte Formulierung entweder, dass sich jemand **„wegen“** eines Delikts **„strafbar“** oder aber **„eines“** Delikts **„schuldig“** gemacht haben könnte (also **nicht**: *„wegen Diebstahls schuldig“* oder *„eines Diebstahls strafbar“*).[16]
- „Rechtssprechung“ statt „Rechtsprechung“; „Todschlag“ statt „Totschlag“.
- Einige verbreitete Textverarbeitungsprogramme sind werkseitig so eingestellt, dass sie automatisch etwa „StPO“ durch „Stopp“ ersetzen. Diese Funktion sollte ein Bearbeiter strafrechtlicher Aufgaben aus nahe liegenden Gründen zeitnah deaktivieren.

bb) Sprachliche Gesichtspunkte

21 **Überflüssige Verstärkungen** wie „unproblematisch“, „offensichtlich“ oder „eindeutig“ sollten unterbleiben. Ist etwas tatsächlich „offensichtlich“, dann sollte dieser Gesichtspunkt weggelassen oder mit einer kurzen Feststellung abgehandelt werden.

Die Verwendung von Fremdwörtern ist nur dort angezeigt, wo der fremdsprachliche Begriff eine Situation genauer bezeichnet als seine deutsche Entsprechung oder wo eine solche Entsprechung gänzlich fehlt.[17] Im Übrigen bestimmt § 184 S. 1 GVG: „Die Gerichtssprache ist deutsch.“

---

15 Es verwundert im Übrigen, dass nicht selten Bearbeitungen vorgelegt werden, in denen sich zahlreiche Fehler befinden, die durch simple abschließende Betätigung der **Rechtschreibprüfung**, die in jedem Textverarbeitungsprogramm vorhanden ist, hätten vermieden werden können.

16 *Wessels/Beulke/Satzger*, Strafrecht AT, 52. Aufl., Rn. 1199.

17 *Hattenhauer*, Stilregeln für Juristen, JA-Sonderheft für Erstsemester 2008, 53, 54; *Putzke*, Juristische Arbeiten erfolgreich schreiben, 7. Aufl., S. 27, Rn. 96.

Etwas anderes gilt dann, wenn ein fremdsprachlicher Begriff sich derart eingebürgert hat, dass er letztlich zum Bestandteil auch der (allgemeinen) deutschen Rechtssprache geworden ist (etwa: Leasing[18], Factoring, Churning).

Vermieden werden sollte in jedem Fall ein mit Abkürzungen durchsetzter (studentischer) Jargon, der zum Teil in der Ausbildungsliteratur verbreitet sein mag und in Fällen evidenten Platzmangels auch seine Berechtigung hat,[19] im ausformulierten juristischen Gutachten jedoch als unangemessen erscheint.[20] Oftmals soll durch die exzessive Verwendung von fachsprachlichen Abkürzungen offenbar Professionalität signalisiert werden. Erreicht wird indes häufig das Gegenteil – nämlich der Eindruck eines unbeholfenen und wenig sorgfältigen Umgangs mit Sprache.

Beispiele für häufig anzutreffende Abkürzungen, die im Rahmen interner Notizen (Lösungsskizzen) zur Zeitersparnis hilfreich sein mögen, aber im ausformulierten Gutachten **keine** Verwendung finden sollten (jedenfalls nicht ohne Einführung der Abkürzung):

alic	– actio libera in causa
e.i.p.	– error in persona
ETB(I)	– Erlaubnistatbestandsirrtum
obj./subj. TB	– objektiver/subjektiver Tatbestand[21]
Rspr.	– Rechtsprechung
RW	– Rechtswidrigkeit
SE	– Schadensersatz

III. Methodische Hinweise

1. Richtige Schwerpunktsetzung, Gutachtenstil und Urteilsstil

Ein wichtiges Qualitätskriterium einer Gutachtenaufgabe[22] (gleich ob Klausur oder Hausarbeit) ist das Erkennen und Herausarbeiten der Schwerpunkte der Aufgabe, die durch eine vertiefte Argumentation gewürdigt werden müssen.[23] 22

„Mut zum Weglassen“: Eine gelungene Schwerpunktsetzung setzt den Mut voraus, offensichtlich fernliegende Gesichtspunkte/Straftatbestände wegzulassen und offensichtlich vorliegende Voraussetzungen kürzer abzuhandeln als problematische Merkmale („Je komplexer ein

18 Spätestens, wenn der Begriff zum gesetzlichen Merkmal erhoben wird (vgl. §§ 499 II, 500 BGB a.F. (in der Fassung bis zum 10.6.2010)), ist diese Voraussetzung selbstverständlich erfüllt.

19 Etwa im Rahmen von Kurzkommentaren, in denen sprachliche Schönheit bewusst zugunsten des Interesses zurückgestellt wird, eine anspruchsvolle Kommentierung auf geringem Raum unterzubringen, oder bei der Verwendung von Übersichten für Vorlesungen oder Vorträge.

20 Vgl. *Putzke*, Juristische Arbeiten erfolgreich schreiben, 7. Aufl., S. 37, Rn. 129.

21 Die Verwendung dieser Gliederungsebenen ist ohnehin – abgekürzt oder nicht – überflüssig, da lediglich etwas Selbstverständliches wiedergegeben wird.

22 Die folgenden Hinweise sind dem „Examensklausurenkurs im Zivil-, Straf- und Öffentlichen Recht“ (hrsg. von Schlüter/Niehaus/Schröder), 2. Aufl., S. 1 ff. entnommen, da sie für die Gutachtentechnik in Klausur und Hausarbeit in gleicher Weise gelten.

23 *Wessels/Beulke/Satzger*, Strafrecht AT, 52. Aufl., Rn. 1198.

Problem, desto ausführlicher die Darstellung"[24], s.u.). Die erwünschten Punktzahlen erhält der Bearbeiter ohnehin nicht für die Erörterung offensichtlich fernliegender Gesichtspunkte, sondern für die sorgfältige Subsumtion unter die tatsächlich problematischen Merkmale und die Anwendung der Methoden der Gesetzesauslegung.

Wer sich dagegen vor den eigentlichen Problemen der Aufgabe „wegduckt" (nach dem Motto: Wer nichts schreibt, schreibt auch nichts Falsches), kann nicht erwarten, für die Prüfung von Banalitäten („Bei dem PKW müsste es sich um eine bewegliche Sache handeln.") eine ausreichende oder gar bessere Leistung attestiert zu bekommen.

Die Hausarbeit wird grundsätzlich im sog. **Gutachtenstil** verfasst. Der Verfasser wirft also zunächst die Frage auf, ob eine Voraussetzung / ein gesetzliches Merkmal verwirklicht ist. Die Frage wird beantwortet, indem das Merkmal zunächst abstrakt definiert wird und sodann eine Verbindung zwischen dem konkreten Sachverhalt und der Definition hergestellt wird („Subsumtion" im engeren Sinne). Das Ergebnis wird sodann in einem Ergebnissatz festgehalten.[25]

4 Subsumtionsschritte:

1. Aufwerfen der Frage (Obersatz)
2. Definition des Merkmals
3. Herstellung einer Verbindung zwischen Definition und Sachverhalt (Subsumtion im engeren Sinne)
4. Ergebnis der Prüfung

Subsumtion im engeren Sinne bedeutet dabei etwas anderes als die bloße Nacherzählung von Ausschnitten des Sachverhaltes im Anschluss an eine Definition.[26] Die – nicht selten wörtliche – Wiederholung des den Beteiligten bekannten Sachverhaltes ist vielmehr gänzlich überflüssig (s.o.)[27] und ersetzt die notwendige Argumentation nicht. Dem Leser soll durch Argumente verdeutlicht werden, weshalb das bekannte Geschehen die Voraussetzungen der Definition erfüllt.

Nicht selten ist folgendes „Begründungsmuster" anzutreffen (das sich unter Umständen durch das gesamte Gutachten zieht):

> *„Wegnahme ist der Bruch fremden und die Begründung neuen, nicht notwendig eigenen Gewahrsams.*
> *Das ist hier der Fall."*

Wer in dieser Weise vorgeht, subsumiert nicht den Sachverhalt unter die gesetzlichen Voraussetzungen, wie es die Aufgabe des Gutachters ist. Es fehlt das entscheidende Element, nämlich die Herstellung einer Beziehung zwischen dem konkreten Sachverhalt und der abstrakten

24 *Beulke*, Klausurenkurs im Strafrecht I, Rn. 18.

25 Vgl. ausführlich *Valerius*, Der Gutachtenstil in der juristischen Fallbearbeitung, JA-Sonderheft für Erstsemester 2008, 47, 48 ff.; *Beulke*, Klausurenkurs im Strafrecht I, Rn. 16.

26 *Petersen*, Jura 2002, 105, 106/107 mit Beispielen; *Beulke*, Klausurenkurs im Strafrecht I, Rn. 26.

27 In wünschenswerter Klarheit: *Hattenhauer*, Stilregeln für Juristen, JA-Sonderheft für Erstsemester 2008, 53, 56: „Wiederholungen des Sachverhalts im Gutachten unterstellen Gedächtnisschwäche des Lesers. Sie sind in der Regel überflüssig und damit falsch, ermüdend und immer unhöflich."

Definition. Die bloße Reproduktion einer gelernten abstrakten Definition unter anschließender schlichter Behauptung, dass die Voraussetzungen erfüllt seien, verfehlt die gestellte Aufgabe vollständig und ist daher letztlich ungenügend.

Liegen die Voraussetzungen eines Merkmals tatsächlich **offensichtlich** vor, so kann eine bloße Feststellung ausreichen, die jedoch den Bezug zum Sachverhalt herstellen muss (dazu sogleich).

Beispiel:

„1. Indem A sich ohne Willen des X in dessen Garage begab, sich in dessen PKW Mercedes setzte und damit davonfuhr, brach er den Gewahrsam des X und nahm daher eine fremde bewegliche Sache weg."

Die schematische, ausnahmslose Verwendung des Gutachtenstils wirkt nicht nur stilistisch oft anfängerhaft und gekünstelt,[28] sondern sie steht auch einer richtigen Schwerpunktsetzung im Wege. Der Leser wird gerade nicht zielstrebig zu den Problemen der Aufgabe geführt, wenn der Bearbeiter etwa bei evidentem Alleineigentum eines Dritten der „Fremdheit" im Rahmen des Diebstahls denselben Prüfungsaufwand zuteil werden lässt wie einem hochproblematischen Merkmal.

Der Einsatz eines (verkürzten) Urteilsstils ist daher bei unproblematischen Voraussetzungen nicht nur erlaubt, sondern – vor dem Hintergrund der Aufgabe zu richtiger Schwerpunktsetzung – geboten und kann gerade das Kennzeichen einer guten Hausarbeitslösung sein.[29] Aus demselben Grund kann auch eine schlichte Feststellung des Vorliegens einer Voraussetzung ausreichen (Beispiel: „Der PKW Audi des X war eine für den A fremde, bewegliche Sache.").

Urteilsstil bedeutet allerdings nicht, dass eine Begründung des Ergebnisses entbehrlich wäre, sondern – im eigentlichen Sinne – lediglich, dass das Ergebnis der Prüfung an die erste Stelle rückt und dadurch lediglich drei Begründungsschritte verbleiben. Die Verwendung des (echten) Urteilsstils führt deshalb auch nicht ohne Weiteres zu einer wesentlichen Verkürzung der Ausführungen.

Beispiel für den Einsatz des Urteilsstils:

„1. A hat den X im Sinne des § 263 StGB über Tatsachen getäuscht und bei ihm dadurch einen entsprechenden Irrtum hervorgerufen.
Täuschung ist die wahrheitswidrige Behauptung einer Tatsache oder ein sonstiges Verhalten, das Erklärungswert hat und der Irreführung anderer dient. Indem A dem X erklärte, er sei Eigentümer des verkauften PKW VW, behauptete er ihm gegenüber eine unwahre Tatsache, wodurch bei X eine unrichtige, nicht der Wirklichkeit entsprechende Vorstellung hervorgerufen wurde."

Sobald ein Merkmal nicht unproblematisch bejaht werden kann, ist wieder in den Gutachtenstil zu wechseln:

„2. X müsste infolge seines Irrtums auch eine Vermögensverfügung vorgenommen haben..."

Wenn daher von „Urteilsstil" die Rede ist, ist oftmals nicht dieser gemeint, sondern die Feststellung eines Merkmals mit einem Satz, die in offensichtlichen Fällen zulässig ist.

28 *Wessels/Beulke/Satzger*, Strafrecht AT, 52. Aufl., Rn. 1198; *Stöhr*, MLR 2008, 78, 80.
29 *Körber*, JuS 2008, 289, 295; *Wessels/Beulke/Satzger*, Strafrecht AT, 52. Aufl., Rn. 1198; *Beulke*, Klausurenkurs im Strafrecht I, Rn. 17.

2. Die Gesetzesauslegung und die Darstellung von Meinungsstreitigkeiten

23 Die Auslegung gesetzlicher Merkmale stellt die zentrale Aufgabe des juristischen Gutachtens dar. Ein maßgebliches Kriterium für den Hausarbeitserfolg ist es deshalb, ob der Verfasser zeigen kann, dass er die Auslegung von Normen methodisch beherrscht und mittels der erworbenen Auslegungsfertigkeiten zu einem überzeugenden Ergebnis gelangt. Daher ist es (im Hinblick auf den Erfolg der Bearbeiter) bedauerlich, dass „schon ein schlichtes Abarbeiten der Auslegungscanones die Ausnahme, nicht die Regel" ist.[30] Wendet man es ins Positive, so liegt darin für den Bearbeiter eine erhebliche Chance: Wer sich unter Nennung und Anwendung der im Folgenden kurz dargestellten Auslegungsmethoden um eine eigene Argumentation bemüht, gehört nicht selten bereits deshalb zum besseren Teil der Bearbeiter.

Haben sich im Rahmen der Auslegung eines Merkmals unterschiedliche Auffassungen gebildet, so gehört auch ihre Darstellung zu einem vollständigen Gutachten. Es muss allerdings davor gewarnt werden, die Bedeutung der Reproduktion bekannter „Streitstände" für den Erfolg zu überschätzen und die Auslegung problematischer Merkmale mit Hilfe der anerkannten Methoden zu vernachlässigen.[31]

a) Gesetzesauslegung

24 Zur Auslegung von Gesetzen haben sich in der juristischen Methodenlehre vier Kriterien herausgebildet:[32]

1. Wortlaut der Norm (grammatische Auslegung)
2. Gesetzeszusammenhang (systematische Auslegung)
3. Entstehungsgeschichte (historische Auslegung)
4. Sinn und Zweck (teleologische Auslegung)

aa) Ist ein Merkmal problematisch, so sollte der Bearbeiter vom **Wortlaut der Norm** ausgehen (und dies auch durch die Benennung dieser Auslegungsmethode verdeutlichen), denn die rechtsprechende Gewalt ist an das Gesetz gebunden (Art. 20 III GG; im Strafrecht gilt zusätzlich Art. 103 II GG). Der Wortlaut – als Grenze der Auslegung, jenseits derer der Bereich der Rechtsfortbildung mittels Analogie und teleologischer Reduktion beginnt – sollte auch dann zum Ausgangspunkt der Überlegungen genommen werden, wenn er unergiebig ist. In diesem Fall kann gerade die Unergiebigkeit festgestellt werden, so dass der Weg für die übrigen Auslegungsmethoden frei ist.

bb) Die **systematische Auslegung** fragt nach Argumenten, die sich aus dem gesetzlichen Zusammenhang des auszulegenden Merkmals ergeben. Vergleichsmaßstab können dabei andere Sätze oder Absätze derselben Norm sein, die amtliche Gesetzesüberschrift, die Stellung der Norm in einem bestimmten Abschnitt des Gesetzes, aber auch andere Normen desselben Gesetzes oder anderer Gesetze. Wer zur Stützung seiner Auffassung

30 *Forgó*, Juristische Methodenlehre: zur Gesetzesauslegung, JA-Sonderheft für Erstsemester 2008, 43, 44, Fn. 8.
31 *Forgó*, Juristische Methodenlehre: zur Gesetzesauslegung, JA-Sonderheft für Erstsemester 2008, 43, 44.
32 *Larenz/Canaris*, Methodenlehre des Rechts, 3. Aufl., 1995, S. 141 ff.

ein systematisches Argument anführen kann, überzeugt den Leser in der Regel jedenfalls von der Vertretbarkeit seiner Ansicht und stellt unter Beweis, dass er nicht nur Einzelaspekte „gelernt", sondern Zusammenhänge des Rechts begriffen hat. Dies wird sich in aller Regel auch in der Hausarbeitsbewertung deutlich niederschlagen.

Beispiel: Im Rahmen des Festnahmerechts nach § 127 I StPO ist umstritten, ob ein dringender Tatverdacht ausreicht.[33] Hier ergibt die Lektüre der vollständigen Norm, die im Übrigen auch dem fortgeschrittenen Bearbeiter stets nur empfohlen werden kann,[34] dass der Gesetzgeber in Abs. 2 des § 127 StPO für das Festnahmerecht der Polizeibeamten mit einer Verweisung auf § 112 StPO gearbeitet hat, so dass dort der dringende Tatverdacht ausreicht. Hätte der Gesetzgeber den dringenden Tatverdacht auch in Abs. 1 ausreichen lassen wollen, so hätte eine ähnliche Verweisung auch in Abs. 1 nahe gelegen, die jedoch unterblieben ist. Die systematische Auslegung spricht also dafür, dass der dringende Tatverdacht in Abs. 1 (in Abgrenzung zu Abs. 2) nicht ausreicht. Wer auf diesen Umstand verweisen kann, gelangt also durch eine systematische Auslegung innerhalb der Norm des § 127 StPO zu einem überzeugenden Ergebnis.

cc) Die **historische Auslegung** betrachtet die Entwicklung eines Gesetzes unter Berücksichtigung des Willens des jeweiligen Gesetzgebers. Da es „den Gesetzgeber" nicht gibt, ist diese Formulierung allerdings problematisch und darf nicht dazu verführen, Äußerungen einer Gesetzbegründung einfach als maßgeblich für die Auslegung anzusehen. Die in den Gesetzesmaterialien (Begründungen von Gesetzesentwürfen, Stellungnahmen des Rechtsauschusses oder anderer Gesetzgebungsorgane (z.B. des Bundesrates), die man in Bundestagsdrucksachen und Bundesratsdrucksachen findet[35]) niedergelegten Erwägungen stammen regelmäßig nicht vom „Gesetzgeber" (den Mitgliedern des Parlamentes, schon gar nicht von deren Gesamtheit), sondern diese Begründungen werden z.B. von den Mitarbeitern des Ministeriums verfasst, das den Gesetzentwurf erarbeitet hat (im Strafrecht regelmäßig das Justizministerium). Die Annahmen einer Gesetzesbegründung entfalten daher keine Bindungswirkung für die Auslegung.[36] Denn eine „verbindliche Richtschnur" für die Auslegung bildet nach der juristischen Methodenlehre allenfalls die *Regelungsabsicht* des Gesetzgebers. Als für die Auslegung bedeutsamer Wille des Gesetzgebers sind deshalb nur die in der Regelung erkennbar ausgeprägte und in ihr angelegte Grundabsicht und diejenigen Vorstellungen anzusehen, die in der gesetzgebenden Körperschaft oder ihren Ausschüssen zum Ausdruck gebracht und ohne Widerspruch geblieben sind.[37]

dd) Erst zuletzt ist auf die **teleologische Auslegung** einzugehen.[38] Auch hier gilt: Wer den Sinn und Zweck einer Norm (im Strafrecht regelmäßig der Schutz eines bestimmten Rechtsguts) nachvollziehbar herausarbeitet und daraus Argumente für ein bestimmtes Verständnis eines gesetzlichen Merkmals ableiten kann, demonstriert Fertigkeiten, die über die schlichte Gesetzesanwendung hinausgehen, was bei der Bewertung der Hausarbeit Berücksichtigung finden wird.

---

33 Vgl. zum Streitstand: *Kühl*, Strafrecht Allgemeiner Teil, 8. Aufl., 2017, § 9, Rn. 83 ff.

34 Vgl. *Körber*, JuS 2008, 289, 292.

35 Die Gesetzesmaterialien sind kostenlos über das Internetangebot des Bundestages (DIP – Dokumentations- und Informationssystem für Parlamentsmaterialien) abrufbar: dip.bundestag.de.

36 Vgl. *Larenz/Canaris*, Methodenlehre des Rechts, 3. Aufl. 1995, S. 150; vgl. *Niehaus*, ZIS 2008, 52 f.

37 *Larenz/Canaris*, aaO, S. 150.

38 *Forgó*, Juristische Methodenlehre: zur Gesetzesauslegung, JA-Sonderheft für Erstsemester 2008, 43, 45.

ee) Eine Zwischenstellung zwischen systematischer und teleologischer Auslegung nehmen die sog. **verfassungskonforme** und die **richtlinienkonforme Auslegung** ein.[39] Bei der Auslegung einer Norm sollen Vorgaben des höherrangigen Rechts (Verfassungsrecht, europarechtliche Normen und Vorgaben) möglichst berücksichtigt werden.

Beispiel:[40] Nach dem Wortlaut des § 112 III StPO („Haftgrund der Tatschwere") reicht der dringende Tatverdacht einer der Katalogtaten aus, um den Verdächtigen in Untersuchungshaft zu nehmen. Die Untersuchungshaft dient jedoch ausschließlich der Verfahrenssicherung und ist keine vorweggenommene Strafe bei besonders schweren Delikten. § 112 III StPO könnte deshalb gegen die mit Verfassungsrang ausgestattete Unschuldsvermutung verstoßen. Das BVerfG hat § 112 III StPO gleichwohl für verfassungskonform erklärt, weil die Norm im Wege „verfassungskonformer Auslegung" dahingehend interpretiert werden könne und müsse, dass zu den Voraussetzungen des § 112 III StPO eine abstrakte Flucht- oder Verdunkelungsgefahr hinzutreten müsse.[41] Der Vorgang zeigt indes gerade die Fragwürdigkeit einer uferlosen verfassungskonformen – wie auch der teleologischen – „Auslegung",[42] denn es handelt sich „weniger um eine Auslegung, als um eine Umdeutung des Gesetzes".[43]

b) Die Darstellung von Meinungsstreitigkeiten

25 Existiert zur Auslegung eines gesetzlichen Merkmals eine Meinungsverschiedenheit, so lassen sich aus Sinn und Zweck eines Gutachtens[44] einige Hinweise für eine zweckmäßige Darstellung herleiten.

aa) Zum einen bedarf es einer Argumentation zu den unterschiedlichen Auffassungen und einer Entscheidung zugunsten einer von ihnen nur und ausschließlich dann, wenn der Meinungsstreit für das Ergebnis des konkret zu begutachtenden Falles von Bedeutung ist.[45] Ob dies der Fall ist, ist daher zunächst durch Subsumtion zu ermitteln und darzustellen. Wirken sich die unterschiedlichen Auslegungen auf die Lösung des zu begutachtenden Falles nicht aus, so ist die gleichwohl erfolgende Stellungnahme des Bearbeiters überflüssig und entspricht nicht dem geforderten Gutachtenauftrag (Ein solches Vorgehen könnte man vielmehr als „Lehrbuchstil" bezeichnen[46]). Hierbei handelt es sich nach der hier vertretenen Auffassung um einen methodischen Mangel.

Soweit gelegentlich ein anderer Aufbau dahingehend empfohlen wird, dass vor einer Subsumtion zunächst sämtliche Auffassungen vorgestellt und im Rahmen der Auslegung die vorzugswürdige Ansicht ermittelt wird („rechtsfragenbezogene Darstellung"), ist davon aus den vorgenannten Gründen abzuraten: Kommen alle Auffassungen im kon-

---

39 *Forgó*, Juristische Methodenlehre: zur Gesetzesauslegung, JA-Sonderheft für Erstsemester 2008, 43, 46 f.

40 Vgl. *Schlüter/Niehaus/Schröder*, Examensklausurenkurs im Zivil-, Straf- und Öffentlichen Recht, 2. Aufl., S. 349.

41 BVerfGE 19, 342, 350.

42 Vgl. *Forgó*, Juristische Methodenlehre: zur Gesetzesauslegung, JA-Sonderheft für Erstsemester 2008, 43, 46 f.

43 *Roxin/Schünemann*, Strafverfahrensrecht, 30. Aufl., 2022, § 30, Rn. 10.

44 Vgl. *Schlüter/Niehaus/Schröder*, Examensklausurenkurs in Zivil-, Straf- und Öffentlichen Rechts, 2. Aufl., S. 1 f.

45 *Kerbein*, JuS 2002, 353, 354; vgl. zu möglichen Darstellungsweisen *Hartmann*, in: Hartmann (Hrsg.), Hausarbeit im Staatsrecht, 4. Aufl., 2020, S. 6 ff. („Sachverhaltsbezogene Darstellung" und „Rechtsfragenbezogene Darstellung").

46 Vgl. *Wessels/Beulke/Satzger*, Strafrecht, Allgemeiner Teil, 52. Aufl., Rn. 1198.

kreten Fall zu demselben Ergebnis, ist eine Kritik der einzelnen Auffassungen überflüssig und falsch.[47] Gelangen die Meinungen nicht zu demselben Ergebnis, ist die Kritik einer Ansicht noch vor der Darstellung der übrigen Meinungen verfrüht, weil der Leser zu diesem Zeitpunkt nicht weiß, ob es einer Stellungnahme des Bearbeiters überhaupt bedarf.

bb) Aus dieser Überlegung ergibt sich zugleich, dass *vor* einer argumentativen Auseinandersetzung mit einzelnen Lehrmeinungen geprüft werden muss, zu welchem Ergebnis die Zugrundelegung der jeweiligen Auffassung im zu entscheidenden Fall führt.[48]

cc) Aus der Natur des Gutachtens folgt weiterhin, dass es unerheblich ist, *wer* (welches Gericht oder welche Vertreter des Schrifttums) eine Auffassung vertritt.[49] Die Nennung des (vermeintlichen) Urhebers einer Auffassung ist daher überflüssig,[50] zumal ein solches Vorgehen mit Gefahren verbunden ist. So ist häufig zu lesen, „die Rechtsprechung" vertrete eine bestimmte Auffassung. Tatsächlich bestehen aber oftmals auch innerhalb der rechtsprechenden Gewalt erhebliche Meinungsunterschiede zu bestimmten Auslegungsfragen – nicht selten sogar zwischen den Senaten oder Kammern desselben Gerichts.[51]

Gleiches gilt für „die Literatur". Auch hier gibt es in der Regel nicht nur eine Richtung innerhalb des Schrifttums, das als Gesamtinstitution ebenso wenig existiert wie „die Rechtsprechung". Mit solchen Formulierungen sollte daher zurückhaltend umgegangen werden. Erst recht gilt dies für Formulierungen wie „nach herrschender Meinung" oder „nach der überwiegenden Literatur". Es gilt erneut: Ob eine Auffassung „herrschend" ist oder nicht, ist im Gutachten unerheblich; der Verfasser hat lediglich darzulegen, ob sie zutreffend ist, also einer Überprüfung anhand der Auslegungsmethoden standhält. Die Berufung auf eine „herrschende Meinung" oder auf die Autorität eines Obergerichts ersetzt daher keinesfalls die eigene Argumentation.[52]

Die Behauptung, eine Auffassung sei herrschend, ist zudem auch deshalb letztlich substanzarm, weil sie kaum nachprüfbar ist: Nach welchen Kriterien soll sich die „Herrschaft" einer Auffassung beurteilen: Anzahl der Meinungsvertreter, beruflicher Status/Reputation der Verfasser; Renommee des Publikationsorgans (Kommentar/Zeitschrift), Alter der Veröffentlichungen?

---

47 Anders *Hartmann*, in: Hartmann (Hrsg.), Hausarbeit im Staatsrecht, 4. Aufl., 2020, S. 8, für das „universitäre Gutachten". Die staatliche Pflichtfachprüfung dient dem Nachweis der Befähigung zum Richteramt (vgl. § 1 JAG NRW). Der Befähigung zum Richteramt steht es aber eher entgegen, wenn sich der Bearbeiter mit abstrakten Rechtsfragen auseinandersetzt, obwohl dies durch den konkreten Fall nicht veranlasst ist.

48 Wie hier: *Petersen*, Jura 2002, 105, 108; *Edenfeld*, AL 2004, 44, 47; offen lassend *Hartmann*, in: Hartmann (Hrsg.), Hausarbeit im Staatsrecht, 4. Aufl., S. 7 f.; anders *Kerbein*, JuS 2002, 353, 354; *Valerius*, Der Gutachtenstil in der juristischen Fallbearbeitung, JA-Sonderheft für Erstsemester 2008, 47, 52, die vorschlagen, die Kritikpunkte, die gegen eine Meinung sprechen, im Anschluss an die Auffassung darzustellen.

49 *Körber*, JuS 2008, 289, 294; *Beulke*, Klausurenkurs im Strafrecht I, Rn. 20.

50 *Körber*, JuS 2008, 289, 294/295; aA *Stöhr* (MLR 2008, 78, 83), der empfiehlt, etwa ein Gericht als Urheber einer Ansicht im Gutachtentext zu nennen. Aus den im Text genannten Gründen wird davon hier abgeraten.

51 Vgl. dazu das Verfahren der Divergenzvorlage gemäß § 121 II GVG sowie § 132 II GVG.

52 *Kerbein*, JuS 2002, 353, 354; erkennbar kritisch bereits gegenüber dem Begriff der „h.M." auch *Dencker*, 30 Klausuren aus dem Strafrecht, 1994, Vorwort, S. 1.

Zusätzlichen Einwänden setzen sich diejenigen Bearbeiter aus, die zunächst eine Meinung „des BGH" oder „des BVerwG" darstellen und sodann von der „herrschenden Gegenansicht" sprechen. Hier dürfte es noch am Gespür für die juristische Praxis fehlen: Die Auffassung der obersten Gerichte mag zwar nicht immer „richtig" sein, sie ist aber stets „herrschend".

Es stellt sich deshalb die Frage, wie eine Meinung oder Meinungsgruppe überhaupt bezeichnet werden kann. In vielen Fällen haben sich treffende Kurzbezeichnungen für eine bestimmte Auslegung herausgebildet, deren Verwendung die Verständlichkeit der Ausführungen unterstützt und deshalb hilfreich ist. Dies gilt etwa für die „Tatherrschaftslehre" im Rahmen der Anforderungen an die Täterschaft (§ 25 StGB). Ist dies nicht der Fall, so sollte der Verfasser nicht künstlich darum bemüht sein, einer denkbaren Form der Auslegung einen „Theorienamen" zu verleihen. Die vielfach anzutreffenden „gemischt objektiv-subjektiven Theorien" und ähnliche Bezeichnungen helfen dem Leser bei der Orientierung kaum weiter.[53] Der Bearbeiter sollte sich in diesen Fällen nicht gehemmt fühlen, im einleitenden Satz schlicht von „einer Auffassung" und der „Gegenmeinung" zu sprechen.[54] Dies mag auf Dauer nicht eben einen Genuss für das ästhetische Empfinden darstellen, es vermeidet indes die oben genannten Unwägbarkeiten, und letzten Endes stellt ein juristisches Gutachten bei allem Bemühen um sprachliche Klarheit und Eleganz keinen Schönheitswettbewerb dar.[55] Aus demselben Grund wird hier nicht auf die von manchen für vorzugswürdig erachtete Methode der Streitdarstellung mittels einer „problem- oder rechtsfragenorientierten Darstellungsweise"[56] eingegangen. Man mag das oben und im Folgenden empfohlene Vorgehen als schematisch empfinden,[57] es hilft indes, Fehler zu vermeiden, indem es dem Bearbeiter eine methodisch korrekte Herangehensweise zur Verfügung stellt.[58]

Auch im Rahmen der Darstellung von Meinungsstreitigkeiten bedeutet die Aufgabe, eine Hausarbeit im Gutachtenstil zu verfassen, nicht, dass stets sämtliche Auffassungen zu einem Merkmal, die nicht selten in ihren Nuancen nur schwer zu unterscheiden sind, darzustellen wären (vgl. Rn. 22: „Mut zum Weglassen". So zählt etwa *Kühl* zur Abgrenzung von Vorsatz und Fahrlässigkeit allein zehn „Theorien"[59]). Vielmehr ist es legitim und sinnvoll, Auffassungen, die hinsichtlich eines für den Fall entscheidenden Umstandes übereinstimmen, zu einer

53 Vgl. nur *Kühl*, (Strafrecht AT, 8. Aufl., § 5, Rn. 45), der zur Frage der Abgrenzung von Vorsatz und bewusster Fahrlässigkeit darauf hinweist, dass im Schrifttum sowohl die Zählweise der hierzu vertretenen Theorien abweicht („zwischen zwei und zehn") als auch deren Bezeichnung.

54 Vgl. das Beispiel bei *Petersen*, Jura 2002, 105, 108, sowie *Valerius*, Der Gutachtenstil in der juristischen Fallbearbeitung, JA-Sonderheft für Erstsemester 2008, 47, 52; aA *Stöhr*, MLR 2008, 78, 83; *Edenfeld*, AL 2004, 44, 47.

55 *Wolf*, Bemerkungen zum Gutachtenstil, JuS 1996, 30, 36: „keine Belletristik, sondern … Antwort auf eine Rechtsfrage."

56 Vgl. *Kerbein*, JuS 2002, 353, 354: „problemorientierte Darstellungsweise"; *Valerius*, Der Gutachtenstil in der juristischen Fallbearbeitung, JA-Sonderheft für Erstsemester 2008, 47, 52; vgl. auch *Hartmann*, in Hartmann (Hrsg.), Hausarbeit im Staatsrecht, S. 8 („rechtsfragenbezogene Darstellung").

57 Vgl. *Kerbein*, (JuS 2002, 353, 354), der diese „konventionelle Darstellungsweise" auf Dauer als „sehr monoton" und „ermüdend" empfindet.

58 *Kerbein*, JuS 2002, 353, 354, dort Fn. 13, der trotz grundsätzlicher Präferenz für eine „problemorientierte Darstellungsweise" in der „Stresssituation der Klausur" ebenfalls das hier empfohlene Vorgehen für vorzugswürdig hält.

59 *Kühl*, Strafrecht AT, 8. Aufl., § 5, Rn. 45 ff.

Meinungsgruppe zusammenzufassen. In dem vorgenannten Beispiel der Abgrenzung von Vorsatz und Fahrlässigkeit verläuft etwa die Haupttrennlinie zwischen denjenigen, die über das Wissen hinaus ein „voluntatives Element" verlangen und denjenigen, die – mit unterschiedlichen Nuancen – auf ein Willenselement verzichten wollen („kognitive Theorien"). Die Darstellung des Meinungsstreits kann sich also unter Umständen – wenn es für die Falllösung darauf ankommt, ob für den Vorsatz ein voluntatives Element zu fordern ist – auf die Auseinandersetzung mit diesen beiden Meinungsgruppen beschränken.[60]

Zur Verdeutlichung der Anforderungen an die gutachterliche Darstellung eines Meinungsstreites die nachfolgende Übersicht:[61]

Beispiel (zur Frage des Vorliegens eines Unfalls" im Sinne des § 142 StGB bei vorsätzlicher Herbeiführung):[62] 26

Aufwerfen des Problems: *„Es müsste ein Unfall im Straßenverkehr i.S.d. § 142 I StGB vorgelegen haben. Dies ist jedes plötzlich auftretende Ereignis im Straßenverkehr, das mit dessen Gefahren im Zusammenhang steht und einen nicht ganz unerheblichen Personen- oder Sachschaden zur Folge hat. Ob diese Voraussetzungen vorliegen, wenn eine Kollision im Straßenverkehr von einem der Beteiligten – nicht aber von dem anderen – vorsätzlich herbeigeführt wird, ist umstritten."*

1. Meinung:

→ **Abstrakte Darstellung der Ansicht:** *„Nach einer Ansicht liegt erst dann kein Unfall i.S.d. § 142 I StGB mehr vor, wenn das Ereignis von beiden Beteiligten vorsätzlich herbeigeführt wurde. Sei dies nicht der Fall, stelle sich das Ereignis für die unvorsätzlich handelnde Partei durchaus als unvorhergesehenes Ereignis im Straßenverkehr dar."*

→ **Subsumtion und Ergebnis:** *„Im vorliegenden Fall hat lediglich A bei der Herbeiführung der Kollision zwischen dem BMW und dem Audi vorsätzlich gehandelt. B hingegen ahnte nichts von dem Zusammenstoß des BMW des A mit ihrem parkenden Fahrzeug. Nach dieser Auffassung läge daher ein Unfall i.S.d. § 142 I StGB vor."*

2. Meinung:

→ **Abstrakte Darstellung der Ansicht:** *„Nach der Gegenauffassung realisiert sich in den Fällen der vorsätzlichen Herbeiführung einer Kollision nicht das spezifische Risiko des Straßenverkehrs, sondern das (allgemeine) Risiko, Opfer deliktischen Verhaltens anderer zu werden, so dass in diesen Fällen kein Unfall i.S.d. § 142 I StGB vorliege."*

→ **Subsumtion und Ergebnis:** *„Aufgrund des Vorsatzes des A sind die Folgen der Kollision nach dieser Ansicht nicht Ausdruck verkehrsspezifischer Gefahren sondern des deliktischen Willens des A. Nach dieser Ansicht läge daher kein Unfall vor."*

***Zwischenüberlegung*:** Wenn alle Auffassungen zu demselben Ergebnis im konkreten Fall gelangen, dann endet die Darstellung hier. Ist dies nicht der Fall, wie im obigen Beispiel, dann ist der Streit zu entscheiden:

60 Vgl. zum Ganzen: *Niehaus/Pieper*, Ad Legendum 2009, 102, 105.
61 Vgl auch *Petersen*, Jura 2002, 105, 108.
62 Ausführlich zu diesem Problem *Schlüter/Niehaus/Schröder*, Examensklausurenkurs in Zivil-, Straf- und Öffentlichen Rechts, 2. Aufl., S. 96 f.

Stellungnahme[63]**:**

Auslegung des betreffenden gesetzlichen Merkmals (hier: Unfall i.S.d. § 142 I StGB) anhand der anerkannten Auslegungsmethoden:
- Wortlaut
- Systematik
- Entstehungsgeschichte
- Sinn und Zweck der Norm (§ 142 I StGB)

An dieser Stelle hat der Bearbeiter die Gelegenheit, die erworbenen Auslegungs- und Argumentationsfähigkeiten zu demonstrieren,[64] im vorliegenden Beispiel insbesondere systematische und teleologische Argumente zusammenzutragen[65] und dabei sein „Punktekonto" dadurch zu erhöhen, dass er nicht nur diejenigen Argumente nennt, die für die von ihm präferierte Ansicht sprechen, sondern sich auch mit den „contra"-Argumenten auseinandersetzt.

IV. Plagiate

27 Wer mit anderen Bearbeitern der Aufgabe – sei es bei der Recherche, sei es bei der Ausformulierung der Texte – zusammenarbeitet oder gar fremde Texte ganz oder teilweise übernimmt, liefert keine vollständig eigene Leistung ab und begeht deshalb einen Täuschungsversuch, so dass seine Bearbeitung mit „ungenügend" bewertet wird, wenn dies bemerkt wird.

Wer fremde Gedanken nicht durch ein Zitat kenntlich macht (und dadurch den Inhalt als eigene Leistung ausgibt), verstößt gegen die Regeln wissenschaftlichen Arbeitens, was einen Mangel der Bearbeitung darstellt.

V. Remonstration

28 Die Bewertung der Hausarbeit kann regelmäßig mit der sog. Remonstration angefochten werden. Eine Remonstration ist eine meist rechtlich ungeregelte **Gegendarstellung** zur Bewertung einer Hausarbeit, die den Studierenden von den meisten Aufgabenstellern innerhalb einer gewissen (vom Aufgabensteller oder dem Prüfungsamt bestimmten) Frist eingeräumt wird. Regelmäßig wird eine **Begründung** der Remonstration verlangt.

Eine Remonstration ist begründet, wenn eine inhaltliche Fehleinschätzung des Korrektors vorliegt, weil er rechtlich Richtiges als falsch bewertet oder er zutreffende Ausführungen des Bearbeiters nicht einbezieht oder wenn die vergebene Note in einem Missverhältnis zum Votum oder zu der gezeigten Leistung steht, wobei dem Prüfer ein **Beurteilungsspielraum** zusteht.

63 Wobei es der häufig zu lesenden Feststellung *„Eine Streitentscheidung ist daher erforderlich/entbehrlich"* nicht bedarf. Diese ist vielmehr überflüssig, weil sie sich aus der vorangegangenen Darstellung ergibt.

64 Vgl. *Edenfeld*, AL 2004, 44, 48.

65 Vgl. ausführlich *Schlüter/Niehaus/Schröder*, Examensklausurenkurs im Zivil-, Straf- und Öffentlichen Recht, 2. Aufl., S. 96 f.

Anmerkung: Korrektoren und Prüfer sind weder gehalten, jeden richtigen Aspekt einer Bearbeitung am Rand oder im abschließenden Votum positiv zu würdigen (oder „abzuhaken“) noch dazu, jeden Mangel ausführlich zu kommentieren oder im Votum darzulegen.

In der Praxis erschöpfen sich Remonstrationen nicht selten darin, dass etwa gerügt wird, dass der Verfasser auf S. 3 den (unproblematischen) objektiven Tatbestand des Diebstahls ohne am Rand vermerkte Beanstandung geprüft habe oder sich am Rand der Arbeit insgesamt nur zehn negative Anmerkungen befinden usw.

Von einem Rechtswissenschaftsstudierenden sollte erwartet werden können, dass er seine Leistung nach Teilnahme an der Besprechung der Aufgabe durch den Prüfer einer selbstkritischen und nüchternen Würdigung unterzieht und gegen die Bewertung nur vorgeht, wenn dem Korrektor Fehler unterlaufen sind oder seine Bewertung nicht nachvollziehbar oder unvertretbar ist.

Die Vielzahl offensichtlich unbegründeter Remonstrationen in der Praxis wird aber keinem Prüfer den Blick darauf verstellen, dass es auch berechtigte und wohlbegründete Beschwerden gibt.

2. Teil

Hausarbeiten aus der Anfängerübung

Hausarbeit 1

Brandgefährlich

von Thomas Bode

Im ländlichen Brandenburg ereignet sich durch einen Kurzschluss ein Hausbrand im Dachgeschoss eines alten Mehrfamilienhauses des A. Der dreijährige K steht in der linken Dachgeschosswohnung weinend am geöffneten Fenster. Im Hintergrund züngeln bereits Flammen. 1

Feuerwehrmann F ist privat unterwegs, als er zufällig den Brand bemerkt. Als erster und scheinbar alleine am Ort, springt er aus dem Auto und läuft mit einer Axt und einem Feuerlöscher in das Haus, um K zu retten.

Im sehr engen Treppenhaus liegt aber in Höhe des ersten Stockwerks der beleibte (150 kg schwere) D auf der Treppe und versperrt so F den Weg. D ist nach einem unglücklichen Sturz zwischen Wand und Treppengeländer eingeklemmt und hat sich das rechte Bein gebrochen. Auch aufgrund seiner Leibesfülle kann er aus eigener Kraft nicht aufstehen. F ruft über sein Telefon Verstärkung. Andere Feuerwehrleute und ein Sanitätswagen wollen in wenigen Minuten kommen, das Treppengeländer zersägen und den eingeklemmten D aus dem Weg tragen. Sofort nach dem Telefonat klettert F kurzerhand über den um Hilfe flehenden D, der wegen der unvermeidbaren Tritte auf seinen Bauch einige Qualen aussteht und Quetschungen sowie eine Schürfwunde erleidet. Mit kleineren Blessuren des D hatte F auch gerechnet, ihm war es aber wichtiger K zeitnah aus dem brennenden Haus zu schaffen.

Im Dachgeschoss angekommen schlägt F die verschlossene Holztür mit der Axt ein und rettet den kleinen K im letzten Moment vor den Flammen. Als er mit dem Kind im Arm nach unten rennen will, hat sich der Brand bereits in alle Richtungen vorgefressen. Ein brennender Balken stürzt ins Treppenhaus, sodass der Weg nach unten versperrt ist. F öffnet das Fenster im Flur des 3. Stocks und wirft den geschockten Jungen in das inzwischen unten von den inzwischen angerückten Feuerwehrleuten aufgespannte Sprungtuch, bevor er selbst aus dem Fenster springt. Aufgrund seiner Erfahrung als Feuerwehrmann geht F davon aus, dass bei einem Fall aus dieser Höhe bei einem Kind mindestens Verstauchungen oder Verrenkungen eintreten, schwere Verletzungen aber ausbleiben werden. So geschieht es auch. K verstaucht sich durch den Fall in das Sprungtuch den Arm und erleidet ein Schleudertrauma. Ansonsten ist er wohlauf.

Zwar wird auch D gerettet, aber die Feuerwehr bekommt den Brand nicht in den Griff. Vor dem Haus spielen sich dramatische Szenen ab. Inzwischen ist V, der Vater des K, aufgetaucht.

V findet seinen Sohn nicht, da dieser im Krankenwagen von einem Notarzt zur Sicherheit untersucht wird. Ein spät hinzugekommener und falsch informierter Feuerwehrmann sagt ihm auf seine Nachfrage, dass K bei dem Brand gestorben sei und alles nach Brandstiftung aussehe.

D hatte in der Vergangenheit aufgrund eines Streites mit V dessen Gartenlaube in Brand gesteckt und diesen vor einigen Tagen mit weiterer Brandstiftung bedroht. Außerdem war er als einziger erwachsener Bewohner bei Brandausbruch vor Ort.V hält den auf einer mobilen Krankenbahre liegenden D daher fälschlich für den Brandstifter des aktuellen Hausbrandes.

V geht wutentbrannt auf D los und beginnt ihn zu würgen; den Tod des D nimmt V dabei in Kauf, da er zu diesem Zeitpunkt durch die Fehlinformation noch fest davon ausgeht, dass sein Sohn durch die vermeintliche Schuld des D ums Leben gekommen sei.

In dieser Situation kommt Sanitäter S dem D zu Hilfe und reißt V von der Trage weg, damit dieser von D ablasse. Wie von S zur Rettung des D in Kauf genommen, geht V dabei schmerzhaft zu Boden. V rappelt sich auf und attackiert aber nun heftig S. In der daraus entstehenden Auseinandersetzung gerät S in Panik und schlägt wild um sich. Dabei trifft er V so hart, dass dieser sich umdreht, um fortzulaufen. Obwohl ihm bewusst ist, dass V bereits flüchtet, ist S aus Angst immer noch so aufgewühlt und wütend, dass er weiter auf V einschlagen will. In seiner Verwirrung und wegen der Sichtbehinderung durch die vom Haus herziehenden starken Rauchschwaden verwechselt er beim Nachsetzen V aber mit dem unbeteiligten Helfer H, der stattdessen einige schmerzhafte Faustschläge abbekommt und sich zurückzieht.

S meint dadurch den Angreifer in die Flucht geschlagen und bestraft zu haben und schiebt D aus dem immer stärker werdenden Rauch in Richtung Krankenwagen. V hat inzwischen seinen Sohn wohlbehalten wieder aufgefunden und die eigentliche Brandursache erfahren. Danach hat er noch Hühner aus einem an das Haus angrenzenden verriegelten Holzschuppen befreit, indem er das Schloss mit einer Axt aufschlug. Er will sich noch bei D und S entschuldigen, bevor diese in den Krankenwagen steigen und losfahren. Darum rennt er eilig auf die beiden zu, vergisst dabei aber, dass er noch die Axt in der Hand hält.

S missdeutet das Gestikulieren und Rufen des mit der Axt bewaffneten V als erneuten, nun „finalen“ Angriff auf D. S wirft einen zufällig griffbereiten Defibrillator auf V, um ihn zu stoppen, bevor er – bereits auf wenige Meter herangerückt – mit der Axt in die Nahdistanz gelangen kann. Unglücklicherweise trifft die harte Plastikkante des ca. 600g schweren Defibrillators V an der Schläfe. V erleidet eine Gehirnblutung, die binnen Sekunden zu seinem Tod führt. Damit hatte S nicht gerechnet. Er war sich zwar der Gefahr gravierender Verletzungen bewusst, wollte V aber stoppen, nicht töten.

Aufgabe: Prüfen Sie die Strafbarkeit von F und S nach dem StGB.

Gliederung

Gutachten

3 Diese Hausarbeit für Anfänger enthält vor allem Probleme des Allgemeinen Teils:
1. Notstand (§ 34 StGB, § 904 BGB)
2. Mutmaßliche Einwilligung
3. Notwehrexzess § 33 (zeitlich, personal)
4. Erlaubnistatumstandsirrtum (mit Streitentscheidung)[1]

Teil 1: Strafbarkeit des F

A. § 123 I Var. 1 zu Lasten des Hausrechtsinhabers durch Betreten des Hauses

4 F könnte sich des Hausfriedensbruches gemäß § 123 I Var. 1[2] strafbar gemacht, als er das Haus betrat.

I. Tatbestand

5 F müsste gegen den Willen der Hausrechtsinhaber in das Gebäude eingedrungen sein. Für den Eingang und das Treppenhaus haben Verwalter bzw. der Eigentümer A und seine Mietergemeinschaft das Hausrecht.[3] Das Hausrecht wird aber nur gebrochen, wenn keine Erlaubnis zum Betreten besteht. Ein „Eindringen“ ist nach dem Wortsinn schon nicht möglich, wenn das Betreten willentlich zugelassen wird (tatbestandsausschließendes Einverständnis). Eine individuelle Erlaubnis war dem F hier nicht erteilt. Ein ausdrückliches Einverständnis fehlt.

Da ein Hausflur in aller Regel Briefträgern, Besuchern u.a. frei zugänglich sein soll, könnte man jedoch die normative Rechtsfigur des generellen Einverständnisses eine Erlaubnis auch für F annehmen, der schließlich als Retter und Feuerwehrmann, wenn auch in „zivil“ auftritt. Eine Person dieser Gruppe ist nach der Verkehrsauffassung wegen des großen Vorteils für die Rechtsinhaber nicht schlechter zu stellen als andere Anlieger. Allerdings ist die Figur der generellen Einwilligung als hypothetische Fiktion abzulehnen.[4] Die herrschende Meinung umgeht über diese normative Figur die gesetzliche Regelung des § 34, soweit Hausrechtsinhaber und die zu rettende Person unterschiedlich sind, wie hier bezüglich des Hausflurs A und K.

Hier sind verschiedene Lösungswege zulässig. Akzeptiert man im Grundsatz das generelle, konkludent erklärte oder stillschweigende Einverständnis, kann man den Feuerwehrmann kaum „schlechter“ stellen als einen Briefträger. Die Prüfung ist dann schon an dieser Stelle zu

---

1 Dieser und alle folgenden grau unterlegten Kästen sind didaktische Anmerkungen von *Bode* und gehören nicht zu einer studentischen Hausarbeitslösung. Teils sind es Originalhinweise für Korrekturassistenten, teils Erläuterungen für Studenten.
2 §§ ohne besondere Kennzeichnung sind solche des StGB.
3 Vgl. *Raff*, in: MüKoBGB/Brückner, 9. Aufl. 2023, BGB § 903 Rn. 53.
4 Anders die ganz h.M. *Sternberg-Lieben*, in: Schönke/Schröder, 30. Aufl. 2019, § 123 Rn. 14 f.

Ende. Dass F nicht im Dienst ist und keine Uniform trägt, wäre ein rein formales Gegenargument ohne inhaltliche Überzeugungskraft. Hält man die Rechtsfigur des generellen Einverständnisses (wie hier vertreten entgegen der ganz h.M.) als psychologische Fiktion für unzulässig, muss man das Problem auf der Ebene des Notstandes lösen, was aber im Ergebnis keinen Unterschied macht.[5] Auch ein Fall der mutmaßlichen Einwilligung läge dann nicht vor, da die klassische Konstellation: „Konfusion des beeinträchtigten und geschützten Rechtsgutes bei einem einheitlichen Rechtsgutsträger" hier nicht zutrifft. Das Hausrecht am Haus außerhalb der Wohnungen hat unproblematisch A bzw. die Mietergemeinschaft.

II. Rechtswidrigkeit – § 34 Notstand

Die Tat des F ist aber nach § 34 wegen Notstandes gerechtfertigt, wenn eine gegenwärtige Gefahr für das Leben des K bestand, und diese nicht anders als durch das Betreten des Hauses des A abwendbar war, das geschützte Interesse das beeinträchtigte wesentlich überwiegt und die Tat auch angemessen war. 6

1. Gegenwärtige Gefahr

Die Gefahr bestand hier in dem sich ständig ausweitenden und das Leben des K unmittelbar bedrohenden Brand des Hauses. Daher war die Gefahr zur Tatzeit gegeben. 7

2. Nicht anders abwendbar

Diese Gefahr war nicht anders abwendbar, wenn es kein gleich geeignetes, für das Opfer milderes Mittel gäbe. Dabei gilt zur Ausfüllung dieses Grundsatzes ein ähnlicher, aber nicht ganz identischer Maßstab wie bei der Erforderlichkeit in der Notwehr. Anders als der Angriff bei der Notwehr muss die Gefahr aber nicht rechtswidrig sein. Nach § 34 können sich beide Seiten je unschuldig und rechtmäßig verhalten und trotzdem kann ein Übergriff gerechtfertigt sein, wenn denn dieses Interesse wesentlich überwiegt[6]. Daher ist mangels Wirkung des Rechtsbewährungsprinzips im Gegensatz zur Notwehr hier selbstverständlich, dass die Möglichkeit auszuweichen oder sie abzuwenden, ohne dabei eigene oder fremde Güter zu schädigen, stets das mildeste zu wählende Mittel ist. 8

Ein Rückzug des Retters F würde die Gefahr nur vergrößern; F muss das Haus betreten, um K aus den Flammen zu retten. K aufzufordern aus dem Fenster zu springen und ihn mit den Armen aufzufangen, wäre demgegenüber zu riskant. Auch ein weiteres Abwarten würde die Überlebenschancen des K dramatisch verringern.

3. Interessenabwägung

Nach § 34 S. 1 müssen mehrere Kriterien bei der Abwägung berücksichtigt werden: 9

a) Die betroffenen Rechtsgüter – qualitative Abwägung

Bei dieser Güterabwägung steht das Interesse am Hausfrieden des A bezüglich des Hausflurs hinter dem Interesse an Gesundheit und Leben des K zurück, vgl. die Strafrahmen von § 123 (bis 1 Jahr), §§ 212, 211 (5 Jahre bis lebenslänglich). 10

5 Vgl. *Geppert*, Jura 1989, 378 (379 f.): „[…] ein Scheinproblem".
6 *Perron*, in: Schönke/Schröder, 30. Aufl. 2019, § 34 Rn. 20a.

b) Der Grad der drohenden Gefahren – quantitativ

11 Die Schadenswahrscheinlichkeit war sehr hoch. Auch ein Sonderfall, bei dem etwa eine leichte Körperverletzung mit dem Schutz eines besonders privaten Hausbereichs gerechtfertigt werden kann, liegt nicht vor.

4. Angemessenheit

12 Die Tat war auch angemessen.

5. Subjektives Rechtfertigungselement

13 Soweit man ein subjektives Rechtfertigungselement fordert, ist dies erfüllt. F handelte, um die Gefahr zu beseitigen.

III. Ergebnis

14 Der Hausfriedensbruch ist also durch Notstand gerechtfertigt. F handelte nicht rechtswidrig.

B. § 223 I Var. 1 zu Lasten des D durch Überklettern

15 Durch Tritte auf D beim Übersteigen könnte sich F der Körperverletzung gemäß § 223 I Var. 1 strafbar gemacht haben.

I. Tatbestand

16 Er hat D durch die Tritte wissentlich vorsätzlich Schmerzen zufügt und ihn so körperlich misshandelt.

II. Rechtswidrigkeit – § 34 Notstand

17 F könnte aber nach § 34 gerechtfertigt sein.

1. Gegenwärtige Gefahr für Leib und Leben des K

18 K war direkt von den Flammen im Dachgeschoss bedroht. Das Zimmer brannte bereits. Daher bestand eine andauernde, gegenwärtige Gefahr für dessen Leben.

2. Die Gefahr war nicht anders abwendbar

19 Die Gefahr war nicht anders abwendbar, wenn die Tat überhaupt geeignet war, K zu retten und keine andere, die Rechte des D schonendere Möglichkeit bestand, K vor den Flammen zu bewahren. Für die Frage der Eignung und Abwendbarkeit kommt es nicht auf den Erfolg der Verletzung, sondern auf die Handlung[7] des F an. Das Überklettern führte zwar nicht unmittelbar zur Beseitigung der Gefahr. D zu überwinden war aber ein notwendiger Zwischenschritt, um zu K zu gelangen, um ihn aus dem Zimmer zu retten.

---

7 *Wessels/Beulke/Satzger*, AT, 52. Aufl. 2022, § 9 Rn. 456; *Perron*, in: Schönke/Schröder, 30. Aufl. 2019, § 34 Rn. 18.

Ein Löschwagen war nicht vor Ort. In der knappen Zeit hätte ein Warten auf Helfer für K den Tod bedeutet. Daher gab es auch kein milderes gleich geeignetes Mittel.

3. Interessenabwägung

Das Interesse des K an seinem Leben überwiegt in der Qualität des Rechtsgutes und der Intensität der Beeinträchtigung die Interessen des D an seiner Gesundheit. Das Leben des K ist betroffen und die körperliche Unversehrtheit des D in geringem Maße. Zur Wertigkeit der Rechtsgüter vergleiche man die abstrakten Strafrahmen des § 212 I (5 Jahre bis lebenslänglich) und des § 223 I (Geldstrafe bis 5 Jahre). Menschliches Leben steht in der objektiven Wertortung an der Spitze der Rechtgüter. Auch nach der konkreten Intensität der Rechtsgutbeeinträchtigung ergibt sich nichts Anderes. Die Verletzung des D durch die Tritte des F ist zwar relativ sicher, doch mangels bleibender Schäden nicht besonders schwerwiegend. Das Risiko für die Gesundheit des D ist begrenzt. Das Leben des K ist zwar „nur" gefährdet, der Schaden ist also nicht sicher. Nach typischen Verlauf der Dinge wegen des sich akut nach oben zu K ausbreitenden Brandes ist eine gesundheitliche Schädigung des K aber extrem wahrscheinlich und diese würde dann auch mit großer Sicherheit tödlich sein, da das Feuer durch den Kamineffekt alles im Dachgeschoss verzehren würde und K kaum eine Chance hätte dem aus eigener Kraft zu entgehen. Daher überwiegt der Schutz des K wesentlich die Interessen des D, der hier objektiv ein Sonderopfer erdulden muss. 20

4. Subjektives Rechtfertigungselement

F handelte auch mit Notstandswillen. 21

III. Ergebnis

D muss die Tritte hinnehmen. F ist gerechtfertigt. 22

C. § 323c zu Lasten des D wegen des Liegenlassens des D

Ein Eingehen auf die Aussetzung nach § 221 und ein unechtes Unterlassungsdelikt ist nicht notwendig. F hatte gegenüber D weder eine Beistandspflicht qua Beruf (am Ehesten diskutabel) noch aus Ingerenz. Wenn Bearbeiter diese Delikte trotzdem erwähnen, müssen Sie zügig zur Verneinung kommen, um keine Punktabzüge zu erleiden. 23

F könnte sich durch das Liegenlassen des D der unterlassenen Hilfeleistung gemäß § 323c strafbar gemacht haben.

I. Tatbestand

1. Unglücksfall

D müsste sich in einem Unglücksfall befunden haben. Ein Unglücksfall ist ein plötzlich eintretendes Ereignis, das erhebliche Gefahren für Personen oder bedeutende Sachwerte mit 24 sich bringt. Nach h.M. ist dabei Beurteilungsperspektive für das Vorliegen eines Unglücksfalles ex post, d.h. aus der Warte späterer Betrachtung und unter Berücksichtigung gegebenenfalls erst nachträglich bekanntgewordener Tatsachen objektiv einzunehmen.[8]

D hat sich das Bein gebrochen und liegt während des Hausbrandes bewegungsunfähig auf der Treppe. Dies machte ihn unerwartet fluchtunfähig und schuf so die konkrete Gefahr, durch den Hausbrand zu sterben.

Eine Hilfeleistung war auch objektiv erforderlich, da es Dritten mit ausreichender Stärke oder geeigneten Werkzeugen möglich war, D aus seiner wortwörtlichen „Klemme" zu helfen.

2. Keine Hilfeleistung des F trotz Möglichkeit und Zumutbarkeit

25 F hat D zwar nicht aus eigenen Kräften befreit, das spricht aber nicht gegen eine Hilfeleistung, da er durch seinen Anruf mittelbar zur Hilfe beitrug. F hat daher nur dann keine Hilfe geleistet, wenn sein Anruf bei den Kollegen zu wenig für eine Hilfeleistung war. Der Täter genügt seiner Pflicht zur Hilfeleistung nicht, wenn er nur irgendetwas mit Hilfsintention unternimmt. Dabei ist die Benachrichtigung geeigneter Helfer, deren Hilfe sicher und rechtzeitig zu erwarten ist, eine erforderliche Hilfeleistung.[9] Der Hilfspflichtige muss sich vergewissern, dass die andere Person gewillt ist, Hilfe zu leisten, sonst lebt seine persönliche Hilfspflicht wieder auf.[10] Ob F dem schweren Mann D überhaupt alleine helfen konnte, ist schon deshalb fraglich, weil er ihn alleine die Treppe herunterbringen hätte müssen. Ein durchschnittlicher Mann kann kaum alleine einen eingeklemmten 150 kg schweren Mann bewegen. Jedenfalls hat F aber professionelle Hilfe angefordert. Diesbezüglich wurde ihm auch telefonisch von verlässlichen Berufshelfern (Kollegen der Feuerwehr) ein rechtzeitiges Eintreffen zugesagt, auf das er sich als Feuerwehrmann aus eigener Erfahrung verlassen durfte.

II. Ergebnis

26 F hat sich nicht nach § 323c strafbar gemacht.

Eine weitere Hilfe – etwa zur Leidensminderung des D durch gutes Zureden und Gesellschaftleisten – wäre nicht ernsthaft als allgemeine Pflicht anzusehen. Der BGH[11] hat in seltenen Fällen eine solche Leidensminderungspflicht angenommen, doch ging es dabei um moribunde Personen, bei denen tatsächlich nur erhebliche Qualen und Leiden vermindert werden konnten. Das ist hier nicht der Fall. Die Zumutbarkeit – bei der mögliche eigene Kosten bzw. Gefahren für F zu berücksichtigen wären - muss nicht weiter erwähnt werden, da ein Mehr an Hilfsbemühungen schon nicht erforderlich war.

---

8 *von Heintschel-Heinegg*, in: BeckOK, 55. Edition 22/2019, § 323c Rn. 9; *Hecker*, in: Schönke/Schröder, 30. Aufl. 2019, § 323c Rn. 5 m.w.N.

9 Zur unverzüglichen Verständigung eines Notarztes über Funk durch einen Busfahrer vgl. BGH NJW 1995, 799.

10 *Hecker*, in: Schönke/Schröder, 30. Aufl. 2019, § 323c Rn. 18.

11 BGHSt 14, 213 (217).

D. § 303 I Var. 1 zu Lasten des Hauseigentümers wegen des Zerschlagens der Tür

F könnte sich durch das Zerschlagen der Tür mit der Axt wegen Sachbeschädigung gemäß § 303 I Var. 1 strafbar gemacht haben. **27**

I. Tatbestand

Da die Tür im Eigentum des Hauseigentümers stand, hat F – vorsätzlich – eine fremde Sache beschädigt, weil die Tür durch das Zersplittern in ihrer Substanz beeinträchtigt wurde. F hatte auch Vorsatz, da er als notwendiges Zwischenziel wollte, dass die Tür zerstört wird, damit er in das Zimmer gelangt. **28**

II. Rechtswidrigkeit – § 904 BGB Notstand

§ 904 BGB geht nach h.M.[12] § 34 als *lex specialis* vor. Andere Ergebnisse zeitigt § 34 aber ohnehin nicht. **29**

Die Tat des F könnte aber nach § 904 BGB gerechtfertigt sein.

1. Einwirkung auf fremde Sache

Der Schlag zerstörte die A gehörende Tür und wirkte damit auf diese ein. **30**

2. Abwendung einer gegenwärtigen Gefahr für das Leben des K

Wegen des sich ausweitenden Brandes bestand weiter eine andauernde, gegenwärtige Todesgefahr für K. **31**

3. Zur Abwendung notwendig

Das Zerschlagen der abgeschlossenen Tür war ein notwendiger Zwischenschritt um K (wie geschehen) zu retten. **32**

4. Weit überwiegendes Interesse an der Schadensabwendung

Der K drohende Schaden müsste gegenüber dem, den F an der Tür des A verursachte, unverhältnismäßig groß gewesen sein. Das Leben des K überwiegt das Rechtsgut des Eigentums des A an der Holztür. Dies belegt ein Vergleich der Strafrahmen der §§ 212, 211 mit der deutlich geringeren Strafdrohung des § 303. Das Eigentum an der Tür muss hinter dem Leben des K zurückstehen. **33**

12 *Fischer*, 70. Aufl. 2023, § 34 Rn. 22; a.A. vertretbar: *Warda*, FS-Maurach, 161.

5. Abwendungswille bei Gefahrkenntnis

34 Nach h.M.[13] ist auch bei Rechtfertigungsgründen jeweils ein subjektives Element notwendig. F müsste danach in Kenntnis der unterschiedlichen Schäden mit Abwendungswillen gehandelt haben. F wollte K retten und wusste, dass es um dessen Leben ging.

III. Ergebnis

35 F ist insoweit nach § 904 BGB gerechtfertigt und nicht nach § 303 I Var. 1 strafbar.

E. § 123 I Var. 1 zu Lasten des V durch das Betreten der Wohnung

36 F könnte einen Hausfriedensbruch gemäß § 123 I Var. 1 begangen haben, als er die Wohnung des V betrat.

I. Tatbestand

37 Obwohl oben bereits ein Hausfriedensbruch abgelehnt wurde, stellt sich hier erneut die Frage nach einer Strafbarkeit des § 123 I, da F jetzt innerhalb eines Mehrfamilienhauses in eine vom gemeinsam zu nutzenden Raum abgetrennte und abschließbare Räumlichkeit gelangt, an der grundsätzlich nur der Mieter und nicht der Verwalter oder Eigentümer das Hausrecht innehat. Da aber auch hier V als Hausrechtsinhaber keine Erlaubnis erteilt hat und die Rechtsfigur des generellen Einverständnisses als fiktiv abzulehnen ist, ist § 123 I in der Variante der „Wohnung" tatbestandlich erfüllt.

> Bei der Prüfung ist eine weitgehende Verweisung nach oben zulässig, ein „Eindringen" lässt sich hier aber wegen der physischen Barrierebrechung kaum mehr verneinen. Insgesamt sollte man im Hinblick auf die praktische Verwertbarkeit des Gutachtens bei diesem Tatbestand keinen Schwerpunkt setzen.

II. Rechtswidrigkeit – § 34 Notstand

38 Die tatbestandliche Handlung könnte wiederum durch Notstand (§ 34) gerechtfertigt sein.

1. Gefahrenlage

39 K war in Gefahr, zu verbrennen. Die Gefahr war auch gegenwärtig, da K als hilfloses Kleinkind allein in der bereits brennenden Wohnung binnen Minuten verbrannt wäre.

2. Nicht anders abwendbar

40 Niemand anders war zu Stelle. Die bereits alarmierten Kollegen des F ließen noch auf sich warten. Ohne sofortige Rettungsmaßnahme des F wäre K verbrannt.

13 BGH NStZ 2007, 325; *Roxin*, AT I, 4. Aufl. 2006, § 14 Rn. 97; a.A. z.B. *Schroeder*, JZ 1991, 682 (683).

Obwohl V der Vater des K ist, geht es nicht um Rechtsgüter eines identischen Rechtsubjekts. Das Leben des K ist nicht das Leben des Vaters und das Hausrecht steht dem Kleinkind nicht ohne Weiteres zu. Ein Kind mag trotz Minderjährigkeit auch ein eigenes (Mit-)Hausrecht kraft Familienzugehörigkeit an der Wohnung haben. Voraussetzung dafür ist aber, dass es dessen Sinn begreift,[14] was bei einem dreijährigen zudem geschockten Kind unwahrscheinlich ist. Entscheidend ist daher bezüglich der Wohnung das Hausrecht des V. Auch hier ist daher nicht die mutmaßliche Einwilligung (bei der zwei Rechtsgüter ein und derselben Person kollidieren[15]) anzuwenden, sondern § 34. Man kann hier aber auch entsprechende Überlegungen in die Abwägung der Interessen nach § 34 einstellen, schließlich hat V auch das Interesse aus der Sorge um sein gefährdetes Kind, so dass die Interessen des V und des F insoweit die gleiche Richtung haben.

3. Interessenabwägung

Das Interesse am konkret gefährdeten Leben des K überwiegt das Interesse seines Vaters am Hausrecht eklatant, vgl. nur die Strafrahmen des § 123 und des § 212. **41**

4. Subjektives Rechtfertigungselement

F wusste um die K drohende Gefahr und wollte ihn auch retten. **42**

5. Ergebnis

F ist gerechtfertigt und macht sich nicht wegen Hausfriedensbruchs strafbar. **43**

F. § 223 I Var. 1, 2 zu Lasten des K durch das Werfen aus dem Fenster

F könnte sich durch das Werfen des K aus dem Fenster der Körperverletzung gemäß § 223 I Var. 1, 2 strafbar gemacht haben. **44**

I. Tatbestand

1. Objektiver Tatbestand

a) Erfolg, Handlung, Kausalität

K erlitt durch den Sturz eine Verstauchung und ein Schleudertrauma. Unabhängig vom Schmerzempfinden des bewusstlosen Kindes in der akuten Phase des Auftreffens auf dem Sprungtuch stellt dies eine nicht nur unerhebliche körperliche Misshandlung und ein medizinisch diagnostizierbares negatives Abweichen vom normalen Gesundheitszustand des K dar. An Erfolg, Handlung und Kausalität bestehen daher keine Bedenken. **45**

---

14 *Zöller/Fornhoff/Gries*, BT II, 2008, 201; BGHSt 21, 224; *Wessels/Hettinger/Engländer*, BT 1, 46. Aufl. 2022, Rn. 593.

15 Vgl. *Wessels/Beulke/Satzger*, AT, 52. Auflage 2022, § 11 Rn. 570.

b) Objektive Zurechnung – Gefahrverringerung

46 Die objektive Zurechnung eines tatbestandsmäßigen Erfolges zur Handlung des potentiellen Täters erfordert die Verwirklichung eines unerlaubten Risikos im Rahmen des Schutzzwecks der Norm bzw. die Schaffung einer rechtlich missbilligten Gefahr, die sich im tatbestandsmäßigen Erfolg realisiert hat, so dass sich die Modellgefahr und kein atypischer Kausalverlauf verwirklicht.[16] Diese und ähnliche Definitionen sind weitgehend inhaltsleer, da sie zwar das Problem benennen, ohne aber konkretere Kriterien für dessen Lösung anzubieten. Einigkeit besteht aber weitgehend über bestimmte Fallgruppen, bei deren Vorliegen der Zurechnungszusammenhang nach einer Gesamtbewertung ausgeschlossen sein soll.

Von den eben angesprochenen Fallgruppen kommt nur die Verringerung des drohenden Schadens als Ausschlussgrund der Zurechnung[17] in Betracht. Eine Risikoverringerung ist nicht erst ausnahmsweise erlaubt (Rechtfertigung), sondern von vorneherein schon nicht verboten. Erstes Merkmal dieser Fallgruppe ist, dass der Täter den Erfolg, den er durch sein Eingreifen in einen bereits in Gang befindlichen Kausalverlauf in seiner konkreten Gestalt beeinflusst. Zweites Merkmal ist, dass er den Kausalverlauf aber nur gleichsam „abfälscht", dass er den drohenden (schweren) Erfolg abschwächt oder ein zeitliches Hinausschieben des Erfolges bewirkt.

Dies gilt z.B. dann, wenn der Retter den gegen den Kopf geführten Schlag auf die Schulter ablenkt. Davon zu unterscheiden sind Fälle, in denen das Erfolgsrisiko nicht abgeschwächt, sondern zur Abwendung der drohenden Folgen eine neue eigenständige Gefahr begründet wird; in diesen Fällen kommt nur eine Rechtfertigung (mutmaßliche Einwilligung oder Notstand nach § 34) in Betracht.[18] Der ursprüngliche Kausalverlauf war für einen objektiven Beobachter *ex ante* gesehen, auf unmittelbare Schäden aus der Brandgefahr gerichtet. Dies wären z.B. Verbrennen, Ersticken durch Rauchgase oder Erschlagenwerden. Ein solcher auf einen typischen Brandschaden zulaufender Kausalverlauf wurde aber gerade nicht nur abgelenkt, indem etwa ein brennender Balken vom Kopf des K auf seinen Arm abgelenkt worden wäre.

Dieser Kausalverlauf betrifft nicht mehr die Modellgefahr des Todes unmittelbar durch den Brand. F hat vielmehr durch einen von ihm neu in Gang gesetzten und nur von ihm im Ansatz steuerbaren Kausalverlauf das neue Risiko für K geschaffen, durch den Wurf aus dem Fenster verletzt zu werden. Das ursprüngliche Risiko wurde also nicht verringert, sondern völlig aufgehoben. Eine Gefahr für K zu verbrennen, besteht nicht mehr. Daher muss das letztgenannte Sturzrisiko und seine Folgen der Handlung des F und jedenfalls nicht nur der Ausgangsgefahr des Brandes zugerechnet werden. Der objektive Tatbestand ist erfüllt.

16 *Wessels/Beulke/Satzger*, AT, 52. Aufl. 2022, § 6 Rn. 251; *Lackner/Kühl/Heger*, 30. Aufl. 2023, vor § 13 Rn. 14.

17 *Heuchemer*, in: BeckOK, 55. Edition 1/2022, § 13 Rn. 25.

18 *Eisele*, in: Schönke/Schröder, 30. Aufl. 2019, Vorbem. §§ 13 ff. Rn. 94; OLG Stuttgart JZ 1979, 575; *Otto*, NJW 80, 417; *Puppe*, ZStW 92 (1980), 863 (883); 95 (1983), 287 (292).

2. Subjektiver Tatbestand

F rechnet auch damit, dass sich K bei dem Sturz verletzen konnte, er nahm dies aber im Rechtssinne billigend in Kauf, da ihm das Leben des K wichtiger als Sturzverletzungen war. **47**

II. Rechtswidrigkeit

1. § 34 Notstand

Nach h.M.[19] ist § 34 nicht für die Kollision von Rechtsgütern bei einem einheitlichen Rechtsgutträger (paternalistische Nothilfe) anwendbar. Die m.M.[20] vertritt zwar eine Anwendbarkeit des § 34, wendet dabei aber auch die für die mutmaßliche Einwilligung entwickelten Grundsätze an. In der Sache unterscheiden sich die Kriterien daher nicht und eine Entscheidung der Einordnung ist mangels Lösungsrelevanz entbehrlich. **48**

2. Mutmaßliche Einwilligung

Die ihrer Herleitung nach sehr strittige, aber ihren Voraussetzungen nach geklärte[21] mutmaßliche Einwilligung rechtfertigt die Tat bei einer internen Güter- und Interessenkollision im Lebensbereich des Verletzten[22] ähnlich wie im Zivilrecht die GoA. Dafür sind spezielle Merkmale zu erfüllen. **49**

a) Verfügbarkeit (Disponibilität) des Rechtsguts

Das geschützte Rechtsgut muss ein subjektives Recht des mutmaßlich Einwilligenden sein über das grundsätzlich er allein oder mit anderen zusammen verfügen darf oder andere für ihn verfügen dürfen. Die eigene körperliche Integrität ist ein alleiniges Recht des individuellen Menschen, also auch des K. Dass er noch ein kleines Kind ist, schadet insoweit nicht, weil seine Eltern als Sorgeberechtigte und gesetzliche Vertreter entsprechende Verfügungen treffen dürfen, wie etwa Einwilligungen in ärztliche Heileingriffe. Diese Verfügbarkeit, vgl. § 1626 BGB, findet ihre Grenzen in den Bestimmungen zum Schutz von Kindern und Jugendlichen, sowie allgemein der Menschenwürde und dem Recht auf Leben. Hier ging es nicht darum K einer Todesgefahr auszusetzen oder ihn sonst unvernünftig zu gefährden. Die Eltern hätten also grundsätzlich in den „Fensterwurf" einwilligen können. **50**

b) Besondere Anforderungen an den Ersatz der Einwilligungserklärung

aa) Fehlen einer ausdrücklichen Erklärung

Eine Einwilligungserklärung der Eltern des K oder auch nur eine natürliche Erklärung des Kindes selbst lag nicht vor. **51**

---

19 BGHSt 35, 249; BGH NJW 2000, 885 (886); *Baumann/Weber/Mitsch*, AT, 11. Aufl. 2003, § 17 Rn. 114; *Fischer*, Der Strafbarkeitsausschluss durch berechtigte Geschäftsführung ohne Auftrag, 2000, 105 ff.; *Hirsch*, in: LK, Vor § 32 Rn. 129; *Jescheck/Weigend*, AT, 5. Aufl. 1996, § 34 VII; *Tiedemann*, JuS 1970, 108 ff.

20 *Otto*, Grundkurs AT, 7. Aufl. 2004, § 8, Rn. 131; *Welzel*, Das deutsche Strafrecht, 11. Aufl. 1969, § 14 V; *Zipf*, Einwilligung und Risikoübernahme im Strafrecht, 1970, 52 f.

21 *Ohly*, „Volenti non fit iniuria" – die Einwilligung im Privatrecht, 2002, 220 f.

22 *Sternberg-Lieben*, in: Schönke/Schröder, 30. Aufl. 2019, Vorbem. §§ 32 ff. Rn. 55.

bb) Möglichkeit vorheriger Befragung

52 F konnte den bewusstlosen K nicht fragen. Auch wenn man bei einem Kind auf die Einwilligung der Eltern abstellt, würde eine Ermittlung der Erziehungsberechtigten und ein telefonischer Anruf bei diesen, in Anbetracht der dringenden Gefahr, zu viel Zeit kosten. K wäre dann schon verbrannt. Eine Befragung war also in keiner Hinsicht im entscheidenden Zeitpunkt für F möglich.

c) Mutmaßlicher Wille der Sorgeberechtigen des Klaus

aa) Entgegenstehender „unvernünftiger" Wille des Betroffenen?

53 Bei diesem Rechtfertigungsgrund ist allein der mutmaßliche Wille des Betroffenen maßgeblich.

Es findet grundsätzlich keine objektive Interessenabwägung statt, es sei denn ein spezielles persönliches Interesse lässt sich nicht ermitteln. Über besondere persönliche Interessen oder Anweisung für den Fall eines Hausbrandes ist nichts bekannt. Eine objektive Wertung der Interessen ähnlicher Durchschnittspersonen in der Lage des Kindes und seiner Eltern ist also entscheidend.

bb) Objektive Wertung der Interessenabwägung

54 Ist nichts über die persönlichen Vorlieben des Betroffenen zu ermitteln, muss die Tat nach objektiver Wertung der Umstände im mutmaßlichen Willen des Rechtsgutsinhabers liegen. Dazu kommt es auf die objektiven Interessen einer Durchschnittsperson an der Stelle des Betroffenen an. Objektiv ist das Leben des K mehr wert als die reversible Einbuße seiner körperlichen Unversehrtheit. Danach lag es im hypothetischen Willen des K und seiner Erziehungsberechtigten, K aus dem Fenster zu werfen.

d) Subjektives Rechtfertigungselement

aa) Gewissenhafte Prüfung aller Umstände

55 F müsste alle Umstände gewissenhaft abgewogen haben, die für und gegen den Fensterwurf standen. Dies hat F im Rahmen der beschränkten zeitlichen Möglichkeiten getan. Gegenüber der Alternative eines sicheren Todes durch Verbrennen war dies auch einfach möglich.

bb) Absicht im Interesse des Betroffenen zu handeln

56 F hatte auch den Willen zu helfen und nutzte die Situation auch nicht zu seinem eigenen Vergnügen aus. Selbst wenn man eine solche stark altruistische Absicht fordert, ist dieses Merkmal erfüllt. F handelte daher im Interesse des Ks und mit dem mutmaßlichen Willen seiner Erziehungsberechtigten.

III. Ergebnis

57 F ist daher gerechtfertigt.

Es dürfte auch gut vertretbar sein, GoA iSd §§ 677 ff. BGB anzuwenden, da man so wenigstens einen gesetzlichen Anker hat. Eine ausführliche Erörterung des Verhältnisses von GoA zu mutmaßlicher Einwilligung ist mangels Relevanz – keine anderen Kriterien, keine andere Stufe im Fallaufbau – auch überflüssig.[23]

Teil 2: Strafbarkeit des S

A. § 223 I Var. 1 zu Lasten des V durch die zwei ersten Schläge auf V

An dieser Stelle ist es auch gut vertretbar, die beiden Schläge getrennt zu prüfen, allerdings kommen hier keine Differenzen von fachlichem Belang vor, so dass auch eine Prüfung „in eins" zulässig ist. Der ergonomische Vorteil birgt allerdings die Gefahr, Personen zu verwechseln oder unvollständig zu arbeiten. Der dritte Schlag sollte allerdings wegen der isolierten Schuldproblematik abgetrennt geprüft werden. Wird dieser Schlag nicht wenigstens im Ergebnis ausdifferenziert, ist das ein Fehler. 58

S könnte sich wegen Körperverletzung gemäß § 223 I Var. 1 strafbar gemacht haben, als er V zweimal mit der Faust in das Gesicht schlug.

I. Tatbestand

Durch den schmerzhaften Faustschlag hat S den V jedenfalls körperlich misshandelt. Dies hat er auch vorsätzlich gewollt, da dies gerade notwendiges Zwischenziel einer Abwehr des V durch S war. Dass er V dadurch auch an der Gesundheit geschädigt hat, ist nicht dargetan. S hat den Tatbestand des § 223 I Var. 1 erfüllt. 59

II. Rechtswidrigkeit – § 32 Notwehr

S ist durch Notwehr gemäß § 32 gerechtfertigt, wenn ein Angriff des V auf S, oder D als einen anderen, gegenwärtig und rechtswidrig war und der Schlag des V demgegenüber die erforderliche und gebotene Verteidigung war. 60

1. Notwehrlage

a) Angriff

Ein Angriff ist die drohende Verletzung rechtlich geschützter Güter oder Interessen durch menschliches Verhalten[24]. Bei dem ersten Schlag stellten die Würgegriffe von V einen Angriff auf das Leben des D dar. Um D zu retten, handelte S somit in Nothilfe nach § 32 II. Beim zweiten Schlag griff V den S selber mit körperlicher Gewalt an. 61

---

23 Vgl. zum Problemkomplex: *Jescheck/Weigend*, AT, 5. Aufl. 1996, 387 f.; *Roxin*, AT I, 4. Aufl. 2006, § 17 Rn. 7 f.; *Zitelmann*, AcP 99 (1906), 1 (102 ff.); *Schroth*, JuS 1992, 476 ff.; *Brennecke*, Ärztliche Geschäftsführung ohne Auftrag, 2010, 232 ff.

24 *Momsen*, in: BeckOK, 55. Edition 11/2022, § 32 Rn. 17; *Kindhäuser*, in: NK, 5. Aufl. 2017, § 32 Rn. 9; *Kühl*, AT, 8. Aufl. 2017, § 7 Rn. 23; *Roxin*, AT I, 4. Aufl. 2006, § 15 Rn. 6.

b) Gegenwärtigkeit

62 Der Angriff muss auch gegenwärtig sein.[25] Da das Würgen beim ersten Schlag noch andauerte, ist dies bis hierhin unproblematisch. Auch beim zweiten Schlag dauerte der Angriff des V auf S (Handgemenge) noch an.

c) Rechtswidrigkeit des Angriffs

63 Weiter müsste der Angriff objektiv gegen die Rechtsordnung verstoßen und darf nicht seinerseits durch einen Rechtfertigungsgrund gedeckt sein.[26] Selbst nach der subjektiven Vorstellung des V greift der „kampfunfähig" auf einer Krankenbahre liegende D niemanden an. Der bloß rächende Angriff des V ist daher der Versuch rechtswidriger Selbstjustiz und nach keiner in Frage kommenden Norm gerechtfertigt. Auch der folgende Angriff auf S war nicht gerechtfertigt, da S seinerseits durch die Nothilfe gerechtfertigt war. Die Angriffe waren daher rechtswidrig. V ist tot und daher nicht zu prüfen. An dieser Stelle wäre es aber vertretbar, inzident die Straftat des V gegen S zu prüfen, da eine ungerechtfertigte Straftat des V erst recht ein rechtswidriger Angriff wäre. Allerdings ist das m.E. nicht notwendig und daher streng genommen überflüssig (und für einen ebenso strengen Korrektor deshalb falsch), da für einen Angriff gerade keine Straftat nötig ist. Der Sachverhalt verführt aber dazu, den Angriff auf den Helfer nach der mit dem 52. StrÄndG vom 23.5.2017 vor einigen Jahren geänderten[27] Vorschrift des § 115 Abs. 3 i.V.m. § 114 zu prüfen, um hier auf Nummer sicher zu gehen (was mag der Hausarbeitssteller wollen?) oder entsprechendes Wissen abzuladen. In der Sache wäre die Vorschrift sogar auf Grundlage der Rspr.[28] erfüllt. Der Sachverhalt „attackiert nun heftig S" berichtigt nicht mit ausreichender Sicherheit eine Körperverletzung, so dass hier der Streit dargestellt und entschieden werden müsste, ob der tätliche Angriff i.S.d. §§ 114, 115 eine vollendete oder zumindest versuchte Körperverletzung erfordert oder ob – wie zur alten Rechtslage als tätlicher Angriff und Widerstand innerhalb des § 113 geregelt und auch der tätliche Angriff mit geringerer Strafdrohung versehen war, was eine leichtere Begehungsform rechtfertigte – ein irgendwie gegen den Körper gerichtet Angriff ausreicht.[29]

2. Notwehrhandlung

64 Die Handlung des S ist danach gerechtfertigt, wenn sie zur Verteidigung des D und danach des S geeignet, erforderlich und geboten war[30] und jedenfalls wenn S Verteidigungswillen hatte.

a) Geeignetheit

65 Beide Schläge des S waren hier geeignet – nur dadurch ließ V von D und S ab.

---

25 *Roxin*, AT I, 4. Aufl. 2006, § 15 Rn. 21; *Perron*, in: Schönke/Schröder, 30 Aufl. 2019, § 32 Rn. 13 f; *Wessels/Beulke/Satzger*, AT, 52. Aufl. 2022, § 10 Rn. 487.

26 BGH JZ 2001, 661; *Erb*, in: MüKo-StGB, § 32 Rn. 29 f.; *Wessels/Beulke/Satzger*, AT, 52. Aufl. 2022, § 10 Rn. 493.

27 BGBl. I S. 1226.

28 OLG Hamm 12.2.2019 – 4 RVs 9/19, BeckRS 2019, 3129 ebenso BGH 11.6.2020 – 5 StR 157/20, NJW 2020, 2347 (2348).

29 Vgl. MüKoStGB/*Bosch*, 4. Aufl. 2021, StGB § 115 Rn. 13; § 114 Rn. 6 m.w.N.; *Magnus*, GA 2017, 531 (533 ff.).

30 *Frister*, AT, 14. Aufl. 2022, § 16 Rn. 18 f.; *Kindhäuser*, in: NK, 5. Aufl. 2017, § 32 Rn. 51; *Wessels/Beulke/Satzger*, AT, 52. Aufl. 2022, § 10 Rn. 496.

b) Erforderlichkeit

Erforderlich waren sie auch, wenn sie das mildeste unter gleichwirksamen Mitteln darstellen.[31] Im Hinblick auf die Todesgefahr für D war der erste Faustschlag durch S mithin erforderlich – andere Handlungen wie etwa auf V einreden oder andere zu Hilfe rufen wären erfolglos. Dies gilt auch für den zweiten Schlag, ein leichterer Schlag hätte wohl wegen der Gereiztheit des V nicht zu dem Abbruch der Attacke auf S geführt. **66**

c) Gebotenheit

Fallgruppen sozialethischer Einschränkungen sind nicht ersichtlich. Die Notwehr war geboten. **67**

3. Verteidigungswille

S handelte auch, um D und sich selbst zu schützen. Auch die einsetzende Panik beim zweiten Schlag verdrängt diese Motivation nicht. Der Streit zur Notwendigkeit eines subjektiven Rechtfertigungselements bei der Notwehr[32] wird daher nicht relevant. **68**

III. Ergebnis

S ist insoweit nach § 32 gerechtfertigt und hat sich nicht nach § 223 I Var. 1 strafbar gemacht. **69**

B. § 223 I Var. 1 zu Lasten des H wegen der Schläge auf H

S könnte sich wegen Körperverletzung gemäß § 223 I Var. 1 strafbar gemacht haben, als er H mehrfach schlug. **70**

I. Tatbestand

S müsste H körperlich misshandelt oder an der Gesundheit geschädigt haben. Durch den schmerzhaften Faustschlag hat S den H jedenfalls körperlich misshandelt. Dies hat er auch vorsätzlich gewollt, da dies nach der Vorstellung des S gerade notwendiges Zwischenziel einer Abwehr und Bestrafung des V durch S war. Die Personenverwechselung ist kein erheblicher Irrtum nach § 16 I.[33] V hat einen Menschen verletzt und dies auch gewollt, auf die Identität der anvisierten Person kommt es nach unbestrittener Ansicht nicht an. Ein erheblicher Irrtum über den Tatumstand wesentlicher Kausalverlauf und Erfolg liegt nicht vor. Jedenfalls rechtfertigt er keine andere Bewertung der Tat (Gleichwertigkeits- und Konkretisierungstheorie kommen hier zu gleichen Ergebnissen). S hat den Tatbestand des § 223 I Var. 1 erfüllt. **71**

---

31 *Lackner/Kühl/Heger*, 30. Aufl. 2023, § 32 Rn. 9; *Perron*, in: Schönke/Schröder, 30. Aufl. 2019, § 32 Rn. 34.

32 *Waider*, Die Bedeutung der Lehre von den subjektiven Rechtfertigungselementen für Methodologie und Systematik des Strafrechts, 1970.

33 Vgl. *Kudlich*, in: BeckOK, 55. Edition 11/2022, § 16 Rn. 6.

II. Rechtswidrigkeit

1. § 32 Notwehr

72 Der Angriff ist nicht mehr gegenwärtig. Notwehr scheidet daher aus.

2. Erlaubnistatumstandsirrtum

73 Zwar ist S auch verwirrt, doch ist nicht ohne Weiteres davon auszugehen, dass er annimmt der Angriff sei noch gegenwärtig. Das „Nachsetzen" entspricht nicht einer solchen psychischen Konstellation.

Eine andere Auslegung des Sachverhalts wäre mit schweren Bedenken noch vertretbar (die Begründung müsste aber überzeugend sein und dürfte sich nicht in apodiktischer Behauptung erschöpfen), dann müsste hier die Problematik des Erlaubnistatumstandsirrtums (ETI) bereits an dieser Stelle intensiv diskutiert werden und unten lediglich nach oben verwiesen werden.

III. Schuld – § 33 Notwehrexzess

74 § 33 bereitet hier einige Schwierigkeiten, da die „normale" Problemkonstellation der zeitlichen Grenzüberschreitung um den personalen Exzess erweitert wurde. Alternativ zur hier vorgenommenen „Schachtelprüfung" der Streitstände (Beginn mit dem zeitlich extensiven Exzess, dann aber Verzicht auf Streitentscheidung wegen sicherer Verneinung des § 33 bei personalem Exzess) ist auch eine stärkere Trennung der Problemdarstellung zulässig – Bearbeiter müssen aber darauf achten, hier strategisch vorzugehen und ein Ende zu finden. Es erscheint mir im Hinblick auf die praktische Verwertbarkeit daher taktisch gut vertretbar, das Problem des nachzeitigen Exzesses noch kürzer abzuhandeln und dann auf den personalen Exzess zu springen. Weiter ist die Motivlage des S im Sachverhalt etwas verworren, so dass die Aufschlüsselung der subjektiven Tatseite und Motivlage des S nicht leicht fällt.

Der Täter muss weiter schuldhaft handeln. Dies ist der Fall, wenn er sich für eine normgerechte Verhaltensweise hätte entscheiden können.[34] S ist aber entschuldigt, wenn er im Notwehrexzess nach § 33 handelte.

Im unstrittigen „Normalfall" des intensiven Notwehrexzesses liegt im Zeitpunkt der Notwehrlage ein Notwehrexzess aus den im Gesetz genannten asthenischen Affekten vor.[35] V flüchtet aber bereits und H hat nie angegriffen, so dass keine Notwehrlage mehr besteht, als S den H schlägt. Mangels Angriffs handelt es sich um einen nachzeitigen extensiven Notwehrexzess, wenn der Täter nach einem beendeten Angriff die räumlichen oder zeitlichen Grenzen des Notwehrrechts aus Verwirrung, Furcht oder Schrecken überschreitet.[36] Hier liegt ein solcher extensiver zeitlicher und – in Besonderheit des Falles – personaler Notwehrexzess vor. Ob auch der zeitliche Notwehrexzess nach § 33 entschuldigen kann, ist umstritten.

34 BGHSt 2, 194 (200 f.); *Kindhäuser*, StGB, 6. Aufl. 2015, Vor § 19 Rn. 5; *Kühl*, AT, 8. Aufl. 2017, § 10 Rn. 3; *Paeffgen*, in: NK, 5. Aufl. 2017, Vor § 32 Rn. 208; *Wessels/Beulke/Satzger*, AT, 52. Aufl. 2022, § 13 Rn. 604 ff.

35 *Roxin*, AT I, 4. Aufl. 2006, Rn. 84 f.; *Perron*, in: Schönke/Schröder, 29. Aufl. 2014, § 33 Rn. 7.

36 *Lackner/Kühl/Heger*, StGB, 30. Aufl. 2023, § 32 Rn. 18; *Kindhäuser*, in: NK, 5. Aufl. 2017, § 33 Rn. 7 f.

1. Nur intensiver Notwehrexzess zulässig?

Man kann § 33 so interpretieren, dass überhaupt eine Notwehrlage bestehen müsse, wenn deren Grenzen überschritten werden sollen.[37] Daraus folgt dann, dass gerade im Zeitpunkt der Tat eine Notwehrlage verlangt werden muss und nur der sog. *„intensive Notwehrexzess"* entschuldigt. Hier flüchtete der Angreifer bereits. Der Angriff war schon vorüber als S handelte. Danach hätte S die Grenzen der Notwehr weder überschritten, noch eingehalten, da mangels Lage auch keine Grenze (mehr) bestand. **75**

2. Auch zeitlich extensiver Notwehrexzess zulässig?

Andererseits lässt sich noch mit dem Wortlaut des § 33 vereinbaren, dass die Grenzen der Notwehr auch in zeitlicher Hinsicht überschritten werden können (sog. *„extensiver Notwehrexzess"*[38]). Der Angriff und damit die Notwehrlage waren bereits vorbei. S überdehnte die Notwehr also in zeitlicher Hinsicht. **76**

Er war in Panik wegen des vorangegangenen Angriffs und beging diese Tat auch aus Schrecken. Daher überdehnte er sie aus einem in § 33 genannten asthenischen Affekt. Dass auch andere Affekte wie Wut und Zorn eine Rolle spielen, ist unerheblich, solange jedenfalls die Angst das entscheidende Motiv bleibt.[39] Davon ist hier mangels anderer Anhaltspunkte im Sachverhalt auszugehen. Für die Ursächlichkeit der Verwirrung aus den Schwächeaffekten Angst und Panik spricht zudem die unterlaufene Personenverwechslung. Dass die Wut auch maßgeblich zur Verwirrung beigetragen hat, ist nicht anzunehmen. Die Wut folgt hier vielmehr sekundär aus der Angst.

> Eine andere Ansicht ist hier mit eingehender Begründung vertretbar da der Sachverhalt mit „wütend" und „bestraft" verwirrende „Nebelkerzen" enthält. Allerdings ist mit „aus Angst verwirrt und wütend" relativ eindeutig, dass es sich um „sekundäre" Aggression handelt.

a) Differenzierende Theorie

Nach der differenzierenden Theorie[40] ist § 33 erfüllt, da dafür zunächst eine Notwehrlage vorliegen muss, die dann „aus dem Ruder läuft". Hier fand ein tatsächlicher Angriff statt, damit läge nach dieser Lehre ein entschuldigender Exzess vor. **77**

b) Keine Notwehrlage notwendig?

Man könnte auch ganz auf das Erfordernis einer Notwehrlage verzichten, das würde aber im vorliegenden Fall im Ergebnis nur einen Unterschied zur erstgenannten Ansicht machen. Eine Streitentscheidung innerhalb der Meinungsgruppe „extensiver Notwehrexzess" ist daher nicht notwendig. Auch eine grundsätzliche Entscheidung zum extensiven Exzess kann aber unterbleiben, wenn § 33 aus anderen Gründen zu verneinen ist. **78**

---

37 H.M. BGH NStZ 1987, 20; *Jescheck/Weigend*, AT, 5. Aufl. 1996, 493.

38 Dafür *Perron*, in: Schönke/Schröder, 30. Aufl. 2017, § 33 Rn. 7 m.w.N.

39 *Jescheck-Weigend*, AT, 5. Aufl. 1996, 491 f.

40 *Kindhäuser*, in: NK, 5. Aufl. 2017, § 33 Rn. 11; *Timpe*, JuS 1985, 120 f.

3. Personaler Exzess?

79 Die ganz h.M. vertritt eine teleologische Auslegung des § 33, die ergibt, dass sich die Norm nur auf das Verhältnis Opfer – Angreifer bezieht.[41] Dies soll auch die Systematik bestätigen – § 35 entschuldigt die Schädigung Dritter nur, wenn die Gefahr nicht anders anwendbar war.[42] Danach griffe § 33 bei der räumlichen Notwehrüberschreitung nicht ein, sodass S hier nicht nach § 33 entschuldigt wäre.

a) Pro

80 Eine solche teleologische Reduktion der Norm findet aber keine Stütze im Gesetz. Auch der Verweis auf § 35 ist nicht überzeugend, da § 35 keine psychische Ausnahmelage, sondern nur abstrakt ein Näheverhältnis voraussetzt. Zudem wäre dann auch die Irrtumsregel des § 35 II ins Kalkül zu ziehen. Dass der Täter irrt, ist gerade die Grundaussage des § 33. Ein affektiver Täter, wird auch schwerlich einem Vermeideimpuls nachkommen können, dieser ist doch durch den Affekt gestört. Auch sonst ist ein error in persona für den Vorsatz des Täters zu seinen Ungunsten unbeachtlich. Dies sollte auch konsequent für den Personalen Exzess im Rahmen des § 33 gelten. Danach sperrt der personale Exzess § 33 nicht.

b) Contra

81 Wendet man § 33 auf den personalen Exzess an, würde § 33 als allgemeiner Entschuldigungsgrund für Taten aus asthenischen Affekte aus Anlass der Notwehr anzusehen sein, was sich dem Gesetz nicht entnehmen lässt. Entscheidend gegen eine solche Ausdehnung spricht aber, dass dem Notwehrrecht eine Inanspruchnahme Dritter für Sonderopfer fremd ist. Wenn man § 33 als „Verwandten" bzw. Fortsetzung des Notwehrrechts sieht, ist auch hier eine Ausweitung auf Dritte nicht von der Norm umfasst. Besonderes Augenmerk gilt der Sonderstellung des § 33 – ein Pendant bei § 34 oder anderen Rechtfertigungsgründen existiert nicht. Im Rahmen des § 33 lässt sich also so erklären, dass die Schuld des Täters gering ist bzw. Opferinteressen hintanstehen können, weil er gerade vom Opfer angegriffen wurde. Die mögliche Gegenmeinung berücksichtigt dies nicht. Der h.M. ist daher zu folgen.[43]

> Weil es sich hier um eine entscheidende Stelle handelt, wurde der Punkt des personalen Exzesses relativ ausführlich dargestellt. In einer stärker praktisch orientierten Lösungsvariante könnte man das Ganze abkürzen und nach einer kurzen Schilderung des Streites um den nachzeitigen Exzess so abschließen: *„Neben der Nachzeitigkeit kommt hier aber noch hinzu, dass der Schlag sich nicht gegen den vormaligen Angreifer und Auslöser der Notwehrlage F, sondern gegen A gerichtet hat. Für diese Situation des ‚doppelt extensiven Exzesses, unter Verletzung unbeteiligter Dritter gilt § 33 unstrittig nicht."*

---

41 RGSt 54, 36 (37 f.); *Kindhäuser*, in: NK, 5. Aufl. 2017, § 33 Rn. 13; *Spendel*, in: LK, 12. Aufl. 2006, § 33 Rn. 16, Rn. 22; *Perron*, in: Schönke/Schröder, 30. Aufl. 2017, § 33 Rn. 10.

42 *Roxin*, in: FS-Schaffstein, 1975, 105 (124).

43 Zusammenfassend dazu: *Beulke*, Klausurenkurs im Strafrecht I, 8. Aufl. 2020, Rn. 222.

Nur eine dritte gleichsam halsbrecherische – aber wie ich meine trotz der übermächtigen h.M. gut vertretbare Variante – kommt über eine Bejahung der entschuldigenden Wirkung des personalen Exzesses doch noch zur Streitentscheidung bezüglich des nachzeitigen Exzesses. Insoweit kann das Ergebnis aber nur eine Anwendung des § 33 sein, da das psychologisierende Argument auf beide Exzessformen zutrifft.

c) Zwischenergebnis

§ 33 ist auf den personalen Notwehrexzess nicht anwendbar. **82**

4. Ergebnis

S ist wegen des Angriffs auf den unbeteiligten H nicht nach § 33 entschuldigt und hat **83**
sich gemäß § 223 I Var. 1 wegen Körperverletzung strafbar gemacht.

C. § 212 I wegen des Wurfs auf V

S könnte sich wegen Totschlags gemäß § 212 I strafbar gemacht haben, als er V einen **84**
Defibrillator an die Schläfe warf.

I. Tatbestand

1. Objektiver Tatbestand

S hat V getötet. Ein atypischer Kausalverlauf, wenn der Erfolg außerhalb dessen liegt, **85**
was nach dem gewöhnlichen Verlauf der Dinge und der allgemeinen Lebenserfahrung zu erwarten ist,[44] ist hier zu verneinen. Beim Wurf mit einem schweren und festen Gegenstand, wie hier mit dem Defibrillator, ist stets damit zu rechnen, dass ein Treffer am Kopf des Opfers eine Hirnblutung auslösen kann und somit tödlich wirken kann. Folglich ist der objektive Tatbestand gegeben.

2. Subjektiver Tatbestand

Bezüglich der Tat müsste S auch vorsätzlich (iSd §§ 15, 16 I im Gegenschluss) gehan- **86**
delt haben. S kann aber kein Vorsatz zugerechnet werden, da er den Todeserfolg nicht als mögliche Folge in seine Vorstellungswelt aufnahm und jedenfalls auf das Ausbleiben dieser Folge vertraute.

Wegen der klaren Sachverhaltsangabe (nicht damit „gerechnet“, „wollte ihn nicht töten“) sollte hier keine größere Vorsatzdiskussion erfolgen. Man könnte für ein abweichendes Ergebnis auch höchstens gegen die ganz h.M.[45] eine stark objektive Vorsatztheorie vertreten, nach der auch nur die geringste Möglichkeitsvorstellung für Vorsatz ausreichen würde. Insoweit dürfte aber kaum einem Bearbeiter Überzeugendes gelingen. Die Ausführungen sind daher knapp zu halten.

---

44 *Wessels/Beulke/Satzger*, AT, 52. Aufl. 2022, § 6 Rn. 289.

45 Vgl. trotz der Aufgabe der Hemmschwellentheorie dazu instruktiv: BGH ZJS 2012, 826 ff., m. Anm. *Heghmanns*.

II. Ergebnis

87 S hat sich mangels Vorsatzes nicht nach § 212 I strafbar gemacht.

Eine Prüfung der §§ 224, 227 ist aus Sparsamkeitsgründen nicht angebracht, da das Problem im Allgemeinen Teil liegt und in Rechtfertigung und Schuld keine Unterschiede zwischen Grundtatbestand und Qualifikation auftreten können. Denn untersucht wird, auch bei der Prüfung des Grundtatbestandes, die konkrete Tat. Also der Wurf mit dem Defibrillator und nicht eine irreale hypothetische Körperverletzung ohne gefährliches Werkzeug oder Todesfolge.

D. § 223 I Var. 1, 2 durch den Wurf mit dem Defibrillator zu Lasten des V

88 S könnte sich gemäß §§ 223 I Var. 1, 2 strafbar gemacht haben, als er den Defibrillator auf V warf.

I. Tatbestand

1. Objektiver Tatbestand

89 Durch den Wurf mit dem Defibrillator hat S den V körperlich misshandelt und an der Gesundheit geschädigt. Der Todeserfolg umfasst den Körperverletzungserfolg.[46]

2. Subjektiver Tatbestand

90 Er handelte zwar nicht bezüglich des Todes, aber in Hinblick auf etwaige Verletzungen vorsätzlich. Das geschehene „mehr“ an tödlicher Verletzung wird S zwar nicht zugerechnet, mit einem *argumentum a majore ad minus* muss S sich aber das im Tod notwendig mitenthaltene (jedenfalls als Durchgangsstadium auch real verwirklichte) Körperverletzungselement zurechnen lassen. Insoweit liegt keine wesentliche Abweichung des tatsächlichen vom vorgestellten Kausalverlauf und Erfolg nach § 16 I vor.

II. Rechtswidrigkeit – § 32 Notwehr (bzw. Nothilfe)

1. Notwehrlage

91 S ist durch Notwehr gemäß § 32 gerechtfertigt, wenn das Herbeilaufen des V ein gegenwärtiger Angriff auf die körperliche Unversehrtheit des D wäre. V wollte weder D noch S verletzen, sondern sich entschuldigen. Die Voraussetzung „Angriff“ liegt daher objektiv nicht vor.

2. Ergebnis

92 S ist nicht durch Notwehr gerechtfertigt.

46 *Eser/Sternberg-Lieben*, in: Schönke/Schröder, 30. Aufl. 2017, § 212 Rn. 17 ff.

III. Erlaubnistatumstandsirrtum (Erlaubnistatbestandsirrtum[47])

Immer wieder bestehen Zweifel über den Aufbau des ETI-Streites. M.E. spricht nichts dagegen, für den ETI einen Sonderpunkt zu eröffnen. Nur so kann man dem Problem gerecht werden, dass gerade der Streit über den Standort im Deliktsaufbau geführt wird. Jede Verortung in einer der drei bekannten Deliktskategorien präjudiziert eigentlich bereits das Streitergebnis.[48] 93

Erlaubnistatumstandsirrtum (bzw. Erlaubnistatbestandsirrtum) wird eine Konstellation genannt, in der sich der Täter fälschlich tatsächliche Umstände vorstellt, die für den hypothetischen Fall ihrer Realität alle Merkmale eines anerkannten Rechtfertigungstatbestandes erfüllen würden. Wie sich dies auf die Strafbarkeit auswirkt, ist hoch umstritten. S könnte sich bei dem Wurf mit dem Defibrillator jedenfalls die Umstände vorgestellt haben, die alle Merkmale des Rechtfertigungsgrundes der Notwehr (in Form der Nothilfe) erfüllen.

1. Vorgestellte Nothilfelage

S stellt sich vor, dass V auf ihn und D in Verletzungsabsicht zustürmt und das Geschehen also alsbald in einen Schaden – Verletzung des Körpers des D – umschlagen wird. 94
Nach seiner Vorstellung droht also ein Angriff des V auf die körperliche Unversehrtheit des D, nach dem Würgeversuch des V und der Axt in der Hand des V wohl sogar einen Angriff auf das Leben zumindest des D.

2. Vorstellung einer objektiv erforderlichen Notwehrhandlung

Dieser Irrtum kann sich indes nur dann zugunsten des Täters auf die Strafbarkeit auswirken, wenn beim hypothetischen Vorliegen der vorgestellten Umstände die Notwehrhandlung objektiv erforderlich und geboten gewesen wäre. 95

Bei Notwehr – hier in Form der Nothilfe für D als Anderen – gemäß § 32 II muss die Verteidigungshandlung erforderlich sein, also von allen mindestens gleich geeigneten Mitteln das mildeste darstellen, wobei das Ausweichen des Verteidigers vor dem Angriff wegen des Rechtsbewährungsprinzips grundsätzlich nicht erforderlich ist, auch wenn es geeignet wäre, den Angriff ins Leere laufen zu lassen.[49]

---

47 *Anm. Bode:* Die herrschende Terminologie wird nur in Klammern wiedergegeben, weil es sich gerade nicht um einen Irrtum bezüglich eines abstrakten Rechtfertigungssatzes geht. Vielmehr betrifft der Irrtum unter einen anerkannten abstrakten Rechtfertigungssatz subsumierbare tatsächliche Umstände. Die Annahme eines Rechtfertigungssatzes, der so nicht existiert oder die Fehlsubsumtion einer tatsächlich richtig erkannten Situation unter einen anerkannten Rechtfertigungsgrund wären unproblematisch als Verbotsirrtum nach § 17 I zu behandeln.

48 Vgl. zu anderen Aufbauvarianten, v.a. in der Schuld *Berster/Yenimazman*, JuS 2014, 329; *Britz*, JuS 2002, 465; *Stiebig*, JURA 2009, 2; *Schmelz*, JURA 2002, 391; *Beulke*, Klausurenkurs I, 8. Auflage 2020, Rn. 255.

49 *Anm. Bode:* Das träfe hier nicht mal zu, denn wie soll S mit dem verletzten und sehr schweren D ausweichen?

Wegen der aktuellen Diskussion in der Rechtsprechung (BGH wechselhaft,[50] ebenso Instanzgerichte, z.B. LG München[51]) um die Androhung von in lebensgefährlicher Weise (oder sogar im Gefahrengrad darunter) eingesetzten Abwehrmitteln[52] auch jenseits von Schusswaffen wäre hier nach eingehender Diskussion und einer grenzwertigen Interpretation der von S vorgestellten „konkreten Kampflage" auch ein anderes Ergebnis vertretbar. Der Umfang der Erörterung sollte dann aber erheblich sein.

Objektiv gesehen könnte behauptet werden, dass es ausreichend gewesen wäre, wenn S dem V durch Zuruf mit dem Wurf mit dem Defibrillator gedroht hätte. Regelmäßig muss vom Verteidiger verlangt werden, dass er die Verwendung der Waffe androht, ehe er sie lebensgefährlich einsetzt, wenn ihm dies nach Kampflage möglich ist.[53] Allerdings war das Ansprechen des angenommenen vermeintlichen Angreifers wegen des feindlichen Verhältnisses in der konkreten Kampflage nicht erfolgversprechend. In dieser Zeit hätte V mit der Axt bereits in die Nahdistanz eindringen können. V war bereits auf einige Meter an S herangekommen. Wegen der bereits raum-zeitlich zugespitzten Lage in Kombination mit dem Defibrillator als sehr ungenauer Waffe hätte eine drohende Warnung gegenüber V allein durch den Zeitablauf während des Rufes also die letzte Chance des S auf effektive Gegenwehr vereitelt. Gelangt V in die Nahdistanz ist wegen dessen überlegener Bewaffnung nur noch eine wesentlich schlechtere Verteidigung des D möglich und unmittelbar tödliche Verletzungen hätten folgen können. Ein erhebliches Aggressionspotential des V lag auch nach der Vorgeschichte nahe. Zuvor konnte selbst der unbewaffnete V auch erst durch wiederholte Gewaltanwendung vertrieben werden.

Der Tod des V war nicht für die Abwehr des Angriffs erforderlich, Kampfunfähigkeit hätte gereicht. Für die Frage der Eignung und Abwendbarkeit kommt es aber nicht auf den Erfolg, sondern die Handlung[54] des Werfens an. S warf den Defibrillator nicht gezielt an die besonders gefährdete Schläfe. Auch wäre der Versagung der Erforderlichkeit mit dem Argument, S hätte bewusst niedriger zielen und so ein weniger empfindlicher Körperteil statt des Kopfes treffen sollen, auf die Entfernung eine lebensfremde Anforderung. S ist kein geübter Defibrillatorwerfer, alles andere als ein Wurf in Richtung Oberkörper hätte das Risiko eines Fehlschlages erheblich vergrößert und wäre daher weniger effektiv gewesen. Zwar hat sich S im Vorhinein schon durch einen Faustschlag abschrecken lassen, doch zeigt das nach der falschen aber hier zu Grunde zu liegenden Sicht des S wiederholte Angreifen des V, dass dies gerade nur vorübergehend war und nun zu härteren Verteidigungsmaßnahmen gegriffen werden musste.

Daher gab es auch kein milderes, gleich geeignetes Mittel. Deshalb wäre also das sofortige und ungezielte Werfen des Defibrillators auf V auf der Grundlage der Vorstellung des S erforderlich im Sinne der Notwehrdogmatik, wenn die Vorstellung des S zuträfe.

---

50 BGH NStZ-RR 2011, 238; BGH NStZ 2012, 272; NStZ-RR 2013, 105, 106; NStZ 2015, 151; vgl. aber Fn. 49.

51 LG München, Urt. v. 9.1.2009 (Az: 1 Ks 121 Js 10459/08).

52 BGH NStZ 2010, 82 f.; dazu kritisch *Erb*, NStZ 2011, 186 ff.; NStZ 2006, 152 ff.; BGH StV 2006, 688 f.; NStZ 2004, 615 ff.

53 BGH NStZ 2004, 615 f.

54 *Wessels/Beulke/Satzger*, AT, 52. Aufl. 2022, § 9 Rn. 456; *Perron*, in: Schönke/Schröder, 30. Aufl. 2017, § 34 Rn. 18.

S ging auch sicher von einem Angriff aus. Es kann also dahinstehen, ob ein Rechtfertigungsvorsatz im Rahmen des Erlaubnistatumstandsirrtums auch im Sinne eines „quasi dolus eventualis" möglich ist oder ob der Täter sicher von einer Notwehrkonstellation ausgehen muss.[55] Subjektiv erfüllen Wille und Vorstellung des S alle Merkmale der Nothilfe.

3. Rechtsfolgen des Erlaubnistatumstandsirrtums des S

Wie sich die irrige Annahme der Notwehrmerkmale durch S auf seine Strafbarkeit wegen Körperverletzung auswirkt, hängt von den strittigen Ansichten ab, die allgemein zur Behandlung eines Erlaubnistatumstandsirrtums vertreten werden. **96**

Das Problem um den Erlaubnistatumstandsirrtum (ETI) mag wegen seiner Verbreitung in Hausarbeiten abgedroschen erscheinen. Er hat es jedoch dogmatisch in sich und muss von jeder Generation neu durchdrungen werden. Sie haben als Anfänger gerade erst gelernt, dass es einen dreistufigen Deliktsaufbau gibt. Im Streit um den ETI wird bereits die Dreistufigkeit als solche durch die Lehre von den negativen Tatbestandsmerkmalen angegriffen. Die anderen Theorien streiten um die richtige Verortung der Inhalte auf den drei Stufenebenen. Anfänger haben vor kurzem erst verstanden, dass der Vorsatz zum Tatbestand gehört, während die Vorsatztheorie diese Grundlage bestreitet und eine Variante der Schuldtheorie den Vorsatz teilt und sowohl im Tatbestand als auch in der Schuld findet. Die Schuldtheorien, welche die ihnen bekannte Struktur unangetastet lassen, sind vom Ergebnis her gedacht und schieben die Frage des ETI mit teils mutigen Konstruktionen von einer Ebene (Schuld) auf die andere (Tatbestand). Da es in diesem Streit in zentralen Punkten um die Struktur des Deliktsaufbaus geht, empfehle ich hier einen Aufbau der den ETI gesondert – auf einer Ebene mit den drei Stufen des Deliktsaufbaus und nicht als Unterpunkt – behandelt und damit auf eine Vorentscheidung bereits durch die Gliederung verzichtet. Dass der subjektive Tatbestand und die Rechtswidrigkeit bereits durchgelaufen sind, ist zu verschmerzen,[56] insoweit ist das bereits gefundene Ergebnis nur vorläufig.

a) Vorsatztheorie

Die Vertreter der Vorsatztheorie[57] lassen den Vorsatz des im ETI handelnden Täters gem. § 16 I entfallen. Grundlage ist, dass Vorsatz zur Schuld gehört, aber wesentlich weiter bzw. anders verstanden wird, als nach der heutigen Definition, die nur die Kenntnis und Verwirklichungswillen (Wissen und Wollen) bezüglich der realen Tatumstände umfasst. Der Vorsatz als Schuldform soll sich nach der ursprünglichen – heute aber nicht mehr vertretenen – Form der Vorsatztheorie nicht nur auf die obj. Tatbestandsmerkmale, sondern auch auf die Bewertung als rechtswidrig (also den gesamten Unrechtstatbestand) beziehen.[58] Neuere Formen dieser Ansicht schwächen die Schuldbezogenheit ab und definieren Vorsatz anders bzw. weiter als die h.M. Nach einer **97**

55 Dazu BGH ZJS 2014, 206 m. Anm. *Brüning*.

56 Vgl. dazu auch *Beulke*, Klausurenkurs im Strafrecht I, 8. Aufl. 2020, Rn. 256 gegen *Graul*, JuS 2000, 216. Für eine Prüfung am Ort der im Ergebnis präferierten Theorie auch *Geerds*, JURA 1990, 421 (431).

57 *Langer*, GA 1976, 193; *Otto*, Grundkurs AT, 7. Aufl. 2004, § 7 Rn. 67 ff.; § 15 Rn. 5 ff.; *Schmidhäuser*, AT, 2. Aufl. 1984, § 7 Rn. 87; *ders.*, JZ 1979, 366 ff.; *ders.*, JZ 1980, 396 ff.

58 *Baumann*, AT, 5. Aufl. 1968, § 27 III, 2; (aufgegeben in: a.a.O, 7. Aufl. 1975); *Schröder*, ZStW 65 (1953), 178 (192).

Gruppe gehört die gesamte subjektive Tatseite zur Schuld,[59] oder nur ein Teil der subjektiven Anschauungen des Täters zum (Unrechts-)Tatbestand[60]. *Nicht* zum Vorsatz i.S.d. § 16 I gehören auf dieser Grundlage entweder das Bewusstsein des tatsächlichen Geschehens und der Wille dies zu verwirklichen[61] – also gerade das, was die h.M. heute als Kern des Vorsatzes annimmt – oder nur der Verwirklichungswille[62]. Ein davon zu trennender Teil der Tätervorstellung, das Unrechtsbewusstsein, *ist* (danach) Vorsatz i.S.d. § 16 I, der aber zur Kategorie der Schuld gehöre. Eine zweite Gruppe [63] verortet den Vorsatz zwar vollständig im Unrechtstatbestand, definiert Vorsatz aber weiter als die h.M., so dass auch die Vorstellung rechtswidrig bzw. „sozialschädlich" zu handeln zum Vorsatz (als Unrechtselement) gehört. Nach beiden Gruppen würde der sich irrende S nicht vorsätzlich i.S.d. § 16 I handeln, weil er ohne die Merkmale der Rechtswidrigkeit das Unrecht der Tat nicht erkennt. Die erste Gruppe schlösse die Schuld aus, die zweite Gruppe das Unrecht.

Für die meisten Studenten bleibt der Streit um die Einordnung des Unrechtsbewusstseins schwer fassbar, weil für ein wirkliches Verständnis rechtshistorische Kenntnisse zur Entstehungsgeschichte des modernen Deliktsaufbaus notwendig sind: Zu Beginn des 20. Jhds herrschte ein psychologischer Schuldbegriff,[64] nach dem der böse Wille *(dolus malus)*, die subjektive Tatseite, schlicht die Schuld war. Vorsatz war damit nicht Tatbestandsmerkmal, sondern Hauptelement der Schuld. Fahrlässigkeit war auch kein Tatbestandselement, sondern nur eine andere, schwächere Schuldform. Die Regelungen der §§ 15, 17 fehlten, die Behandlung des Tatumstandsirrtums war gesetzlich fixiert. Auf diesem Humus ist die Vorsatztheorie gewachsen. Der Witz der alten, strengen Vorsatztheorie im Zusammenhang des ETI ist dann, dass auch das Bewusstsein um das Unrecht einer Tat (auch in Form der Kenntnis einer Rechtfertigungslage) als notwendiges Element neben der Kenntnis um die Tatumstände zum Vorsatz gehört und notwendig (nur) die Schuld betrifft, da diese mit Vorsatz und jener mit der psychischen Einstellung zur Tat gleichzusetzen ist.[65]

b) Lehre von den negativen Tatbestandsmerkmalen

98 Die Lehre von den negativen Tatbestandsmerkmalen geht von einem zweistufigen Aufbau der Straftat aus. Neben den Regelmerkmalen der Tatbestände stehen auf gleicher Stufe die rechtfertigenden Ausnahmen (negative Tatbestandsmerkmale). Nimmt der Täter solche negativen Tatbestandsmerkmale irrtümlich an, entfällt der Vorsatz unmittelbar nach

59 *Schmidhäuser*, AT, 2. Aufl. 1984, § 7 Rn. 35.

60 *Langer*, GA 1976, 193 (208).

61 *Langer*, GA 1976, 193 (208, Fn. 85).

62 *Schmidhäuser*, AT, 2. Aufl. 1984, § 7 Rn. 35, 87.

63 *Otto*, Grundkurs AT, 7. Aufl. 2004, § 15 Rn. 5 ff.; *Geerds*, JURA 1990, 421 (430).

64 Vgl. *Wessels/Beulke/Satzger*, Strafrecht, AT, 52. Aufl. 2022, Rn. 612; *Gropp/Sinn*, AT 5. Aufl., § 3 Rn. 60; *Ambos*, JA 2007, 1 (3); *Duru*, ZJS 2012, 734, jeweils mit Nachweise zu *v. Liszt* und *Beling* als historisch prägenden Vertretern des psychologischen Schuldbegriffs und der Begründung des heute herrschenden normativen Schuldbegriffs (BGHSt 2, 194, *Wessels/Beulke/Satzger*, Strafrecht, AT, 52. Aufl. 2022, Rn. 610 durch *Frank)*.

65 Für eine tiefere Durchdringung des Streits: *Roxin*, AT I, 4. Aufl. 2005, § 14 Rn. 51 ff.; *Walter*, Der Kern des Strafrechts, 2006, 335 ff.; *Wessels/Beulke/Satzger*, AT, 52. Aufl. 2022, Rn 698 ff.; *Gropp/Sinn*, AT, 5. Aufl. 2021, § 13 Rn. 189 ff.; *Gropp* in: FS Gerhard Wolf, 2019, S. 203 ff.

§ 16 I 1.[66] Auch nach dieser Ansicht würde S nicht (tatbestandlich) vorsätzlich handeln, weil er Merkmale, die den Tatbestand ausschließen, irrtümlich angenommen hat.

Auch die Lehre von den negativen Tatbestandsmerkmalen ist im Hinblick auf den heute herrschenden Deliktsaufbau eine systemkritische Lehre. Während die Vorsatztheorie alles Subjektive des Täters als Vorsatz und damit auf Kosten des Tatbestandes als Schuld behandelt, kreiert die Lehre von den negativen Tatbestandsmerkmalen einen Supertatbestand, der gleich die komplette Rechtswidrigkeit dem Tatbestand einverleibt. Vorsatz – bezüglich der positiven und negativen (rechtfertigenden) Tatumstände ist nach dieser Lehre konsequent Tatbestandselement. § 16 I mit der Rechtsfolge des Tatbestandsausschlusses muss danach direkt angewendet werden, wenn dem Täter rechtfertigende Umstände unbekannt sind.

c) Strenge Schuldtheorie

Die strenge Schuldtheorie sieht auch die falsche Vorstellung über das tatsächliche Vor- **99**
liegen der Merkmale eines anerkannten Rechtfertigungsgrundes nicht als Irrtum über Tatbestandsmerkmale, sondern als einen Irrtum über das Verbot der Handlung. Damit handelt es sich konsequent um einen bloßen Verbotsirrtum i.S.d. § 17, der nur die Schuld entfallen lässt.[67] Demnach würde A rechtswidrig, aber (lediglich) nicht schuldhaft handeln.

d) Eingeschränkte Schuldtheorie

aa) Vorsatz entfällt, § 16 I analog

Ein bedeutender Teil der h.L. und mehrere Entscheidungen der nicht ganz einheitlichen **100**
und im Hinblick auf deren dogmatischen Standpunkt schwer zu deutenden Rspr. vertreten die eingeschränkte Schuldtheorie und wenden § 16 I 1 analog an.[68] Dieser Ansicht liegt die Überlegung zugrunde, dass zwischen den Tatbestandsmerkmalen und den Rechtfertigungsgründen hinsichtlich der subjektiven Seite kein (bzw. insoweit anders als bei der ähnlichen Lehre von den negativen Tatbestandsmerkmalen ein formaler) Unterschied besteht. Folge hiervon ist der Vorsatzausschluss nach § 16 I 1 analog. Der Vorsatz entfällt vollständig. A hätte also auf Grundlage dieser Theorie nicht vorsätzlich gehandelt.

66 *Kaufmann*, in: FS-Lackner, 1987, 187; *ders.*, JZ 1954, 653; 1956, 353 (393); *Schünemann*, GA 1985, 349; *Rudolphi/Stein*, in: SK, 8. Aufl. 2011, § 16 Rn. 10.

67 *Bockelmann/Volk*, AT, 4. Aufl. 1987, 129; *Dornseifer*, JuS 1982, 765; *Fukuda*, JZ 1958, 146 f.; *Hartung*, NJW 1951, 212; *Heuchemer*, in: BeckOK, 55. Edition 11/2022, § 17 Rn. 34; *Schroeder*, in: LK, 12. Aufl. 2010, § 16 Rn. 52; *Maurach/Gössel/Zipf*, AT 2, 8. Aufl. 2014, § 44 Rn. 61; *Paeffgen*, in: NK, 5. Aufl. 2017, Vor §§ 32 ff. Rn. 109; *Warda*, JR 1950, 546; *Welzel*, Das deutsche Strafrecht, 11. Aufl. 1969, § 22 III 1 f.

68 BGHSt 2, 194, 211; 3, 205, (106 f.); BGH NStZ 1983, 500; BGHSt 49, 34, 44; BGH NStZ 2002, 141; *Backmann*, JuS 1972, 652; *Baumann/Weber/Mitsch*, AT, 11. Aufl. 2003, § 21 Rn. 29; *Geppert*, JZ 1988, 1028; *Rönnau/Höhn*, in: LK, 12. Aufl. 2006, § 32 Rn. 281; *Roxin*, AT I, 4. Aufl. 2006, § 14 Rn. 62; *Sternberg-Lieben/Schuster*, in: Schönke/Schröder, 30. Aufl. 2019, § 15 Rn. 35, § 16 Rn. 18; *Scheffler*, JURA 1993, 621; *Rudolphi/Stein*, in: SK, 8. Aufl. 2011, § 16 Rn. 11; *Kuhlen*, Die Unterscheidung von vorsatzausschließendem und nichtvorsatzausschließendem Irrtum, 187, 330; *Stratenwerth/Kuhlen*, AT, 6. Aufl. 2011, § 9 Rn. 157 f.; *Puppe*, AT, 5. Aufl. 2022, § 13 Rn. 17 ff.; *Lackner/Kühl/Heger*, 30. Aufl. 2023, § 17 Rn. 14.

bb) Rechtsfolgenverweisende eingeschränkte Schuldtheorie – Rechtsfolge des § 16 I

101 Nach der rechtsfolgenverweisenden Schuldtheorie bleibt der Tatbestandsvorsatz unberührt. Der Täter begeht also eine vorsätzliche und rechtswidrige Tat, wird aber nicht wegen einer Vorsatztat, sondern höchstens wegen Fahrlässigkeit bestraft.[69] Dogmatisch wird das über eine Teilung des Vorsatzes in Tatbestandsvorsatz (als subjektiver Wille zur Tat) und Vorsatzschuld (als Vorwurf so gehandelt zu haben) begründet.[70] Demnach würde eine tatbestandsvorsätzliche und rechtswidrige Tat des S vorliegen, die aber mangels Vorsatzschuld der Rechtsfolge des § 16 I nach nicht als Vorsatzdelikt bestraft werden darf.

Die Schuldtheorien tragen ihren Namen deswegen, weil sie das Unrechtsbewusstsein (dessen negative Kehrseite u.a. der vorliegende ETI ist) als Teil der Schuld und nicht des Tatbestandes sehen. Die Schuldtheorien basieren auf dem Gedanken, dass Vorsatz nicht identisch mit notwendiger Schuld ist und das Unrechtsbewusstsein enthalten muss (so aber die Grundlage der Vorsatztheorie), sondern, dass das Unrechtsbewusstsein ein „selbständiges Schuldelement" sein soll. Für Anfänger bleibt völlig unklar, was mit derlei kryptischen Worten gemeint ist. Nichts Anderes als: Fehlt das Unrechtsbewusstsein durch die Annahme solcher Umstände, die bei ihrem tatsächlichen Vorliegen rechtfertigen würden, bleibt der Tatbestand als Kategorie ungeschoren, sei der Irrtum vermeidbar oder nicht. Vorsätzlich heißt aber entgegen der Vorsatztheorie nicht automatisch schuldhaft. Vielmehr kann die Schuld trotz Tatbestandsvorsatzes fehlen, wenn der Täter kein Unrechtsbewusstsein hat. Das Unrechtsbewusstsein ist damit positiv gewendet ein eigenes (unstetes) Element der Schuld, dass 1. unabhängig vom Tatbestandsvorsatz und anderen Schuldkriterien ist (selbstständig) und aber – dabei teilt sich diese Ansicht in ihre Untergruppen – 2. nicht unbedingt notwendig bzw. nicht konstitutiv für die Schuld ist (unstet), denn auch ohne dieses Bewusstsein kann bei Vermeidbarkeit entweder nach der Milderung des § 17 I (strenge Variante) oder wegen (ebenfalls milderer) fahrlässiger Begehungsvariante (eingeschränkte Variante) – so vorhanden – gestraft werden.

4. Streitentscheidung

102 Die Vorsatztheorie ist mit der Systematik der §§ 16 I, 17 kaum vereinbar, die die subjektive Wertung des Täters, dass sein Verhalten Unrecht ist (Unrechtsbewusstsein, § 17) und das Bewusstsein um die Verwirklichung der Tatumstände (Vorsatz, § 16 I) gerade trennt. Gegen die erste Gruppe der neueren Varianten dieser Theorie spricht, dass sie – zwar in sich schlüssig aber gegen die, aus der finalen Handlungslehre[71] folgenden Definition des Vorsatzes als Wissen und Wollen der Tatumstände – von einem veralteten Vorsatzmodell ausgeht, nach dem Unrechtsbewusstsein zentrales Element des Vorsatzes ist und jener zur Schuld gehört. Der Gesetzgeber wollte mit der Reform des AT den

69 Ausdrücklich so BGH StV 2012, 332 mit Anm. *Mandla*, *Hecker* JuS 2012, 263, *Rotsch*, ZJS 2012, 109; in diese Richtung viele neuere Entscheidungen des BGH, nach denen der Irrtum als „ein den Vorsatz ausschließender Irrtum über Tatumstände nach § 16 I 1 StGB zu bewerten" ist, so dass der „Vorwurf" vorsätzlicher Tat entfiele, vgl. BGHSt 31, 264 (286 f.); BGHSt 45, 378 (383 f.); BGH, NStZ 1996, 34 (35); BGH NJW 2014, 1121; *Jescheck/Weigend*, AT, 5. Aufl. 1996, 464 ff.; *Maurach/Zipf*, AT 1, 8. Aufl. 1992, § 37 Rn. 43; *Wessels/Beulke/Satzger*, AT, 52. Aufl. 2022, § 14 Rn. 704, 484; *Blei*, AT, 11. Aufl. 1996, § 59 II 3; *Gallas*, ZStW 67, 46; *Heinrich*, AT, 7. Aufl. 2022, Rn. 1132 ff.; *Fischer*, 70. Aufl. 2023, § 16 Rn. 20.

70 Vgl. *Wessels/Beulke/Satzger*, AT, 52. Aufl. 2022, § 5 Rn. 203.

71 *Welzel*, JuS 1966, 421; *Safferling*, Vorsatz und Schuld, 2008, 61 f.

Streit zugunsten der Schuldtheorien entscheiden.[72] Wenn die Vertreter der Vorsatztheorie kontern, dass der gesetzgeberische Wille unbeachtlich und die Schuldtheorie verfassungswidrig seien, ist das nicht überzeugend. Das Verfassungsgericht hat die Auslegung der §§ 16, 17 im Sinne der Schuldtheorie mit Gesetzeskraft gebilligt.[73] Das „Nachkarten" der Vorsatztheorie mit einer alternativen Interpretation der Gesetzgebungsmaterialien[74] oder einer extensiven Interpretation eines anderen Verfassungsgerichtsurteils (lebenslange Freiheitsstrafe[75]), verfehlt das spezielle Problem des ETI. Die Reduktion des Anwendungsbereichs des § 17 auf fahrlässige Delikte[76] ist im Gesetzeswortlaut nicht angedeutet und vom Gesetzgeber nicht gewollt. Die zweite Gruppe lässt zwar den Vorsatz im Tatbestand, zieht dessen umfang aber zu weit, in dem sie ebenfalls entgegen § 17 das Unrechtsbewusstsein dem Vorsatz und § 16 I zuordnet.

In diesem Streit ist fast jede Ansicht gut vertretbar, selbst die Lehre der negativen Tatbestandsmerkmale. Lediglich die Vorsatztheorie ist nur mit sehr großem Begründungsaufwand überzeugend darstellbar. Ich halte es aber auch für vertretbar, die heute noch vertretenen Vorsatztheorien mangels unterschiedlicher Auswirkung im Ergebnis im Vergleich zu den eingeschränkten Schuldtheorien hier jedenfalls nicht im gezeigten Umfang zu behandeln. Dagegen spricht aber, dass sich der Leser auch bei Ablehnung der eingeschränkten Schultheorien u. der Lehre von den negativen Tatbestandsmerkmalen für die Vorsatztheorien (und damit für § 16 I und gegen § 17) entscheiden können soll, die doch auf einem gänzlich anderen dogmatischen Fundament als die (eingeschränkten) Schuldtheorien stehen. Die Darstellung ist hier relativ ausführlich (man könnte noch weitere bes. Schuldtheorien[77] aufnehmen) und müsste bei einer strammen Seitenbegrenzung auf den Kern gestrafft werden.

Die Lösung der Lehre von den negativen Tatbestandsmerkmalen – als im Hinblick auf den Deliktsaufbau entgegengesetztes Extrem zur Vorsatztheorie – überzeugt jedoch auch nicht. Sie negiert die Unterschiede zwischen dem Regelfall, dem typisierten Unrecht (Straftatbestand) und der Rechtfertigung, also einer Ausnahmesituation. Tatbestände und Rechtfertigungsgründe haben aber verschiedene Funktionen. Wer Tatumstände nicht kennt, wird auch keinerlei inneren Appell spüren, die Tat zu unterlassen. Wer sich Umstände vorstellt, die rechtfertigen, spürt trotzdem, dass er eine Tat begeht, die in der Regel unrecht ist.[78] Ihm ist daher eine Überprüfung seiner Vorstellung eher zuzumuten, als dem, der gar nicht merkt, dass er ein (fremdes) Rechtsgut schädigt. Wenn gegen diese Lehre (und andere den Vorsatz komplett ausschließende Lehren) vorgebracht wird, dass der bösgläubige Teilnehmer mangels vorsätzlicher rechtswidriger Haupttat straflos bliebe, ist das allerdings zumindest übertrieben, weil der Teilnehmer in aller Regel mittelbarer Täter Kraft überlegenen Wissens wäre. Würde hier ein die Situation zuschauender Zuschauer S den Defibrillator reichen, um V zu verletzen, läge zwar keine Beihilfe

72 BT-Drs. V/4095, 9.
73 BVerfG 41, 121 ff.
74 *Langer*, GA 1976, 193 ff.
75 BVerfG 45, 228 (259 f.), so die Interpretation von *Schmidhäuser*, JZ 1979, 361 (367).
76 Objektiv-teleologische Auslegung/Reduktion durch *Langer*, GA 1976, 193 (217); vgl. dazu die Kritik bei *Wessels/Beulke/Satzger*, AT, 52. Aufl. 2022, Rn. 689, 695 m.w.N.
77 Vgl. *Jakobs*, AT, 11. Absch. Rn. 43, 57 f. (Vorsatzdelikt aber Fahrlässigkeitsstrafrahmen, soweit ein entspr. Fahrlässigkeitsdelikt existiert); *Hirsch*, in: FS-Schroeder, 2006, 223 ff. (zwingende Milderung nach §§ 17 S. 2, 49 II, Verbrechen werden zu Vergehen runtergestuft).
78 So *Jescheck/Weigend*, AT, 4. Aufl. 1996, 465; a.A. *Walter*, Der Kern des Strafrechts, 2006, 336 f.

nach § 27 I vor, aber mittelbare Täterschaft nach § 25 I Var. 2. Immerhin aber in einigen wenigen Fällen, in denen der Hintermann fälschlich vom Unrechtsbewusstsein des Vordermannes ausgeht, würde der Teilnehmer straflos bleiben.

Zwar ist der sog. restriktive Täterbegriff herrschend,[79] doch wird dieser gerade durch § 25 I Var. 2 erweitert. Mittelbare Täterschaft durch Wissensherrschaft ist bei einem Tatbestandsdefizit des Vordermannes in Form des ETI unproblematisch.[80]

Die Schuldtheorien erkennen den dreistufigen Deliktsaufbau an und passen so schon systematisch am besten zur unterschiedlichen Behandlung der Irrtümer nach § 16 I einerseits (kein Vorsatz, Vermeidbarkeit unerheblich) und § 17 I (keine Schuld bei Unvermeidbarkeit, Schuld bei Vermeidbarkeit). Wären Schuld und Vorsatz eins (Vorsatztheorie), wäre eine unterschiedliche Regelung unsinnig.

Die eingeschränkte Schuldtheorie, die § 16 I analog anwendet, spricht, dass der Tatbestandsvorsatz vom Unrecht im weiteren Sinne zu unterscheiden ist. Diese Lehre müsste daher letztlich zur Lehre von den negativen Tatbestandsmerkmalen mutig „ja" sagen und sich der oben angeführten Kritik, die auch ihr gegenüber gilt, aussetzen. Gegen die eingeschränkte Schuldtheorie lässt sich vom Standpunkt der strengen Schuldtheorie einwenden, dass mit einer schon wegen der Existenz des § 17 I (lässt der überhaupt Raum für eine Regelungslücke?)[81] windigen Analogielösung dogmatisch in der Luft hängt und scheint allzu „gierig" auf das kriminalpolitisch gewünschte Ergebnis springen wolle. Dem wird aber entgegengehalten werden können, dass ein Verbotsirrtum nach der Kritik an dieser Ansicht die Kenntnis des verbotenen Sachverhalts voraussetzte und ist damit ein aliud zum Erlaubnistatumstandsirrtum und nicht dessen Oberkategorie. Eine Gesetzeslücke sei damit also sehr wohl gegeben. Die strenge Schuldtheorie sei daher auch nicht methodisch überlegen und müsse ihrerseits § 17 analog anwenden.[82] Der Wortlaut „Einsicht Unrecht zu tun" allein ist m.E. freilich kein ausreichendes Argument gegen diese Lehre. Er ist nicht eindeutig und kann auch im weiteren Sinne verstanden werden, denn auch derjenige, der sich rechtfertigende Umstände vorstellt, meint, „nichts Unrechtes" zu tun. Im Besonderen da der Gesetzgeber den Streit insoweit offenlassen wollte, ist das Argument gegen eine Analogie aber angreifbar.[83]

Man kann aus methodischen Gründen (weil man den Raum für eine Analogie vertretbar verneint) mit der strengen Schuldtheorie streiten. Wer der strengen Schuldtheorie folgen will, sollte sich daher grundsätzlich mit der Methode der Analogie auseinandersetzen um der h.M. insoweit einen Fehler nachzuweisen und darauf auch den Schwerpunkt seiner Argumentation legen. Auf den anderen Feldern des Streites ist die h.M. wesentlich schwieriger zu kritisieren.

---

79 *Joecks*, in: Müko-StGB, 2. Aufl. 2011, Vor § 25 Rn. 9 ff.
80 Vgl. *Heine/Weißer*, in: Schönke/Schröder, 30. Aufl. 2019, § 25 Rn. 7.
81 Gegen eine Lücke, *Paeffken*, in: GS-Armin Kaufmann, 1989, 399 (409 f.).
82 *Puppe*, in: NK, 5. Aufl. 2017, Rn. 127; *Neumann*, in: FS-Puppe, 2011, 171 (175 ff.).
83 BT-Drs. V/4095, 9.

Gegen die strenge Schuldtheorie streitet teleologisch die kriminalpolitische Konsequenz, dass der Täter nach § 17 auch dann doch wegen vorsätzlicher Tatbegehung bestraft werden *kann*, wenn er eine Rechtfertigungslage annimmt, der Irrtum aber vermeidbar war. Das verwirklichte Unrecht entspricht aber eher dem der Fahrlässigkeit. Im umgekehrten Irrtumsfall, bei einer unerkannten aber realen Rechtfertigungslage, fordert die strenge Schuldtheorie den subjektiven Rechtfertigungswillen als notwendig für die Rechtfertigung und will bei dessen Fehlen wegen Vorsatz statt Versuchs bestraft wissen. Im umgekehrten Fall des ETI hält sie aber widersprüchlicher Weise das Fehlen dieser Vorstellung für wenig problematisch.[84] Entscheidend gegen die strenge Schuldtheorie spricht aber, dass sie von einem – für den Vorsatzvorwurf i.d.R. ausreichenden – warnenden Appell bereits durch die Rechtsgutsverletzung an sich ausgeht, der den Täter zu einer intensiven Prüfung der Lage anhalte. Misslingt ihm diese Prüfung aus vermeidbarer Unachtsamkeit, bricht die Möglichkeit der Ausschöpfung des gesamten Strafrahmens des Vorsatzdeliktes über ihn herein.[85] Durch dieses Risiko entstünde eine untragbare „Rechtfertigung zweiter Klasse“ in Fällen des Erlaubnistatumstandsirrtums.[86] Der Täter wird mit diesem Risiko überfordert. Der Situation ist er i.d.R. unfreiwillig ausgesetzt und wird nun unter oft extremem Druck zu einer rationalen Abwägung gezwungen, was meist schwieriger sein dürfte als die Situation eines sich selbst in Schwierigkeiten bringenden Fahrlässigkeitstäters.[87]

M.E. lässt sich diese Argumentation *Puppes* noch verstärken: Der über die tatsächlichen Umstände einer Notwehrlage irrtümlich annehmende Täter verhält sich in der *konkreten Handlungssituation* genauso, wie man es maximal von ihm erwarten kann. Jeder andere, der einem gleichen Irrtum unterlegen wäre, hätte ebenso gehandelt. Es geht an den psychischen Realitäten vorbei, würde man dem Täter die Vorstellung, zu der es nur eine hypothetische, aber keine wirkliche, Alternative gibt, als vorsätzlich gedacht vorwerfen. Nichts Anderes als Fahrlässigkeit bei der vorangegangenen Gedankenauswahl kann also dem Täter als seine „Schuld“ vorgeworfen werden. Daher ist jede Strafe für Vorsatz, und nur die ergibt eine Milderung nach § 17, unangemessen und höchstens die Bestrafung wegen fahrlässiger Delikte ist richtig – so vorhanden und der Irrtum vorwerfbar, weil sorgfaltswidrig. Man könnte entgegnen, dass auch der über eine Erlaubnis i.S.d. § 17 I irrende konkret nicht anders denken kann. Er steht jedoch nicht in der psychischen Drucksituation der etwa ein in vermeintlicher Notwehr befindlicher Täter ausgesetzt ist, weder Angriff noch überwiegende Gefahr lasten auf ihm. Der Gesetzgeber berücksichtigt dieses Kriterium systematisch. So ist in Fällen des § 35 II, die in aller Regel belastender als die des § 17 sind, auch bei Vermeidbarkeit eine zwingende und keine fakultative Milderung vorgesehen. Als Vorwurf taugt daher nur die notwendig vor dem Irrtum liegende (aber zu diesem führende) Unachtsamkeit. Dass so andererseits Strafbarkeitslücken durch die Rechtsfolge des § 16 I S. 2 statt des § 17 I entstehen, wenn keine Fahrlässigkeit strafbar ist (z.B. bei Sachbeschädigung oder Urkundenfälschung) ist hinzunehmen. Eine lückenlose Pönalisierung jeder vorwerfbaren Rechtsgutsverletzung ist nicht

84 *Puppe*, in: FS Herzberg, 2008, 275 (286 f.).
85 *Puppe*, in: NK, 5. Aufl. 2017, Rn. 129.
86 *Puppe*, in: NK, 5. Aufl. 2017, Rn. 129; *dies.*, JZ 1989, 728 (730).
87 *Puppe*, in: NK, 5. Aufl. 2017, Rn. 128.

Aufgabe des Strafrechts. Strafrecht ist *ultima ratio* des Rechtsstaates[88] und schon daher nicht immer die richtige Antwort auf lediglich unachtsames Verhalten. Die strenge Schuldtheorie ist daher zugunsten der angemessenen eingeschränkten Schuldtheorien abzulehnen. Die internen Differenzen im Lager der eingeschränkten Schuldtheorien können im vorliegenden Fall des Irrtums des S mangels Ergebnisrelevanz dahinstehen, in jedem Fall wird der Täter nicht wegen vorsätzlicher Tat bestraft und im konkreten Fall fehlt ein möglicher Teilnehmer an der Tat des S, der den Streit hier bedeutsam machen würde. Eine Notwehr des V ist ebenfalls nicht ersichtlich, er greift nur in der Vorstellung des V an.

Wenn sich einige Ansichten im Ergebnis gleichen, halte ich eine solche Umgehung der Streitentscheidung im Einzelnen durch Gruppenzusammenfassungen für gut vertretbar. Für den Fall, dass eine Teilnahme im Raum stünde: Die rechtsfolgenverweisende Schuldtheorie nimmt für sich gerade den Vorteil in Anspruch, die Bestrafung von Teilnehmern zu ermöglichen. Für die eingeschränkte Schuldtheorie mit Tatvorsatzausschluss ist dies nach §§ 26, 27 eigentlich nicht möglich.[89] M.E. (vgl. oben) ist der interne Streit wegen der Möglichkeit mittelbarer Täterschaft überbewertet. Falls sich der andere Beteiligte nicht irrt und den Irrtum des Vordermannes durchschaut, greift § 25 I Var. 2. Irrt er sich ebenfalls über die Rechtfertigungslage fehlt es entweder am Vorsatz, dann ist keine Beteiligung möglich. Fehlt es nur an der Vorsatzschuld (die man dann als nicht mit „vorsätzliche" in §§ 26, 27 gemeint ansehen müsste), bliebe grds. Raum für eine Teilnahme, die aber wegen des ETI des Teilnehmers auch nicht als Vorsatztat bestraft werden könnte. Fahrlässige Delikte blieben möglich, da es wegen des Defekts des Vordermannes zu keinem Zurechnungsabbruch kommt. Nur der praktisch überaus seltene Fall, in dem der Teilnehmer von einer vorsätzlichen Tat des Irrenden ausgeht (weil er nicht erkennt, dass sich der Haupttäter irrt und ihn für böswillig hält), wäre im Ergebnis unterschiedlich zu behandeln: Handelt der Vordermann unvorsätzlich wären §§ 26, 27 nicht anwendbar. Es bliebe gem. § 30 I versuchte Anstiftung und im Falle der Beihilfe evtl. ein fahrlässiges Delikt. Fehlt nur die Vorsatzschuld, wären §§ 26, 27 weiter anwendbar. Nur in solchen Teilnahmekonstellationen käme es auf eine interne Streitentscheidung an. Ebenfalls relevant kann der Streit werden, wenn eine Notwehr desjenigen fraglich ist, der durch den Irrenden angegriffen wird (rechtswidriger oder nur schuldloser Angriff des Irrenden?). Muss man den Streit entscheiden könnte man wie folgt (hier überspitzt) argumentieren:

(1) Für die einschränkte Schuldtheorie mit voller Analogie und gegen die rechtsfolgenverweisende Theorie*: Die arg konstruiert wirkende Aufspaltung des Vorsatzes nach der rechtsfolgenverweisenden Schuldtheorie in Vorsatzschuld und Tatbestandsvorsatz findet im Gesetz keine Stütze. Dass der Vorsatz doppelt bedeutsam sein soll, macht wiederum nur dann Sinn, wenn man das „richtige" Ergebnis vor Augen hat, also sowohl die Teilnahme ermöglichen will, als auch den irrenden Haupttäter für die Vorsatztat ohne die missliebige Folge des § 17 I straflos stellen will, also einmal Vorsatz braucht, das andere Mal aber nicht und daher eine zum dreistufigen Deliktsaufbau nicht passende Vorsatzschuld in Reminiszenz an die Vorsatztheorie „erfindet". Die einschränkte Schuldtheorie ist im Hinblick auf den Deliktsaufbau hingegen systemkompatibel, weil sie den Vorsatz (nur) im Tatbestand verortet.*

88 Ausführlich zum ultima ratio Gedanken im Strafrecht: *Kaspar*, Verhältnismäßigkeit und Grundrechtsschutz im Präventionsstrafrecht, 2014, 243 ff.

89 So aber doch einige Vertreter z.B. *Streng*, in FS-Otto, 469 (479). Weitere Nachweise zu diesem Problem bei *Wessels/Beulke/Satzger*, AT, 52. Aufl. 2022, Rn. 701, Fn. 31.

(2) Für die rechtsfolgenverweisende Theorie: *Die eingeschränkte Schultheorie überzieht, wenn Sie den ETI einem Tatumstandsirrtum vollständig gleichstellt. Sie privilegiert damit ohne Not eine Vorsatztat annehmende Teilnehmer und legt dem durch den irrenden Täter Verletzen im Hinblick auf die Notwehrprobe problematische Sonderopfer auf. Die rechtsfolgenverweisende (eingeschränkte) Schuldtheorie ist ehrlicher als ihre den Vorsatz ausschließende Verwandte, weil sie sich unumwunden der gewünschten Rechtsfolge zuwendet. Dies ist auch richtig, da der Fall ungeregelt ist und daher im Wege der Analogie nur die passenden Teile des § 16 I und nicht jeglicher Ballast übernommen werden sollte.*

Nach alledem kann offenbleiben, ob S (entgegen der insoweit nur vorläufigen Prüfung oben) bereits der Tatbestandsvorsatz fehlt oder ob er Tatbestandsvorsatz hatte und rechtswidrig handelte und nur eine (ggf. für die Bestrafung notwendige) Vorsatzschuld entfällt. In jedem Fall wird S nicht wegen vorsätzlicher Begehung bestraft, kann aber – wenn deren Merkmale erfüllt sind – wegen fahrlässiger Tat bestraft werden.

IV. Ergebnis

S hat sich nicht wegen gemäß § 223 I Var 1, 2 zu Lasten des V strafbar gemacht. **103**

E. § 222 wegen des Wurfs auf V

Durch den Wurf mit dem Defibrillator auf V könnte sich S wegen fahrlässiger Tötung **104**
strafbar gemacht haben.

I. Tatbestand

Die kausale Verursachung des Erfolgs durch den Täter liegt vor, der Wurf mit dem Defi- **105**
brillator hat den Tod des V verursacht. S müsste auch objektiv sorgfaltswidrig gehandelt haben. Dies ist nicht der Fall, wenn er bei ex-ante-Betrachtung der Gefahrenlage die Sorgfalt angewendet hat, die von einem besonnenen und gewissenhaften Menschen in der konkreten Lage und der sozialen Rolle des Handelnden zu erwarten ist.[90] Das tatsächliche Nichtvorliegen der Notwehrlage hätte objektiv (für einen vernünftigen Durchschnittsmenschen anstelle des S, allerdings mit dessen Sonderwissen) voraussehbar sein müssen. Wenn S also den Irrtum hätte vermeiden können und müssen (Argument §§ 16 I S. 2; 17 S. 1; § 59 II a.F.; § 20 II E 62) wäre der Wurf mit dem Defibrillator auf V sorgfaltswidrig gewesen.

An dieser Stelle wäre es ein Fehler § 17 anzuwenden, obwohl der Wortlaut dies zuließe. In § 59 II a.F. (der Vorgängerregelung des § 16, eine Entsprechung zu § 17 gab es nicht) hieß es deutlicher: *„Bei der Bestrafung fahrlässig begangener Handlungen gilt diese Bestimmung nur insoweit, als die Unkenntniß selbst nicht durch Fahrlässigkeit verschuldet ist."* Diese Regelung war noch ganz ähnlich in E 62 enthalten,[91] findet sich verkürzt in § 16 I S. 2 und sollte nicht durch § 17 inhaltlich geändert werden.[92]

90 BGHSt 7, 307 (309); 20, 315; *Lackner/Kühl/Heger*, 30. Aufl. 2023, § 15 Rn. 37; *Sternberg-Lieben/Schuster*, in: Schönke/Schröder, 30. Aufl. 2019, § 15 Rn. 135; *Wessels/Beulke/Satzger*, AT, 52. Aufl. 2022, § 18 Rn. 943.

91 BT-Drs. IV 650, 134 (§§ 20 II; 21 E62).

92 Vgl. BT-Drs. V/4095, 10. Konsequent anders für die Vorsatztheorie *Langer*, GA 1976, 193 (217 ff.)

Dagegen sprechen der bewaffnete Auftritt von V kurz nach dem ersten gewalttätigen Streit mit V sowie seine undeutlichen Gesten und Rufe. Also war das Verhalten des V für einen objektiven Beobachter als Angriff zu deuten. Da hier auch kaum noch Zeit für weitere Nachforschungen war, durfte S auf die für ihn und jeden durchschnittlichen anderen in seiner plausiblen Vorstellung eines Angriffs vertrauen und handeln. Im Ergebnis ist S also kein Mangel an Sorgfalt bei dem Wurf mit dem Defibrillator vorzuwerfen. S hat den Tatbestand des § 222 nicht erfüllt.

II. Ergebnis

106 S ist nicht gemäß § 222 zu bestrafen.

F. Endergebnis

107 F hat sich nicht strafbar gemacht. S hat sich nach § 223 I Var. 1 strafbar gemacht.

Anmerkungen zur Korrektur

108 Die Aufgabe wurde als Hausarbeit im GK I, Übung für Anfänger im Sommersemester 2010 in an der Europa-Universität Viadrina gestellt. Die Aufgabe enthält zwar einige Abweichungen von Standardkonstellationen, ist aber wegen der einfachen Zugänglichkeit des Klassikers „Erlaubnistatumstandsirrtum" doch als relativ leicht bis durchschnittlich schwierig einzuschätzen. Die Bearbeiter erzielten dennoch nur folgende Ergebnisse:

Durchfallquote insgesamt: 61 Prozent
Durchschnittspunktzahl: 3,9 Punkte (Beste Arbeit: 17 Punkte, sehr gut)

Aus dem Originalkorrekturbericht:

Viele Studenten machten es sich zu leicht, was schon am Literaturverzeichnis zu erkennen war. Es wurde meistens nur mit drei Lehrbüchern und Kommentaren gearbeitet, bzw. aus Skripten zitiert. Aufsätze werden kaum zitiert, obwohl nahezu alle zwei Jahre Probleme aus dem Bereichen „Erlaubnistatumstandsirrtum" sowie „Notwehrexzess" behandelt werden. Die Gliederungen waren teils unlogisch (Ebene geöffnet aber nicht geschlossen).

In materiell-rechtlicher Hinsicht wurden die einschlägigen Delikte erkannt. Probleme bereitete jedoch des Öfteren die Prüfungsreihenfolge insbesondere im ersten Tatkomplex. Einige hatten offenbar auch Schwierigkeiten mit dem allg. Prüfungsaufbau. So wurde häufig bspw. die Schuld noch geprüft, obwohl die Rechtswidrigkeit verneint wurde. […] Die Prüfungen der objektiven (Delikts- und Rechtfertigungs-) Tatbestände erfolgten sehr häufig oberflächlich. In nur wenigen Fällen fand überhaupt eine saubere Subsumtion statt. Meist wurde nur die Definition gebracht und Feststellungen getroffen.

Mit rechtlichen Problemen setzten sich nur die wenigsten auseinander. Im Rahmen des ETI bestanden große Unsicherheiten. Zwölf Bearbeiter sahen den Irrtum gar nicht. Eine geringe Anzahl verneinte den Irrtum und stieg auf einen Erlaubnis- bzw. Doppelirrtum um. Bearbeiter wussten aufbautechnisch offenbar schlicht nicht „wohin damit" und verorteten den ETI i.R.d. subj. Rechtfertigungstatbestandes, was mangels objektiver Rechtfertigung in der Luft hängt und nicht funktionieren kann. Die überwiegend vertretenen Ansichten zum Streitstand wurden dann entweder nicht vollständig dargestellt oder es fehlte am Normbezug. Andere sparten sich die Subsumtion, wie sich die einzelnen Ansichten auf die Strafbarkeit des Täters auswirken, was zu lieblos „hingeklatschten" skriptartigen Darstellungen führte. Sehr viele Studenten sind nicht in der Lage, unterschiedliche Ansichten darzulegen und sich in einer abschließenden Stellungnahme zu entscheiden. So wurden Meinungen dargestellt und sogleich abgelehnt. Eine abschließende Stellungnahme für eine Ansicht (bspw. des Erlaubnistatbestandsirrtums) fehlte überaus häufig. Viele Bearbeiter beriefen sich auf Autoritäten, wie „h.M.", „h.L." und „BGH" und entschieden mit diesem einzigen „Argument" einen Streit. Zum einen ist die Berufung auf Autoritäten kein Argument. Eine h.M. hat zwar die meisten Anhänger, aber muss nicht „richtig" sein. Zum anderen macht gerade der Diskurs der Argumente – für und gegen eine Ansicht – den Unterschied zwischen einer noch brauchbaren und einer guten Arbeit aus. Hier wurden viele Punkte verschenkt.

Hausarbeit 2

Maulwurfsgift für Oma

von Thomas Bode

1 A lebt zwischen Frankfurt (Oder) und Lebus auf einem abgelegenen Gehöft zusammen mit seiner Großmutter O sowie seinem Bruder B und dessen Familie. A ist dem Alkohol zugeneigt, was O sehr missfällt. O hat daher mit einem Schürhaken ungefähr 10 Flaschen Schnaps und Wodka des A zerschlagen, um ihn vom wie sie meint „Selbstmord auf Raten“ abzuhalten und die wirtschaftliche Grundlage des kleinen Bauernhofs zu erhalten. A ist Alleineigentümer des Bauernhofs, O hat ein Wohnrecht als im Grundbuch eingetragene persönliche Dienstbarkeit.

A ist nach diesem Vorfall völlig außer sich und beschließt, dass O die ihn lange genug „tyrannisiert“ habe nun sterben muss. Er fährt darum zum örtlichen Landhandel, um Maulwurfsgift zu erwerben, mit dem er O ihren Kaffee „versüßen“ will. Im Geschäft flucht A laut *„Die bring ich um. Das lass ich mir nicht länger bieten.“* Wegen des leichten Alkoholentzugs ist A besonders wütend und macht auch nach außen einen sehr gereizten Eindruck. Nach erfolgloser Suche in den Regalen herrscht A die Verkäuferin V an, wo sich das Gift befinde. V, die A‘s Wutausbruch mitangehört hat, fragt, wozu er das Gift denn brauche, nach seiner von ihr mitgehörten Äußerung wolle sie an ihn eigentlich keine gefährlichen Stoffe verkaufen. A behauptet daraufhin, er habe eine schreckliche Maulwurfsplage auf seinem Rübenacker und müsse „*Die* Biester“ vernichten, daher habe er sich so aufgeregt. V weist A darauf hin, dass Maulwürfe unter Naturschutz stünden und nicht vergiftet werden dürften. A überredet V trotzdem, ihm das Gift auszuhändigen, weil ein enormer finanzieller Schaden entstünde und doch beide wüssten, was von „diesen idiotischen grünen Vorschriften aus Brüssel“ zu halten sei, die an der Realität der Menschen vorbei gingen. Mit schweren Bedenken überreicht ihm V eine Packung Wühlmausgift, mit dem er auch Maulwürfe umbringen könne. Dabei rechnet V auch damit, dass A mit dem Gift einen Menschen töten könnte, ist aber der Ansicht, dass wenn sie nur noch an einwandfreie Kunden verkaufe, gar kein Geschäft mehr machen würde.

An der Kasse sitzt als Aushilfe Student S, der die ganze Zeit Schranz-Musik (eine besondere Art des Techno) mit seinem iPod gehört und nebenbei Lombrosos „Der Verbrecher“ gelesen hat, sodass er die Szene nicht miterlebt hat. Trotzdem denkt S, dass A mit seiner „Verbrechervisage“ bestimmt jemanden mit dem Wühlmausgift „umlegen wird“, als er die Packung wortlos durch den Scanner zieht und das Geld von A entgegennimmt. S hat aber eine insgesamt misanthropische Weltsicht, so dass ihm ein solches Verbrechen des A gerade recht ist.

Zu Hause angekommen plant A das weitere Vorgehen. Damit er nicht den Verdacht der O erweckt, schaltet er seinen 15-jährigen Neffen N ein. Dieser soll der O den leckeren Kaffee mit Kuchen servieren. A geht davon aus, das N sein Vorhaben nicht durchschaut und sich darum unverdächtig benehmen wird. N hat allerdings heimlich beobachtet, wie A das Gift in den Kaffee gegeben hat und spielt zum bösen Schein mit, ohne A über seine Kenntnis aufzuklären. N kommt der Tod der O sehr gelegen, da sie ihn in ihrem Testament mit einer größeren Summe bedacht hat und er sich zum sechzehnten Geburtstag ein Moped gönnen will.

N setzt seiner Urgroßmutter O den Kaffee vor. Kurz bevor diese ihn in Anwesenheit der P trinken kann, kommt der Vater B des N überraschend hinzu. B greift sich den Kaffee und leert ihn in zwei hastigen Schlucken, da er verschlafen hat und schnell zur Arbeit muss. Der perplexe N kann dies nicht rechtzeitig stoppen, klärt dann aber unter Tränen den Sachverhalt auf, so dass noch bevor die ersten Symptome einsetzen, ein Arzt gerufen werden kann, der den Tod des B gerade noch verhindert. Nach einer Woche der Behandlung seiner durch das Gift geschädigten Leber kann B aus dem Krankenhaus entlassen werden.

O ist nach den Vorfällen gestresst, so dass sie schlecht schlafen kann. Die Ehefrau E des B legt daher als Entspannungsmusik die Komposition „Sirius“ von Karlheinz Stockhausen auf. O regt sich aber über die nach ihrer Ansicht schreckliche Musik auf, so dass sie schließlich die Stereoanlage ausschalten will. Sie stolpert aber über eine Falte im Teppich und verstaucht sich dabei schmerzhaft den Knöchel.

Aufgabe: Strafbarkeit der Beteiligten nach dem StGB?

Gliederung

Gutachten

Die folgende Hausarbeit für Anfänger enthält vor allem Probleme aus dem Allgemeinen Teil, insbesondere der Thematik der Täterschaft und Teilnahme: 3
1. Fehlschlag eines Mordversuchs in einer Error in persona/aberratio ictus-Konstellation
2. Versuchter Mord in (doppelter) mittelbarer Täterschaft
3. Beihilfe (durch neutrale Handlungen) zum versuchten Mord
4. Abweichungen des tatsächlichen vom vorgestellten Kausalverlauf bei Beihilfe[1]

Teil 1: Strafbarkeit der O

A. § 303 I Var. 2 zu Lasten des A durch Zerschlagen der Flaschen

Indem O die Schnaps- und Wodkaflaschen zerschlagen hat, könnte sie sich wegen Sachbeschädigung gem. § 303 I Var. 2[2] strafbar gemacht haben. 4

I. Tatbestand

Als O die Schnapsflaschen des A zerschlug, hat sie vorsätzlich fremdes Eigentum zerstört. 5

II. Rechtswidrigkeit – Notstand gem. § 34

Man könnte hier von einer Dauergefahr für Vermögenswerte der O durch vermögenswirksame Handlungen des A ausgehen. Sie hat zwar ein dingliches Recht nach § 1090 oder § 1093 BGB, doch könnte man mit einigem argumentativen Aufwand begründen, dass dieses Recht geschälter würde, wenn A den Hof herunterwirtschaftet und etwa die Gebäudesubstanz durch Reparaturstau leidet. Insoweit wäre aber zunächst eine rechtliche Lösungsmöglichkeit in Betracht gekommen. O hätte versuchen müssen A evtl. bestehende Vollmachten zur Not gerichtlich entziehen zu lassen oder eine Betreuung zu beantragen. Die Gefahr war also anders abwendbar. 6

1 Dieser und alle folgenden grau unterlegten Kästen sind didaktische Anmerkungen von *Bode* und gehören nicht zu einer studentischen Hausarbeitslösung. Teils sind es Originalhinweise für Korrekturassistenten, teils Erläuterungen für Studenten.

2 §§ ohne besondere Kennzeichnung sind solche des StGB.

III. Schuld – Notstand gem. § 35

7 Entschuldigender Notstand gem. § 35 scheidet aus, weil die Gefahr nicht Leib, Leben oder Freiheit drohte.

B. Gesamtergebnis zu O

8 O hat sich einer Sachbeschädigung gem. § 303 I Var. 2 strafbar gemacht.

Teil 2: Strafbarkeit der E

A. § 229 zu Lasten der O durch Verwendung der CD

9 Indem E die CD eingelegt und abgespielt hat, könnte sie sich wegen fahrlässiger Körperverletzung gem. § 229 strafbar gemacht haben.

I. Objektiver Tatbestand

1. Erfolg, Handlung, Kausalität

10 O ist durch den verstauchten Knöchel an der Gesundheit geschädigt worden. Würde das Abspielen der CD durch E hinweggedacht werden, hätte O sich den Knöchel nicht verstaucht.

2. Objektive Sorgfaltspflichtverletzung bei Vorhersehbarkeit des Kausalverlaufs

11 Auch wenn die Musik Stockhausens nicht jedermanns Geschmack ist, verwirklicht sich hier nur ein allgemeines Lebensrisiko.[3] E musste das Szenario nicht vorhersehen bzw. wegen des geringen Risikos ihr Verhalten nicht danach richten.

> Wer hier von einer Sorgfaltspflichtverletzung ausgeht, muss dann in der obj. Zurechnung begründen, warum O nicht mehr eigenverantwortlich handeln konnte. Dafür bietet der Sachverhalt allerdings nicht genug Substanz.[4] Die Prüfung ist daher kein Problemschwerpunkt und kann kurz im Urteilsstil abgehandelt werden.

II. Ergebnis

12 E hat sich nicht der fahrlässigen Körperverletzung gem. § 229 strafbar gemacht.

B. Gesamtergebnis zu E

13 E hat sich nicht strafbar gemacht.

---

3 Vgl. *Wessels/Beulke/Satzger*, AT, 52. Aufl. 2022, Rn. 289 ff.

4 Lehrreich zur objektiven Zurechnung im Fallaufbau: *Puppe*, Die Lehre von der objektiven Zurechnung und ihre Anwendung, ZJS 2008, 488 ff.

Teil 3: Strafbarkeit des N

A. § 224 I Nr. 1 Alt. 1 zu Lasten des B durch Vergiftung des Kaffees

Indem N den Kaffee vergiftet, könnte er sich wegen gefährlicher Körperverletzung gem. § 224 I Nr. 1 Alt. 1 strafbar gemacht haben. **14**

Hier bietet sich an, mit dem vollendeten Delikt zu beginnen, damit man in Rahmen des versuchten Mordes an die Ausführungen zum Irrtumsproblem bei der Opferverwechslung bei der vollendeten Körperverletzung anknüpfen kann (Rn. 20 u. 34), ohne nach unten zu verweisen. Dass man das schwerere Delikt zuerst prüfen muss (hier versuchten Mord), ist nicht gesetzlich festgelegt, sondern hat seinen Grund in vorgezogenen Erwägungen der Gesetzeskonkurrenz (oft verdrängt das schwere Delikt das leichtere), die hier nicht zum Tragen kommen.

I. Tatbestand

1. Objektiver Tatbestand

a) Körperverletzung gemäß § 223 I Var. 1 u. 2

Die Leber des B wurde stark angegriffen. Es ist auch von körperlichem Unwohlsein auszugehen. Der Tatbestand ist daher erfüllt. **15**

Die Körperverletzung der O ist N hingegen nicht zurechenbar, da sich hier ein atypischer Kausalverlauf ereignet, wobei auch eine Lösung über die subj. Zurechnung, eine erhebliche Kausalabweichung, vertretbar wäre. Die Strafbarkeit des N nach § 229 zu Lasten der O ist aber dermaßen abwegig, dass es keinen Erörterungsbedarf gibt. Eine kurze Erwähnung, dass eine objektive Zurechnung wegen atypischen Kausalverlaufs ausscheidet, ist aber noch vertretbar.

b) Einsatz von Gift

Das Wühlmausgift ist auch für Menschen schädlich und erfüllt die Qualifikation des § 224 I Nr. 1 Alt. 1. **16**

2. Subjektiver Tatbestand

N wusste was er tat, jedoch nicht wen er traf (V statt O). Wenn die Verletzung des B im Gegensatz zur gewollten Verletzung der O eine „wesentliche" Fehlvorstellung über konkrete Erfolgsumstände oder den konkreten Kausalverlauf darstellt, so dass eine andere rechtliche Bewertung der Tat gefordert ist, kennt N Tatumstände i.S.d. § 16 I nicht und handelt ohne Vorsatz. Zur Kennzeichnung solchermaßen beachtlicher Irrtümer hat sich die Bezeichnung *aberratio ictus* eingebürgert, die den Fall kennzeichnet, indem nicht das Opfer getroffen wird, auf das gezielt wurde, sondern ein anderes, wenn auch tatbestandlich gleichwertiges Tatobjekt. Wurde das Opfer getroffen, auf das gezielt wurde und hat dies Tatbestandsqualität, liegt ein Identitätsirrtum vor, der keine Kausalabweichung, sondern nur eine unbeachtliche Erfolgsabweichung ist, sog. *error in persona*.[5] **17**

5 BGHSt 11, 268; 37, 214 (216); *Lackner/Kühl/Heger*, StGB, 30. Aufl. 2023, § 15 Rn. 13; *Lubig*, Jura 2006, 655; krit. Dazu: *Rath*, Zur Unerheblichkeit des error in persona vel in objecto, 1996, S. 11; *Koriath*, JuS 1998, 215 (219); vgl. für die klausurmäßige Lösung: *Beulke*, Klausurenkurs im Strafrecht I, 8. Aufl. 2020, Rn. 153.

a) Pro aberratio ictus

18 Teile der Lit.[6] – unterstützt durch missverständliche Formulierungen älterer Rspr.[7] – nehmen an, die Regeln für das Fehlgehen des Angriffs *(aberratio ictus)* finden bei Fallgestaltungen in denen das (falsche) Opfer selbst den letzten Schritt zum Erfolg geht, Anwendung. Diese unter § 16 I zu subsumierende Irrtumskategorie – als Sonderfall der Kausalabweichung – sei für Geschehensabläufe entwickelt worden, in denen der Täter das Angriffsobjekt vor sich sieht, an seiner Stelle aber ein anderes Objekt verletzte. Nach dieser Ansicht hat die subjektive „Sicht" des Täters also die entscheidende Bedeutung: Auch bei der Anwendung von Mitteln, welche zum Zeitpunkt des Erfolges nicht mehr vom Täter kontrolliert werden, sei die Konkretisierung auf ein bestimmtes Opfer allein durch die visuelle Zielerfassung des Täters und seinen Wunsch gerade dieses erblickte Opfer zu treffen möglich.[8]

b) Pro error in persona

19 Die heute h.M. stellt nicht mehr auf die Wahrnehmung des Opfers, sondern auf die Konkretisierung des Tatobjekts durch die Zielprogrammierung ab.[9] Der BGH hat für Konstellationen, in denen eine Mitwirkung des Opfers erforderlich ist (durch den Täter gestellte Fallen), zunächst eine mittelbare optische Visualisierung ausreichen lassen und neigt in einer vergleichsweise jungen Entscheidung der Ansicht zu, dass die Konkretisierung des Vorsatzes auch nach Tätersicht nur auf das Tatopfer möglich sei, dass zuerst in die Falle tappt.[10]

c) Entscheidung (pro error in persona)

20 Es kommt nun darauf an, ob man die visuelle oder sonst unmittelbare sinnliche Zielerfassung oder das Aus-den-Händen-Geben der Auswahlentscheidung für entscheidend hält. Für die Ansicht, die *error in persona* annimmt, spricht entscheidend, dass es keinen Unterscheid machen kann, ob der Fallensteller sein Opfer visuell wahrnimmt oder die Auswahl „blind" den Umständen überlässt. So ist es Zufall,[11] ob der Täter etwa die gestellte Falle beobachtet das „falsche" Opfer sieht oder ob er aber im entscheidenden Moment nach unten blickt, um sich die Schuhe zuzubinden und es daher nicht wahrnimmt. Zuzugeben ist der Gegenansicht zwar, dass der Täter, der jederzeit eingreifen kann, immer noch – durch Warnungen o.ä. – selbst kontrollieren kann, ob er wirklich das in die Falle gehende Opfer treffen will. Diese Auswahlherrschaft ist aber zum einen nur potentiell, d.h. anders als im Fall, dass der Täter die letzte Verursachungshandlung selbst ausführt, steuert er die Zielauswahl nicht (mehr), dass er anders könnte, ändert daran nichts. Entscheidend muss daher sein, ob der Täter die Steuerung über die Zielauswahl bereits auf die Situation übertragen hat. N hat die Tasse bereits aus seinen Händen gegeben und zu O gestellt. Damit steuern jetzt andere Personen die Zielauswahl,

6 *Herzberg*, JA 1981, 472; NStZ 1999, 221; *Jescheck/Weigend*, AT, 5. Auflage 1996, Rn. 313.
7 Unklar noch BGH NJW 1991, 933 (934) (Hofereben-Fall).
8 Vgl. *Sternberg-Lieben/Schuster*, in: Schönke/Schröder, 30. Aufl. 2019, § 15 Rn. 59 m.w.N.; *Beulke*, Klausurenkurs im Strafrecht I, 8. Aufl. 2020, Rn. 169.
9 BGH NStZ 1998, 294; *Prittwitz*, GA 1983, 110 (130); *Geppert*, Jura 1992, 163 (165); *Toepel*, JA 1996, 893; *Schuster/Sternberg-Lieben*, in: Schönke/Schröder, 30. Aufl. 2019, § 15 Rn. 59.
10 BGH NStZ NStZ 1998, 294.
11 Vgl. *Schuster/Sternberg-Lieben*, in: Schönke/Schröder, 30. Aufl. 2019, § 15 Rn. 59.

was N auch weiß, das missliebige Ergebnis muss er sich konsequent als gewollt zurechnen lassen. Anders als bei einem (zielgenauen) Schuss auf ein anvisiertes Opfer überlässt N die Auswahl des Opfers also nicht seiner Handlungssteuerung, sondern der Situation. Dass eine potentielle Auswahlherrschaft nicht entscheidend sein kann, wird zudem dadurch deutlich, dass N es hier trotz seiner Anwesenheit, seiner visuellen Wahrnehmung und des Interventionswillens gerade nicht gelingt, tatsächlichen Einfluss auf die Opferauswahl auszuüben.

Daher liegt hier ein *error in persona*[12] vor, i.S.d. § 16 I eine unbeachtliche, da unwesentliche Abweichung der vorgestellten Tatumstände von den tatsächlichen Tatumständen.

II. Rechtswidrigkeit

In der Rechtswidrigkeit sind keine Probleme ersichtlich. **21**

III. Schuld

An der Schuld bestehen keine Bedenken. **22**

IV. Ergebnis

N hat sich der gefährlichen Körperverletzung gem. § 224 I Nr. 1 Alt. 1 strafbar gemacht. **23**

B. §§ 212 I, 211 I, II Gruppe 1 Var. 3 (Habgier), § 211 II, Gruppe 2 Var. 1 (Heimtücke), 12 I, 22, 23 I zu Lasten der O bzw. des B durch Vorsetzen des Kaffees

Indem N der O den vergifteten Kaffee vorsetzte, könnte er sich wegen versuchten heimtückischen Mordes aus Habgier gem. §§ 212 I, 211 I, II Gruppe 1 Var. 3 (Habgier), § 211 II, Gruppe 2. Var. 1 (Heimtücke), 12 I, 22, 23 I strafbar gemacht haben. **24**

I. Nichtvollendung

Weder O noch B sind tot. **25**

II. Strafbarkeit des Versuchs

Nach §§ 23 I, 12 I, 211 ist Mord als mit lebenslanger Freiheitstrafe bedrohte Tat ein Verbrechen und daher taugliches Versuchsdelikt. **26**

III. Tatbestand

1. Tatentschluss

a) Totschlag

Bezüglich der Tötung liegt unproblematisch Vorsatz vor, da N weiß, was er tut. Auch die in Betracht kommenden Mordmerkmale sind nach Wertung der Vorstellung des N erfüllt: **27**

12 *Wessels/Beulke/Satzger*, AT, 52. Aufl. 2022, Rn. 360 ff.

b) Mordmerkmale

aa) Habgier

28 N will O allein der Erbschaft wegen töten.

bb) Heimtücke

29 Auch will er sein Ansinnen vor seiner arg- und wehrlosen Urgroßmutter verbergen, zu der er ein Vertrauensverhältnis hat. Selbst nach engstem Verständnis handelte N daher heimtückisch.[13]

2. Unmittelbares Ansetzen

30 Wenn das Opfer selbst die Letztursache für den Taterfolg setzt, ist strittig, wo die Schwelle für das unmittelbare Ansetzen zu ziehen ist. Stellt man allein auf die Handlungsunmittelbarkeit des Täters ab, wäre diese hier gegeben, da N bereits alles nach seiner Vorstellung zur Erfolgsbewirkung notwendige getan hat. Nach anderer Ansicht kommen in den Fällen, in denen das Opfer in eine Falle „fällt", die gleichen Probleme wie bei mittelbarer Täterschaft zum Tragen, da das Opfer streng genommen Tatmittler zur eigenen Verletzung ist.[14] Dabei ist man sich weitgehend einig, dass zusätzlich zur Handlungsunmittelbarkeit eine gewisse Gefährdungsunmittelbarkeit für das bedrohte Rechtsgut vorliegen muss.[15] Der BGH stellt dabei auf die Wahrscheinlichkeit der Handlung des Opfers nach der Vorstellung des Täters ab und nimmt daher jedenfalls ab *dolus directus* 2. Grades Vorsatz an. [16] Für die h.L. ist das bedrohte Rechtsgut unmittelbar gefährdet, wenn der Täter das Geschehen aus der Hand gibt, ohne das Geschehen im weiteren Fortgang kontrollieren zu können oder die Situation raum-zeitlich so dicht an der Opfersphäre ist, dass sie mit der Handlung des Täters sofort kritisch wird.[17]

N zweifelte nicht am Erfolg seiner Handlung in wenigen Augenblicken. Nach der Rspr. hätte er damit sicheres Wissen bezüglich eines alsbaldigen Erfolgseintritts und damit unmittelbar angesetzt. Der vergiftete Kaffee stand bereits buchstäblich „vor der Nase" der O, die gerade zugreifen wollte. Die Tat bewegte sich damit bereits in der Opfersphäre. O war wenige Sekunden davor den Kaffee zu trinken und B (dessen Tod den Tatbestand erfüllt hätte) hatte dies sogar getan. Die Situation ist also bereits auf Grundlage der Vorstellung des N objektiv als so kritisch zu werten, dass auch O, die nur durch Zufall nichts trinkt, bereits konkret gefährdet war. Dass N nicht schnell genug bei der Handlung des B intervenieren konnte, zeigt, dass N selbst nach der eher restriktiven h.L. unmittelbar angesetzt hatte. Auf die Personenverwechslung kommt es dabei nicht an, da für den Versuch die Vorstellung des Täters von der Eignung seiner Handlung entscheidend ist.

13 *Eser/Sternberg-Lieben*, in: Schönke/Schröder, 30. Aufl. 2019, § 211 Rn. 26; Zusammenfassend in: *Beulke*, Klausurenkurs im Strafrecht I, 8. Aufl. 2020, Rn. 278.

14 Vgl. *Gropp*, AT, 5. Aufl. 2020, § 9, Rn. 71.

15 *Dornis*, JURA 2001, 664 ff.

16 BGHSt 43, 177 (Giftfalle); NStZ 2001, 475 (Stromschlagfalle).

17 *Roxin*, JZ 1998, 211; *Engländer*, JuS 2003, 330.

Der sich andeutende subjektiv/objektive Streit, zu wessen Lasten der Versuch bei Verwechslungen geht, kommt erst im Rücktritt zum Schwur. Wer hier anderer Ansicht ist, kann die Personenverwechslung jedenfalls dann nicht für beachtlich halten, wenn er oben (Rn. 20) einen unbeachtlichen error in persona angenommen hat.

IV. Rechtswidrigkeit

In der Rechtswidrigkeit sind keine Probleme ersichtlich. **31**

V. Schuld

§ 19 ist nicht einschlägig, da N über 14 Jahre alt ist. N ist daher des versuchten Mordes **32**
schuldig.

VI. Rücktritt

N könnte vom versuchten Mord zurückgetreten sein, als er V über das Gift aufklärte. **33**
Dazu müsste er mit dieser Handlung den Erfolgseintritt verhindert haben.

1. Fehlschlag?

Ein Verhindern des Erfolges der begonnenen Tat ist nicht möglich, wenn das sich ereig- **34**
nende Geschehen nicht der Versuchshandlung zugerechnet werden kann. Man könnte hier argumentieren, dass die Tat des N bereits gescheitert sei, da sich der soziale Handlungssinn von Opfer O zu Opfer B dermaßen verschoben habe, dass ein völlig neuer Tatentschluss gefasst werden muss.[18]

Eine andere Ansicht könnte nur derjenige vertreten, der formal auf die noch mögliche Tatbestandsverwirklichung (die immerhin noch als Verdeckung der Täterschaft Sinn machen würde) abstellt und hier mit möglichst weitem Opferschutz die „goldenc Brücke" aus der gleichnamigen Theorie stark verlängert.[19] Dafür spricht auch, dass sich die vollendete Tat an B nach h.M. als Fortsetzung der Tat an O dargestellt hätte *(error in persona)*.[20] Es bliebe also bei **einer** Tat und nicht einem Versuch zu Lasten der O und einer Vollendung zu Lasten des B. Ansonsten wäre eine Gesetzeseinheit nicht zu rechtfertigen und man müsste Tateinheit zwischen Versuch an O und Vollendung an B annehmen. Das Konzept des *error in persona* käme damit ebenso in Schieflage wie das des Vorsatzverbrauchs und der Koinzidenz, denn N könnte einen zweiten Vorsatz nach der Handlung nachschieben. Daher spricht mehr dafür hier Fehlschlag abzulehnen und die Verletzung des B als Teil der begonnenen Tat des N zu behandeln.

---

18 BGHSt 9, 48 (49), *Eser/Bosch*, in: Schönke/Schröder, 30. Aufl. 2019, § 24 Rn. 11.

19 *Feltes*, GA 1992 (139), 400 (407 ff.).

20 Vgl. Rn. 20 bei der Körperverletzung. Zur Unbeachtlichkeit des *error in persona* allgemein: BGHSt 11, 268; 37, 214 (216); *Lackner/Kühl/Heger*, StGB, 30. Aufl. 2023, § 15 Rn. 13; *Lubig*, Jura 2006, 655; krit. Dazu: *Rath*, Zur Unerheblichkeit des error in persona vel in objecto, 1996, 11; *Korlath*, JuS 1998, 215 (219).

Eine zweite Tat mit einem zweiten, neuen Vorsatz wäre allerdings über ein Unterlassen (bei Garantenpflicht, § 13 I, aus Ingerenz und evtl. familiärer Beziehung) des N doch möglich, so dass hier auch diese Lösung mit entsprechender Begründung vertretbar wäre. Zum Folgeproblem kommt aber nur, wer mit mir und der zweiten Ansicht Fehlschlag ablehnt!

2. § 24 I oder II – verhindern der Vollendung der mit dem Versuch begonnenen Tat

35 N hat durch die Aufklärung des B verhindert, dass dieser starb. Ob sich der Rücktritt wegen einer möglichen Anstiftung durch A und einer Beihilfe durch B nach § 24 I oder II bemisst, kann offenbleiben. In jedem Fall hat er durch sein Eingreifen in Anbetracht der Situation und seiner Fähigkeiten optimale Rettungsbemühungen gezeigt und den Tod des B verhindert. N ist also strafbefreiend zurückgetreten.

VII. Ergebnis

36 N hat sich nicht wegen versuchten heimtückischen Mordes aus Habgier gem. §§ 212 I, 211 I, II Gruppe 1 Var. 3 (Habgier), § 211 II, Gruppe 2. Var. 1 (Heimtücke), §§ 12 I, 22, 23 I strafbar gemacht.

C. Gesamtergebnis zur Strafbarkeit des N

37 N hat sich wegen einer gefährlichen Körperverletzung gem. § 224 I Nr. 1 Alt. 1 strafbar gemacht.

Teil 4: Strafbarkeit des A

A. §§ 212 I, 211 II, Gruppe 2 Var. 1, 22, 23 I, 25 I zu Lasten der O oder des B durch die Einflussnahme auf N

38 Indem A den N dazu brachte, O den vergifteten Kaffee vorzusetzen, könnte er sich wegen versuchten heimtückischen Mordes in mittelbarer Täterschaft an O oder B gem. §§ 212 I, 211 II, Gruppe 2 Var. 1, 22, 23 I, 25 I strafbar gemacht haben.

I. Vorprüfung

39 O ist nicht gestorben. Selbst B ist nicht tot. Die Tat bleibt also unvollendet. Versuchter Mord ist strafbar, §§ 23 I, 12 I, 211.

II. Tatbestand

1. Tatentschluss

40 A wollte, dass O durch den – nach seiner Vorstellung – gutgläubigen N als Werkzeug heimtückisch umgebracht wird. Die für die mittelbare Täterschaft nach h.L. benötigte Tatherrschaft resultiert grundsätzlich aus der *Wissens- oder Willensüberlegenheit* (Verantwortungsplus) des Hintermannes gegenüber dem Ausführungstäter (Verantwortungsminus).[21]

---

21 Vgl. BGHSt 9, 370 (380); *Heine/Weißer*, in: Schönke/Schröder, 30. Aufl. 2019, § 25 Rn. 7; *Lackner/Kühl/Heger*, StGB, 30. Aufl. 2023, § 25 Rn. 2.

Die Vorstellung der Tatherrschaft durch überlegenes Wissen alleine reicht, nach der Tatherrschaftslehre, nicht aus, um die vollendete mittelbare Täterschaft zu begründen.[22] Diese Annahme ist auch stringent, da die Tatherrschaftslehre weder rein objektiv noch rein subjektiv agiert, sondern als objektiv-subjektive Sinneinheit zu verstehen ist.[23]

A stellte sich Tatherrschaft durch überlegenes Wissen vor und wollte die Tat auch im Sinne der grundsätzlich abweichenden subjektiven Ansicht[24] als eigene.

2. Unmittelbares Ansetzen

Die Tatherrschaftslehre nimmt in Fällen, in denen die Beherrschung des Vordermannes scheitert, eine „versuchte mittelbare Täterschaft" an, wenn bereits gem. § 22 unmittelbar zur Tat angesetzt wurde.[25] **41**

> Die Benennung dieser Konstellation als „versuchte mittelbare Täterschaft" scheint mir treffender, als „Versuch in mittelbarer Täterschaft", da das „Werkzeug" nicht „funktionierte", allerdings ändert das (nach hiesigem Ergebnis) nichts daran, dass „A versuchte O in mittelbarer Täterschaft zu töten." Entscheidend ist, dass ein A zurechenbares unmittelbares Ansetzen vorliegt. Ob dafür seine eigene Handlung ausreicht oder das Werkzeug N angesetzt haben muss und ob N das ggf. auch ohne Tatherrschaft des A diesem zurechenbar tat, wird gleich geklärt.

A hat seine Einleitungshandlung ausgeführt, als er N instruierte, den Kaffee zu servieren. N hat dann zwar die Handlung ausgeführt, die er sollte, doch fungierte er zu diesem Zeitpunkt nicht mehr als von A beherrschtes Werkzeug, weil er die Manipulation des A durchschaute und so das überlegene Wissen als Herrschaftsvoraussetzung wegfiel.

a) Gesamtlösung

Nach der Gesamtlösung werden Täter und Werkzeug zu einer Einheit verbunden, sodass folgerichtig der Versuch erst dann beginnt, wenn das Werkzeug die Schwelle zum „Jetzt-geht's-los" überschreitet.[26] Nach dieser Lösung bestünde kein unmittelbares Ansetzen, da N zu keiner Zeit Werkzeug des A war, sondern auf „eigene Faust" handelte. Es war dic Tat des N und nicht die des A.[27] **42**

b) Strenge Einzellösung

Nach der strengen Einzellösung beginnt der Versuch einer mittelbaren Täterschaft bereits in dem Moment, in dem der Hintermann zur Einwirkung auf den Tatmittler unmittelbar ansetzt.[28] Danach läge hier ein Ansetzen des A unproblematisch vor. **43**

---

22 *Beulke*, Klausurenkurs im Strafrecht I, 8. Aufl. 2020, Rn. 284; *Wessels/Beulke/Satzger*, AT, 52. Aufl. 2022, Rn. 790.

23 *Heine/Weißer*, in: Schönke/Schröder, 30. Aufl. 2019, Vorbemerkungen zu den §§ 25 ff. Rn. 57.

24 BGHSt 18, 87; heute weitgehend überholt vgl. die heutige Gesamtbetrachtung BGHSt 35, 347 (Katzenkönig).

25 *Wessels/Beulke/Satzger*, AT, 52. Aufl. 2022, Rn. 790; *Rengier*, AT, 14. Aufl. 2022, § 43 Rn. 81.

26 *Kühl*, JuS 1983, 180 ff.; *Krey/Esser*, Strafrecht AT, 7. Aufl. 2022, Rn. 1239.

27 Vgl. dazu für einen ganz ähnlichen Fall *Krack*, in: GS-Eckert, 2008, 467 ff.

28 *Baumann/Weber/Mitsch*, Strafrecht AT, 11. Aufl. 2003, § 29 Rn. 155; *Herzberg*, MDR 1973, 89, 94 f.

c) Modifizierte Einzellösung (Gefährdungstheorie)

44 Nach der herrschenden modifizierten Einzellösung beginnt der Versuch des Hintermanns, sobald er den Tatmittler aus seinem Machtbereich entlassen hat und dieser nach seiner Vorstellung von der Tat zur Tatbestandsverwirklichung unmittelbar ansetzt.

Wie diese Ansicht[29] hier urteilen würde, ist fraglich, zumal sie sich noch in unterschiedliche Varianten (weit und eng) trennt. A hatte N streng genommen nie in seinem Machtbereich und entließ ihn folglich auch nicht aus seiner Herrschaft. Legt man den Schwerpunkt auf die Vorstellung des A, würde aber das Entlassen des N, also als dieser von A losgeschickt den Raum mit dem Kaffee verließ, entscheidend sein. Orientiert man diese Lösung stärker an der Gesamtlösung, käme es wieder stärker auf die tatsächliche Tatherrschaft des A an.

Im Sinne einer Gefährdungsunmittelbarkeit wird diese Kompromissansicht letztlich danach entscheiden, wie groß die Wahrscheinlichkeit für ein Fehlgehen der Tat mit Abschluss der Einwirkungshandlung noch ist.[30] Da hier keine wesentlichen Zwischenschritte mehr vor der Tat des Vordermanns vorgesehen waren, muss auf dieser Grundlage bereits von einer Gefährdung der O und damit deutlich von einem Überschreiten der Unmittelbarkeitsschwelle ausgegangen werden.

d) Streitentscheid

45 Die ältere Einzellösung ist zu holzschnittartig und vernachlässigt, dass Strafgrund der mittelbaren Täterschaft der Schutz eines bedrohten Rechtsguts und nicht nur die böswillige Einwirkung auf einen anderen ist. Der Versuch einer Einwirkung zu mittelbarer Täterschaft ist in § 30 II im Gegensatz zur Verbrechensverabredung nicht genannt,[31] eine solch weitgehende Versuchsvorverlagerung hätte der Gesetzgeber an dieser Stelle klarstellen müssen.[32] Aber auch die Gesamtlösung kann nicht überzeugen. Sie verkennt, dass der Vordermann nur wie ein Tatwerkzeug zu behandeln ist. Insbesondere die Ansicht, die auch noch auf das Vorstellungsbild des Vordermannes[33] (N) – der hier bereits die Herrschaft des Hintermannes (A) abgeschüttelt hat – abstellt ist daher abzulehnen. Sie überbetont die Zurechnung der Handlung des Vordermanns zum Hintermann, die bei der mittelbaren Täterschaft wegen der grundsätzlich nicht vorhandenen Tatherrschaft des Werkzeugs sekundär ist. Täter ist hier – nach seiner maßgeblichen Vorstellung – nur A. Vorzugswürdig ist daher die weite modifizierte Einzellösung, da sie Extreme vermeidet und der Rechtsnatur des Versuchs, nach der die Vorstellung des *Täters* maßgeblich ist, gerecht wird. A hatte hier die Steuerung der Situation aus den Händen gegeben und beobachtete die weitere Ausführung nicht mehr, weil er in der Küche blieb. Seine Handlungsunmittelbarkeit ist gegeben. Es kommt aber noch zusätzlich darauf an, ob zwischen der Einwirkung des A auf N und der Erfolgsverursachung durch N noch wesentliche Zwischenschritte liegen. Hier sollte N sofort zur „Tat" schrei-

29 *Rengier*, AT, 14. Aufl. 2022, § 36 Rn. 10; BGHSt 30, 363 (365); *Wessels/Beulke/Satzger*, AT, 52. Aufl. 2022, Rn. 872 f.; *Kindhäuser/Zimmermann*, AT, 10. Aufl. 2021, § 39 Rn. 50; *Rudolphi*, in: Systematischer Kommentar StGB, 6. Aufl. (April 1993), § 22 Rn. 20a.

30 *Bosch/Eser*, in: Schönke/Schröder, 30. Aufl. 2019, § 22 Rn. 54a.

31 *Schünemann*, in: LK, § 30 Rn. 32; *Bloy*, ZStW 117, 28.

32 In diese Richtung *Heine*, in: Schönke/Schröder, 30. Aufl. 2019, Rn. 32.

33 *Krack*, in: GS-Eckert, 2008, 467 ff.; *Küper*, JZ 1983, 363 (370).

ten. Die wesentlichen Vorbereitungshandlungen hatte A getroffen. N musste nur noch durch die Tür gehen und den Kaffee auftragen, was keine Minute gedauert hätte. Das bedrohte Rechtsgut der O ist in diesem Zeitpunkt nach objektiver Wertung der Tätervorstellung daher auch bereits gefährdet. A hat daher unmittelbar angesetzt.[34]

Die Gesamtlösung ist hier ebenfalls gut vertretbar. Sie hat sogar eine hohe dogmatische Eleganz für sich,[35] weil sie letztlich mit einem Zurechnungsabbruch durch eigenverantwortliches Handeln eines Dritten operiert und so an die Grundsätze der Beteiligungsdogmatik anknüpft. Mit dem Ergebnis der Gesamtlösung im Gepäck bietet es sich dann konsequent an, auch den Zurechnungszusammenhang bei der Fahrlässigkeitstat wegen eigenverantwortlichen Dazwischentretens eines Dritten (N) abzubrechen (vgl. dazu Rn. 61).

Das hier für diese Ansicht angeführte systematische Argument des „schweigenden" § 30 II ist allerdings nicht zwingend, weil der Gesetzgeber die Frage auch deshalb nicht geregelt haben könnte, weil er davon ausging, dass der Versuch (in) mittelbarer Täterschaft keine Sonderregelung braucht. Wenn der Vordermann nur Werkzeug ist, bleibt es bei der allgemeinen Versuchsdogmatik. Würde A einen Roboter benutzen, bei dem schon die Programmierung fehlschlägt, der aber aus anderen Gründen (Kurzschluss in Folge des Programmierungsversuchs) zur Tat schreitet, käme es auch nach h.M. wohl auf die Gefährdungsunmittelbarkeit an, die Handlungsunmittelbarkeit wäre unproblematisch gegeben. Das kann für einen menschlichen Tatmittler – auf dieser Grundlage – entsprechend nicht anders gelten.

A hat also an O unmittelbar angesetzt, obwohl letztlich B durch das Gift verletzt wurde. Die Auswechslung der O durch V nach dem unmittelbaren Ansetzen führt dazu, dass **ein** Versuch zu Lasten zweier Personen stattfindet, obwohl A nur den Vorsatz hatte eine Person zu töten. Ist die Tat vollendet, geht die Tat wegen des Dogmas von der Unbeachtlichkeit des *error in persona* nur zu Lasten der wirklich getroffenen Person (vgl. Rn. 34).

III. Rechtswidrigkeit

Es sind keine Rechtfertigungsgründe ersichtlich. **46**

IV. Schuld

Die leichten Auswirkungen des Alkoholentzuges erreichen nicht den Rahmen des § 21. **47**
Die Schuld ist somit gegeben.

V. Rücktritt

A selbst hat nichts bewusst zum Scheitern der Tat beigetragen. **48**

VI. Ergebnis

A hat sich des versuchten heimtückischen Mordes in mittelbarer Täterschaft an O bzw. **49**
B gem. §§ 212 I, 211 II, Gr. 2 Var. 1, 22, 23 I, 25 I strafbar gemacht.

---

34 Zusammenfassung des Streitstandes in: *Beulke*, Klausurenkurs im Strafrecht I, 8. Aufl. 2020, Rn. 194, zu hier problematischen vermeintlichen mittelbaren Täterschaft: *Beulke*, Klausurenkurs im Strafrecht I, 8. Aufl. 2020, Rn. 284.

35 Vgl. dazu unbedingt den Beitrag von *Krack*, in: GS-Eckert, 2008, 467 ff.

Wer sich hier gegen ein unmittelbares Ansetzen zur mittelbaren Täterschaft entschieden hat, muss sich noch damit auseinandersetzen, ob in der gescheiterten mittelbaren Täterschaft eine Anstiftung zum Versuch (nicht nur versuchte Anstiftung) verbirgt. Die Aufgabe ist aber so gestellt, dass man diesen Streit hier gut vermeiden kann.

Man könnte hier noch einen alternativen Aufbau wählen, der die Komplexität der Arbeit entscheidend erhöht: Prüft man eine Anstiftung des A zur versuchten Tötung des N, erscheint das Problem der in der mittelbaren Täterschaft enthaltenen Anstiftung abermals in neuem Gewand:

Auch die versuchte Tötung ist taugliche Haupttat der Anstiftung, so dass die Konstruktion überhaupt im Rahmen der Teilnahmedogmatik folgerichtig möglich ist. Führt man die wohl h.L., die in jedem Mittäter auch einen Anstiftervorsatz sieht, folgerichtig zu Ende, muss der Hintermann auch die versuchte volldeliktische Haupttat des Vordermanns (normativ) „mitgewollt" haben, soweit auch beim Hintermann ein (wiederum normativer) Vollendungswille vorliegt (im Weiteren: „Inklusionstheorie" oder „Anstifterlösung"). Damit hat der Hintermann auch als Anstifter Doppelvorsatz.

„Anstiftung zum Versuch" stünde damit alternativ gegen „versuchte mittelbare Täterschaft", was im Ergebnis keinen Unterschied hinsichtlich der Strafrahmen macht: In beiden Varianten ist eine Milderung nach §§ 23 I, 49 I möglich. Der verbleibende Unterschied reduziert sich bei Mordmerkmalen der 1. und 3. Gruppe auf die Anwendbarkeit des § 28 I, mit seiner zwingenden Milderungsvorschrift oder §§ 28 II oder 29.

Selbst dann wäre aber für den konkreten Fall die Komplexität begrenzt, da hier kein schwieriger Fall gekreuzter Mordmerkmale vorliegt. Da N heimtückisch handelt und A dies auch weiß (folgend aus der „Inklusionstheorie" – wenn der Anstiftervorsatz im Vorsatz des mittelbaren Täters enthalten ist, muss dieser sich auf alle objektiven Tatumstände, wie vorliegend bei der Heimtücke, beziehen), liegt insoweit auf Grundlage jeder Ansicht Anstiftung zum Mord vor. Nur die Habgier des N kennt A nicht und er ist auch nicht selber habgierig. Die Folgen des § 28 I (Strafrahmenverschiebung) oder § 28 II (Tatbestandsverschiebung) treten aber nicht ein, da die Heimtücke die Anwendung beider Vorschriften sperrt. Selbst wenn man § 29 anwenden wollte, ergibt sich nichts Anderes: Die Habgier ist kein Schuldmerkmal, das A mit N teilt, aber die Heimtücke reicht für die „Mordschuld" aus. Die Habgier des N kann auch auf der Ebene der Strafzumessung(-sschuld, § 46) nicht gegen A in Ansatz gebracht werden.

Wer die Abzweigung zur Anstifterlösung genommen hat, gerät also gleichsam „unverschuldet" in den für Anfänger fast undurchdringlichen Dschungel der §§ 212, 211, 28, 29. Im Aufbau ist diese Ansicht nämlich kaum sauber und widerspruchslos darzustellen: Wer mit der versuchten mittelbaren Täterschaft beginnt, muss diese bei sauberer Subsumtion bejahen. Im Anschluss prüft er die Anstiftung zum Versuch, die er ggf. ebenfalls bejaht und kann dann das Problem auf der Ebene der Gesetzeskonkurrenz entscheiden, wobei er der Anstiftungslösung den Vorrang geben könnte. Beginnt man mit der Anstiftung zum Versuch, muss man erklären, wo man den Anstiftervorsatz hernimmt und insoweit auf den (noch nicht geprüften) Vorsatz aus der versuchten mittelbaren Täterschaft vorgreifen. Eine wirklich dogmatisch und aufbautechnisch elegante Lösung dafür lässt sich schwerlich finden. Auch das ist ein Beleg dafür, dass die Theorie, die Anstiftung in mittelbarer Täterschaft versteckt sieht, letztlich wesentlich schwerer begründet werden kann, als die Ansicht, die nur mit mittelbarer Täterschaft arbeitet.

B. §§ 224 I Nr. 1 Alt. 1, 25 I Var. 2 zu Lasten des B in mittelbarer Täterschaft durch Beeinflussung des N hinsichtlich des vergifteten Kaffees

Obwohl die Tat nicht so ablief, wie von N geplant, ist immerhin ein tatbestandsadäquater Erfolg zustande gekommen. Im Hinblick auf mittelbare Täterschaft ist aber zweierlei problematisch: N hat sich zum volldeliktisch handelnden Täter aufgeschwungen und es kam zu einer unbewussten Intervention durch B, so dass er und nicht O zum Opfer wurde. **50**

Das Problem der Personenverwechslung kann dahinstehen, wenn bereits die Kenntnis des N vom Gift im Kaffee die Zurechnung nach § 25 I Var. 2 ausschließt. Dafür spricht entscheidend, dass A keine Herrschaft mehr über das Geschehen hat und die Verantwortung *für die Vollendung* damit auf N übergeht. Wie beim bewussten Exzess des Tatmittlers[36] ist ihm diese Handlung nicht mehr als beherrschter Geschehensverlauf zuzurechnen. Eine Strafbarkeit wegen vollendeter Körperverletzung scheidet aus.

Auf die Personenverwechslung kommt es hier m.E. nicht entscheidend an, da mangels Tatherrschaft[37] schon der objektive Tatbestand fehlt und Vorsatzerwägungen daher überflüssig sind. Ob eine Personenverwechslung des Vordermanns (N) für den Hintermann (A) ein *error in persona* oder ein *aberratio ictus* wäre, ist auch für das Verhältnis mittelbarer Täter/Tatmittler strittig und nach wohl h.M. differenziert zu lösen, je nachdem ob der Vordermann eine eigene Auswahlmöglichkeit hat (*error in persona*, Zurechnung zum Hintermann – wohl hier zu bejahen, da der Auswahlfehler bereits in den Anweisungen des Hintermannes N angelegt war) oder nicht (*aberratio ictus*, keine Zurechnung zum Hintermann, so wohl hier).[38]Der Streit entspricht dem bei der Anstiftung, wenn der Angestiftete einem *error in persona* unterliegt.[39] Wer sich dafür entschieden hat, dass in der versuchten mittelbaren Täterschaft eine vollendete Anstiftung verborgen liegt, muss hier den Streit (bezüglich der vollendeten Körperverletzung) in voller Breite entfalten. Die Hausarbeit dürfte also allein wegen dieser kleinen vertretbaren Abzweigung epische Ausmaße annehmen.

C. §§ 224 I Nr. 1 Alt. 1, 26 I zu Lasten des B Beeinflussung hinsichtlich des vergifteten Kaffees

Indem A den N dazu brachte O den Kaffee zu servieren, den letztlich B trank, könnte er N zu einer gefährlichen Körperverletzung angestiftet haben gem. §§ 224 I Nr. 1 Alt. 1, 26 I. **51**

36 Vgl. dazu *Roxin*, AT II, 2003, § 25 Rn. 168 ff., *Jescheck/Weigend*, 5. Aufl. 1996, 672 m.w.N.

37 Auf Grundlage der modernen Lehre, vgl. *Roxin*, JuS 1973, 335; *Beulke/Zimmermann*, Klausurenkurs im Strafrecht II, 4. Aufl. 2019, Rn. 266.

38 Vgl. dazu *Weißer/Heine*, in: Schönke/Schröder, 30. Auf. 2019 § 25 Rn. 53 ff.; generell für eine aberratio ictus aber *Roxin*, AT II, 2003, § 25 Rn. 171.

39 Dazu als Einstieg: *Lackner/Kühl*, 28. Aufl. 2014, § 26 Rn. 6; *Beulke*, Klausurenkurs im Strafrecht I, 8. Aufl. 2020, Rn. 162.

Oben musste die Anstiftungslösung nicht diskutiert werden, da keine vollendete Tat im Raum stand, also nur zwischen versuchter Tötung in mittelbarer Täterschaft und Anstiftung zum Versuch zu differenzieren wäre, was mangels Auswirkungen im Strafrahmenergebnis keine große praktische Rolle spielte (die Tenorierung wäre aber anders abzufassen: welcher Tatbestand erfüllt ist, kann – außerhalb der engen Grenzen der Wahlfeststellung[40] – nicht offengelassen werden). Hier steht die Versuchslösung aber in einem Ergebniskonflikt mit der Anstiftungslösung. Nur erstere eröffnet die Milderungsmöglichkeit nach § 49 I. Das Verhältnis der Anstiftung zur versuchten mittelbaren Täterschaft ist in der Literatur, ohne Eingehung auf die Milderungsproblematik, weitgehend unbeachtet geblieben.[41] Der Versuch, O in mittelbarer Täterschaft zu verletzen, sollte nach meinem Lösungsvorschlag konsequent nicht mehr zur Sprache kommen, da dieser Versuch notwendig in der (oben bejahten) versuchten mittelbaren Tötung des A enthalten ist.

I. Haupttat

52 Die vorsätzliche und rechtswidrige Haupttat ist mit der Körperverletzung des N an B gegeben. (s.o. Rn. 23)

II. Anstifterhandlung

53 Hier könnte man schon den „offenen geistigen Kontakt" anzweifeln, hält doch A seine wahre Absicht verborgen. Ginge man aber davon aus, dass A sich vorgestellt hätte, dass N ihn beobachtet hätte, wären keine weiteren Worte mehr notwendig (konkludente Erklärung). Objektiv lässt sich daher noch mit Bedenken eine Eignung der Handlung für eine Anstiftung bejahen. Der objektive Tatbestand ist damit erfüllt.

Es ist daher angebracht, das Problem auf der subjektiven Ebene zu lösen.

III. Doppelvorsatz

1. Wortlautlösung

54 A stellt sich zwar seine Handlung vor, doch glaubt er nicht, dass diese ein vorsätzliche Tat des N ermöglicht. Damit scheidet eigentlich eine Anstiftung tatbestandlich aus.

2. (Systematische und kriminalpolitische) „Inklusionstheorie"

55 Dennoch bleibt eine (vollendete) Anstiftung vertretbar, wenn man von der „Inklusionstheorie" (s.o. H.VI.) ausgeht, welche besagt, dass im Vorsatz zur mittelbaren Täterschaft als Minus im Vorsatz zur Anstiftung enthalten sei.[42] A hätte auf Grundlage dieser

40 Die ungleichartige Wahlfeststellung ist ohnehin derzeit grundsätzlich unter Beschuss, vgl. den wegen der unterschiedlichen Ansichten den Vorlagebeschluss des 2. Strafsenats vom 11.3.2015, Az. 2 StR 495/12; *Freund*, in: FS-Wolter, 2013, 35 ff.

41 *Roxin*, AT II, 2003, § 25 Rn. 166 i.V.m. § 33 Rn. 212; *Kudlich*, BeckOK StGB, 55. Edition 1.11.2022, § 25 Rn. 38; a.A.: *Lackner/Kühl/Heger*, StGB, 30. Aufl. 2023, § 25 Rn. 5.

42 *Lackner/Kühl/Heger*, StGB, 30. Aufl. 2023, § 25 Rn. 5; *Tenckhoff*, JuS 1976, 526 (528); *Bloy*, ZStW 117 (2006), 3 (26); *Kühl*, AT, 8. Aufl. 2017, § 20 Rn. 83; *Beulke*, in: Kühl-FS, 115; vgl. für die Falllösung auch: *Beulke*, Klausurenkurs im Strafrecht I, 8. Aufl. 2020, Rn. 284, 288.

Ansicht N zur Verletzung der O angestiftet, wenn man den *error in persona* des N für den Anstifter A mit der h.M. wegen der Gleichwertigkeit des Tatobjekts, der Vorhersehbarkeit eines solchen Verlaufs oder der „Vorprogrammierung" für unbeachtlich hielte.[43]

Hier sollte man den Streit im Streit m.E., nicht entscheiden, wenn man sowieso (wie nach diesem Lösungsvorschlag) die Anstiftungslösung ablehnen will. Ebenfalls taktisch vertretbar ist aber auch, innerhalb der Anstiftungslösung den *error in persona* des Vordermannes mit der entsprechenden Begründung für beachtlich zu halten und dann den Streit zwischen Anstiftung und versuchter mittelbarer Täterschaft offenzulassen, weil die Anstiftung ohnehin scheitert und so nicht mehr als versuchte mittelbare Täterschaft vorliegen kann. Diese geschachtelte Streitdarstellung wird aber relativ unübersichtlich werden.

3. Streitentscheidung

Für die herrschende Ansicht („Inklusionstheorie") streitet das dogmatische Grundkonzept, welches den Strafgrund der Teilnahme (zutreffend) in einem selbständigen, aber akzessorischen Rechtsgutsangriff sieht. Dieses Grundkonzept wird nämlich auch in einer Konstellation erfüllt, in welcher der Hintermann keine Vorstellung von einer Vorsatztat des Vordermannes hat. Auch mag das Ergebnis kriminalpolitisch – je nachdem welche Position man insoweit einnimmt – überzeugen. **56**

Die „Inklusionstheorie" ist trotz alledem nicht mit dem Gesetz zu vereinbaren und letztlich ein Verstoß gegen Art. 103 II, 104 I GG, da der Täter bei der Alternative der versuchten mittelbaren Täterschaft besser stünde.[44]

A kommt bei der Alternative versuchter gefährlicher Körperverletzung in mittelbarer Täterschaft (die hier nur durch den versuchten Heimtücke-Mord als mitbestrafte Vortat verdrängt wird) zumindest in den Genuss einer Kann-Milderung, §§ 23 II, 49 I. Bei der Anstiftung ist er wegen § 26 I ohne diese Möglichkeit gleich einem Täter zu bestrafen. Ein anderer Fall, in dem für einen anderen Hintermann eine „Flucht in die Anstiftung" sogar günstig wäre, ist kaum zu konstruieren: Die § 28 I, II knüpfen an persönliche Merkmale des Vordermanns an, die das Schuldpotential der Haupttat steigern, aber für den Teilnehmer gerade nicht gelten sollen (bzw. im umgekehrten Fall des § 28 II trotz Fehlens beim Vordermann gelten sollen). Die „Kann-Milderung" nach § 23 II beim Versuch der Tat in mittelbarer Täterschaft knüpft ohnehin immer an das niederstufige (Grund-)Delikt an, wenn der Hintermann *als Täter* die persönlichen Eigenschaften nicht aufweist.

Wer die Anstiftungslösung (s.o. Rn. 55) vertritt muss zusätzlich den Streit um die Wirkungen des *error in persona* des Haupttäters auf den Hintermann spätestens an dieser Stelle erörtern.

---

43 Vgl. BGHSt 37, 214; *Rengier*, AT § 45 Rn. 57; *Wessels/Beulke/Satzger*, AT, 52. Aufl. 2022, Rn. 1147 ff.; a.A. *Roxin*, AT II, 2003, § 26 Rn. 119; *Heinrich, AT, 7. Aufl. 2022*, Rn. 1131; vgl. auch Fn. 81.

44 Vgl. *Herzberg*, Täterschaft und Teilnahme, 1977, § 3 IV 2; *Gropp/Sinn*, AT, 5. Aufl. 2020, § 10 Rn. 77; *Zieschang*, AT, 4. Aufl. 2014, Rn. 697; *Letzgus*, Vorstufen der Beteiligung, 1972, 30 Fn. 48; a.A. ohne weitere Begründung *Roxin*, AT II, 2003, § 25 Rn. 167.

IV. Ergebnis

57 A hat sich nicht wegen Anstiftung zur gefährlichen Körperverletzung gem. §§ 224 I Nr. 1 Alt. 1, 26 I strafbar gemacht.

D. § 229 zu Lasten des B durch das Vergiften des Kaffees und die Beeinflussung des N

58 Als A die Situation manipulierte indem er den Kaffee vergiftete und auf N einwirkte diesen der O zu servieren, könnte er sich wegen fahrlässiger Körperverletzung gem. § 229 zu Lasten des B strafbar gemacht haben.

I. Tatbestand

1. Erfolg, Handlung, Kausalität

59 B ist durch die Vergiftung seiner Leber in Folge des „genossenen" Kaffees körperlich misshandelt und an der Gesundheit geschädigt worden. Diese Folgen wurden durch die manipulativen Handlungen des A verursacht. N ist nicht von selbst auf die Idee gekommen, O zu töten.

2. Objektive Sorgfaltspflichtverletzung bei Vorhersehbarkeit des Kausalverlaufs

60 Das Mischen des Kaffees mit Gift und die Beauftragung des N mit dem Servieren des Getränks an der Kaffeetafel der O gefährdeten bewusst Menschenleben. Dies war als versuchter Totschlag sorgfaltswidrig. Dass ein anderes Opfer als das vorhergesehene verletzt wurde, ist für die Fahrlässigkeit nicht relevant, da wegen des großen und offenen Haushalts vorhersehbar war, dass auch andere bekannte Menschen der Umgebung als O den Kaffee trinken konnten.

3. Objektive Zurechnung – Dazwischentreten eines Dritten oder des Opfers selbst

61 Hier musste das Tatmittel vom Opfer selbst gewählt werden, dass dabei durch unglückliche Umstände eine andere Person das Tatmittel (hier den Kaffee) trank, ist kein atypischer Kausalverlauf. Hier käme höchstens das eigenverantwortliche Dazwischentreten eines Dritten[45] in Betracht.

Oben wurde eine Zurechnung zur Tat des A abgelehnt, weil sich N aus dem Herrschaftsbereich gelöst hatte bzw. sich gar nicht erst hat dominieren lassen. Die Zurechnungsbasis für die mittelbare Täterschaft ist (bereits auf objektiver Ebene) allerdings Tatherrschaft, während der Fahrlässigkeit gerade ein Kontrollverlust des Täters immanent ist. An dieser Stelle ist also kein Zurechnungsgleichlauf zur obigen Entscheidung der mittelbaren Täterschaft nötig.

45 Zu dieser Fallgruppe: *Eisele*, JuS 2012, 578; *Puppe*, in: NK, 5. Aufl. 2017, Vorbem. zu §§ 13 ff. Rn. 178 ff.

Dennoch besteht über die Frage, wie sich ein vorsätzliches Verhalten, dass durch Fahrlässigkeit verursacht wurde, auf den Hintermann auswirkt. Einige sind – in Nachfolge der Lehre vom Regressverbot – dafür, dass jeder vorsätzliche und freie Eintritt eines Dritten in die vom Erstverursacher geschaffene Kausalreihe die Zurechnung grundsätzlich abbricht.[46] Danach wäre A nicht nach § 229 zu bestrafen. Die h.M. nimmt an, dass eine Zurechnung trotz Orientierung am Verantwortungsprinzip grundsätzlich möglich ist. Einige differenzieren danach, ob der Hintermann aus dem speziellen Schutzzweck der verletzten Sorgfaltspflicht heraus – entgegen der Regel – doch für das rechtgutsverletzende Verhalten des Vordermannes zuständig ist.[47] Das ist etwa der Fall, wenn der Vordermann erkennbar tatgeneigt ist.[48] An der erkennbaren Tatgeneigtheit kann man hier zwar zweifeln, aber es kommt ein schwerwiegenderer Umstand hinzu: A hat durch die Vergiftung des Kaffees und die Instruktion an N diesen zu servieren selbst bewusst eine unabgeschirmte Gefahr für O und unbewusst auch für Andere (B) geschaffen. Es wäre geradezu absurd, würde man A auch aus der Fahrlässigkeitsverantwortung befreien können, indem man einwendet, N habe ja selbst die Kontrolle übernommen, damit sei das nicht mehr ein Problem des A. Zwar kann man A nicht die volle Verantwortung über § 25 I Var. 2 (keine Tatherrschaft) oder über eine Anstiftungslösung auferlegen, doch ist die Fahrlässigkeit nicht dermaßen reglementiert (der Wortlaut lässt eine Zurechnung zu). Eine gleichsam „fahrlässige Anstiftung" (die allerdings nicht in jeder beliebigen Schaffung einer tatanreizbietenden Situation liegen kann[49]) ggf. in Tateinheit mit Versuch, entspricht in Fällen versuchter mittelbaren Täterschaft vielmehr dem materiellen Unrechtgehalt der Tat. Diese Lösung ist daher vorzugswürdig. In der Verletzung des B durch N, verwirklichte sich also (auch) die von A gesetzte Gefahr i.S.d. der Lehre von der objektiven Zurechnung.

II. Rechtswidrigkeit

In der Rechtswidrigkeit sind keine Probleme ersichtlich. 62

III. Schuld

Die Schuld ist unproblematisch gegeben. 63

E. Gesamtergebnis zur Strafbarkeit des A

A hat sich wegen versuchten heimtückischen Mordes in mittelbarer Täterschaft gem. 64
§§ 212 I, 211 II, Gruppe 2 Var. 1, 22, 23 I, 25 I in Tateinheit (§ 52) mit fahrlässiger Körperverletzung nach § 229 strafbar gemacht.

46 *Ebert/Kühl*, Jura 1979, 569; *Walter*, in: LK, 13. Aufl. 2020, Vorbem. §§ 13 ff, Rn. 109.
47 *Lenckner/Eisele*, in: Schönke/Schröder, 30. Aufl. 2019, Vorbem. §§ 13 ff., Rn. 101b, 101e.
48 *Roxin*, AT I, 4. Aufl. 2006, § 24 Rn. 28 ff.
49 *Lenckner/Eisele*, in: Schönke/Schröder, 30. Aufl. 2019, Vorbem. §§ 13 ff., Rn. 101e.

Teil 5: Strafbarkeit der V

A. §§ 212 I, 211 II, Gruppe 2 Var. 1, 22, 23 I, 25 I, 27 I zu Lasten der O bzw. des B durch das Aushändigen des Wühlmausgiftes

65 V könnte sich durch die Aushändigung des Giftes an dem versuchten Mord in mittelbarer Täterschaft §§ 212 I, 211 II, Gruppe 2 Var. 1, 22, 23 I, 25 I, 27 I beteiligt haben.

I. Objektiver Tatbestand

1. Teilnahmefähige Haupttat

66 Auch der nur versuchte Mord ist eine teilnahmefähige Haupttat. (s.o. Rn. 49)

2. Beihilfehandlung

67 Es war für die Tat förderlich, A das Gift auszuhändigen. V hatte eigentlich auch bedingten Vorsatz, dass A mit dem Gift einem Menschen schaden könnte.

II. (Doppelter Gehilfen-)Vorsatz

68 Der Vorsatz des Gehilfen muss sich auf die vorsätzliche, rechtswidrige Haupttat und die eigene Hilfshandlung beziehen. V hat nicht sicher gewusst, dass A einen Menschen vergiften wollte. Wenn sie aber mit grundsätzlich ausreichendem *dolus eventualis* gehandelt hätte, hätte sie trotzdem bereits tatbestandlich gehandelt.

Der Eventualvorsatz liegt nach h.M. vor, wenn der Täter den Taterfolg als Folge seines Handelns ernsthaft für möglich hält und ihn zugleich im Rechtsinne billigend in Kauf nimmt. V hatte die tatsächlichen Gründe für eine Tatgeneigtheit des A zutreffend erkannt und selbst einen entsprechenden Verdacht gebildet, den sie nicht ausräumen konnte. Sie rechnete ernsthaft mit der Möglichkeit einer Tötungshandlung des A gegenüber anderen Menschen, ihr geschäftlicher Erfolg war ihr aber wichtiger. Dass die Tat im Versuch stecken blieb ist unschädlich, weil sie notwendig in der gewollten Vollendung enthalten ist und bereits der Versuch durch die Handlung der V gefördert wurde.[50]

V stellte sich also vor, dass A eine Tötungshandlung mit dem Gift begehen wollte, sah diese aber nicht im Einzelnen richtig vorher.

Die Anforderungen an die Vorsatzkonkretisierung sind geringer als bei Anstiftung, so dass der Gehilfe Einzelheiten nicht kennen muss. [51] Vielmehr kommt es darauf an, ob er mit der Durchsetzungskraft des Täters und einer Durchführbarkeit des im groben bekannten Planes rechnet.[52] Der Gehilfenvorsatz (hinsichtlich Haupttat und Gehilfenhandlung) ist damit ausreichend konkretisiert, dass V davon ausgeht, dass A einen Menschen mit dem von ihr verkauften Stoff vergiften will. Das Mordmerkmal „heimtückisch" der 2. Gruppe liegt bei einer Tötung mittels Gift auf der Hand, so dass V auch diesbezüglich vorsätzlich N half.

---

50 Vgl. dazu allgemein BGH NJW 2001, 2410; NJW 2007, 388; *Roxin*, AT II, 4. Aufl. 2006, § 26, Rn. 256.
51 Vgl. BGHSt 42, 137 f.; *Rengier*, 14. Aufl. 2022, § 45, Rn. 111 ff.
52 *Roxin*, AT II, 4. Aufl. 2006, § 26, Rn. 279.

III. Problem der Neutralen Beihilfe

Ähnlich wie das Problem des Erlaubnistatumstandsirrtums in der Hausarbeit 1, „Brandgefährlich", ist das Problem der neutralen Beihilfe schwierig in den Deliktsaufbau zu integrieren. Die inhaltlichen Fragen sind notwendig mit verschiedenen Standorten im Deliktsaufbau – obj. Tatbestand, subj. Tatbestand, Rechtswidrigkeit – verbunden. Die Standortfrage ist hier freilich nicht wirklich ergebnisrelevant, da man sich wenigstens einig ist, dass der kein Unrecht vorliegen soll und so Teilnahme- und Notwehrfragen entschärft sind.[53] Auch hier bietet es sich aber an, das Problem als Sonderpunkt zu behandeln, nachdem man festgestellt hat, dass eigentlich eine tatbestandsmäßige Beihilfe vorläge.[54] So entsteht eine passende Überleitung zur Streitdarstellung. Die zuvor gefundenen Ergebnisse zur Tatbestandsmäßigkeit sind dann nur vorläufig und müssen ggf. am Ende der Streitentscheidung korrigiert werden. In diesem Streit sind alle Theorien vertretbar, die im Wesentlichen für eine Anfängerhausarbeit angemessen dargestellt werden. Ich „unterschlage" hier jedoch den möglichen Ansatz, dem Problem über die Vorsatzkonkretisierung beizukommen. Darauf kann es m. E. ersichtlich nicht ankommen, weil es keinen gesetzlichen Anhaltspunkt dafür gibt, dass der Täter etwa deswegen entlastet werden soll, weil er nicht weiß, wer, wo, von wem genau ermordet werden soll. Es muss reichen, dass der Gehilfe sich – und wenn auch nur als ernsthafte Möglichkeit auf Grundlage konkreter Anhaltspunkte – vorstellt, dass der Täter zur Tat entschlossen ist. 69

In Fällen, in denen eine alltägliche Verkaufshandlung gefährlicher Güter erfolgt, wird eine Einschränkung der Beihilfestrafbarkeit unter dem Schlagwort „neutrale Beihilfe" diskutiert.[55] Dazu werden folgende Lösungswege vertreten:

1. Strikte Anwendung des § 27

Nach Teilen der Literatur sollen auch alltägliche Handlungen unter § 27 fallen.[56] Eine Einschränkung sei nicht vorzunehmen, da eine Hilfeleistung nicht weniger strafwürdig ist, nur weil sie sich äußerlich als sozial übliches Verhalten darstellt. Im Übrigen gelte § 27 für jedermann; eine Ausklammerung bestimmter Berufsgruppen sei nicht gerechtfertigt. Demnach könnte auch der berufstypische Verkauf des Giftes durch V eine strafbare Hilfeleistung darstellen. 70

Hiergegen spricht, dass Erbringer von Dienstleistungen oder Händler nie sicher sein könnten, dass ihre Leistung oder ihre Waren nicht zur Begehung von Straftaten benutzt werden. Sie müssten ihre geschäftliche Tätigkeit vorsichtshalber einstellen. Der Verzicht auf Einschränkung führt daher zu einer massiven Beeinträchtigung der wirtschaftlichen Tätigkeit von Unternehmern.

53 So auch *Kudlich*, Die Unterstützung fremder Straftaten durch berufsbedingtes Verhalten, 2004, 452.

54 *Rengier*, 14. Aufl. 2022, § 45, Rn. 113; *Kretschmer*, JURA 2008, 270.

55 *Kudlich*, Die Unterstützung fremder Straftaten durch berufsbedingtes Verhalten, 2004; *Rackow*, Neutrale Handlungen als Problem des Strafrechts, 2007.

56 *Beckemper*, Jura 2001, 169 f.; *Niedermair*, ZStW 107 (1995), 507 (508 f.); *Heinrich*, AT, 7. Aufl. 2022, Rn. 1131; *Krey/Esser*, AT, 7. Aufl. 2022, Rn. 1086 f.; *Hartmann*, ZStW 116, (2004), S. 599; *Weigend*, in: FS-Nishihara, 1998, S. 197 (204 f.); *Hruschka*, JR 1984, 258 ff.

2. Sozialadäquanz

71 Andere verneinen die Tatbestandsmäßigkeit der Hilfeleistungshandlung. Ein sozial übliches Verhalten wird danach nicht vom Merkmal des Hilfeleistens erfasst.[57] Da sich die Handlung der V nicht mehr als typische Verhaltensweise innerhalb eines Haushaltswarengeschäfts darstellt (Maulwürfe stehen unter Naturschutz), ist das Verhalten nicht mehr angemessen.

Das hierfür vorgebrachte Argument, dass sozialübliches Verhalten nicht strafrechtlich relevant sein könne, ist jedoch zirkelschlüssig, da es gerade um die Frage geht, ob alltägliche Handlungen u.U. den Bereich des Sozialadäquaten verlassen können.

3. Objektive Zurechnung

72 Eine dritte Ansicht verneint in solchen Fällen die objektive Zurechnung, da es an der Schaffung eines rechtlich missbilligten Risikos fehle.[58] Um eine Abgrenzung zwischen erlaubtem und missbilligtem Risiko vornehmen zu können, wird entweder wie bei Ansicht 4. b) die erkannte oder erkennbare Tatgeneigtheit als Kriterium herangezogen[59] oder auf § 138 zurückgegriffen und vorgeschlagen, bewusst vorgenommene äußerlich neutrale Beihilfehandlungen dann nicht mehr dem Bereich des erlaubten Risikos zuzuordnen, wenn auch die Nichtanzeige der Straftat gem. § 138 strafbar ist.[60] Da Mord und Totschlag in § 138 aufgeführt sind, wäre die Schwelle zum Strafbaren nach dieser Ansicht vorliegend überschritten. Hält man diese Schwelle für zu starr, nimmt aber trotzdem das Gewicht der bedrohten Rechtsgüter in die Definition der „erkennbaren Tatgeneigtheit" mit hinein, kann man zumindest folgenden Satz erstellen: *„Je gewichtiger das bedrohte Rechtsgut, desto eher ist ein auffälliges Verhalten als Tatgeneigtheit zu interpretieren. Insoweit reichen bei hoch wichtigen Rechtsgütern wie dem menschlichen Leben bereits vom Gehilfen erkannte objektive Tatsachen aus, die objektiv den nur gleichsam den Anfangsverdacht einer Tatgeneigtheit begründen und so die Hilfshandlung aus der Neutralität einer normalen, trotz ihrer abstrakten Gefährlichkeit privilegierten Alltagshandlung heben."*

Dafür, dass bei der Abgabe von Gift besondere Vorsicht geboten ist, spricht auch § 3 I Nr. 2b) Chemikalienverbotsverordnung, der eine Abgabe von Giften verbietet, wenn der Endabnehmer diese Stoffe und Zubereitungen in erlaubter Weise verwenden will.[61] Allein aus dieser Vorschrift lässt sich aber noch nichts für die Zurechnung des Erfolges gerade zum geschaffenen Risiko ableiten. V glaubte an eine illegale Verwendung, weil A ihr erfolgreich vorgespiegelte, nur Maulwürfe aber keine Menschen töten zu wollen. Dann bleiben zwar die Umstände ungewöhnlich, da auch das Töten von Maulwürfen –

---

57 *Welzel*, ZStW 58 (1939), S. 491 ff. BGHSt. 19, 152 (154); 23, 226 (228); *Beulke*, Die Strafbarkeit des Verteidigers, 1989, Rn. 1989 ff.; *Maiwald*, in: FS-Miyazawa, S. 465 ff., 480; *ders.*, ZStW 93 (1981), 885 (890); *Rudolphi*, Die Gleichstellungsproblematik der unechten Unterlassungsdelikte und der Gedanke der Ingerenz, 1966, 138; *Murmann*, JuS 1999, 552 f.; *Behr*, wistra 1999, 247 (247); *Hassemer*, wistra 1995, 41 (81); vgl. auch *Exner*, Sozialadäquanz im Strafrecht, 2011.

58 *Hefendehl*, Jura 1992, 374 (376 f.); *Jacobs*, GA 143 (1996), 263 f.; *Wohlers*, NStZ 2000, 169 (171); *Kindhäuser*, in: FS-Otto, 2007, 355 ff.; *Putzke*, ZJS 2014, 635 (640); *Gaede*, JA 2007, 757 (760); *Rabe von Kühlewein*, JZ 2002, 1139 (1143); *Greco*, wistra 2015, 1 ff.; *Bode*, ZStW 127 (2015), 931 (961 ff.).

59 *Putzke*, 635, 640; *Bode*, ZStW 127 (2015), 931 (961 ff.).

60 *Frisch*, Tatbestandsmäßiges Verhalten, 1988, 312 ff.

61 Vgl. dieses Argument bei *Putzke*, ZJS 2014, 635 (639, Fn. 40).

wie V weiß – illegal wäre. Auf letzteres kann es aber kaum ankommen, da es sonst zu einem dem deutschen Strafrecht heute fremden[62] *versari in rei illicitia* käme. Die bloße Übertretung von Ordnungsvorschriften bzw. dem Schutz ganz anderer Rechtsgüter dienender Normen, stellt im Sinne der übergeordneten Lehre der obj. Zurechnung keinen notwendigen spezifischen Gefahrbezug dar. Wenn etwa ein Messer unter Bruch der gesetzlichen Ladenöffnungszeiten an einem Sonntag verkauft wird, kann das eine ansonsten sozial unauffällige Handlung nicht von der Straflosigkeit in die Beihilfe zum Mord heben.

Wörtlich genommen kündigte A am Ende nur an Maulwürfe vergiften zu wollen. Allerdings sind die Äußerungen des A im Kontext ihrer Form und Reihenfolge zu betrachten. Seine erste Äußerung und gereizte Wut, sowie die leichte Alkoholisierung deuteten – obwohl nicht eindeutig – auf die naheliegende Möglichkeit einer Tat gegen Menschen hin. Diese Bedenken versuchte A erst auf Nachfrage, durch eine nicht völlig unglaubwürdige, aber doch in Anbetracht des angeblich geringen Anlasses im Verhältnis zu seiner starken Erregung nicht ganz überzeugende, Geschichte zu zerstreuen, was aber nicht gelang. Die mögliche Ermordung von Menschen betrifft zudem ein auf höchster Stufe stehendes Rechtsgut. Zwar war das Verhalten des A mehrdeutig, doch blieb durch das seltsame Verhalten des A ein Verdacht bestehen, der durch seine Erklärung auch nicht vollständig ausgeräumt werden konnte. In Anbetracht des bedrohten Rechtsguts begründet dieser (immerhin auch auf konkreten Tatsachen beruhender) Verdacht einen Vermeidungsappell, dem V hätte nachkommen müssen. V stand außerdem nicht vor der bloßen Alternative entweder das Gift nicht zu verkaufen oder ein Geschäft zu machen. Sie hätte auch zunächst Informationen einholen können, um die Geschichte des zu A zu verifizieren (was nicht gelungen wäre und daher den Verdacht der Tatgeneigtheit bestätigt hatte). Nach dieser Ansicht hätte V also eine tatbestandliche Beihilfe begangen.

4. Subjektiv-objektive Mischlösung der h.M.

Die h.M. unterscheidet dagegen zunächst nach dem subjektiven Tatbestand der Beihilfe, **73**
kombiniert damit aber schließlich objektive (Gefährdungs-)Momente.

a) Dolus directus 2. Grades (und deliktischer Sinnbezug)

Zielt das Handeln des Haupttäters ausschließlich darauf ab, eine strafbare Handlung zu **74**
begehen, und weiß (*dolus directus* 2. Grades) dies der Hilfeleistende, so ist sein Tatbeitrag grundsätzlich als Beihilfehandlung zu werten.[63] Während eine Unteransicht es damit bewenden lässt, stellt die Rspr. (Roxin folgend) darüber hinaus darauf ab, ob der Gehilfenbeitrag (bei *dolus directus* 2. Grades) objektiv einen „deliktischen Sinnbezug" aufweist.[64] Diese Ansicht kann hier jedoch dahinstehen, da V sich eine Tat des A gerade nicht als sicher, sondern nur als möglich vorstellt. Entscheidend ist also nur die folgende zweite Seite dieser Ansicht.

---

62 Kritisch im Hinblick auf die Rechtspraxis *Rengier*, in: FS-Geppert, 2011, 479 ff.

63 BGHSt 46, 112; BGH NStZ 2000, 34; *Otto*, in: FS-Lenckner, 1998, 214 f.; *Otto*, JZ 2001, 443 (444); *Ambos*, JA 2000, 724 (726); *Rengier*, AT, 14. Aufl. 2022, § 45 Rn. 112; *Tag*, JR 1997, 54 ff.

64 *Ransiek*, wistra 1997, 41 (44); *Roxin*, AT II, 4. Aufl. 2006, § 26 Rn. 218 ff; *Roxin*, in: FS-Miyazawa, 1995, 501 (513).

Gesetzt den Fall dieses Problem würde eine Rolle spielen: Am „deliktischen Sinnbezug" fehlt es, „wenn sich der fördern der Beitrag auf eine legale Handlung bezieht, die schon für sich allein genommen für den Täter sinnvoll und nützlich ist, die dieser aber außerdem zur Voraussetzung für ein davon unabhängiges, auf einem selbstständigen Entschluss beruhenden Deliktsverhalten macht".[65] Danach wäre etwa die Versorgung von Dieben mit Lebensmitteln in Ordnung, weil Essen auch ohne Straftat Sinn macht. Hätte V sicher geglaubt, A würde jemanden mit dem Gift ermorden wollen, kommt dies aber nicht in Betracht. Die Vergiftung hätte nur deliktischen Bezug und ergibt keinen „legalen" Sinn. Anders wäre es, wenn A legal Wühlmäuse zur Rettung der Rüben vergiften wollte, aber das Fell der toten Mäuse quasi als Nebengeschäft betrügerisch als Bisampelz verkaufen wollte.[66] Die Verantwortung dafür soll dann allein A tragen.

b) Dolus eventualis und erkennbare Tatgeneigtheit

75 Weiß der Hilfeleistende dagegen nicht, wie der von ihm geleistete Beitrag vom Haupttäter verwendet wird sondern hält er lediglich für möglich *(dolus eventualis)*, dass sein Tun zur Begehung einer Straftat genutzt wird, so ist sein Handeln regelmäßig noch nicht als strafbare Beihilfehandlung zu beurteilen, es sei denn, das von ihm erkannte Risiko strafbaren Verhaltens des von ihm Unterstützten war derart hoch, dass er sich mit seiner Hilfeleistung die Förderung eines „erkennbar tatgeneigten Täters angelegen sein" ließ.[67]

Handelt der Gehilfe danach nur mit *dolus eventualis*, soll es auf die erkennbare Tatgeneigtheit des Haupttäters ankommen. Ein solches die Tatneigung zeigendes Verhalten hebt das Risiko, dass der Gehilfe mit seiner Handlung fördert, aus dem typischen Alltagshandeln heraus. Es ist nicht mehr neutral, sondern final auf Schädigung geschütztere Rechtsgüter gerichtet. *Kudlich* präzisiert diese Ansicht für berufstypisches Verhalten so, dass es nicht ausreicht, wenn der Gehilfe die Anhaltspunkte für eine Tatgeneigtheit erkennt und darauf *dolus eventualis* gründet, sondern dass der Gehilfenvorsatz spezifisch auf der deliktischen Verwendung seiner beruflichen Leistung beruht.[68]

V handelte mit *dolus eventualis* (so im Einzelnen Rn. 68). Die Tatgeneigtheit war aus den unter Rn. 72 genannten Gründen für V erkennbar und sogar von ihr erkannt. Wie ebenfalls bereits unter Rn. 72 geschildert, blieben folglich starke Zweifel an der Geschichte des A bei V bestehen. Die Äußerungen des A im Laden waren Umstände, die seine Tatgeneigtheit zur Vergiftung eines Menschen nahelegten. Der Vorsatz der V gründet auch gerade auf der vorgestellten Verwendung des verkauften Giftes.[69]

Hier wäre mit Bedenken auch eine andere Subsumtion vertretbar: Man müsste darauf abstellen, dass die Geschichte des A doch stimmig sei, weil die Rüben für ihn eine enorme wirtschaftliche Bedeutung hatten und deren Gefährdung einen Landwirt also zu verständlichem Zorn treiben könnte. Dann bleibt aber problematisch, dass V diese Geschichte gerade nicht

65 *Roxin*, AT II, 4. Aufl. 2006, § 26 Rn. 224.

66 Vgl. die Fallgestaltung bei *Rengier*, AT, 14. Aufl. 2022, § 45 Rn. 111.

67 BGH NStZ 2000, 34; BGH wistra 2014, 176 (178); *Roxin*, AT II, 4. Aufl. 2006, § 26 Rn. 241 ff.; *Schünemann*, in: LK, 13. Aufl., 2021 § 27 Rn. 17 ff.; *Lotz/Reschke*, Jura 2012, 485 ff.

68 *Kudlich*, Die Unterstützung fremder Straftaten durch berufsbedingtes Verhalten, 2004, 458 ff., 532 f.

69 Vgl. *Kudlich*, Die Unterstützung fremder Straftaten durch berufsbedingtes Verhalten, 2004, 461, Fn. 159 für einen Fall des Giftverkaufs durch einen Chemikalienhändler.

wirklich glaubhaft fand. Dass könnte man über die eigentlich objektive Natur der Lehre von der erkennbaren Tatgeneigtheit (die von Roxin aus Erwägungen der Lehre von der objektiven Zurechnung gewonnen wurde und darum – jedenfalls im Falles des *dolus eventualis* – kaum zu anderen Ergebnissen als Ansicht 3. Kommen kann) überspielen und zu einer **straflosen** versuchten Beihilfe kommen. Ein Ergebnis, dass angesichts des tatsächlichen Geschehens schief wirkt. Um die Schwäche der Ansicht 4. b) bei der Definition der erkennbaren Tatgeneigtheit auszugleichen, kann man die Bedeutung des bedrohten Rechtsguts mit einbeziehen, vgl. dazu Ansicht 3. und unten den Streitentscheid Rn. 96.

Alle Ansichten kommen mithin zu gleichen Ergebnis der tatbestandlichen Beihilfe. Dass es im Folgenden dann nicht zur Vollendung der Haupttat kommt, weil die Tat für A im Versuch stecken bleibt, ändert nichts daran, dass auch die Hilfe zur Begehung dieses Versuchs V zugerechnet werden muss.

IV. Rechtswidrigkeit

Eine zu den unter III. dargestellten Ansichten im Deliktsaufbau abweichende Ansicht **76**
will das Problem der neutralen Beihilfe auf der Ebene der Rechtswidrigkeit lösen. Sie nimmt einen allgemeinen übergesetzlichen Rechtfertigungsgrund an, in dem die Frage des Beihilfe Unrechts auf einer Abwägung beruht,[70] die teilweise die Grenze des § 138 von einer objektiven Theorie übernimmt.[71] Im konkreten Fall des Wühlmausgiftverkaufs könnte sich demnach die Freiheitssphäre der Verkäuferin (Art. 2 I, 12 I GG) wegen der bereits zu den anderen Ansichten angeführten inhaltlichen Argumente wohl nicht gegen die durch bestimmte Tatsachen begründete und erkannte Gefahr für das Leben von Menschen als besonders bedeutsames Rechtsgut durchsetzen.

Ob man mit den vorgenannten Ansichten den Tatbestand oder mit dieser Ansicht die Rechtswidrigkeit ausschließt, verändert das praktische Ergebnis nicht. In jedem Falle ist das Unrecht der Tat zu verneinen.

Es gibt – anders als bei Streitfragen, die die Einordnung in Schuld oder Tatbestand/Rechtswidrigkeit betreffen – keine Auswirkungen auf eine mögliche Teilnahme oder die Notwehrproblematik. Nur für dogmatische Puristen mag der Streit insoweit hier trotzdem relevant werden. Ich halte eine Entscheidung des Streites an dieser Stelle allein wegen der unterschiedlichen Kategorisierung innerhalb des Gesamtunrechtstatbestandes aber für überflüssig und damit falsch (anders natürlich, wenn man bei der Subsumtion unterschiedliche Ergebnisse erhalten hätte). Man wird dies bei der Korrektur trotzdem relativ gnädig beurteilen können, da der Streit unten tatsächlich ausdiskutiert werden muss.

V. Schuld

Die Schuld ist bedenkenlos gegeben. **77**

70 *Mallison*, Rechtsauskunft als strafbare Teilnahme, 1979, 13; *Arzt*, NStZ 1990, 1 (4); *Amelung*, in: FS-Grünwald, 1999, 9 (27 ff.); *Lampe*, JZ 1994, 123, 12.
71 *Amelung*, in: FS-Grünwald, 1999, 9 (28).

VI. Ergebnis

78 V hat sich der Beihilfe zum heimtückischen Mord in mittelbarer Täterschaft gem. §§ 212 I, 211 II, Gruppe 2 Var. 1, 22, 23 I, 25 I, 27 I strafbar gemacht.

B. §§ 224 I Nr. 1 Alt. 1, 27 I zu Lasten des B durch das Aushändigen des Giftes an N

I. Objektiver Tatbestand

79 Objektiv hat die Aushändigung des Giftes an A auch die Tat des N gefördert, dieser wäre sonst nicht zur erfolgreichen gefährlichen Körperverletzung an B geschritten.

II. Vorsatz

80 Der Vorsatz könnte nach § 16 I ausgeschlossen sein, weil V sich nicht vorstellte, dass N einen Mord mit dem Gift begehen würde, sondern nur damit rechnete, dass A eine solche Tat ausführte.

1. Formelle Gleichwertigkeitstheoriex

81 Nach der Gleichwertigkeitstheorie[72] kommt es nur auf die tatbestandliche Gleichwertigkeit an.[73] Erst eine Tatbestandsabweichung ist ein für § 16 I beachtlicher Irrtum. Immer wenn sich der Täter einen Erfolg und Kausalverlauf vorstellt, der den objektiven Tatbestand eines bestimmten Deliktes erfüllt und dieser Tatbestand dann – durch einen anderen als den vorgestellten, aber tatbestandlich gleichwertigen Erfolg und einen entsprechenden Kausalverlauf – erfüllt wird, ist der Irrtum unbeachtlich. Da § 224 in der Vorstellung eines Giftmordes nach § 211 notwendig enthalten war, spielt der abweichende Täter keine Rolle. Ein bestimmtes Opfer hatte sich V ohnehin nicht vorgestellt. V hatte danach auch Vorsatz mit dem Giftverkauf an A dem N zu helfen B zu verletzen.

2. Adäquanztheorie bzw. Wesentlichkeitstheorie

82 Nach dieser Theorie kommt es darauf an, ob der abweichende Kausalverlauf vorhersehbar war.[74] Dafür werden im Wesentlichen Kriterien der objektiven Zurechnung entlehnt. Stellt man allein auf die Vorhersehbarkeit ab, wird man zurechnen müssen, da durchaus nicht unwahrscheinlich war, dass andere mit in die Tat einbezogen wurden. Konzentriert man sich eher auf das Aufschwingen des N zum Täter könnte man hier einen Zurechnungsabbruch annehmen.

---

72 §§ ohne besondere Kennzeichnung sind solche des StGB.

73 *Kuhlen*, Die Unterscheidung von vorsatzausschließendem und nichtvorsatzausschließendem Irrtum, 1987, 491 ff.; *Loewenheim*, JuS 1966, 313; Vgl. diese Ansicht zum Vorsatz des Anstifters bei einem *error in persona* des Vordermannes *Puppe*, in: NK, 5. Aufl. 2017, § 16 Rn. 107 ff.; *Mitsch*, Jura 1991, 375; *Schroth*, Vorsatz und Irrtum, 1998, 109; im Ergebnis auch Pr. Obertribunal GA 7 (1859), 322 ff.

74 *Schroth*, Vorsatz und Irrtum, 1998, 101 ff.; *Geppert*, Jura 1992; *Mitsch*, in: FS Puppe, 2011, 746 ff.; *Puppe*, in: NK, 5. Aufl. 2017, § 16 Rn. 106 ff.

3. Konkretisierungstheorie

Nach der Konkretisierungstheorie kann auch dann ein beachtlicher Irrtum nach § 16 I gegeben sein, wenn der Tatbestand des verwirklichten Geschehens abstrakt dem gewollten entspricht.[75] Dann ist aber entscheidend, ob die vorgestellten Tatumstände von den wirklichen Tatumständen wesentlich abweichen. Er braucht weder genaue Kenntnis von der Person des Täters zu haben[76] noch zu wissen, wann, wo, zu wessen Nachteil und unter welchen besonderen Umständen die Tat ausgeführt wird.[77] Nach der Rspr. muss die Tat nur in ganz groben Umrissen vorhergesehen werden: *„[Der Gehilfe muss] seinen eigenen Tatbeitrag sowie die wesentlichen Merkmale der Haupttat, insbesondere deren Unrechts- und Angriffsrichtung, zumindest für möglich halten und billigen. Einzelheiten der Haupttat braucht der Gehilfe hingegen nicht zu kennen und auch keine bestimmte Vorstellung von ihr zu haben.“*[78] 83

Ob diese schwer auszudeutende Formel abschließend gemeint ist und darunter unser vorliegender Fall leichthin subsumierbar wäre, bleibt unklar. Wer sich oben für eine Strafbarkeit wegen Mordversuchs entschieden hat, ist hier versucht ebenfalls die Tat des N der V subjektiv zuzurechnen. Das ist entgegen meines Lösungsvorschlages auch gut vertretbar, wie ich finde aber nicht ganz leicht zu begründen. Das Problem der Wesentlichkeit der Abweichung des tatsächlichen vom vorgestellten Kausalverlauf – bekannt aus dem Jauchegrubenfall[79], dem Hoferbenfall[80] u.a. – erscheint hier lediglich in anderem Gewand.

Eine Streitdarstellung zur Auswirkung des *error in persona* des Vordermanns auf den Gehilfen, ist nach der von mir vorgeschlagenen Lösung aber – da die Tat des N nicht einmal als grobe Idee vorhergesehen, sondern die Hilfe auf A als Täter konkretisiert war – überflüssig. Zu diesem regelmäßig bei der Anstiftung und nicht so häufig im Rahmen der Beihilfe behandelten Streit wird neben den hier angeführten beiden Theorien noch eine Lösung vertreten, die den Irrtum des Vordermannes für den Hintermann stets als *aberratio ictus* behandelt,[81] aber nahe an die Wesentlichkeits-/-Individualisierungstheorie heranrückt.[82] In den Anstiftungsfällen liegt der Fall in der Regel so, dass sich der Hintermann ein bestimmtes Opfer vorstellt.[83] Ein Problem das vorliegend wegen der weiten Vorstellung der V nicht für deren Gehilfenvorsatz entscheidend werden kann. Im Verhältnis A und N (in Bezug auf die mittelbare Täterschaft) scheint das Problem zwar aufzutreten, wirkt sich aber wegen des Scheiterns der Tat (und der Ablehnung einer Anstiftungsfiktion nach hiesigem Lösungsvorschlag) nicht aus.

75 BGHSt 37, 214; BGH NStZ 1998, 294; *Weßblau*, ZStW 104 (1992), 105 ff.; *Gropp/Sinn*, 5. Aufl. 2020, § 13 Rn. 84 ff.; *Beulke*, Klausurenkurs I, 8. Aufl. 2020, Rn. 162; *Rengier*, AT, 14 Aufl. 2022. § 45 Rn. 58; *Wessels/Beulke/Satzger*, AT, 52. Aufl. 2022, Rn. 826; *Jakobs*, AT 2. Aufl. 1991, Abschn. 22.

76 BGHSt 3, 65, BGH NStZ 2002, 146; *Kühl*, AT, 20/242.

77 Bay NJW 91, 2582 m. Anm. *Wolf*, JR 92, 428; RGSt. 67, 343.

78 BGH NStZ 2011, 399; vgl. auch BGHSt 42, 136; sehr weit auch BGHSt 51, 133 (Motassadeq); vgl. dazu auch *Satzger*, JURA, 2008, 514, 521.

79 BGHSt 14, 193; ausführlich zum *dolus generalis*-Problem: *Beulke*, Klausurenkurs im Strafrecht I, 8. Aufl. 2020, Rn. 112.

80 BGH NStZ 1991, 123 m. Anm. *Puppe* (als Vertreterin der Gleichwertigkeitstheorie).

81 Vgl. *Alwart*, JuS 1979, 335; *Otto*, GK I § 22, Rn. 46; *Loewenheim*, JuS 1966, 314; *Stoffers*, JuS 1993, 839.

82 So *Hillenkamp*, 32 Probleme aus dem Strafrecht AT, 16. Aufl. 2020, 26. Problem, 194 f., vgl. schon *ders.*, Die Bedeutung von Vorsatzkonkretisierungen bei abweichendem Tatverlauf, 1971, 26 ff.; 108 ff.

83 Vgl. den gesamten Streit zur Anstiftung zusammengefasst bei *Hillenkamp*, 32 Probleme aus dem Strafrecht AT, 16. Aufl. 2020, 26. Problem..

Die besondere Problematik der Anstiftung greift hier freilich nicht. Bei den Anstiftungsfällen geht es um eine Verwechslung des Opfers, die hier mangels Konkretisierung der V schlicht nicht gegeben ist. Folglich kann der Gehilfe den Vordermann auch nicht im Hinblick auf das Opfer „falsch programmieren“, bei der Beihilfe ist er ohnehin nicht derjenige, der eine Richtung vorgibt. Es kommt hier nur darauf an, wie der Fall zu beurteilen ist, dass dem „Falschen“ geholfen wird. Im Hinblick darauf muss man nicht das gesamt Feuerwerk des speziellen Theorienstreites zum Irrtum in Anstiftungskonstellationen abbrennen, kann aber behutsam passendes Argumentations- und Subsumtionsmaterial übertragen. Auch die dort verwendeten Theorien beruhen aber – trotz der verwirrenden Namensvielfalt – auf den zur Lösung des „normalen“ *aberratio ictus* Problems vertretenen Grundansichten.

Im Hinblick auf die Konkretisierung des Gehilfenvorsatzes liegt die Tat des N m.E. neben der von V als möglich vorgestellten des A. Es sollte aber in keinem Fall zu Abzügen führen, wenn Bearbeiter die Tat – da tatbestandlich gleichwertig zur gewollten Tat (Körperverletzung ist in der Tötung notwendig enthalten) – auf Grundlage der Gleichwertigkeitstheorie, der Wesentlichkeitstheorie oder durch ein von der hiesigen Interpretation der Konkretisierungstheorie abweichendes Verständnis des § 16 I bejahen.[84]

V stellt sich weder vor, dass A das Gift an einen Mittelsmann weitergeben würde, noch weiß sie, dass N überhaupt existiert und ein Interesse an der Tötung der O hat und dann auch noch den falschen „trifft“. Letzterer Irrtum allein wäre aber unerheblich, der Gehilfe lässt dem Täter bewusst weiteren Entscheidungsspielraum als etwa ein Anstifter oder mittelbarer Täter oder Mittäter dem Vordermann.[85] Zwar mag es grundsätzlich nicht darauf ankommen, dass der Gehilfe weiß, wem er Hilfe leistet und worum es genau geht. *Roxin* ist insoweit zuzustimmen, dass die „wesentlichen Einzelheiten“ gerade nicht bekannt sein müssen, sondern die Durchsetzungsmacht des Täters, die Wahrscheinlichkeit der Tatausführung.[86] Das gilt aber vorbehaltlos nur für Fälle, in denen der Vorsatz des Gehilfen insoweit allgemein bleibt und folglich umfassend ist. Wenn der Gehilfe hingegen konkrete Vorstellungen hat, sind die Grenzen für die Annahme vollendeter Beihilfe eng zu ziehen.[87] Vorliegend hat V aber ihren Gehilfenvorsatz auf eine Tat des A konkretisiert. Dass ein anderer die Tat begehen könnte, kommt ihr nicht in den Sinn. Anders wäre es, wenn V den Täter nicht kennt, sie aber wüsste, dass dieser fest entschlossen wäre oder sich von vornherein eine größere Gruppe möglicher Täter und Tatmodalitäten vorstellt. Ob sie die ihr unbekannte Gefahr Dritter „Trittbrettfahrer“ hätte *kennen müssen*, ist eine anschließende Frage der Prüfung der fahrlässigen Körperverletzung. Auch die „Vorhersehbarkeit“ als Kriterium aus der Adäquanztheorie ist zu undeutlich und bildet letztlich Fahrlässigkeit ab. Daher ist der zuvor beschriebenen Ausprägung der Konkretisierungstheorie Recht zu geben.

V hat sich nach alledem nicht wegen Beihilfe zur Tat des N strafbar gemacht.

---

84 M.E. geht es auch hier, wie bei klassischen *aberratio ictus* Konstellationen, um den Streit zwischen Gleichwertigkeits- Wesentlichkeits- und Konkretisierungstheorie: Unter welchen Umständen ist die objektiv begangene Tat noch die, die V gewollt hat? Liegt eine wesentliche Abweichung des vorgestellten vom wirklichen Kausalverlauf und Erfolg vor? Vgl. zum Streitstand *Lackner/Kühl/Heger*, 30. Aufl. 2023, Rn. 12; *Hillenkamp*, 32 Probleme aus dem Strafrecht AT, 15. Aufl. 2017, 9. Problem, S. 67 ff. und 26. Problem, S. 189 ff.

85 Vgl. *Roxin*, AT II, 4. Aufl. 2006, § 26 Rn. 283; *Schild*, in: NK, 5. Aufl. 2017, § 27 Rn. 20.

86 Vgl. *Roxin*, AT II, 4. Aufl. 2006, § 26 Rn. 279.

87 *Joecks*, in: MüKo-StGB, § 27 Rn. 95 m.w.N.

III. Ergebnis

V hat sich nicht wegen Beihilfe zur gefährlichen Körperverletzung des B gem. §§ 224 I Nr. 1 Alt. 1, 27 I strafbar gemacht. **84**

C. § 229 zu Lasten des B durch Aushändigen des Giftes an A

V könnte sich durch die Übergabe des Giftes an A wegen fahrlässiger Körperverletzung zu Lasten des B strafbar gemacht haben. **85**

I. Erfolg, Handlung, Kausalität

Die Übergabe des Giftes war kausal für die Tat des N und die folgende Leberschädigung bei B. Die Aushändigung des Giftes war – als Teilnahme an einem Mordversuch, (vgl. Rn. 78) die inzidenten Darstellungen zur Sorgfaltspflichtverletzung – auch objektiv sorgfaltswidrig. **86**

II. Objektive Zurechnung bei Vorhersehbarkeit des Erfolges

V sah einen solchen Kausalverlauf zwar nicht vorher, weshalb ihr die Tat des N auch nicht als gewollt zugerechnet werden kann. In der unachtsamen Abgabe des Giftes an einen verhaltensauffälligen, aggressiven Käufer liegt aber nicht nur das Risiko begründet, dass der Käufer selbst damit einen Menschen vergiftet, sondern auch, dass er das Gift an Zwischenpersonen weitergibt oder so sorglos bei seiner geplanten Tat damit umgeht, dass Dritte in Mittleidenschaft gezogen werden. Als Fallgruppe des objektiven Zurechnungsausschlusses kommt zwar das Dazwischentreten Dritter (hier des N) in Betracht, doch liegt gerade bei einem gefährlichen und leicht weiterzugebenden Stoff die Gefahr nahe, dass dieser in weitere (falsche) Hände gelangt. Eine Verantwortungsverlagerung allein auf A und N ist daher nicht angemessen. Mit der Verletzung des B hat sich auch gerade ein Risiko realisiert, aus dem typischerweise mit dergleichen Handlungen einhergeht. **87**

V hat daher – als Nebentäterin zu A und N – durch Fahrlässigkeit den Leberschaden bei B verursacht.

III. Rechtswidrigkeit

V war nicht gerechtfertigt. **88**

IV. Schuld

V konnte nach ihren eigenen Fähigkeiten sorgfältig handeln und das Gift zurückhalten. Sie handelte auch sonst schuldhaft. **89**

D. Gesamtergebnis zur Strafbarkeit der V

V hat sich wegen Beihilfe zum heimtückischen Mord in mittelbarer Täterschaft gem. §§ 212 I, 211 II, Gr. 2 Var. 1, 22, 23 I, 25 I, 27 I in Tateinheit (§ 52 I) mit fahrlässiger Körperverletzung des B gem. § 229 strafbar gemacht. **90**

Teil 6: Strafbarkeit des S

A. §§ 212 I, 211 II, Gruppe 2 Var. 1, 22, 23 I, 25 I, 27 I zu Lasten der O bzw. des B durch den Verkauf des Giftes

91 S könnte sich durch den Verkauf des Wühlmausgiftes an dem versuchten Mord in mittelbarer Täterschaft beteiligt haben.

I. Objektiver Tatbestand

1. Teilnahmefähige Haupttat

92 Auch der nur versuchte Mord ist eine teilnahmefähige Haupttat.

2. Beihilfehandlung

93 S förderte grundsätzlich den Mordversuch des A, als er ihm das Gift verkaufte.

3. Subjektiver Tatbestand

94 S nahm sicher an, dass A einen Menschen ermorden würde. Er hatte damit *dolus directus* 2. Grades.

II. Neutrale Beihilfe

1. Subsumtion unter die vertretbaren Ansichten aus A III

95 Auch S führt eine berufstypische, eigentlich neutrale Handlung aus, als er A das Gift abkassiert und A übereignet. Zur Lösung dieses Problems werden die oben genannten Lösungswege vertreten. Im Falle des S kommt die oben bereits abgelehnte Lehre der strikten Anwendung des § 27, die keine Ausnahmen zulässt, zum Ergebnis, dass auch S sich strafbar macht.

Die stärker objektive ausgerichtete Lehre von der Sozialadäquanz müsste hingegen von einem üblichen Verkaufsverhalten ausgehen, dass in dieser Form lange anerkannt und daher sozial adäquat ist. Ein Teil der objektiven Ansicht über die objektive Zurechnung müsste auf den ersten Blick zur Tatbestandsmäßigkeit kommen, da Mord in § 138 genannt ist. Konsequent am Grundkonzept der objektiven Zurechnung ausgerichtet, müsste sie (und erst Recht die Variante, welche die Grenze des § 138 für zu starr hält) aber dennoch eine unerlaubte Risikoschaffung verneinen, da diese Gefahr für S nicht objektiv erkennbar war. Da die Gefahr nicht objektiv gegeben bzw. nicht erkennbar war, fehlt es also für S an einer objektiven Pflichtwidrigkeit als Basis jeder Straftat. Ob die auf der Rechtswidrigkeitsebene angesiedelte Abwägungslehre wegen der (eingebildeten) „Mordsgefahr“ hingegen das Unrecht bejahen würde, bleibt unaufklärbar.

Die h.M., welche den *dolus directus*, im Speziellen des 2. Grades, ohne Weiteres für die Beihilfe auch bei berufstypischem Verhalten ausreichen lässt, muss hier wegen der sicheren Vorstellung des S eine Tat nach § 211 durch A mit der Aushändigung des Giftes an diesen zu fördern, konsequent zur Bejahung des Unrechtstatbestandes bei der Übergabe des Giftes durch S kommen. Die Tat hatte für S auch nur einen „deliktischen

Sinnbezug", da S sicher annahm, dass A einen Menschen mit dem Gift ermorden würde und von keiner weiteren undeliktischen Verwendung des Giftes ausging.

Wichtig ist hier vor allem die Abgrenzung zur stark objektiven Theorie und zur h.M. die *dolus directus* für entscheidend hält (S hat sicheres Wissen im Sinne eines starken Vorstellungsvorsatzes). Natürlich ist die h.M. gut und wohl auch einfacher und schneller als meine hier vorgebrachte Ansicht[88] vertretbar.

2. Streitentscheid

Gegen den Verzicht jeglicher Einschränkung im Sinne der Ansicht A. III. 1. ist anzuführen, dass Erbringer von Dienstleistungen oder Händler nie sicher sein könnten, dass ihre Leistung oder ihre Waren nicht zur Begehung von Straftaten benutzt werden. Die Ansicht führt zu einer verfassungswidrigen (Art. 2 I, 12 I GG) massiven Beeinträchtigung des Wirtschaftsverkehrs. **96**

Die Lehre von der Sozialadäquanz bevorteilt dabei bereits etablierte Tätigkeiten, was aber zu unlösbaren Abgrenzungsproblemen führt, wenn fraglich ist, ob ein konkretes und daher notwendig neues Verhalten noch zu einer anerkannten Gruppe üblicher Handlungen gehört. Zudem bleibt offen warum ein neues, eventuell etwas weniger gefährliches, Verhalten eher bestraft werden soll, als ein bereits übliches Verhalten. Insoweit kämen nur ein konservatives „Dammbruch"-Argument oder der Verweis auf gerade nur bereits übliches (privilegierendes) Gewohnheitsrecht in Betracht. Das wäre – neben der Problematik der Ungleichbehandlung gleich gefährlicher Sachverhalte – aber den dynamischen technischen und gesellschaftlichen Wirklichkeiten nicht angepasst und würde zu einer Versteinerung der Wirtschaftsabläufe führen.

Ob das Verhalten des Gehilfen dann stets den Alltagscharakter verliert, wenn er über sicheres Wissen hinsichtlich der Bedeutung seines Verhaltens für die Haupttat verfügt (so die Rechtsprechung), erscheint vor diesem Hintergrund vor allem dann fraglich, wenn die bedrohten Rechtsgüter kein gravierendes Gewicht haben.

Aber auch in einem Fall wie dem Vorliegenden zeigt sich die Grenze stark subjektiver Theorien: Wenn allein der (völlig unrealistische) Vorstellungsvorsatz entscheiden soll, wird eine objektiv als erlaubtes Risiko eingestufte Tätigkeit, allein durch den bösen Willen des Gehilfen zur Straftat. S hat sich hier objektiv nicht sorgfaltswidrig verhalten. Begrenzt auf die konkrete Situation hätte jeder andere (normale) Verkäufer an seiner Stelle auch so handeln dürfen. Für eine hypothetische Fahrlässigkeitsbetrachtung kann es dabei nicht auf einen allwissenden Beobachter, sondern wie im Hinblick auf die Fähigkeiten des Täters, auch nur auf die Kenntnisse einer Durchschnittsperson *ex ante*[89] in der Lage des S plus eventuelles Sonderwissen[90] ankommen. Der bloße Glaube an ein ausgedachtes Gedankenspiel ist aber kein Sonder*wissen*, keine für die h.M. entschei-

88 Vgl. auch *Bode*, ZStW 127 (215), 937 (947) Streitdarstellung und (961 ff.) eigene Ansicht.
89 *Eschelbach*, in: BeckOK StGB, 55. Ed. 2022, § 229, Rn. 10 m.w.N.
90 BGHSt 14, 54.

dende *Kenntnis*[91], sondern nur eine besondere Vorstellung bzw. bloße Phantasterei. Damit verwirklicht S maximal Versuchsunrecht, dass im Fall der Beihilfe nicht strafbar ist.

S hat sich hier nicht einmal objektive Tatsachen vorgestellt, die – bei ihrem Vorliegen – tatsächlich eine Gefahr begründen würden. Vielmehr unterliegt er in einer Art umgekehrtem Verbotsirrtum einer Fehlbewertung von Tatsachen als gefahranzeigend.[92] Allerdings könnte man annehmen, dass es sich um einen Irrtum über ein normatives Tatbestandsmerkmal handelt, was zu einer wiederum unklaren und strittigen Behandlung entweder als Wahndelikt oder (mit dem Argument aus § 23 III) als Versuch führen könnte.[93] Das Problem kann hier aber glücklicherweise in jedem Fall dahinstehen, da versuchte Beihilfe nicht strafbar ist (vgl. § 30 im Gegenschluss) und „Versuch" daher für S nicht in Betracht kommt.

Wenn ihm aber keine objektive Sorgfaltspflichtverletzung vorgeworfen werden kann, hat er nicht einmal fahrlässig gehandelt. Der fehlenden Fahrlässigkeit widerspricht eine Bestrafung wegen vorsätzlicher Tat. Dieser Wertungswiderspruch kann auch nicht durch die stärkere Finalität des Vorsatzes aufgelöst werden. Wer etwas objektiv Ungefährliches unternimmt, wird dafür nicht bestraft. Eine Gefahr liegt aus der Sicht eines verständigen Beobachters an Stelle des A *ex ante* nicht vor. Eine Gefahr läge nur vor, wenn man auf einen allwissenden Beobachter abstellen würde, der die Begegnung zwischen V und S miterlebt hätte. Eine solche Perspektive kann aber nicht entscheidend sein, da sich die Anforderungen eine von seiner normalen beruflichen Tätigkeit abweichenden Verhaltenspflicht des S nur aus dem konkret Erlebten ergeben können. Geht S hier aus reiner „Spinnerei" von einer Rechtsgutsverletzung aus, bleibt das ein unfrommer aber unschädlicher Wunsch. Daran ändert sich auch nichts durch einen kausal mit seiner Handlung verbundenen Erfolgseintritt. Der Wert der Lehre von der objektiven Zurechnung liegt gerade darin, Zurechnung trotz Kausalität zu verneinen, sei es wie hier bei erlaubtem Risiko, bei der Schaffung völlig atypischer Gefahren, freiverantwortlicher Selbstgefährdung des Opfers oder anderer Fallgruppen.

Die Differenzierung nach der Vorsatzart ist nach alledem grundsätzlich abzulehnen, da sie das Ergebnis von der rein subjektiven Einschätzung des Gehilfen abhängig macht. Damit verwechselt diese Ansicht böswillige Gesinnung (Wahndelikt) mit finaler Handlungssteuerung, gerichtet auf ein verbotenes Ziel (Vorsatztat). Die starke Subjektivität des Ansatzes dürfte zudem im Prozess oft zu unüberwindbaren Beweisschwierigkeiten führen bzw. dann über den prozessualen Weg doch i.d.R. von objektiven Kriterien abhängen. Soweit die übrigbleibenden objektivierenden Ansichten mit „Sozialadäquanz" oder „unerlaubten Gefahrschaffung" argumentieren, liefern sie häufig gerade keine klaren Kriterien dafür, unter welchen Umständen nun die Grenze des Adäquaten bzw. Erlaubten überschritten sein soll. Entscheidendes Hilfskriterium muss daher die normales Verhalten im entsprechenden Verkehrskreis übersteigende erkennbar ernsthafte Tatgeneigtheit des Haupttäters sein, deren Umstände dann auch vom Gehilfen erkannt sein müssen.

---

91 Vgl. nur *Sternberg-Lieben/Schuster*, in: Schönke/Schröder/ StGB, 30. Aufl. 2019, § 15 Rn. 139.

92 Vgl. *Wessels/Beulke/Satzger*, AT, 52. Aufl. 2022, Rn. 1149; *Jescheck/Weigend*, AT, 5. Aufl. 1996, Rn. 533.

93 Vgl. *Jescheck/Weigend*, AT, 5. Aufl. 1996, Rn. 533 f.; *Puppe*, in: NK, 5. Aufl. 2017, § 16 Rn. 45 ff.; *Haft*, JA 1981, 281.

Es gilt daher entweder auf Grundlage des (ohne den ersten Teil, A. III. 4. a), unschädlichen) zweiten Teils (A. III. 4. b) der stärker subjektiven h.M. der „erkennbare Tatgeneigtheit“ (ohne die Differenzierung nach der Art des Vorsatzes) oder – der Ansicht von der objektiven Zurechnung (A. III. 3.) zu Folge – dem „unerlaubten Risiko“ plastische Kriterien zur Seite zu stellen, so dass eine praktisch handhabbare und rechtssichere Lehre entsteht. Insoweit kann man einerseits (angelehnt an bekannte Rechtfertigungsgründe wie § 34) eine Abwägungstechnik[94] integrieren, die die Freiheitssphären des wirtschaftlich Handelnden potentiellen „Gehilfen“ und des letztlich beeinträchtigten Rechtsgutsträgers danach definiert, welches Risiko den Interessen des Gehilfen bzw. vielmehr den allgemeinen wirtschaftlich-gesellschaftlichen Interessen gegenüber steht. Das wäre im Hinblick auf das bedrohte Rechtsgut etwa der Grad der Gefährdung (wobei zu diesen Prognosekriterien und Abstufungen aus dem Polizeirecht oder dem Prozessrecht hinsichtlich des Verdachtsgrades herangezogen werden können), die Art des Rechtsguts und Intensität der Beeinträchtigung und andererseits die Bedeutung der Beihilfehandlung im Wirtschaftsleben, sowie deren Verbreitung, Üblichkeit und deren Einschränkung durch Rechtsvorschriften. Einer so konkretisierten objektiven Lehre ist daher der Vorzug vor der subjektiven Ansicht der h.M. zu geben. S hat sich trotz seiner zynischen und menschenfeindlichen Gedankenwelt (für die allein er ansonsten bestraft würde) daher nicht strafbar gemacht.

B. Gesamtergebnis zur Strafbarkeit des S

S hat sich nicht der Beihilfe an einem heimtückischen Mord in mittelbarer Täterschaft **97**
gem. §§ 212 I, 211 II, Gruppe 2 Var. 1, 22, 23 I, 25 I, 27 I strafbar gemacht.

> Auf die Prüfung von Körperverletzung nach § 224 oder § 229 verzichtet die Lösungsskizze an dieser Stelle, weil mangels objektiver Zurechnung konsequent auch keine Fahrlässigkeit in Betracht kommt. Wer die Beihilfe zum versuchten Mord – gut vertretbar auf Grundlage der h.M. bejaht, müsste sich aber auch damit auseinandersetzen.

94 Insoweit zutreffend *Arzt*, NStZ 1990, 1, 4; vgl. gegen die zu starre Begrenzung durch § 138 *Niedermair*, ZStW 107 (1995), 519 ff.

Anmerkungen zur Korrektur

98 Diese schwierige Aufgabe wurde als Hausarbeit im GK I, Übung für Anfänger im Sommersemester 2015 an der Europa-Universität Viadrina gestellt.

Die Bearbeiter erzielten folgende Ergebnisse:

Durchfallquote insgesamt:	46 Prozent
Durchschnittspunktzahl:	4,15 Punkte

Aus dem Originalkorrekturbericht:

Die Korrektur erfolgte wohlwollend. Dennoch konnte kein Bearbeiter ein „Vollbefriedigend" erreichen und sechs Hausarbeiten mussten mit mangelhaft bewertet werden, da grundlegende Kenntnisse nicht erkennbar und die Probleme der Hausarbeit überhaupt nicht erkannt wurden. Insgesamt bleibt festzuhalten, dass die Studenten auch im Rahmen der Abgabe der Hausarbeit als Anfängerübung bis auf zwei Bearbeiter (einer jedenfalls im Ansatz) einen etwas anderen Lösungsweg gewählt haben als vom Hausarbeitsersteller vorgesehen. M.E. war dieser Weg vertretbar und bei entsprechender Begründung nicht zu beanstanden.

Einigen Studenten ist der Aufbau einer Hausarbeit noch nicht bekannt. So kam es vor, dass der SV fehlte oder das Inhaltsverzeichnis zu grobgliedrig aufgebaut war. Einige Kandidaten nutzten nicht mehr als 5 Lehrbücher bzw. anderweitige Quellen, um ihre Arbeit zu erstellen. Als Extrembeispiel sei insoweit das Skript „Die wichtigsten Schemata" aus dem niederle media-Verlag genannt. Das ordnungsgemäße Zitieren von Textpassagen wurde oft vernachlässigt. Dabei fällt auf, dass vereinzelt wörtlich zitiert wird, obwohl es an der fraglichen Stelle nicht auf den exakten Wortlaut ankommt.

Die Mehrheit der Bearbeiter hat Schwierigkeiten, einen geeigneten Aufbau zu finden. Häufig werden die beteiligten Personen chronologisch durchgeprüft, was Verweise nach unten oder Inzidentprüfungen zur Folge hat. Solche Lösungsansätze sind zum einen unübersichtlich und zum anderen auch nicht immer zielführend. Nur die besseren Bearbeiter wenden den vorzugswürdigen Aufbau an und beginnen die Prüfung mit dem tatnächsten Beteiligten.

Fun fact: In wenigen Arbeiten, wurden die Straftatbestände der §§ 292, 324a, 138, 303 (22, 23) (an den Maulwürfen!) geprüft. Selbst bei einer vertretbaren Alternativlösung, nach der V nicht wegen Beihilfe zum Tötungsversuch strafbar ist, wäre versuchte Beihilfe an der Maulwurfstötung in jedem Falle straflos. Versuchte Beihilfe ist nach § 30 im Gegenschluss nicht strafbar.

3. Teil

Hausarbeiten aus der Fortgeschrittenenübung

Hausarbeit 3

„Wir müssen gewinnen, alles andere ist primär!"

von Thomas Bode

Im Winter 2022 fand die Fußballweltmeisterschaft statt. „Auf'm Platz" und „Abseits" des Platzes kam es laut nicht überprüfbaren Berichten und Andeutungen aus den Medien zu einigen eventuell strafrechtlich relevanten Vorfällen, die aufgearbeitet werden müssen. Denn: „Nach dem Spiel ist vor dem Spiel!" 1

Wettskandal

Für das Spiel zwischen den Mannschaften Kamerun und Mexiko vereinbart der sog. „kroatische Wettpate" A mit dem Linienrichter C, dass dieser dafür sorgen soll, dass Mexiko in der ersten Halbzeit kein Tor zuerkannt wird. C erhält dafür 20.000 € im Voraus. Wider besseres Wissen erkennt C Mexiko zwei reguläre Tore ab, indem er in der 11. und 29. Minute jeweils falsch auf Abseits entscheidet ohne dass dies vom Hauptschiedsrichter, der nicht eingeweiht ist, korrigiert worden wäre, so dass es in den ersten 45 Minuten beim Stand von 0:0 bleibt. C weiß, dass A auf das Spiel wetten wird.

Auch ein anderes Spiel wurde manipuliert: 7 Spieler der kamerunischen Mannschaft erhalten je 10.000 € vom „kroatischen Wettpaten" A im Voraus, damit sie das Spiel gegen Kroatien so gestalten, dass Kamerun gegen Kroatien 0:4 verliert. Mit dem kroatischen Spieler M vereinbart A zusätzlich, dass M nach dem 4:0 kein weiteres Tor schießen solle. M erhält 20.000 € im Voraus. Die Spieler Kameruns und der M gehen wegen einiger Andeutungen des A, die sie sofort richtig verstehen, davon aus, dass A auf die Spiele wetten wird.

Das Spiel endet tatsächlich 4:0.

A ließ seinen Freund F eine Kombinationswette auf die beiden Spiele platzieren. F und A wetten, dass im ersten Spiel während der ersten Halbzeit kein Tor für Mexiko fällt. Für das zweite Spiel setzte F für A auf das Ergebnis 4:0 für Kroatien. Wegen der Kombination der Spiele und Wettfaktoren entsteht eine Wettquote von 15.0 und A erhält auf seinen Einsatz von 40.000 € einen Gewinn von 600.000 € vom Wettanbieter Oddset. Der Wettanbieter zahlte die Gewinne aus, hatte aber jeweils Einnahmen durch Wettverlierer, so dass bei einer Gesamtschau aller Wetten auf die Spiele jeweils mehr eingenommen als ausgezahlt wurde.

Unfaires Spiel

Im weiteren Verlauf der WM kommt es zu dramatischen Partien. Im Spiel Uruguay gegen Italien beißt Stürmer Suarez einen Italiener: Beide Spieler kämpfen um ihre Position im Strafraum, in dem Gerangel schiebt Suárez (S) plötzlich seinen Kopf vor und beißt seinen italienischen Gegenspieler Chiellini (C) schmerzhaft in die Schulter. Als der Italiener das Trikot herunterzog, waren auf seiner Schulter rote Abdrücke zu erkennen. Doch Schiedsrichter Marco Rodríguez hatte die Szene offenbar nicht gesehen – er ließ S ohne Verwarnung weiterspielen.

S ließ sich daraufhin theatralisch fallen und hielt sich die durch den Biss gestressten Schneidezähne. Die Schuld für die Szene sah der 29-Jährige C klar bei dem Angreifer aus Uruguay: *„Der Schiedsrichter hätte pfeifen und ihm die Rote Karte zeigen müssen, zumal er auch noch simuliert hat.“* Uruguays Coach Oscar Tabárez behauptete hingegen, nichts gesehen zu haben: *„Es geht um die WM, nicht um die Moral“*, sagte er lapidar.

Ticketverkauf

W ist leitender Angestellter beim FIFA-Ticketing-Vertragspartner Match Services AG. Die FIFA überlässt ihrem Vertriebspartner Match gegen ein Entgelt von umgerechnet 500.000 € den Vertrieb besonderer Ticketkontingente. Im Vertrag mit der FIFA war vereinbart, dass die Match AG die ihr überlassenen Karten unentgeltlich an Werbepartner, Politiker und Prominente verteilt und ungenutzte Karten oder Rückläufer nur in erneuter Absprache mit der FIFA verkaufen darf.

W hat der Bande, die vor einer Woche mit der Festnahme von elf Personen um den Mafia-Boss B aufgeflogen war, Kartenpakete aus Kontingenten für Hospitality und VIPs zugespielt. Entsprechende Eintrittskarten sind in einem abgeschirmten Saal des Luxushotels „Copacabana Palace“ in Rio in originalverpackten Paketen der Ticketschieberbande übergeben worden. Die Gruppe hat diese Ticketpakete zu überhöhten Preisen auf dem Schwarzmarkt verkauft und dabei Millionen umgesetzt. Die Eintrittskarten stammten von W, der im FIFA-Hotel Zugriff auf die Kontingente hatte. Auch die Idee zu dem konkreten Geschäft kam von W, der sich an den in interessierten Kreisen bekannten B gewendet hatte. W hatte erst nach dem Vertragsschluss mit der FIFA entschieden, die Karten auf eigene Rechnung auf dem „Schwarzmarkt“ zu verkaufen.

Die Verkaufspreise lagen zwischen 200 und 1000 Prozent über dem regulären Verkaufspreis. Ein lukratives Geschäft. So wurden Finaltickets beispielsweise für stattliche 11.500 € pro Karte „verhökert“. Insgesamt nahm die Gruppe ca. 700.000 € ein, die unter den Beteiligten aufgeteilt wurden. W und B erhielten jeweils allein 200.000 €.

W, B und die anderen 10 Personen wollten das Geld dabei für sich verwenden und weder der Match AG noch der FIFA zukommen lassen.

Aufgabe: Wie haben sich die genannten Beteiligten strafbar gemacht?

Bearbeitervermerk: Gehen Sie ohne jede Erörterung davon aus, dass deutsches Strafrecht für die geschilderten Fälle anwendbar ist. Es gilt jeweils die hier vorgenommene Beschreibung der Fälle und nicht das möglicherweise tatsächlich abweichende Geschehen. Die angedeuteten Taten vor der WM 2022 sind nicht gesondert zu prüfen. Bestechung und Bestechlichkeit sowie Delikte außerhalb des StGB sind nicht zu prüfen. Auch Qualifikationen und Regelbeispiele sind nicht zu prüfen.

Gliederung

Gutachten

3 Der Fall behandelt schwerpunktmäßig Probleme aus dem Bereich des Besonderen Teils:[1]
1. Betrug (Wettbetrug, Vermögensschaden) § 263
2. Sportwettbetrug §§ 265c, 265d
3. Körperverletzung (Sozialadäquanz; Einwilligung) §§ 223, 228
4. Untreue § 266, Hehlerei § 259

Teil 1: Wettskandal

A. Strafbarkeit von A und F gemäß §§ 263[3] Abs. 1, 3 Nr. 1, 25 Abs. 2 zu Lasten des Wettanbieters

4 Indem F nach dem Plan des A die Wetten bei den jeweiligen Wettanbietern platzierte und der Gewinn in beiden Fällen ausgezahlt wurde, könnten sich F und A wegen Betruges in Mittäterschaft in einem besonders schweren Fall gem. §§ 263 Abs. 1, 3 Nr. 1, 25 Abs. 2 in zwei Fällen strafbar gemacht haben.

I. Objektiver Tatbestand

5 Die Wettanbieter müssten über Tatsachen getäuscht worden sein.

1. Täuschung über Tatsachen

a) Tatsachen

6 Tatsachen sind dabei konkrete Vorgänge oder Zustände der Vergangenheit, oder Gegenwart, die dem Beweis zugänglich sind.[2]

Das Spielergebnis selbst kommt als solche Tatsache nicht in Betracht. Das Spielereignis ist ein zum Zeitpunkt des Wettabschlusses in der Zukunft liegendes, noch ungewisses Ereignis. Zwar liegt das Ergebnis des Spiels in der Zukunft, die konkrete Manipulation – hier die Einflussnahme auf die Spieler und den Schiedsrichter – wurde jedoch bereits vorgenommen, folglich handelt es sich dabei um eine vergangene, dem Beweis zugängliche Tatsache. Die maßgebliche Bezugstatsache ist also die Nichtbeeinflussung von Verlauf und Ausgang der gewetteten Spiele.

b) (Konkludente) Erklärung oder Unterlassen?

7 Weder F noch A haben dem Wettanbieter beim Zustandekommen der Wetten ausdrücklich mitgeteilt, dass sie die Spiele nicht manipuliert hatten. Eine ausdrückliche Täuschung über diese negative Tatsache kommt mithin nicht in Betracht. F und A können den Wettanbieter aber durch konkludentes Verhalten getäuscht haben oder in Form des Unterlassens.

1 Dieser und alle folgenden grau unterlegten Kästen sind didaktische Anmerkungen von *Bode* und gehören nicht zu einer studentischen Hausarbeitslösung. Teils sind es Originalhinweise für Korrekturassistenten, teils Erläuterungen für Studenten.

2 *Wessels/Hillenkamp*, BT 2, 44. Aufl. 2021, Rn. 514.

Eine konkludente Erklärung ist von einer – ebenfalls generell dogmatisch anerkannten[3] – Täuschung durch Unterlassen zu unterscheiden. Wenn es sich nur um eine Täuschung durch Unterlassen handeln würde, müsste zusätzlich eine Garantenpflicht i.S.d. § 13 I bestehen.

Die Abgrenzung erfolgt je nach Schwerpunkt der Vorwerfbarkeit auch unter Berücksichtigung des Energieeinsatzes des Täters bezogen auf das gefährdete Rechtsgut.[4] Durch schlüssiges Verhalten wird dann getäuscht, wenn das Gesamtverhalten des vermeintlich Täuschenden nach der Verkehrsanschauung als stillschweigende Erklärung über eine Tatsache zu verstehen ist und der Täter damit die Unwahrheit zum Ausdruck bringt.[5] Der konkludent mitgeteilte Kommunikationsinhalt beurteilt sich nach den ersichtlichen Erwartungen der Beteiligten. Der entscheidende Empfängerhorizont wird dabei durch die Anschauungen der jeweiligen Verkehrskreise und auch der einschlägigen relevanten Normen geprägt.[6] Erklärungsinhalt kann dabei auch sein, was nicht erfolgt ist (sog. Negativtatsache).

aa) H.M. – Vorrang der Erklärungsauslegung

Die h.M. bestimmt für Fälle des Wettbetruges die Grenze zwischen einer aktiven konkludenten Täuschung und einer Täuschung durch Unterlassen nach dem durch Auslegung zu ermittelnden Erklärungswert des aktiven Verhaltens. Die Rspr. hat sich uneinheitlich zu diesem Problem verhalten[7], kann inzwischen aber als gefestigt gelten: In der sog. „Rennquintettentscheidung“[8] und der jüngeren Sportwettentscheidung rückte der BGH von der früheren Rspr. des RG ab und sah stattdessen die Täuschungshandlung in der stillschweigenden Erklärung – bei Abgabe des Angebots zum Wettvertrag – die Wette sei nicht durch Manipulation verändert worden:[9] Bei einem Vertragsschluss sichern die Vertragspartner inzident die notwendigen Tatsachen zu, die üblicherweise zur unverzichtbaren Grundlage des Geschäfts zählen.[10] Einer normalen „Sportwette“ komme der Erklärungswert zu, dass das der Wette immanente Risiko nicht durch eine vom Wettenden veranlasste, dem Vertragspartner unbekannte, Manipulation zu seinen Gunsten verändert wurde. Daher sei der Abschluss des Wettvertrages regelmäßig eine strafbarkeitsbegründende Täuschungs*handlung*.[11] 8

F schloss unter normalen Umständen einen Wettvertrag. Er erklärte folglich durch Abschluss dieses Vertrages gegenüber den Wettanbietern stillschweigend, das fragliche Spiel nicht manipuliert zu haben bzw. manipulieren zu wollen.

3 Vgl. *Kindhäuser*, BT II, 8. Aufl. 2014, S. 217 Rn. 11.
4 *Rengier*, AT, 18. Aufl. 2016, S. 458, Rn. 10.
5 *Jäger*, BT, 6. Aufl. 2015, Rn. 318; *Saliger*, NStZ 2007, 361 (362); *Cramer*, in: Schönke/Schröder, 29. Aufl. 2014, § 263 Rn. 14.
6 BGHSt 51, 165 (169); *Saliger*, NStZ 2007, 361 (362).
7 RGSt 62, 415 (Pferdewetten) für Täuschung, dagegen BGHSt 16, 120 (121) (Spätwetten).
8 BGHSt 29, 165, (168) (Rennquintett).
9 BGHSt 51, 165 (Sportwetten).
10 Missverständlich deshalb BGHSt 29, 165 (167), soweit dort auf ein „Verschweigen“ abgestellt wird.
11 BGHSt 51, 165 (170 f); BGHSt 29, 165; *Eisele*, BT II, 2. Aufl. 2012, Rn. 531; *Bock*, Wiederholungs- und Vertiefungskurs BT, 2013, S. 249; vgl. BGH NStZ 2003, 372 (373); vgl. *Henssler*, Risiko als Vertragsgegenstand, 1994, S. 471; *Hofmann/Mosbacher*, NStZ 2006, 249 (251) m.w.N.; *Radtke*, JURA 2007, 445 (448).

bb) M.M. – Unterlassen statt Erklärungsfiktion

9 Teile der Literatur kritisieren die h.M. für deren Ausweitung des Täuschungsbegriffs durch die extensive Annahme schlüssigen Verhaltens. Es sei danach lebensfern, eine konkludente Erklärung über die Nichtmanipulation vorauszusetzen, wenn selbst eine ausdrückliche Erklärung völlig unüblich ist und lediglich Verwunderung herbeiführen würde.[12] So würde der Wettanbieter wohl einen Kunden belächeln, der erklären würde, er würde die Spiele nicht manipulieren.

cc) Streitentscheidung

10 Dass eine ausdrückliche Erklärung eher Unverständnis produziert, spricht gerade gegen die in der Literatur vertretene Ansicht.[13] Die m.M. missversteht das Konzept einer konkludenten Erklärung, bei der nur deshalb etwas nicht ausdrücklich erklärt werden muss, weil es sich aus den Umständen der Situation ergibt und es daher gerade nicht üblich ist, das banale oder selbstverständlich erwartete mit zu erklären.

F hätte also zwar nicht expressis, aber durch sein Verhalten bei der Wettabgabe mit erklären müssen, auf ein nicht manipuliertes Spiel zu bieten.[14]

> Wer hier dennoch vertretbar auf Unterlassen abstellt, muss wohl die Garantenpflicht verneinen. Selbst wenn man in der Anweisung des A eine pflichtwidrige Handlung sehen könnte, fehlt es an dem für die Ingerenz notwendigen Pflichtwidrigkeitszusammenhang, wonach die verletzte Vorschrift das betroffene Rechtsgut schützen muss. Das Verbot der Manipulation der Wettgegenstände dient in der Regel nicht dem Schutz des Vermögens der Wettanbieter, sondern dem Fußballspiel als solchem.

2. Irrtum

11 Die festgestellte Täuschungshandlung müsste auch einen Irrtum bei den entscheidenden Oddsetmitarbeitern ergeben haben. Die Mitarbeiter der Wettanbieter gingen – jedenfalls in Form des sachgedanklichen Mitbewusstseins[15] – jeweils davon aus, dass das wettgegenständliche Risiko nicht durch Manipulation des Sportereignisses zu Ungunsten ihres Unternehmens ganz erheblich verändert wird. Ansonsten hätten sie die jeweiligen Wettangebote zu der angebotenen Quote zurückgewiesen. Gerade weil die Manipulationsfreiheit des Wettgegenstandes beim Abschluss einer Sportwette mit festen Quoten für die Vertragspartner von entscheidender Bedeutung für die Einschätzung des Wettrisikos ist, verbinden Wettender und Wettanbieter mit ihren rechtsgeschäftlichen Erklärungen regelmäßig die Vorstellung, dass der Wettgegenstand nicht manipuliert wird.[16]

Durch die konkludente Täuschung über die Manipulationsfreiheit des Wettgegenstandes ist bei den jeweiligen Mitarbeitern der Wettanbieter also auch ein der Nichterklärung entsprechender Irrtum erregt worden.[17]

---

12 *Jahn/Maier*, JuS 2007, 215 (217).
13 So auch *Lorenz/Slowinski*, JURA 2010, 706 (707).
14 So für ähnliche Fälle: BGHSt 51, 165; BGHSt 58, 102.
15 *Fischer*, 70. Aufl. 2023, § 263 Rn. 35 m.w.N.
16 Vgl. auch BGHSt 24, 386 (389).
17 Vgl. BGHSt 29, 165 (168).

3. Vermögensverfügung

Durch den Irrtum müsste der Wettanbieter jeweils eine Vermögensverfügung vorgenommen haben.[18] Eine Vermögensverfügung ist jedes Handeln, Dulden oder Unterlassen, welches sich unmittelbar vermögensmindernd auswirkt,[19] er also auf dieses Vermögen im Anschluss faktisch oder rechtlich verschlechterte Zugriffsmöglichkeiten hat.[20] Eine Vermögensminderung liegt dabei nur vor, wenn die ausgereichte Position überhaupt Vermögenswert hat. 12

a) Wirtschaftlicher Vermögensbegriff

Vermögen ist die Summe aller geldwerten Güter nach Abzug der Verbindlichkeiten.[21] Nach dem wirtschaftlichen Vermögensbegriff kommt es bei der Bestimmung von Vermögenspositionen nicht auf eine rechtliche Billigung an, sondern nur auf den ökonomischen Wert.[22] 13

Der Wettanbieter gibt einen Wettschein aus und verpflichtet sich dabei vertraglich gegen eine festgelegte bestimmte Quote einen Gewinn auszuzahlen. Die Verpflichtung steht unter der Bedingung, dass die Wette gewinnt. Bereits der erworbene Wettschein musste dem Wettanbieter bezahlt werden und hat daher einen Marktwert, auch wenn nicht einfach zu beziffern ist, was der Wettschein zu einer manipulierten Wette wert ist. Das schließlich auf die Wette ausgezahlte Geld ist in jedem Fall ein in eben seinem Betrag bezifferbarer wirtschaftlicher Wert. Danach gehört die Wettchance damit zum Vermögen.

b) Juristisch-ökonomischer (und rein juristischer) Vermögensbegriff

Die eben erfolgte Subsumtion unter den Vermögensbegriff kann aber erschüttert werden, wenn man den juristischen oder juristisch-ökonomischen Vermögensbegriff anwendet. Nach diesen Vermögensbegriffen werden von der Rechtsordnung nicht geschützte Positionen trotz eventuellen wirtschaftlichen Wertes aus dem Vermögensbegriff ausgeschlossen. 14

Im Falle eines nicht genehmigten Glücksspiels ist der entsprechende Vertrag unwirksam (§ 134 BGB, §§ 284, 287, § 762 BGB). Eine Forderung aus einem Wettvertrag wäre damit nach den juristisch bestimmten Vermögensbegriffen nicht Vermögensbestandteil.

§ 762 BGB erfordert aber, dass es sich um Spiel oder Wette i.S.d. § 762 BGB handelt. Zwar führt die Sportwette „Wette" im Namen; auch ist das Ergebnis eines Sportereignisses entscheidend. Ihr Ziel ist dabei aber die Gewinnmaximierung, nicht die Beseitigung eines Disputs um die Wahrheit eines Gegenstandes. Juristisch betrachtet ist die „Sportwette" daher keine Wette, sondern ein Glücksspiel.[23] Das allgemeine Glücksspielmonopol des Staats erfasst auch Sportwetten (§ 3 GlüStV- Glücksspielstaatsvertrag).

Es handelte sich also beim Wetten auf Fußballspiele nicht um eine unverbindliche Wette nach § 762 BGB, sondern um ein verbindliches, sonstiges staatlich genehmigtes Glücks-

18 Vgl. allgemein zu diesem ungeschriebenen Tatbestandsmerkmal *Heghmanns*, BT, 2. Aufl., 2021, S. 364 Rn. 1241.
19 *Perron*, in: Schönke/Schröder, 30. Aufl. 2019, § 263 Rn. 55.
20 *Hefendehl*, in: MüKo-StGB, 4. Aufl. 2022, § 263 Rn. 23.
21 BGHSt 16, 220 (221).
22 *Kindhäuser*, in: Kindhäuser/Neumann/Paeffgen, Strafgesetzbuch, 5. Aufl. 2017, § 263 Rn. 23.
23 BGH NJW 2002, 217.

spiel, für das auch (über seinen Wortlaut hinaus) auch § 763 BGB gilt.[24] Eine solcher „Wettvertrag“ mit einem staatlich anerkannten Wettbüro wird vom BGB als legale Position anerkannt.

Auch der juristisch-ökonomische und der juristische Vermögensbegriff müssten daher in der Eingehung eines solchen Vertrages eine juristische anerkannte Vermögensposition sehen. Alle Ansichten müssten daher das F gewährte Auszahlungsversprechen als Vermögensbestandteil sehen. Der Streit um die Vermögensbegriffe kann hier also offenbleiben.

4. Vermögensverfügung – Eingehungs- oder Erfüllungsbetrug?

15 Über dieses Vermögen musste auch verfügt worden sein. Dazu kommen der Vertragsabschluss und die Auszahlung des Gewinns in Betracht. Mit dem Vertragsabschluss ging der Wettanbieter bereits eine vermögensmindernde Verpflichtung ein. Außerdem wurde der Gewinn ausgezahlt, so dass es auch zu einem mit dieser Verpflichtung korrespondierenden Geldabfluss kam (also liegen zwei aufeinander bezogene, gestaffelte Verfügungen vor, die h.M. betrachtet Kausal- und Erfüllungsgeschäft aber als Einheit[25]). Eine Vermögensverfügung ist mithin gegeben.

5. Vermögensschaden

16 Entscheidend ist für das Tatbestandsmerkmal des Vermögensschadens beim Betrug, dass der Verfügende aus dem Bestand seines Vermögens aufgrund der Täuschung mehr weggegeben hat, als er zurückerhalten hat (negativer Saldo).[26] Wie sich die Dinge nach diesem Zeitpunkt entwickeln, ist für die strafrechtliche Wertung unerheblich.

a) Quotenschaden

17 Für Fälle, dass die Wette nicht ausgezahlt wird, hat der BGH die Rechtsfigur des „Quotenschadens“ entwickelt: Bei Sportwetten mit festen Quoten stelle die aufgrund eines bestimmten Risikos ermittelte Quote gleichsam den „Verkaufspreis“ der Wettchance dar. Diese Quote bestimme, mit welchem Faktor der Einsatz im Gewinnfall multipliziert wird. Wenn eine geheime Verabredung zur Spielmanipulation bestünde, sei damit auch die Wette manipuliert. Der für die Gewinnchance entrichtete Preis entspreche nicht mehr der Quote. Eine derart erheblich höhere Chance auf den Wettgewinn sei wesentlich mehr wert, als in Ausnutzung der erfolgten Täuschung gezahlt wird.[27]

Für den jeweiligen Einsatz hätten F und A bei realistischer Einschätzung des Wettrisikos unter Berücksichtigung der verabredeten Manipulation nur die Chance auf einen erheblich geringeren Gewinn erkaufen können. Diese „Quotendifferenz“ stellt bereits bei jedem Wettvertragsabschluss einen nicht unerheblichen Vermögensschaden dar, der nicht zu beziffern sei, aber einen erheblichen Teil des Schadens ausmache, der bei einem späteren Wettgewinn des Täters eintrete.[28]

---

24 BGH NJW 1999, 54.
25 Vgl. *Rengier*, BT I, 24. Aufl. 2022, § 13 Rn. 74 m.w.N.
26 *Tiedemann*, in: LK, 12. Aufl. 2012, § 263 Rn. 163 m.w.N.
27 BGHSt 51, 165, (176 B.).
28 BGHSt 51, 165; 58, 102.

b) Literaturmeinung: Quotenschaden fiktiv

Die Rspr. vom Quotenschaden wird aus vielen Gründen angegriffen: Der Wettanbieter bestimme seine Preise nicht nach der Wahrscheinlichkeit der Ergebnisse, sondern nach dem Wettverhalten seiner Kunden. Vor allem sei die Bezifferung des Schadens nicht möglich. Ohne Bezifferung des Schadens sei eine Verurteilung verfassungsrechtlich problematisch.[29] Gerichte können eine Verurteilung nicht darauf stützen, der Täter habe jedenfalls einen anderen finanziell geschädigt, man könne aber in keiner Weise angeben um wieviel genau. Das wäre mit dem allgemeinen rechtsstaatlichen Bestimmtheitsgrundsatz nicht zu vereinbaren. Jedenfalls wenn nicht einmal ein Mindestschaden angegeben werden kann, ist dem mit dem BVerfG – dessen Entscheidung immerhin gem. § 31 II BVerfGG Gesetzeskraft entfaltet – zuzustimmen.[30] Es kommt daher darauf an, ob hier ein Quoten- oder Auszahlungsschaden beziffert werden kann. 18

c) H.M.: Streit unerheblich bei Auszahlungsschaden

Ist der Wettgewinn ausgezahlt, löst sich das Problem des Quotenschadens nach h.M., indem der Schaden nun die Differenz zwischen Auszahlung und Einzahlung sei.[31] Selbst Teile der Ansicht, die einen Quotenschaden als Eingehungsbetrug ablehnen, tendieren hier zur Annahme eines bezifferbaren Erfüllungsschaden, da das Kausalgeschäft durch Gewährung der gegenseitigen Ansprüche erfolgt sei.[32] Dem Wettanbieter ist danach wegen ein und derselben Täuschung zum Zeitpunkt des Vertragsabschlusses ein Schaden entstanden (Eingehungsschaden), der durch die Auszahlung des Wettgewinns vertieft wurde (Erfüllungsschaden). Der Schaden bemisst sich jedoch dann allein nach Maßgabe der in der Erfüllungsphase geleisteten Zahlungen.[33] Diese Annahme wird auf die Dogmatik des Verhältnisses zwischen Eingehungs- und Erfüllungsbetrug gestützt, nach der der Eingehungsbetrug gegenüber dem Erfüllungsbetrug subsidiär ist.[34] 19

F hat 40.000 € eingezahlt und ihm wurde 600.000 € von Oddset ausgezahlt. Der Schaden für Oddsett beträgt danach 560.000 €.

Die meisten Bearbeiter dürften an dieser Stelle die Prüfung abbrechen, da bei einer Analyse anhand der BGH-Rspr. und der Ausbildungsliteratur wegen der Auszahlung des Gewinns eine Streitentscheidung überflüssig erscheint. Ein solches Vorgehen ist auch bei der Korrektur nicht zu ahnden und wer sich so entscheidet, ist immer noch auf Kurs „vollbefriedigend“. Das Problem der Schadenberechnung liefert aber bei genauerem Hinsehen – insbesondere einige speziellere Aufsätze[35] gehen in die Tiefe – noch einigen Zündstoff. Weder der mögliche Ausgleich durch die Einsätze von Wettverlieren noch die Problematik des auch bei rechtmäßigem Alternativverhalten drohenden Verlustes eines Risikogeschäfts (hier sog. Grundrisikoabschlag) sind im Hinblick auf den Auszahlungsschaden ausdiskutiert.[36]

29 BGHSt 51, 165 (175); *Saliger*, JZ 2012, 723 (727f.); BGH wistra 2013, 99 (102); *Hefendehl*, in: MüKo-StGB, 4. Aufl. 2022, § 263 Rn. 511; *Saliger/Kirch-Heim/Rönnau*, NStZ 2007, S. 361 (366).
30 BVerfGE 130, 1 (48 B.).
31 BGHSt 51, 165 (176).
32 *Schulz/Slowinski*, JURA 2010, 701 (709).
33 BGHSt 51, 165 (176); Vgl. *Reinhart*, SpuRt 2007, 52 (55); *Rengier*, AT, 14. Aufl. 2022, § 13, Rn. 97b.
34 Dazu allgemein *Küper*, BT mit Erläuterungen, 11. Aufl. 2022, S. 359.
35 *Schlösser*, NStZ 2013, 630; und das Urteil des BverfG zur Schadenbezifferung: BVerfGE 130, 1 (48 B.).
36 Zur Schadensberechnung vgl. auch *Fasten/Oppermann*, JA 2006, 69 (73); *Fischer*, StGB, 70. Aufl. 2023, § 263 Rn. 71 m.w.N.

d) M.M.: Grundrisikoabschlag auch bei Auszahlung

20 Man kann aber einwenden, ob die Schadensbestimmung nach Manier des BGH nicht zumindest deswegen zweifelhaft und zu grobschlächtig ist, weil auch bei rechtmäßigem Alternativverhalten ein Verlust des Wettanbieters möglich war oder weil auch eine manipulierte Wette nicht gewinnen muss und daher für Buchmacher und Wettanbieter doch nicht wertlos ist.

Von Teilen der Literatur wird insoweit vertreten, dass der Vermögensschaden die Differenz zwischen der aufgrund des „normalen Wettverhaltens“ prognostizierten Gewinnausschüttung und der nach der Manipulation tatsächlich auszuschüttenden Gesamtgewinnsumme zu sehen sei.[37] Das normale Wettrisiko müsse sich also im Schaden niedergeschlagen, der dementsprechend geringer als die totale Differenz ausfallen müsse. Das Risiko, dass das Ergebnis auch ohne Manipulation so gefallen wäre, wie von F gewettet, hätte nicht auf null reduziert werden können. Hätte F ohne Täuschung einen Wettschein gekauft und später eingelöst, hätte der Wettanbieter eventuell auch exakt den Gewinn auszahlen müssen, den F durch die Manipulation erhalten hat. Der Differenzbetrag zwischen Einsatz und ausgezahltem Gewinn müsste nach dieser Ansicht also um einen zu schätzenden Grundrisikoabschlag reduziert werden.[38] Der Schaden wäre danach nicht 560.000 €, sondern 560.000 € – X (Grundrisiko).

Zu einem ähnlichen Ergebnis muss eine leicht abweichende Ansicht kommen, welche den Auszahlungsschaden um den Preis reduzieren will, den der Wettanbieter für den hypothetischen Fall, dass die Manipulation bekannt wäre und eine solche Wette zu einer anderen, wesentlich niedrigeren Quote angenommen worden wäre, auf die gewonnene Wette hätte auszahlen müssen.[39]

Weil diese Summe höchstens zu schätzen ist und unklar bleibt, nach welchen Kriterien oder Erfahrungswerten dabei vorzugehen ist, steht man erneut vor dem Dilemma der Schadensbezifferung. Insoweit wird vorgeschlagen, Buchmacher oder Statistiker als Sachverständige beizuziehen.[40]

e) Streitentscheidung

21 Gegen die einfache Schadensberechnung der Rspr. spricht, dass es sich beim Betrug nicht um ein Delikt zum Schutz vor Vermögensdispositionen handelt, sondern ein tatsächlicher Schaden eingetreten sein muss. Wer weiß, dass er Geld verlieren kann, weil er bewusst ein Risiko eingeht, kann sich nach dieser Ansicht später nicht darauf berufen, dass er dieses Risiko wegen einer falschen Motivlage eingegangen ist. Dies sei mit dem Schutzzweck des § 263 I nicht in Einklang zu bringen.[41] Die Ansicht vom Grundrisiko überträgt jedoch den Gedanken des „Quotenschadens" auf den Auszahlungsschaden, obwohl hier ein realer Vermögensverlust in Geld feststeht.

---

37 *Kutzner*, JZ 2006, 712 (717); ebenso: *Schild*, ZfWG 2007, 10; *Jahn/Maier*, JuS 2007, 215 (219); *Schlösser*, NStZ 2009, 663 (664); *ders.*, NStZ 2013, 629 (631).

38 *Kutzner*, JZ 2006, 712 (717); *Schlösser*, NStZ 2013, 629 (631); ebenso: *Schild*, ZfWG 2006, 213 (219).

39 *Greco*, NZWist 2014, 334 (339).

40 *Greco*, NZWist 2014, 334 (338); Allgemein für Sachverständige: *Hefendehl*, in: MüKo-StGB, 4. Aufl. 2022, § 263 Rn. 511.

41 Diese Argumentation bei *Schlösser*, NStZ 2013, 629 (633).

Denn auch in anderen Fällen und bei anderen Delikten wird nicht das allgemeine Schadensrisiko schadensmindernd berücksichtigt. Darauf liefe aber der Ansatz vom Risikoabschlag hinaus. Nähme man diese beim Wort, müsste man das jedem nicht auf sofortigen Austausch gerichteten Geschäft innewohnende Risiko immer schadensmindernd berücksichtigen. Täuschungen über die Bonität oder Zahlungswilligkeit würde also eine weit geringere Rolle spielen als bisher, da der Kreditgeber oder auch einfach jeder Gläubiger, der gegen Rechnung liefert und seine Leistung zuerst erbringt, ohnehin weiß, dass sein Schuldner ausfallen kann. Konsequent auf die Spitze getrieben müsste auch bei Delikten, die gegen die körperliche Integrität gerichtet sind, ebenfalls das allgemeine Verletzungsrisiko in Anschlag bringen, dass jeder eingeht, der sich in die Öffentlichkeit begibt (dort ginge es zwar nicht um die Vermögensschadenbezifferung, aber immerhin um eine strafzumessungsrelevante Tatsache).

Bei Kenntnis der Manipulation wäre der Wettanbieter die Wette nicht eingegangen und hätte folglich auch nichts ausgezahlt. Entscheidend ist aber: Eine manipulierte Wette hat überhaupt keinen Marktwert,[42] sodass sowohl das Eingehen des Vertrages als auch die Auszahlung des Gewinns nur den gezahlten Preis als Gegenleistung haben. Dieser Schaden ist dann so hoch wie die Differenz aus Gewinn und Kaufpreis, hier 560.000 €.

Anders als in den Fällen, in denen der Getäuschte einen ungewünschten, aber werthaltigen Tauschgegenstand bekommt, erhält der Wettanbieter auch keinen gleichwertigen Austauschgegenstand. Zunächst hat ein manipuliertes Wettgebot keinen nennenswerten wert – die Gegenansicht bleibt den Nachweis schuldig, dass es dafür überhaupt einen Markt gibt. Sie verwechselt vielmehr die Zellstoffhose, die im klassischen Fall[43] so viel wert wie die Wollhose war, mit einer gleichsam zerrissenen Hose mit Schrottwert, der analogen Entsprechung zu einem manipulierten Wettangebot.

Wenn man dennoch mit der Gegenansicht annimmt, dass Wetten und andere Hochrisikogeschäfte sich von normalen Geschäften unterscheiden und darum eine Einpreisung des Risikos streng wirtschaftlich gesehen notwendig ist, kann man entweder das Risiko durch sachverständige Gutachter schätzen lassen, was ja auch bei Unfallautos zur Schadensfeststellung üblich ist,[44] oder bewertet die Verlustchance mit dem Wert, den jemand anders dafür bereit wäre zu zahlen, womit man wieder beim Preis einer entsprechende Wette, also im konkreten Fall 40.000 € wäre, die ohnehin vom Schaden abzuziehen sind.

Die Ansicht des BGH ist überzeugend. Der Schaden ist daher der volle Auszahlungsschaden.[45]

f) Kein Schaden wegen Vermögenskompensation durch Wettverlierer?

Man könnte nun meinen, dass der Auszahlungsschaden jedenfalls durch die Verluste anderer Spielteilnehmer kompensiert werde, die auf gegenteilige Ergebnisse gewettet haben. Setzt A 100 € auf den Sieg der Mannschaft M1 und B 100 € auf den Sieg des Gegners M2 bei einer Chance von 50:50, würde der Wettanbieter im Saldo kein Geld verlieren, selbst wenn er A auf die unrealistische Quote von 2.0 (der Wettanbieter würde 22

42 BGH NJW 2007, 151 (153).
43 BGHSt 16, 220.
44 In diese Richtung *Hefendehl*, in: MüKo-StGB, 4. Aufl. 2022, § 263 Rn. 511.
45 *Wessels/Hillenkamp*, BT 2, 44. Aufl. 2021, Rn. 539.

für sich eine Gewinnmarge einkalkulieren und eine Quote von 1.8 festsetzen und auch das in der Regel kompliziertere Wettverhalten der Wettenden berücksichtigen)[46] 200 € auszahlen würde. Unterstellt, dass der Wettanbieter auch im vorliegenden Fall der Manipulation durch A insoweit auch ein mindestens den an F ausgezahlten Verlust ausgleichendes Gegenvolumen durch verlorene Wetten anderer eingenommen hat, ist dies mit einer Versicherung zu vergleichen: Nur weil die Versicherung den Betrugsschaden abdeckt, heißt das nicht, dass so der Schaden insgesamt entfällt, es handelt sich nicht um eine unmittelbare Kompensation aus dem Geschäft, in dem der Schaden anfällt. Die Ersparnis anderweitig zu erwartender Gewinnausschüttungen durch den Wettanbieter infolge der Manipulation ist daher für den Schaden irrelevant. [47]

6. Mittäterschaft von A und F, den Spielern und C

23 Liegt Mittäterschaft vor, weil A die Hauptleistung im Vorbereitungsstadium erbringt oder bleibt mangels Tatherrschaft im Ausführungsstadium nur Anstiftung?

Auf der Grundlage der subjektiven Teilnahmelehre hat die Rspr. ursprünglich sehr undifferenziert darauf abgestellt, ob der Beteiligte „die Tat als eigene oder als fremde wollte“.[48] Diese einseitige Theorie wurde zwar nie offiziell aufgegeben aber der Sache nach unter Einfluss der objektiveren Theorien aus der Wissenschaft vom BGH durch eine dogmatisch wenig fundierte Gesamtbetrachtung ersetzt. Danach sind wesentliche Anhaltspunkte für die Täterschaft der „Wille zur Tatbeherrschung“[49], die „objektive Mitbeherrschung des Geschehensablaufs“[50], der „Umfang der Tatbeteiligung“[51] und im Zweifel immer subjektiv das enge Verhältnis zur Tat und das „eigene Interesse am Taterfolg“ im Gegensatz zum Teilnahmeinteresse, bei dem die (Teilnahme-)Handlung unabhängig vom Taterfolg Sinn für den Teilnehmer ergibt.[52] Ein Minus bei einem dieser Kriterien kann im Rahmen dieses flexiblen Maßstabs durch ein Plus bei einem anderen ersetzt werden.

Die h.L. stellt bei der Differenzierung zwischen Mittäterschaft und Teilnahme allein auf die objektive Tatherrschaft ab.[53] Sie verlangt, dass der Beitrag die funktionelle Tatherrschaft des Mittäters begründet. Das setzt die Leistung eines für die Gesamttat wesentlichen Beitrags voraus. Wann ein Beitrag als wesentlich einzustufen ist, richtet sich auch nach dem Maß der im Einzelnen herrschenden Arbeitsteilung.[54] *Hefendehl* betont, dass beim Betrug das eigene Interesse kein geeignetes Kriterium sei, sondern vielmehr jeder (zumindest drittbezogene) Bereicherungsabsicht haben müsse.[55] Der Streit kann jedoch dahin stehen, wenn das Ergebnis (Täterschaft oder Teilnahme) nach beiden Ansichten gleich ist:

---

46 Das Problem der Gewinnmarge spielt eine größere Rolle, wenn nicht ausgezahlt wurde, vgl. *Saliger/Rönnau/Kirch-Heim*, NStZ 2007, 361 (366) einerseits und *Greco*, NZWiSt 2014, 334 (336) andererseits.

47 BGHSt 58, 102 (113 f.); vgl. auch BGHR § 263 Abs. 1 Vermögensschaden 54.

48 „Animus-Formel“, z.B. RGSt 2, 160; RGSt 3, 181; RGSt 35, 13.

49 BGHSt 13, 162; NStZ-RR 2010, 236

50 BGHSt 8, 393; BGH NStZ 1987, 364.

51 BGHSt 2, 150; NStZ-RR 2017, 5.

52 BGHSt 16, 12; NStZ 2021, 354.

53 *Roxin*, StrafR AT II § 25 Rn. 1.

54 Schönke/Schröder/*Heine/Weißer*, 30. Aufl. 2019, StGB § 25 Rn. 64 m.w.N.

55 MüKoStGB/*Hefendehl*, 4. Aufl. 2022, StGB § 263 Rn. 1197. Er meint zudem, dass sich die Rspr. der Tatherrschaftslehre beim Betrug angenähert habe.

Planungs- und Ausführungshandlungen ergänzen sich zwischen A und F. Da F einen Anteil des Gewinns bekommt und selbst voll deliktisch handelt, ist auf Grundlage aller vertretenen Ansichten ein ausreichender Tatbeitrag für die Mittäterschaft anzunehmen.

Nach der Tatherrschaftslehre müsse beide Tatherrschaft über das Ausführungsstadium haben. Es besteht allerdings Streit darüber, ob eine Abwesenheit vom Tatort, also ein Minus bei der Tatausführung, durch ein Plus in der Planungsphase ausgeglichen werden kann. Nach der h.L. ist das möglich. Danach wäre auch A Mittäter, obwohl er die Wette nicht selbst platziert, weil er die Idee zur Tat entwickelte, die Manipulation der Spiele organisierte, den Wetteinsatz aufbrachte und 85 % des Wettgewinns vereinnahmte. Für F ist sein Anteil an der funktionalen Tatherrschaft unproblematisch, da er das Delikt vollständig unmittelbar ausführt. Nach der Hauptströmung der Tatherrschaftslehre läge daher Mittäterschaft vor.

Eine striktere Variante der Tatherrschaftslehre bejaht Mittäterschaft nur bei Anwesenheit am Tatort oder für einen Hintermann höchstens dann, wenn er die Tat fernsteuern kann bzw. fernsteuert. F führt die eigentliche Tathandlung alleine aus und ist nicht mit A in ständigem Telefonkontakt. Demnach wäre eine Mittäterschaft des A hier ausgeschlossen.

Gegen die erstere Ansicht spricht, dass sie nicht mit dem gesetzlich vorgesehenen Prinzip der mittelbaren Täterschaft aus § 25 I 2. Var. StGB vereinbar ist. Außerdem schenkt die letztere Ansicht der realen Abstufung der Relevanz der Vorbereitungshandlungen Beachtung. Gerade in der heutigen Zeit, in der ein Hintermann jederzeit steuernd in das Tatgeschehen eingreifen kann, wirkt die Ansicht antiquiert, die auf eine Anwesenheit am Tatort besteht. Dass dieses Herrschaftspotential auch akut ausgeübt werden muss, ist zu formalistisch. Diese Ansicht vernachlässigt zudem die höhere Gefährlichkeit des planenden Hintermannes, die funktional oft das Übergewicht gegenüber der Ausführung haben dürfte.

Auf Grundlage der Rechtsprechung ist klar, dass ein Minusbeitrag im Ausführungsstadium durch „ein Plus" im Vorbereitungsstadium ausgeglichen werden kann, was hier wegen der enorm wichtigen Beiträge des A – sowohl vom Umfang als auch von der Bedeutung her – unproblematisch ist. Der Beitrag des F ist letztlich vor allem als unmittelbare Ausführung auch nach der Rpsr. kaum zu negieren, denn es kommt noch hinzu, dass A und F beide ein Interesse am Erfolg der Tat haben, da sie nur dann finanziell profitieren, wenn auf die Wette wie geplant ausgezahlt wird. Wegen Ergebnisgleichheit ist daher der Streit der h.L. mit der Rspr. nicht zu klären.

Eine gemeinsame Tatausführung zwischen A und F ist deshalb zu bejahen.

Damit die Tatausführung erfolgreich ist, müssen in der Vorbereitung auch die Spieler und C auf das Angebot des A eingehen und sie müssen weiter im Verlauf der Wette auch die versprochene „Leistung" erbringen, damit der effektive Auszahlungsschaden eintritt. Nach der Gesamtbetrachtung der Rspr. liegt darin zwar ein wichtiger Beitrag, doch ist dieser vom Umfang und Gewicht nicht bedeutender als etwa die Öffnung einer Tür durch einen Bankmitarbeiter für Diebe oder die Übergabe einer Waffe an einen Räuber, was regelmäßig nur Gehilfentätigkeit ist. Zudem sind die genannten Beteiligten nicht direkt am Tatort in die Platzierung der Wette involviert und auch nicht über die Einzelheiten informiert. Sie erscheinen auf Grundlage der Roxinschen Tatherrschaftslehre[56] daher eher als Randfiguren, denn als Zentralgestalten. Entscheidend auf Grundlage der Ansicht der Rspr. ist aber, dass das eigene Interesse an der Tat für diese Beteiligten wesentlich geringer als für F und A ist. F und A partizipieren am Gewinn der Wette, während die anderen ihr Geld im Voraus unabhängig vom Erfolg des Gesamtplans erhalten. Ihre Beiträge sind daher nicht von einem eigenen Interesse am Gesamterfolg geprägt, sondern vom abgeleiteten Interesse an der direkten Zahlung für ihre „Leistung“ durch A. Ob die Wette gewonnen wird, ist weder ihre Idee, noch kommt es für ihr Interesse darauf an.

Auf Grundlage streng objektiver Tatherrschaftslehren[57] wäre auch eine Teilung in Täterschaft (des F) und Anstiftung (des A) vertretbar. Bezüglich der Spieler und des Schiedsrichters ist eine Täterschaft kaum vertretbar.[58]

II. Subjektiver Tatbestand

1. Vorsatz bzgl. der obj. Tatbestandmerkmale

24 F und A müssten Vorsatz, also Wissen und Wollen hinsichtlich aller Tatbestandsmerkmale gehabt haben. A hat den Tatplan ersonnen, er wusste also, dass er Oddset täuschen und schädigen würde. F tritt zwar nur als Strohmann für A auf. Wegen der Gewinnbeteiligung von 5 % und der entsprechenden Absprache wusste auch F von der Manipulation, sodass er den Wettanbieter Oddset bewusst getäuscht hat. Er wollte Oddset über die Vertragsvoraussetzungen täuschen, um durch den Irrtum den Vertragsabschluss und die spätere Auszahlung, also eine Vermögensverfügung zu bewirken. Dabei hat F zumindest in Kauf genommen, dass dabei ein Vermögensschaden für Oddset entsteht. Vorsatz liegt vor.

2. Bereicherungsabsicht (Stoffgleichheit)

25 Die h.M. meint, dass sich beim Sportwettenbetrug die Absicht in aller Regel auf die (über den Quotenschaden hinausgehende) endgültige Gewinnsumme bezieht.[59]

Diese mögliche Vermögenseinbuße stünde zudem in keinem unmittelbaren Zusammenhang mit der vom Wettenden beabsichtigten Vermögensmehrung, so dass insoweit Bedenken hinsichtlich der Stoffgleichheit der erstrebten Bereicherung bestünden. Ausreichend und allein maßgeblich ist, dass der jeweilige Wettanbieter täuschungsbedingt den Wettgewinn auszahlt, auf den der Wettende wegen der Spielmanipulation keinen Anspruch hat und in dieser Höhe sein Vermögen mindert – gerade diese Bereicherung erstreben auch die Wettenden (F und A).

Rechtswidrig ist die beabsichtigte Bereicherung, wenn der Täter keinen fälligen, einredefreien Anspruch auf die Bereicherung hat.[60] Zumindest könnte Oddset die Willenser-

56 *Roxin*, TuT, 25; *Heine/Weißer* in: Schönke/Schröder, StGB, 30. Aufl. 2019, vor § 25 Rn. 57 m.w.N.
57 Vgl. *Rudolphi*, in: FS-Bockelmann, S. 369 B.; *Renzikowski*, Restriktiver Täterbegriff, 1997, Rn. 103.
58 Vgl. zur Abgrenzung von Täterschaft und Teilnahme in der Fallbearbeitung *Peters/Bildner*, JuS 2020, 731.
59 BGHSt 51, 165 (179); *Hefendehl*, in: MüKo-StGB, 4. Aufl. 2022, § 263 Rn. 748.
60 *Kindhäuser*, BT II, 12. Aufl. 2023 S. 235, Rn. 83; *Tiedemann*, in: LK, 12. Aufl. 2012, § 263 Rn. 6.

klärung seiner Vertreter gemäß § 123 I BGB anfechten, sodass F keinen einredefreien, fälligen Anspruch auf Auszahlung hat.

III. Rechtswidrigkeit

Rechtfertigungsgründe liegen nicht vor. **26**

IV. Schuld

A und F haben schuldhaft gehandelt. **27**

V. Ergebnis

A und F sind gem. § 263 I zu bestrafen. **28**

B. §§ 263 I, 27 Beihilfe der Spieler und des C zu Lasten der Wettteilnehmer?

I. Tatbestand

Nach dem Ausschluss der Mittäterschaft ist noch zu klären, ob die involvierten Spieler **29**
und C Beihilfe zur Tat von A und F geleistet haben.

Gehilfe ist, wer vorsätzlich einem anderen zu dessen vorsätzlich (nicht fahrlässig) begangener rechtswidriger Tat Hilfe leistet. Da die Zusagen, die Spiele zu manipulieren, erst die Tatsachen schufen, über die getäuscht werden konnte, ermöglichten sie den Betrug. Mit dieser kausalen Förderung des Geschehens liegt eindeutig ein objektives Hilfeleisten durch alle genannten Personen vor. Die Beteiligten handelten auch vorsätzlich, da sie zumindest bedingt vorsätzlich billigend in Kauf nahmen, dass A auf die Spiele wettet. Genauere Kenntnisse der Tat sind nicht erforderlich.[61]

II. Rechtswidrigkeit und Schuld

An Rechtswidrigkeit und Schuld bestehen keine Bedenken. Die beteiligten Spieler und **30**
der C haben sich der Beihilfe zum Betrug schuldig gemacht.

C. § 265c III des C zu Lasten der Wettteilnehmer?

I. Tatbestand

1. Objektiver Tatbestand

a) Täter auf Vorteilsgeberseite – Schiedsrichter

Ein Schiedsrichter muss Wettbewerbsregeln unmittelbar umsetzen können, insbesondere **31**
Disziplinarmaßnahmen und Entscheidungen über Spielpunkte. Geradezu klassisches

61 Vgl. BGHSt 42, 136 = NStZ 1997, 272 m. Anm. *Kindhäuser*, NStZ 1997, 273; BeckOK StGB/*Kudlich*, 55. Ed. 1.11.2022, StGB § 27 Rn. 19.

Beispiel ist der Fußballschiedsrichter, der im Fall von Regelverstößen Disziplinarmaßnahmen wie eine Verwarnung aussprechen und über die Gültigkeit von „Toren“ entscheidet. C ist allerdings nur Linienrichter, nicht Hauptschiedsrichter. Wirken mehrere Personen bei Entscheidungen der eben bezeichneten Art zusammen, so sind sämtliche Mitwirkende – unabhängig davon bei wem das Letztentscheidungsrecht liegt – Schiedsrichter.[62] So liegt es auch hier, da der Linienrichter zwar nicht selbst, aber im Team mit dem Hauptschiedsrichter entscheidet und Letzterer sich regelmäßig auf seine Linienrichter verlässt.

Der Linienrichter C ist also Schiedsrichter im Sinne des § 265c III.

b) Tathandlung (Versprechenlassen in Unrechtsvereinbarung) und Tatobjekt (Vorteil) auf Nehmerseite

32 Nach der Gesetzesbegründung kann bezüglich der Tathandlung auf die Auslegung der anderen Korruptionsdelikte zurückgegriffen werden. Danach verlangen das Sich-Versprechen-Lassen und das Annehmen eine Übereinkunft von Geber und Nehmer.[63]

Der Vorteil der Übereinkunft ist jede Zuwendung, auf die der Täter keinen Rechtsanspruch hat und die seine wirtschaftliche, rechtliche oder persönliche Lage objektiv verbessert.[64] Bares Geld in einer Höhe über bloßen Bagatellen[65] gehört unproblematisch zu solchen Vorteilen.

C hat sich also einen Vorteil versprechen lassen, da er sich das Geld des A im Rahmen einer illegalen Vereinbarung versprechen ließ und annahm.

Dieses Geld nahm er auch im Rahmen eines durch das Gesetz geforderten Äquivalenzverhältnisses[66] für die regelwidrige Beeinflussung der Spiele an, da die Tore regelkonform hätten zählen müssen.

c) Wettbezug der Unrechtsvereinbarung

33 Neben der unter vorangehend b) bejahten objektiven Unrechtsvereinbarung ist weiter erforderlich, dass die vereinbarte Spielbeeinflussung den Ausgang einer Sportwette zu einem rechtswidrigen Vermögensvorteil beeinflussen soll. Kommt dies auf Geberseite nicht zum Ausdruck oder akzeptiert die Nehmerseite dies nicht, so fehlt es schon objektiv, d.h. unabhängig vom Vorsatz, an einem der Tatbestände des § 265c. Geber und Empfänger müssen von der Zweckbestimmung nicht nur i.S.d. zumindest bedingten Vorsatzes wissen, sondern sie müssen sich darüber zusätzlich (ausdrücklich oder konkludent) auch einig sein. Die außerhalb des Äquivalenzverhältnisses stehende Zweckbestimmung gehört damit zur Unrechtsvereinbarung, womit sich § 265c von anderen Korruptionsdelikten unterscheidet. Teilweise wird gefordert, dass sich der Vorteil mittels einer Wette auf den (manipulierten) sportlichen Wettbewerb ergeben müsse. Dies ist aber zumindest schief formuliert, da § 265c gerade nicht voraussetzt, dass die erkaufte Manipulationshandlung tatsächlich ausgeführt wird oder dass es zu einer Sportwette kommt. Ausrei-

62 BT-Drs. 18/8831, 18; MüKo-StGB/*Schreiner*, 4. Aufl. 2022, StGB § 265c Rn. 45.
63 MüKo-StGB/*Schreiner*, Rn. 15; BT-Drs. 18/8831, 15.
64 BT-Drs. 18/8831, 15 unter Verweis auf BGH NJW 2001, 2558 (2259).
65 Zur Diskussion über eine solche untere Grenze *Rübenstahl*, JR 2017, 264, 271.
66 *Xinyi Liu*, Spielmanipulation durch Bestechung im Sport, 2022, S. 162 f.

chend ist vielmehr die bloße (Unrechts-)Vereinbarung über die zukünftige Beeinflussung des Wettbewerbs zum Erlangen eines rechtswidrigen Vermögensvorteils aus Wetten auf den absprachegemäß manipulierten Wettkampf. Der Vorteil aus dem unredlichen Geschäft für den manipulierenden i.w.S. Teilnehmer des Wettbewerbs (hier Geldzahlung durch A) ist aber ein anderer als der davon unabhängige Vorteil des durch unbeteiligte ausgezahlten Wettgewinns. Auch ein rechtswidriger Vermögensvorteil in Bezug auf eine öffentliche Sportwette sollte erlangt werden. Dabei kommt es nicht darauf an, wer die direkten Vorteile aus der Wette zieht. Ausreichend ist also, dass A von der Wette rechtswidrig profitieren soll.

Wie bereits oben unter A. II. 2. bejaht, ist der Vorteil aus der Wette im Rahmen des Betrugs rechtswidrig, so dass es hier erst recht gelten muss. Ebenfalls nicht entscheidend ist, ob die Wette überhaupt ausgezahlt wird oder das Spiel tatsächlich manipuliert wird. § 265c ist insoweit als abstraktes Gefährdungsdelikt ausgestaltet.

d) Wettbewerb des organisierten Sports i.S.d. § 265c V

Weiter handelt es sich auch um einen Wettbewerb des organisierten Sports. Merkmale **34** dafür sind die Organisation durch eine internationale Sportorganisation und verpflichtende Regeln der Organisation für ihre Mitglieder.

Die FIFA richtet die WM als internationale Sportorganisation professionell, also streng reglementiert, aus. Dies bezieht sich auch auf die Teilnehmer, die ebenfalls einen hohen Organisationsgrad aufweisen müssen. Die Mitgliedsverbände unterliegen zudem dem Reglement der FIFA. Es handelt sich nicht um ein spontanes Spiel auf der Straße oder einem „Bolzplatz". Auch ein Wettbewerb liegt vor, da um den Sieg gespielt wird und davon positive Folgen – weitere Spiele, Preisgelder – für die Teilnehmer abhängen.

2. Subjektiver Tatbestand

Für den subjektiven Tatbestand ist Vorsatz ausreichend. Da der Wettbezug der Manipu- **35** lation objektives Tatbestandsmerkmal ist, reicht auch insoweit Vorsatz. Anders als beim Betrug ist keine Bereicherungsabsicht nötig, jedoch regelmäßig gegeben.

Der Linienrichter C weiß, dass er sich im Rahmen einer illegalen Vereinbarung einen Vorteil für eine regelwidrige Spielmanipulation versprechen lässt. Ihm ist auch zumindest mit bedingtem Vorsatz klar, dass A damit eine öffentliche Sportwette manipulieren will.

II. Rechtswidrigkeit und Schuld

An Rechtswidrigkeit und Schuld bestehen keine Bedenken. **36**

D. § 265c I der Spieler (7 Spieler der Mannschaft aus Kamerun in Mittäterschaft nach § 25 II)[67] und des M (in Nebentäterschaft) zu Lasten der Wettteilnehmer?

I. Tatbestand

1. Objektiver Tatbestand

37 Nach der ersten Variante der Vorschrift, müssten sich die Spieler– wie der Linienrichter – einen Vorteil versprechen lassen, da sie sich das Geld des A zunächst versprechen ließen und dann annahmen.

Zum Wettbewerb des organisierten Sportereignisses gilt das unter C. I. 1. d) gesagte.

Für die Spieler kommt es anders als bei Schiedsrichtern weiter darauf an, dass sie das Ergebnis zugunsten des Wettbewerbsgegners beeinflussen; nicht erforderlich ist, dass die Spielregeln absichtliche Manipulationen zu eigenen Lasten – taktisches Verlieren – verbieten. Auch dieses Merkmal ist also unabhängig vom Reglement der FIFA[68] erfüllt, da die Spieler zu Gunsten der gegnerischen Mannschaft absichtlich verlieren sollten.

Bezüglich der Tathandlungen haben die sieben Spieler der afrikanischen Mannschaft funktionale Tatherrschaft, da sich ihr auf eine Niederlage hinarbeitende Verhalten zusammen so ergänzt, dass die Wahrscheinlichkeit der Niederlage im Vergleich dazu signifikant steigt, dass nur ein Spieler der Mannschaft schlecht spielt. Letzteres könnte noch durch den Rest der Mannschaft ausgeglichen werden, bei mehr als der Hälfte des Teams ist das kaum mehr möglich. Da die Manipulation unter den Spielern der Mannschaft Kameruns abgestimmt war, liegt auch ein gemeinsamer Tatenschluss vor. In diesen ist M – der für die gegnerischen Mannschaft spielt – nicht einbezogen, daher kommt für ihn nur Nebentäterschaft in Betracht.[69]

Eine weitere Problematisierung der im Ergebnis nicht für die Strafe, sondern höchstens prozessual (Abtrennung des Verfahrens gegen M leichter als Nebentäter, denn als Mittäter möglich) bedeutsamen Frage der Täterschaft wäre hier ein falscher Schwerpunkt. Geht man bezüglich des unklaren Sachverhalts davon aus, dass M und die Spieler Kameruns vermittelt durch A doch gemeinschaftlich handeln, wäre auch Mittäterschaft vertretbar.[70]

---

67 Auch die Teilnahme kann ihrerseits in Mittäterschaft begangen werden, so dass wechselseitige Beiträge jedem Gehilfen gemäß § 25 II zugerechnet werden können. Dabei bleibt das Delikt aber für jeden „Beihilfe zu § 265c" und wird natürlich nicht auf die Ebene der Täterschaft bezüglich § 265c (mit der Folge der fehlenden Strafmilderung) gehoben.

68 Dies wird weiter untern relevant, siehe G. I. 1.

69 Vgl. BeckOK StGB/*Kudlich*, 55. Ed. 1.11.2022, StGB § 25 Rn. 62.

70 BeckOK StGB/*Kudlich*, 55. Ed. 1.11.2022, StGB § 25 Rn. 63: *„Wie weit der Anwendungsbereich einer solchen Nebentäterschaft reicht, hängt indirekt davon ab, wie weit die Grenzen der mittelbaren Täterschaft und der Mittäterschaft gezogen werden."* Eingehend und kritisch zur Legitimität der Rechtsfigur MüKoStGB/*Joecks/Scheinfeld*, StGB § 25 Rn. 63, 4. Aufl. 2020, StGB § 25 Rn. 302 f.: *„Letztlich hat der Begriff der Nebentäterschaft keine selbstständige Bedeutung, sondern beschreibt ein nicht-mittäterschaftliches Zusammentreffen von Einzeltäterschaften."*.

2. Subjektiver Tatbestand

Die Spieler wollten insoweit auch, dass ein rechtswidriger Vorteil aus einer entsprechend platzierten öffentlichen Sportwette gezogen wird. Der vorliegende bedingte Vorsatz – die Spieler nahmen die für möglich gehaltene Wette billigend in Kauf – reicht insoweit aus. Anders als beim Betrug muss die Bereicherungsabsicht keinen bestimmten Adressaten haben. 38

II. Rechtswidrigkeit und Schuld

An Rechtswidrigkeit und Schuld bestehen keine Bedenken. 39

E. § 265c II des A zu Lasten der Wettteilnehmer?

I. Tatbestand

1. Objektiver Tatbestand

A hat den Spielern einen Vorteil versprochen, da er 10.000 € bzw. 20.000 € für die Manipulation des Spiels anbot. Dies sollte die Gegenleistung für eine Beeinflussung des Spiels zugunsten der gegnerischen Mannschaft sein. 40

2. Subjektiver Tatbestand

A wollte selbst insoweit auch einen rechtswidrigen Vorteil aus einer entsprechend platzierten öffentlichen Sportwette ziehen (siehe oben A. II. 2.). 41

II. Rechtswidrigkeit und Schuld

An Rechtswidrigkeit und Schuld bestehen keine Bedenken. 42

F. § 265d III des Linienrichters C zu Lasten der Integrität des Profisports?

I. Tatbestand

1. Objektiver Tatbestand

Bezüglich der Tathandlung kann weitgehend nach oben C. I. verwiesen werden. Im Unterschied zur bereits bejahten Vorschrift des § 265c III ist jedoch kein Wettbezug der Manipulation nötig. Quasi als Ausgleich dafür ist allerdings notwendig, dass nicht irgendein Sportwettbewerb (also auch eine Amateurveranstaltung), sondern ein berufssportlicher Wettbewerb manipuliert wird. Der berufssportliche Wettbewerb ist in § 265c V legal definiert. Die FIFA ist gemäß § 265d V Nr. 1 eine internationale Sportorganisation, die zusammen mit von dieser anerkannten lokalen Partnern die WM ausrichtet, die Teilnehmer auswählt und einlädt. Damit organisiert die FIFA den Wettbewerb i.S.d. Vorschrift. Die WM ist als Fußballturnier weiter auch eine Sportveranstaltung, bei der Spielregeln der FIFA als internationalen Sportorganisation einzuhalten sind und die nati- 43 onalen Mitgliedsverbände verpflichten. Die Veranstaltung ist auch berufssportlich, weil an ihr überwiegend Fußballer teilnehmen, die durch ihre fußballerische Betätigung unmittelbar durch Preisgelder oder mittelbar – durch Werbeverträge und die Erhöhung des eigenen Marktwertes durch das Milliardenpublikum über TV-Übertragungen – Einnahmen von bis zu siebenstelligen Jahresgehältern, also erheblichen Umfangs, erzielen.

2. Subjektiver Tatbestand

44 Der Linienrichter handelt mit dem erforderlichen Vorsatz: Der Linienrichter weiß, dass er ein Spiel der FIFA-WM regelwidrig „pfeift“ und so den Verlauf und das Ergebnis beeinflusst.

II. Rechtswidrigkeit und Schuld

45 An Rechtswidrigkeit und Schuld bestehen keine Bedenken.

G. § 265d I durch 7 Spieler der Mannschaft aus Kamerun in Mittäterschaft nach § 25 II und des M (in Nebentäterschaft) zu Lasten der Integrität des Profisports?

I. Tatbestand

1. Objektiver Tatbestand

46 Bezüglich der Tathandlung kann auch hinsichtlich der Spieler nach oben auf D. I. verwiesen werden. Wie im eben geprüften Fall des Linienrichters C ist auch für diese Alternative der Vorschrift nur von § 265c II abweichend nötig, dass es sich um einen Wettbewerb des Profisports handelt. Diesbezüglich ergeben sich, da es sich um denselben Wettbewerb handelt, keine Änderungen zu den obigen Ausführungen. Wichtig ist abweichend – als Ausgleich für einen nicht notwendigen Wettbezug – nur, dass die Spieler sich auch regelwidrig verhalten. Ist in den Sportregeln ein taktisches oder allgemein absichtliches Verlieren erlaubt, wäre der Tatbestand nicht erfüllt.

Im Regelwerk der FIFA ist ein Verstoß gegen die allgemeine „fair play“ Regel verboten; das aktuelle FIFA-Regelwerk steht unter dem Motto der Verbesserung des „Fair play“, auch wenn keine konkrete Klausel insoweit das absichtliche Verlieren als Foul anspricht.[71] Eine solche Regel findet sich aber in den FIFA Fair Play Regeln[72]: *„[…] 2. Play to win but accept defeat with dignity*

Winning ear n object of playing any game. Never set out to lose. If you do not play to win, you are cheating your opponents, deceiving those who are watching, and also fooling yourself. Never give up against stronger opponents but never relent against weaker ones. It is an insult to any opponent for you to play at less than full strength. Play to win until the final whistle. But remember nobody wins all the time. You win some, and you lose some. ear nto lose graciously. Do not seek excuses for defeat. (genuine reasons will

71 https://digitalhub.fifa.com/m/5371a6dcc42fbb44/original/d6g1medsi8jrrd3e4imp-pdf.pdf, abgerufen am: 25.2.2023.

72 https://brsa.e2esoccer.com/Downloads/FIFAFairPlayCode.pdf, abgerufen am: 25.2.2023.

always be self-evident) Congratulate the winners with good grace. Do not blame the referee or anyone else. Be determined to do better next time. Good losers earn more respect than bad winners.[...]“

Ein Verstoß gegen diese durch die Fair Play Regeln ausgeschärfte Generalklausel wäre ebenfalls durch die FIFA sanktionierbar (etwa durch Wettbewerbsausschluss oder Geldstrafen)[73] und ist daher regelwidrig im Sinn der Vorschrift des § 265d II.

Man könnte hier auch weiter problematisieren, inwieweit „play to win“ nur ein moralischer und kein justiziabler Regelverstoß im Fußball ist. M.E. ist das geschützte Rechtsgut des § 265d aber nach der Gesetzesentwurfsbegründung recht eindeutig die Integrität – also wesentlich auch der gute Ruf – des Profisports. Das Ansehen des Profifußballs leidet, wenn professionelle Sportspiele nicht ernsthaft betrieben werden. Andererseits könnte man auf das Oxymoron aus „ernsthaftes Spiel“ hinweisen, sowie die schwierige objektive Überprüfbarkeit des „Siegeswillens“ und ein Dammbruchargument hinsichtlich der willkürlichen Unterstellung des Fehlens eines solchen bei fast jeder Niederlage anführen. Im Rahmen einer guten Hausarbeit ist das aber mangels wissenschaftlicher Kontroverse nicht zu erwarten.

Zur Täterschaft gilt das unter D. I. 1. gesagte entsprechend.

2. Subjektiver Tatbestand

Auch die Spieler wissen genau, an welcher Veranstaltung sie teilnehmen und dass sie **47**
diese regelwidrig manipulieren.

II. Rechtswidrigkeit und Schuld

An Rechtswidrigkeit und Schuld bestehen keine Bedenken. Die Spieler haben sich nach **48**
§ 265d II strafbar gemacht.

H. Zwischenergebnis/Konkurrenzen

Fraglich ist, wie das Verhältnis von Betrug zu Sportwettbetrug und Manipulation von **49**
berufssportlichen Wettbewerben gestaltet ist. Wenn § 265c neben dem Schutz von Vermögensinteressen auch dem Schutz der Integrität des Sports dient, wird zwischen § 265c und § 263 regelmäßig Tateinheit bestehen. Ob dies der Fall ist, ist umstritten.

Die Gesetzesentwurfsbegründung sieht ausdrücklich auch die Integrität des Sports als Schutzgut der Norm.[74] Danach bestünde Tateinheit. Eine Ansicht aus der Literatur hält die Einführung eines neuen Rechtsguts für systemfremd und gegen das ultima ratio Prinzip verstoßend.[75] Danach würde § 256c im Wege der Gesetzeseinheit hinter den Betrug zurücktreten. Die Motive der Gesetzesentwurfsbegründung haben selbst keine Gesetzeskraft, dennoch spricht methodisch einiges dafür dem Willen des Gesetzgebers

73 Vgl. die Strafen gegen Spieler der Mannschaft Uruguays bei der WM 2023 wegen Fairplay-Verstößen: https://www.spiegel.de/sport/fussball/fifa-sperrt-vier-nationalspieler-uruguays-a-6f442c92-20db-431a-869c-aa3be181d4af, abgerufen am: 25.2.2023.

74 BT-Drs. 18/8831, 15.

75 MüKoStGB/*Schreiner*, 4. Aufl. 2022, StGB § 265c Rn. 1-4 m.w.N. und 66 f.

zu folgen. Die Kritik der Gegenansicht hat allerdings auch einiges für sich, da die Strafbarkeit – wie in der Lösung dieser Aufgabe gezeigt – eigentlich bereits gut durch den Betrug abgedeckt ist und die neue Vorschrift immer noch einen Anwendungsbereich für Versuchsfälle hätte, in denen das Ansetzen zum Betrug oder Fragen des tatsächlichen Schadens nicht aufklärbar sind. Diese Ansicht ist aber letztlich Kritik an einer als verfehlt betrachteten Vorschrift, getarnt als objektiv teleologische Auslegung, die wegen ihres stark rechtspolitischen Einschlages nicht überzeugt. Für § 265d – zu welchem die Gegenansicht ebenfalls Gesetzeseinheit mit Betrug annimmt – gilt dies erst recht, da mit dem Wettbezug auch ein wichtiger Vermögensbezug in § 265d fehlt. Zudem ist vorliegend die Strafbarkeit der Spieler und des C lediglich wegen Beihilfe zum Betrug, wenn auch nicht im Strafhöchstmaß, so doch von der Wertigkeit Täterschaft gegenüber Teilnahme her beim Betrug geringer als beim Sportwettbetrug. Klarstellend ist daher Tateinheit[76] anzunehmen.

Wenn die Manipulationsverabredung einen berufssportlichen Wettbewerb i.S.d. § 265d betrifft und gleichzeitig ein Sportwettbezug gegeben ist, soll § 265d, dessen Unrechtsgehalt dann nach der auch hier vertretenen Ansicht des Gesetzgebers von § 265c miterfasst ist, zurücktreten. § 265d kann somit als Auffangtatbestand für diejenigen Fälle betrachtet werden, in denen bei berufssportlichen Wettbewerben ein Sportwettbezug oder die Absicht der Erlangung eines rechtswidrigen Vermögensvorteils nicht vorhanden oder jedenfalls nicht nachweisbar sind.[77] Danach wären A, die Spieler und der Schiedsrichter hier nur nach § 263 und § 265c zu bestrafen, § 265d tritt in Gesetzeseinheit hinter § 265c zurück.[78]

Es wäre überflüssig und daher verfehlt die Taten des A noch als Anstiftung in Bezug auf die anderen Beteiligten zu prüfen, da A selbstständig als Täter für diese Handlungen bestraft wird. Täterschaft verdrängt als stärkste Form der Beteiligung immer Teilnahme bei einem richtungsgleichen Rechtsgutsangriff, ohne dass dies ausdrücklich zu erläutern ist. Bestraft wird mit der Anstiftung nach inzwischen ganz h.M.[79] nicht die Verstrickung eines anderen in Schuld und Strafe, sondern der akzessorische Rechtsgutsangriff. Der Fehler wöge auch schwer, da man so zeigen würde, dass man bereits die Grundlagen von Täterschaft und Teilnahme missverstanden hat.

Teil 2: Unfaires Spiel

A. § 223 I Var. 1 und 2 des Suarez zu Lasten des C durch den Biss

50 Suarez könnte sich gemäß § 223 I Var. 1 und 2 strafbar gemacht haben, als er C biss.

76 *Lackner/Kühl/Heger/Heger*, 30. Aufl. 2023, StGB § 265c Rn. 15 nimmt Tatmehrheit zum Betrug an, das ist aber wegen einer zu formalen Aufteilung des einheitlichen Lebensvorgangs nicht überzeugend.

77 BT-Drs. 18/8831, 20; MüKoStGB/*Schreiner*, 4. Aufl. 2022, StGB § 265d Rn. 44 (der aber die Gegenansicht vertritt).

78 A.A. *Lackner/Kühl/Heger/Heger*, 30. Aufl. 2023, StGB § 265c Rn. 15 (ohne Begründung für Tateinheit zwischen § 265d und § 265c).

79 Bahnbrechend *Roxin*, II 26/11, Stree/Wessels-FS 380 f.; vgl. auch *Heine/Weißer*, in: Schönke/Schröder, StGB, 30. Aufl. 2019 vor § 25 Rn. 16, m.w.N.

I. Tatbestand

1. Objektiver Tatbestand

a) Erfolg, Handlung, Kausalität

Suarez hat C gebissen. Ein ordentlicher Biss eines erwachsenen Mannes ist schmerzhaft **51**
(so auch von C gefühlt) und birgt zudem eine gewisse Infektionsgefahr.[80] Darin liegt eigentlich eine klare körperliche Misshandlung, wenn auch für die Gesundheitsschädigung hier nicht genug dargetan ist: Es ist davon auszugehen, dass der Biss keine tieferen Hautschichten durchdrungen hat und eine Behandlung war wohl nicht notwendig.

b) Objektive Zurechnung

Fouls bei einem Fußballspiel werden aber teilweise auf strittiger dogmatischer Grund- **52**
lage als nicht tatbestandsmäßig betrachtet.[81] Unstreitig ist dabei aber im Ergebnis, dass es sich für diese Ausnahme um ein Foul innerhalb der Grenzen des typischen Sportrisikos handeln muss. Ein solcher Tatbestandsausschluss kommt danach jedenfalls dann nicht in Betracht, wenn es sich um ein überzogen grobes Foul ohne Sinnbezug zum sportlichen Wettkampf handelt.[82] Leichte Blessuren sind unweigerliche Folge eines kampfbetonten Fußballspiels und ihre Verursachung ist dem sportlich geforderten Einsatz des Schädigers geschuldet.[83] Weitere Voraussetzung ist, dass der Verletzte im Bewusstsein möglicher Risiken teilnimmt. Der dogmatische Anker für diese restriktive Tatbestandsauslegung ist die Sozialadäquanz[84] bzw. das erlaubte Risiko, jeweils heute im Rahmen der objektiven Zurechnung. Sozialadäquanz basiert im Wesentlichen auf traditioneller Akzeptanz, die auch von der Justiz respektiert wird (Gewohnheitsrecht). Auch die modernere Einordnung von Fallgruppen, bei denen die gesellschaftlichen Vorteile, die individuellen Nachteile überwiegen, als erlaubtes Risiko kommen hier zu keinem anderen Ergebnis. Methodisch wähnt man sich hierbei noch innerhalb der Auslegung des Wortes Misshandlung.[85]

Hätte die Tat des S keinerlei internen Bezug zum Spielgeschehen, wäre der Fall keiner weiteren Diskussion mehr wert, etwa wenn S den C schlagen wollte, weil der ihm seine Freundin ausgespannt hätte. Hier wollte S immerhin den Spielverlauf beeinflussen.

Entscheidend ist daher die Frage, ob der Täter zusätzlich zur groben Regelverletzung mit dem Foul gleichsam den Kontext des Fußballspiels verlassen muss und einen spieluntypischen Zweck anstreben muss – ähnlich wie bei der Zweckentfremdung eines Autos als „Waffe" und „Pervertierung eines Verkehrsvorgangs" in Abgrenzung von §§ 315b und 315c (verkehrsfremde und verkehrstypische Gefahrschaffung).

---

80 http://www.n-tv.de/wissen/Menschenbisse-koennen-toedlich-enden-article13096526.html, abgerufen am: 25.2.2023.
81 Vgl. zu diesem Streit *Schild*, Sportstrafrecht, 2002, 75 B.
82 *Kaspar*, JuS 2004, 409 (410); *Rössner*, in: FS-Hirsch, 1999, 313 B.
83 *Figura*, BRJ 2014, 17 (19).
84 *Zipf*, ZStW 1970, 631 (636); *Dölling*, ZStW 1984, 36 (49).
85 *Faller*, Sport und Strafrecht, 1953, S. 77.

aa) Grober Regelverstoß ausreichend/Vorsatzlösung der Rechtsprechung

53 Die h.M. differenziert in solchen Fällen danach, ob es sich um eine grobe Verletzung einer Regel handelt, die die Gesundheit des Gegenspielers schützen soll.[86] Ein solch grober Verstoß liegt jedenfalls dann vor, wenn der Täter vorsätzlich handelt und die Spielregeln bricht, also mehr als eine Rempelei begeht.[87] Dabei schränkt die (zivilrechtliche) Rspr. den Tatbestand nicht etwa durch ein qualifiziertes Vorsatzerfordernis ein (Absicht, Wissentlichkeit) ein, sondern berücksichtigt bei der tatsächlichen Feststellung des Vorsatzes die „Hektik und Eigenart“ die „den Spieler oft zwingt, im Bruchteil einer Sekunde Chancen abzuwägen und Risiken einzugehen“.[88]

Ist ein pathologischer Zustand eingetreten, ist die Gesundheitsschädigung tatbestandlich nicht mehr zu vereinen, sei sie auch im Rahmen des üblichen Risikos herbeigeführt. Der Wortlaut sei insoweit eindeutig und man könne das Problem folglich nur über die Einwilligung lösen. Dies kann hier jedoch noch dahinstehen, da eine Gesundheitsschädigung nicht vorliegt.[89] M.E. kann hier ein Hinweis auf diese Möglichkeit nicht schaden, man sollte sich aber wegen der geringen Differenzen im Ergebnis damit in einer Falllösung nicht aufhalten.[90]

bb) Fehlender Spielbezug

54 Eine andere Ansicht differenziert danach, ob das Foul als ein solcher „fußballfremder“-Eingriff insbesondere dann vorliegt, wenn das Foul nicht spielbedingt, sondern aus anderen Beweggründen erfolgt, so dass es sich nicht mehr sinnvoll als Teil des Spiels auffassen lasse.[91]

Letztlich kommt es dabei auf die dogmatischen Gründe an, wegen derer Sportveranstaltungen privilegiert werden: Der Wettkampfgedanke und eine gewisse Übermotivation sind seit langem gesellschaftlich anerkannt (sozialadäquat) und außerdem hat man für die Disziplinierung der Spieler ein eigenes Reglement, so dass eine weitere strafrechtliche Verfolgung der Spieler nicht notwendig erscheint. Nach der modernen Lehre vom erlaubten Risiko, kommt es nicht nur auf die Tradition, sondern auch auf eine Güterabwägung an. Daraus kann man eine „je desto“-Regel entwickeln: Jedes verletzende Foul ohne Spielbezug ist eine Körperverletzung. Je stärker der Spielbezug ist, desto eher wird man geneigt sein, selbst ein hartes Foul nicht als Körperverletzung zu ahnden. Je gefährlicher die zur Verletzung führende Spielaktion ist, desto eher befindet sich der Täter außerhalb der Grenzen des sportlichen Risikos. Je stärker das Wissen des Täters um die

86 Vgl. BGH NJW 1975, 109; OLG Karlsruhe NJW-RR 2013, 596 (597); *Eser*, JZ 1978, 371; *Pechhan*, Die Strafbarkeit wegen Körperverletzung im Sport, 2011, 60 f.; *Sternberg-Lieben/Schuster*, in: Schönke/Schröder, 30. Aufl. 2019, § 15 Rn. 214.

87 BayObLG NJW 1961, 2072 (2073), auf dogmatischer Grundlage der Einwilligungslösung; ähnlich für das Zivilrecht BGH NJW 1976, 957 (958); NJW 2010, 537 (538); LG Freiburg SpuRt 2006, 39.

88 OLG Karlsruhe NJW-RR 2013, 596 (597); BGH, NJW 1975, 109.

89 Vertretbar ist es auch, bereits die hiesige Frage der körperlichen Misshandlung, ohne wesentliche inhaltliche Unterschiede auf die Einwilligungsebene zu verlegen: *Jescheck/Weigend*, AT, 5. Aufl. 1996, S. 591; *Kühl*, AT, 8. Aufl. 2017, § 17 Rn. 84; *Paeffgen*, in: NK, 5. Aufl. 2017, § 228, Rn. 1093.

90 Vgl. *Kaspar*, JuS 2004, 409 B., der ebenfalls der Ansicht ist, die Frage der Einordnung könne zumindest bei groben Fouls wegen der Ergebnisgleichheit dahinstehen.

91 *Schild*, Sportstrafrecht, 2002, S. 116 B.; *Rössner*, in: FS-Hisch, 1999, 313 (324).

Gefahr, desto eher muss er sich zurückhalten. Der Biss war zwar grotesk,[92] aber wurde von Suarez eingesetzt, um zu gewinnen.

Der Internationale Sportgerichtshof hat sich wegen der Sperre Suarez damit befasst, ob es sich nur um einen Angriff i.S.d. Art. 48 FIFA DC (unstrittig) oder auch um eine auch gleichzeitig um „unsporting behaviour" Art. 57 of the FIFA DC handelte.

"Further, biting is only possible if done with intent, whereas elbowing, punching, kicking etc. are also possible if done with (gross) negligence. In the case at hand, it remains uncontested that the biting was done by the Player with intent. As a result, it deserves a sanction well above the minimum level of a two match suspension and a fine indicated as such in art. 48 FIFA DC.

Finally, the Panel notes that no justification was offered in the Appealed Decision (beyond a generic reference to the gravity of his actions) in support of the specific sanction of the stadium ban – a measure usually imposed to hooligans, which in the case of the Player does not seem to pursue any legitimate purpose. It does, in other words, not emerge from the Appealed Decision why it is necessary for the Player to be banned from any football-related activity and from entering the confines of any stadiums for four (4) months."

Ein hartes Foul, das aber klaren Spielbezug hat, wäre etwa eine sog. Grätsche, bei der ein Spieler primär den Ball spielen will, aber den Gegner trifft und schwer verletzt. Hier hatte das Foul zwar immerhin Bezug zum Spiel (s.o. b)).

Ein solcher Bezug läge aber auch vor, wenn man den Torwart mit einer Pistole erschießen würde um hiernach den Ball ins Tor zu schießen. Der Einsatz der Zähne ist zwar nicht mit dem einer Waffe gleichzusetzen, doch handelt es sich auch beim Biss nicht um die im Fußball gebräuchliche Verwendung von Beinen, dem Rumpf oder der Stirn. Selbst der Einsatz von Armbewegungen bei Rangeleien wäre noch sozialadäquat, die Verwendung des Gebisses ist aber eine krasse Regelwidrigkeit mit einem spielfremden Mittel. Man kann diese Aktion daher nicht mehr als sozialadäquat bzw. als erlaubtes Risiko ansehen.

Diese Ansicht wird dem Sinn des Fußballspiels, das bei allem Wettkampfcharakter letztlich doch ein sportliches Spiel bleiben soll, gerecht. Sie allein schützt die Spieler vor Derbheiten oder gar Rohheiten und damit vor Gefahren und schweren Verletzungen, auf die sie nicht vorbereitet und für die sie nicht gerüstet sein können und müssen. Sie engt andererseits nicht das berechtigte und verständliche Streben eines Spielers oder einer Mannschaft nach Erzielung eines spielerischen Vorteils über Gebühr ein. Die Gesundheit eines Spielers und seine körperliche Unversehrtheit haben den Vorrang vor dem Bestreben, unter allen Umständen einen spielerischen Vorteil zu erzielen.[93]

2. Subjektiver Tatbestand

S wusste, dass er C biss und handelte mithin vorsätzlich. 55

92 Argumentation der FIFA vor dem Internationalen Sportgerichtshof: „However, the Player's biting is a serious violation of the principle of fair play and sportsmanship due to the abnormality of the act.", CAS 2014/A/3665, 3666 & 3667 Luis Suarez, FC Barcelona & AUF v. FIFA – Page 12.

93 BayObLG NJW 1961, 2072.

II. Rechtswidrigkeit

56 An diesem Ergebnis bestünden Bedenken, wenn C in die Verletzung eingewilligt hätte.

Selbst wenn man eine generelle (fingierte) Einwilligung in die typischen Gefahren eines Fußballspiels annehmen würde,[94] geht die Tat des S über das von dieser Einwilligung gedeckte Verhalten hinaus. Ein Biss ist eine völlig aus dem Zusammenhang des Fußballspiels (fußballuntypische) fallende gefährliche Handlung. Sie ist nicht von der einkalkulierten Gefährdung gedeckt.

Es handelt sich um einen nicht regelkonformen, und auch von einem maßvollen Profi-Fußballer im Gesamtrahmen des Spiels nicht akzeptablen Verstoß.

Das gesamte oben dargestellte und gelöste Problem der Strafbarkeit von Fußballfouls lässt sich auch in der Einwilligung auf der Rechtfertigungsebene lösen,[95] ein anderes Ergebnis ergibt sich daraus im Hinblick auf das Gesamtunrecht aber nicht.[96]

> Ich halte es für ein Zeichen von Übersicht, den vorstehenden kursiv gesetzten Absatz in den Haupttext oder zumindest eine Fußnote aufzunehmen. Wer das Problem (vertretbar) komplett auf der Ebene der Rechtswidrigkeit in der Einwilligung löst, kann zu keinem anderen Ergebnis als bei einer Tatbestandslösung kommen: Bei Sportarten, die nicht vorrangig auf eine Verletzung des Gegners abzielen, sei jedoch ein vorsätzliches Verletzen grundsätzlich nicht durch Einwilligung zu rechtfertigen. Dass der Schiedsrichter das Foul nicht geahndet hat, ändert auch nichts an der Rechtswidrigkeit der Tat.

III. Schuld

57 An der Schuld bestehen keine Bedenken.

B. Ergebnis

58 Suarez hat sich der Körperverletzung – § 223 I Var. 1 – strafbar gemacht.

Teil 3: Ticketverkauf

A. § 266 I Untreue des W zu Lasten der Match AG oder der FIFA

59 W könnte eine Untreue zu Lasten der Match AG begangen haben, als er Karten an B weitergab.

> Diese 1. Variante des § 266 I ist vorrangig vor der 2. Variante, dem Treubruchtatbestand.

94 *Hähle*, Die strafrechtliche Relevanz von Sportverletzungen, 2008, S. 224 B.; *Dölling*, ZStW 96 (1984), 36.

95 Vgl. *Kaspar*, JuS 2004, 409 (410).

96 Vgl. *Jescheck/Weigend*, AT, 5. Aufl. 1996, S. 591; *Kühl*, AT, 8. Aufl. 2017, § 17, Rn. 84; *Paeffgen*, in: NK, 5. Aufl. 2017, § 228 Rn. 1093.

I. Missbrauchstatbestand (§ 266 I Var. 1)

W könnte durch die Weitergabe der Karten den „Missbrauchstatbestand", § 266 I Var. 1 erfüllt haben. Der Missbrauch der „Befugnis, über fremdes Vermögen zu verfügen oder einen anderen zu verpflichten" ist ein Handeln im Rahmen des rechtlichen Könnens (Außenverhältnis) unter Überschreitung des rechtlichen Dürfens (Innenverhältnis).[97] **60**

1. Verpflichtungs- und Verfügungsbefugnis

Als Bereichsvorstand der Match AG war er berechtigt, Zahlungen anzuweisen, Karten für WM-Spiele auszugeben etc., hatte also eine Verfügungsbefugnis, die nach außen nicht beschränkt werden konnte, § 82 I AktG. **61**

2. Missbrauch der Vertretungsmacht gegenüber der Match AG

Diese Befugnis müsste er missbraucht haben. W könnte rechtswirksam im Außenverhältnis gegenüber B für die Match AG als anderen gehandelt haben, obwohl er das ihr gegenüber nicht durfte und sie damit geschädigt haben. **62**

Als W dem B die Eintrittskarten übergab, könnte er die Match AG vertraglich gegenüber B verpflichtet haben, B bzw. dessen Kunden Eintritt zu den jeweils aufgedruckten Spielen zu gewähren. Die Tickets sind kleine Inhaberpapiere nach § 808 BGB. D.h. jeder der im Besitz eines solches Tickets ist, kann die Rechte daraus ableiten. Als W die Tickets weitergab, übertrug er damit eine Forderung gegen die FIFA. Verpflichteter gegenüber den Karteninhabern auf Stadioneintritt ist also nicht die Match AG, sondern die FIFA.

Allerdings kommen bereits Verpflichtungen und Verfügungen nicht über den Eintritt in das Stadion, sondern über die Karten selbst als kleine Inhaberpapiere in Betracht, immerhin hat W diese Karten an B verkauft – wenn auch wegen der Bösgläubigkeit des B nicht rechtswirksam übereignet.

Dabei müsste er aber in irgendeiner Weise – sei es bei der Verpflichtung oder versuchten Verfügung – für die Match AG gehandelt haben.

W handelte aber ausdrücklich und ausschließlich im eigenen Namen. Er vertritt die Match AG also nicht gegenüber B durch Handeln in deren Namen und tritt auch sonst nicht für sie auf.

Er missbraucht nur die ihm durch die Match AG tatsächlich eingeräumte Position als Inhaber der Ticketpakete. W nutzt also nicht die Vertretungsmacht der Match AG im Außenverhältnis aus.

Wer hier den Sachverhalt so quetscht, dass W doch für die Match AG oder die FIFA handelt, muss sich mit der h.M. auseinandersetzen, die nur wirksame Rechtsgeschäfte für den Missbrauchstatbestand ausreichen lässt.[98] Das wäre aber hinsichtlich der Verpflichtung der Match AG nicht der Fall, da das Geschäft wegen der zweckentfremdeten Weitergabe zumindest auf

97 BGHSt 5, 61 (63).
98 BGHSt 52, 323.

eine Unterschlagung unter Beteiligung des B nach § 246 I gerichtet und damit nach § 134 BGB nichtig ist. Bereits die rechtsgeschäftliche Verpflichtung zu strafbarem Verhalten unterliegt § 134 BGB,[99] und ist selbst ohne Richtung auf einen Straftatbestand wegen Kollusion mit B nach § 138 BGB nichtig.[100] Die Grundsätze des Missbrauchs der Vertretungsmacht sind auch eine Ausnahme von der eigentlich nach außen unbeschränkten Vertretungsmacht des § 82 I AktG.[101] Die Verfügung ist nach § 932 II BGB unwirksam, da B weiß, dass die Karten nicht W gehören. Mangels Gutgläubigkeit des B kommt § 935 II BGB nicht zum Zuge.

Der Missbrauchstatbestand ist somit nicht zu Lasten der Match AG erfüllt.

3. Untreue nach § 266 I Var. 1 zu Lasten der FIFA?

63 W könnte für die FIFA einen Vertrag zwischen der FIFA und den Ticketinhabern begründet oder für die FIFA eine Forderung übertragen haben. Dass man eine Forderung gegenüber einem dritten Schuldner (hier der FIFA) übertragen kann, bedeutet aber noch nicht, dass man den Schuldner dieser Forderung vertritt oder im Rahmen einer entsprechenden Verfügungsberechtigung handelt.

W hat auch nicht Namen der FIFA mit B einen Vertrag geschlossen, sondern im eigenen Namen und auf eigene Rechnung Forderungen gegen die FIFA verkauft, auf die er Zugriff hatte. Dass ihm die FIFA den Zugriff eingeräumt hatte, macht ihn nicht zum Vertretungsberechtigten.

Hier muss man m. E. noch nicht behandeln, dass W keine Verpflichtungs- oder Verfügungsbefugnis für die FIFA hatte, das wäre nämlich durchaus fraglich. Da man soeben aber bereits den Missbrauch wegen Handelns im eigenen Namen abgelehnt hat, ist hier verzichtbar, lang und breit darzulegen, ob W eine Pflicht gegenüber der FIFA hat. Der Missbrauchstatbestand ist daher auch gegenüber der FIFA nicht erfüllt.

II. Treuebruchtatbestand (§ 266 I Var. 2)

64 Der Tatbestand setzt nach dem Gesetzeswortlaut voraus, dass der Täter eine ihm kraft Gesetzes, behördlichen Auftrags, Rechtsgeschäfts oder eines sonstigen Treueverhältnisses obliegende Pflicht, fremde Vermögensinteressen wahrzunehmen, verletzt.

1. Vermögensbetreuungspflicht

65 Eine Vermögensbetreuungspflicht ist eine Fürsorgepflicht für fremdes Vermögen. Die Betreuungspflicht muss ferner von gewisser Bedeutung sein, so dass deren wesentlicher Inhalt die Besorgung eines fremdnützigen Geschäfts mit eigenem Entscheidungsspielraum ist.[102]

---

99 *Armbrüster*, in: MüKo-BGB, 9. Aufl., 2021, § 134 Rn. 52.
100 BGH NZG 2004, 139 (140).
101 *Koch*, AktG, 16. Aufl. 2022, § 82 Rn. 6.
102 BGHSt 55, 288.

a) Treupflicht des W gegenüber der Match AG

Hier hatte W als Leitender Angestellter gegenüber der Match AG zwar relativ unproblematisch eine besondere Verantwortung für deren Vermögen, denn es gehört zu seinen Hauptpflichten weitgehend selbstständig Entscheidungen über das gesamte operative Geschäft der Match AG – also inklusive Kassenbestand und Vertragsverpflichtungen – zu treffen. Eine der Hauptpflichten ergibt sich aus seiner Stellung als Vertriebsvorstand der Match AG. In diesem Rahmen hatte er einen umfassenden Aufgabenbereich zu dem die Verantwortung und Entscheidungsbefugnis über das operative Geschäft des Tickethandels inklusive der Finanztransaktionen und deren Verbuchung fiel. Damit umfasste sein Aufgabenbereich auch die Wahrung der Vermögensinteressen der Match AG. W war nicht nur Handlanger für die Aufgabe von Karten wie etwa ein Bote oder ein Kartenverkäufer an der Stadionkasse. Diese Personen müssen die Karten ohne eigenen Entscheidungsspielraum an alle ausgeben, die fest vorgegebene Bedingungen erfüllen, also als Adressaten genannt sind oder den Preis zahlen. W hatte aber vielmehr die Aufgabe geeignete Sponsoren und „VIPs" auszuwählen und Ihnen nach seiner Entscheidung Karten zuzuteilen. Wer dies genau sein sollte und wie viele Karten jeweils auszugeben waren bestimmte er im Rahmen der groben Einteilung der Gruppe und des verfügbaren Kontingentes selbst. **66**

Gerade Selbstständigkeit und Eigenverantwortlichkeit gehören zum Tätigkeitsbild seiner Aufgaben als Bereichsvorstandes, so dass ihm auch die nach h.M. notwendige Eigenständigkeit bei der Vermögensbetreuung eingeräumt worden war. K hatte somit eine Vermögensbetreuungspflicht für die Match AG.

b) Pflichtverletzung

Die Vermögensbetreuungspflicht gegenüber der Match AG müsste W auch verletzt haben, als er die Tickets weitergab. Auch ein nicht-rechtsgeschäftliches, rein tatsächliches Verhalten kann vom Treubruchstatbestand erfasst sein.[103] Nach der Rspr. kommt fast jede unberechtigte Einwirkung des Treunehmers auf das ihm anvertraute fremde Vermögen als Pflichtwidrigkeit in Betracht.[104] Nach einer in der Literatur vertretenen engeren Ansicht kommt es darauf an, dass das Verhalten gerade aufgrund des besonderen Treueverhältnisses möglich war und nicht durch jedermann hätte begangen werden können.[105] Das Verkaufen von Vermögenswerten auf eigene Rechnung ist i.d.R. auf Grundlage der Rspr. objektiv pflichtwidrig. Auch nach der Literaturansicht ist eine solche Tat nur dann pflichtwidrig, wenn kein anderer Zugriff auf diese Gegenstände hatte. **67**

Um diese Merkmale zu erfüllen, müssten die Tickets überhaupt zum zu betreuenden Vermögen der Match AG gehören. Die Match AG hatte zwar kein Eigentum an den Tickets, sondern verwaltete diese nur treuhänderisch für die FIFA. Diese Position rechtmäßigen Besitzes könnte aber bereits zum Vermögen der Match AG gehören. Dies ist nach allen Vermögensbegriffen der Fall, da der rechtmäßige Besitz sowohl generell juristisch anerkannt als auch im konkreten Fall wirtschaftlich wertvoll ist. Allein der Besitz der Karten berechtigt gem. § 807 BGB bereits zum Eintritt in die Stadien. W gab

103 *Lackner/Kühl/Heger*, 30. Aufl. 2023, § 266 Rn. 6; *Mitsch*, BT 2/1, 2. Aufl. 2003, § 8 Rn. 15.
104 BGHSt 17, 361 (362); OLG Celle MDR 1990, 846.
105 *Eser*, in: AnwaltKommentar, 3. Aufl. 2020; § 266 Rn. 147.

diesen Besitz auch pflichtwidrig auf, da er die Tickets nicht an B verkaufen sollte, sondern im Rahmen der Verträge der Match AG mit der FIFA an andere weitergeben sollte. Nur er konnte zudem auf die Tickets zugreifen, für deren Verwendung er gerade besonders verantwortlich war, so dass er auch auf Grundlage der restriktiven Ansicht der Literatur eine Treuepflicht gegenüber der Match AG verletzt hatte.

c) (Durch die Match AG vermittelte) Treupflicht gegenüber der FIFA?

68 Zudem ließe sich auch eine Vermögensbetreuungspflicht (und eine entsprechende Verletzung) gegenüber der FIFA konstruieren, die ebenfalls als Geschädigte in Betracht kommt. Immerhin hat sie im Vergleich zur Match AG die stärkere Vermögensposition, das Eigentum an den Tickets. Die Match AG selbst hatte noch kein dingliches Recht (Eigentum, Anwartschaftsrecht) an den Tickets, sondern fungierte höchstens (dazu sogleich) als Treuhänder für die FIFA.

Er müsste auch gegenüber dem Vermögen der FIFA in Bezug auf die Karten qualifiziert verpflichtet sein. Die Pflichten aus dem Angestelltenverhältnis bzw. der Funktion als AG-Organ gelten unmittelbar nur relativ zwischen der Match AG und W. Eine Pflicht des W gegenüber der FIFA kann sich also nicht allein aus dem Arbeitsverhältnis ergeben. Möglich wäre eine vermittelte bzw. gestaffelte Vermögensbetreuungspflicht, wenn die Match AG Vermögensteile der FIFA (die Tickets) betreuen sollte und W quasi als Pflicht zu Gunsten Dritter im Rahmen seines Verhältnisses zur Macht AG auch gegenüber dem Eigentum der FIFA an den Tickets besonders verpflichtet gewesen wäre.

aa) Vermögensbetreuungspflicht der Match AG gegenüber der FIFA

69 Wie erwähnt könnte Match AG aber Treuhänder der FIFA für die Weitergabe der Tickets gewesen sein. Zwar ergeben sich nur im Ausnahmefall aus einem zweiseitigen Vertrag Vermögensbetreuungspflichten für die andere Seite, wenn aus dem Vertrag Pflichten entstehen, die über normale Sorgfalts- und Rücksichtspflichten hinausgehen.[106]

Eine Treuepflicht der Match AG gegenüber der FIFA liegt vor, wenn etwa ein Geschäftsbesorgungsvertrag besteht, dessen wesentliche Pflicht in der Vermögensbetreuung bestehe. Ein solcher Geschäftsbesorgungsvertrag ist ein Dienst- oder Werkvertrag (§ 611 und § 631 BGB), durch den sich der Leistungsschuldner zur entgeltlichen Besorgung eines ihm vom Leistungsgläubiger übertragenen Geschäfts verpflichtet (§ 675 Abs. 1 BGB). Es handelt sich dabei um eine selbständige wirtschaftliche Tätigkeit im Interesse eines anderen innerhalb einer fremden wirtschaftlichen Interessensphäre als mittelbarer Vertreter.

Hier hat die Match AG im eigenen Namen Tickets für FIFA-Spiele vertrieben. Zwar hat sie keine Gewinne an die FIFA abführen müssen, doch war die geplante Verteilung der Karten an Sponsoren und „VIPs“ für die FIFA geldwert, da sich die Weitergabe der Tickets später über weiteres Sponsoring, Werbung etc. auszahlen sollte. Hier ist die Match AG also gerade fremdnützig für die Vermögensinteressen der FIFA tätig und besorgt deren Interessen. Ein Treuhandgeschäft liegt daher vor.

106 BGHSt 33, 244 (251).

Damit musste die Match AG eine Fürsorgepflicht für die Vermögensinteressen der FIFA bezüglich der Tickets beachten.

bb) Ausdehnung der Pflicht auf W als natürliche Person

Diese Pflicht müsste aber auf W als natürliche Person durchschlagen, der selbst nicht 70
Vertragspartei war. W ist aber Leitender Angestellter und damit gerade eine der natürlichen Personen, die nach dem Vertrag zwischen FIFA und Match AG die Vermögensinteressen der FIFA betreuen sollen. Eine Vermögensbetreuungspflicht ergibt sich also aus einer Kombination des Vertrages der FIFA mit der Match AG und der Match AG mit W bzw. seiner dortigen Organstellung. Die Vermögensbetreuungspflicht wird durch die Match AG an W vermittelt. Daher ist auch W gegenüber der FIFA grundsätzlich zur Betreuung des Vermögens verpflichtet.

W hatte also eine Vermögensbetreuungspflicht. Beim Treuebruchtatbestand kann die Pflichtverletzung auch in einem tatsächlichen Verhalten liegen, so dass der Verkauf der Karten auf eigene Rechnung ein taugliches Verhalten wäre.

2. Nachteilszufügung

Zu Lasten der Match AG kann W grundsätzlich einen Vermögensnachteil verursachen, 71
weil der rechtmäßige Besitz der Karten auf Grundlage der h.M. zum Vermögen gezählt wird.[107] Da die Match AG aber auch bei der geplanten Weitergabe an Dritte keine unmittelbare geldwerte Gegenleistung für die Karten erhalten hätte, bestehen an einem Nachteil bedenken. Wer ohnehin keine Gegenleistung bekommen wollte, kann sich eigentlich schwerlich darauf berufen, die Karten seien ihm zum Nachteil weggegeben worden. Hier besteht aber die Besonderheit, dass die Match AG mittelbar Probleme bekommt, wenn die Karten auf dem Schwarzmarkt verkauft werden. Wegen der vertragswidrigen Verwendung der Karten könnte sich die Mach AG Schadensersatzforderungen der FIFA ausgesetzt sehen, die jedoch selbst nicht bzw. schwer zu beziffern sind. Auch die FIFA wollte die Karten ohne direkte Gegenleistung verbreitet wissen. Unabhängig welche Treupflichtverletzung man vornehmlich in den Blick nimmt, kommt es also darauf an, ob eine auch im Falle rechtmäßigen Verhaltens ohne unmittelbar greifbare Kompensation bleibende Vermögensminderung ein Nachteil i.S.d. § 266 ist, wenn sie ihren nicht unmittelbar vermögensbezogenen Zweck verfehlt. Diese Frage kann parallel zu den vieldiskutierten Fällen des Bettel- oder Spendenbetruges gelöst werden. Grundsätzlich ist die objektive Sachlage nach der Methode der Gesamtsaldierung für die Nachteilsbestimmung entscheidend. Das bloße Affektionsinteresse ist durch § 263 I ebenso wenig geschützt wie die wirtschaftliche Dispositionsfreiheit, da das Opfer insoweit bewusst, wenn auch auf Grund eines irrigen Motivs, ein Vermögensopfer bringt, die bewusste Selbstschädigung aber für § 263 nicht ausreicht (vgl. oben). Ob ein Schaden bzw. Nachteil in dieser Fallgruppe begründet werden kann ist strittig. Nach der Zweckverfehlungslehre ist auch dann ein Schaden bzw. Nachteil gegeben, wenn mit der Vermögensverschiebung ihr Zweckwert im sozialen Sinne entwertet wird (soziale Zweckverfehlung).[108]

---

107 BGHSt 14, 386; *Küper*, BT mit Erläuterungen, 11. Aufl. 2022, S. 347.

108 BGH NJW 1995, 539 m. Anm. *Rudolphi*; NStZ 1995, 289; LG Osnabrück MDR 1991, 468; *Cramer*, Vermögensbegriff, S. 202 ff., S. 210 ff.; *Gallas*, in: FS-Schmidt, S. 435.

a) Zweckverfehlungslehre

72 Hier hatte die Versorgung von Sponsoren und „VIPs" mit kostenlosen Karten zwar keinen klassischen sozialen Zweck Benachteiligten eine Unterstützung zum Lebensunterhalt zu gewähren oder armen Kindern in der dritten Welt zu helfen. Vielmehr ging es darum, „denen zu geben, die schon viel haben." Dennoch kann man in einer wertepluralistischen Gesellschaft schlecht den einen Zweck als erstrebens- und schützenwert den anderen aber für betrugs- und untreueresistent werten. Danach wäre ein Zweckverfehlungsnachteil (in Höhe der Ticketpreise als Wertanzeiger für den vergebenen „Goodwill" der Nichtbeschenkten) gegeben.

b) Andere Ansicht

73 Andere lehnen den Betrugsschaden in Fällen einer nicht finanziell bezifferbaren Zweckverfehlung ab,[109] und müssten dies konsequent auf den Nachteil im Rahmen des § 266 I ausdehnen. Danach läge kein Nachteil für die FIFA oder die Match AG vor, da diese Vereinigungen ohnehin keine finanzielle Gegenleistung erhalten hätten. Ein Gegenseitigkeits- oder Austauschverhältnis wäre nicht begründet worden und der „Goodwill" der Beschenkten wäre eine bloß ungewisse Hoffnung auf einen nicht messbaren höchst indirekten Vermögensrückfluss in der Zukunft.

c) Diskussion

74 Gerade im hiesigen Fall spricht für die Zweckverfehlungslehre, dass die „Spende" nicht nur einen nebulösen „sozialen Zweck" verfehlte, sondern Vermögensbezug hatte. Das einzige Problem ist, dass die erwarteten positiven Vermögenseffekte eben höchst indirekter Natur sind. Wenn man aber schon bloß sozial-positive Zwecke gelten lässt, muss man erst Recht solche Zwecke ausreichen lassen, die einen – wenn auch nicht als Gegenleistungsplicht verbindlich greifbaren nur indirekten – Vermögensvorteil versprechen.

Der Gegenansicht – die eine Zweckverfehlung für grundsätzlich nicht ausreichend hält – ist zuzugestehen, dass sie näher am typischen Leitbild des Betrugs bleibt, wenn sie vermögensirrelevante Vorteile aus der Saldierung heraushält. Diese Lehre ist aber jedenfalls für solche Situationen nicht mehr überzeugend, in denen der verfehlte Vorteil einen Rechtsgutsbezug hat. Im Fall der verfehlten Werbung ist dieser Bezug zum Rechtsgut des Vermögens gegeben, da Werbung gerade den Zweck hat, Dritte für die Produkte und Dienstleistungen (hier der FIFA) zu begeistern. Da zumindest einige Stimmen, die die Zweckverfehlungslehre ablehnen, andererseits auch Vermögensexspektanzen, die noch keine Forderungen sind, als Vermögensbestandteile begreifen, ist es inkonsequent eine durch Werbemittel objektivierte wirtschaftliche Erwartung nicht in die Berechnung des Vermögensschadens bzw. -nachteils mit einzubeziehen.

109 *Gutmann*, MDR 1963, 3, *Lampe*, in: FS-Otto, S. 644, *Schlösser*, HRRS 2011, 257 – die Betrug hier überhaupt ablehnen sowie ebenfalls krit. Zur Zweckverfehlungslehre *Jordan*, JR 2000, 133; *Kindhäuser*, in: FS-Bemmann, S. 339 (355).

Man kann diesen Streit vertiefen. So würde die Ansicht, die die Zweckverfehlungslehre ablehnt, weiter untermauert werden können: Exspektanz[110] ist eine bloß faktische Aussicht auf zukünftige Mehrung des Vermögens, die sich allerdings noch nicht in einem Anwartschaftsrecht verdichtet haben. Exspektanzen zählen aber nach herrschender Meinung nur dann zum Vermögen, sofern diese soweit konkretisiert sind, dass ein Eintritt der Vermögensmehrung mit größter Wahrscheinlichkeit eintreten wird. Eine solche Konkretisierung ist bei der Verwendung von Werbemitteln zweifelhaft, da die weitere Reaktion der potentiellen Kunden auf diese Mittel kaum berechenbar, geschweige denn sicher und konkret sind.

Daher ist durch die Zweckentfremdung der Werbemittel ein Vermögensnachteil für die FIFA und Match AG entstanden. Gerade im hiesigen Fall spricht für die Zweckverfehlungslehre, dass die „Spende“ Vermögensbezug hatte. Karten sollten nach der Order der FIFA zwar kostenlos abgegeben werden, der Gewinn der FIFA wäre als Dank an Sponsoren und Prominente eher eine ungesicherte Erwartung, deren Zugehörigkeit zum Vermögen nicht leichthin angenommen werden kann.

Auf die Zweckverfehlungslehre (vgl. die klassischen Fälle des Bettel- und Spendenbetrugs)[111] kommt es aber bei genauer Analyse insoweit nicht einmal an – der grundsätzliche Streit[112] kann dahinstehen. W täuscht die FIFA über die Leistungsbereitschaft der Match AG. Der eigentliche Schaden tritt im Verhältnis der FIFA zur Match AG ein, da die Match AG nicht die geschuldete, aber gegen 500.000 € versprochene, Leistung erbringt. Damit entsteht zugleich ein Schadensersatzanspruch aus § 281 BGB i.V.m. dem Kartenvertriebsvertrag in dieser Höhe für die FIFA gegenüber der Match AG, der nicht mehr abzuwenden und daher bereits ein Vermögensschaden ist. Der Schaden liegt damit in der nichterbrachten Leistung im Wert von 500.000 €.

Im Gegensatz zur Anmerkung im vorigen Graukasten kann man das Schlussargument auch wesentlich früher bringen – den Streit um die Zweckverfehlungslehre konsequent ganz weglassen – und dann sofort zum Schluss kommen.

III. Rechtswidrigkeit

Rechtfertigungsgründe liegen nicht vor. 75

IV. Schuld

Auch gegen die Schuld bestehen keine rechtlichen Bedenken. 76

V. Ergebnis

W hat sich gem. § 266 I Var. 2 wegen Untreue strafbar gemacht 77

110 Dazu allgemein *Hefendehl*, in: MüKo-StGB, § 263 Rn. 382 ff.

111 Vgl. zur Zweckverfehlungslehre *Hefendehl*, in: MüKo-StGB, § 263 Rn. 709 ff., speziell zum Spendenbetrug Rn. 726.

112 Vgl. zur Diskussion um die Unvereinbarkeit der Zweckverfehlungslehre mit wirtschaftlichen Vermögensbegriffen *Hefendehl*, in: MüKo-StGB, § 263, Rn. 731 ff. und der (dort zutreffend abgelehnten) Verfassungswidrigkeit der Zweckverfehlungslehre *Hefendehl*, a.a.O., Rn. 729 f.

B. §§ 263 I, 13 I Betrug zu Lasten der FIFA durch W

78 Hier kann W höchstens Betrug in Form pflichtwidrigen Unterlassens einer Aufklärung der Fifa begangen haben, da er bei Erhalt der Tickets von der FIFA noch keinen Verkauf plante. Ein Betrug ist straflose Nachtat, wenn er lediglich zur Sicherung eines durch Untreue erlangten Vermögensvorteils dient. [113]

Der mögliche Betrug des W zu Lasten der FIFA tritt als also mitbestrafte Nachtat zurück.

C. § 246 II Veruntreuende Unterschlagung des W zu Lasten der Match AG/FIFA

79 W könnte auch eine veruntreuende Unterschlagung begangen haben, als er die Tickets B zum Kauf anbot.

1. Tatbestand

80 Die Tickets waren ihm anvertraut. Er hat aber nur dann eine Unterschlagung begangen, wenn er sich die Tickets mit dem Verkaufsangebot zugeeignet hat. Ein rechtswirksamer Eigentumsverlust ist dazu nicht erforderlich. Die h.M. verlangt eine nach außen manifestierten Zueignungsakt, durch ein Verhalten, das seinem Inhalt nach als Aufschwingen in eine faktische Eigentümerposition zu sehen sein muss. W bietet die Tickets im eigenen Namen B an. Damit macht er deutlich, dass die Eigentümerposition der FIFA ihn nicht interessiert und er auch das zwischen FIFA und Match AG bestehende Treuhandverhältnis nicht respektiert. Mit dem Angebot an B ist auch der notwendige Außenbezug hergestellt. Bereits im Verkaufsangebot liegt eine tatbestandliche Betätigung des Zueignungswillens in objektiv erkennbarer Weise. Die tatsächliche Übergabe vertieft den entstandenen Schaden nur.

2. Subsidiarität

81 Die veruntreuende Unterschlagung tritt allerdings nach allgemeinen Grundsätzen als mitbestrafte Vortat hinter der Untreue zurück.[114]

D. §§ 266 I, 27 Beihilfe durch B

82 B hat W bei der Untreue geholfen, weil erst durch die Verabredung des Kartenkaufs die konkrete Vermögensschädigung durch Weitergabe der Karten möglich war. Die Abgrenzung zur Mittäterschaft fällt eher leicht, da B mangels Stellung im Lager der Match AG kein Täter der Untreue ist. B handelte vorsätzlich, weil er wusste, in welcher Beziehung W zum Vermögen der Match AG und der FIFA stand. Er handelte auch rechtswidrig und schuldhaft.

---

113 Vgl. zum allgemeinen Verhältnis *Perron*, in: Schönke/Schröder, 30. Aufl. 2019, § 266 Rn. 54.
114 Vgl. allgemein zum Verhältnis Untreue/veruntreuende Unterschlagung: *Perron*, in: Schönke/Schröder, 30. Aufl. 2019, § 266 Rn. 55.

E. § 259 I durch B zu Lasten der Match AG und der FIFA

I. Tatbestand

1. Objektiver Tatbestand

B könnte mit der Übergabe der Tickets veruntreute Sachen angekauft haben. Die Tickets müssten aus einer gegen fremdes Vermögen gerichteten rechtswidrigen Vortat eines anderen stammen. In Betracht kommt hier die Untreue[115] oder die (nur im wegen der Subsidiarität verdrängte) veruntreuende Unterschlagung des W. **83**

a) Beteiligung des B an der Vortat

Nach h.M. ist eine Beteiligung an der Vortrat im Gegensatz zur täterschaftlichen Begehung der Vortat unschädlich.[116] Die Gegenansicht[117] die hier für den Gehilfen B an der Untreue des W Hehlerei ablehnen müsste vermag nicht zu überzeugen. Die Tat, die nur unterstützt wurde, ist nach dem Wortlaut der Norm immer noch die Tat eines anderen und nicht des Gehilfen. Für die h.M. streitet zudem entscheidend § 257 III im Gegenschluss. **84**

b) Zeitliches Verhältnis zwischen Vortat und Hehlerei

Die Karten verlassen erst mit Übergabe den Machtbereich der Macht AG, was gegen das Vorliegen einer zeitlichen Zäsur spräche. Diese Zäsur ist nach h.M. schon nach dem Wortlaut „erlangt hat" des § 259 I notwendig und steht allein im Einklang mit dem Charakter der Hehlerei als Anschlussdelikt. **85**

aa) Untreue als Vortat

Eine solche Zäsur könnte hier fehlen, wenn die Ankaufshandlung des B mit der Untreue des W in einem Akt zusammenfällt. Eine Perpetuierung des rechtswidrigen Besitzes kommt nur in Betracht, wenn der Vortäter sie bereits geschaffen hat. Wenn sich der Täter eine Sache im einvernehmlichen Zusammenwirken mit einem anderen verschafft, der hierdurch § 266 I erfüllt, so scheidet Hehlerei aus, weil die Vollendung der Untreue (Vermögensnachteil durch Besitzverlust) mit dem Sichverschaffen uno actu zusammenfällt.[118] Wichtig ist hierbei, dass der (zivilrechtlich ungültige, vgl. §§ 134, 138 BGB) Kaufvertrag allein die Tathandlung der Untreue ist, sondern erst die faktische Weitergabe der Karten das Ankaufen vollendet.[119] **86**

bb) Veruntreuende Unterschlagung

Weil aber bereits das Verkaufsangebot des Vorbesitzers als Betätigung seines Zueignungswillens zu werten ist, stellt die damit bereits tatbestandlich bewirkte, nur subsidiär **87**

---

115 Zur Untreue generell vgl. BGH 69, 1261.

116 St. Rspr. seit BGHSt 7, 134 (137 B.); *Rengier*, BT 1, 24. Aufl. 2022, § 22 Rn. 42; *Wessels/Hillenkamp/Schuhr*, BT 2, 44. Aufl. 2021, Rn. 881.

117 *Roth*, JA 1988, 193 (201).

118 *Rengier*, BT I, 24. Aufl. 2022, § 22 Rn. 7.

119 Vgl. zu solchen Konstellationen BGH NStZ-RR 2005, 236; *Stree/Hecker*, in: Schönke/Schröder, 30. Aufl. 2019, § 259 Rn. 26.

hinter § 266 zurückgetretene (veruntreuende) Unterschlagung eine taugliche Vortat dar, an die sich eine Hehlereihandlung anschließen kann.[120]

So ist es hier: Die veruntreuende Unterschlagung des W fällt nicht uno actu mit der Hehlerei des B zusammen, da W die Karten vorher angeboten bzw. kurz vor der Übergabe aussortiert und sich zum Eigenbesitzer aufgeschwungen hat.

2. Subjektiver Tatbestand

88 B wusste, dass W die Tickets unterschlug und handelte damit vorsätzlich. B hatte dabei auch Bereicherungsabsicht, weil er einen großen Teil des Gewinns aus dem Weiterverkauf für sich behalten wollte.

II. Rechtswidrigkeit

89 Rechtfertigungsgründe liegen nicht vor.

III. Schuld

90 Auch gegen die Schuld bestehen keine rechtlichen Bedenken.

IV. Ergebnis

91 B hat sich wegen Hehlerei nach § 259 I strafbar gemacht.

Teil 4: Gesamtergebnis

92 A und F haben sich wegen Betruges in Mittäterschaft in einem besonders schweren Fall gem. §§ 263 I, III Nr. 1, 25 Abs. 2 in zwei Fällen strafbar gemacht. A hat sich weiter in Tateinheit nach § 52 I wegen Sportwettbetrug nach § 265c II strafbar gemacht.

Die sieben genannten Spieler der Mannschaft Kameruns haben sich wegen Beihilfe zum Betrug nach § 263 I, § 27 in Tateinheit mit Sportwettbetrug in Mittäterschaft nach § 265c I, § 25 II strafbar gemacht.

M hat sich ebenfalls wegen Beihilfe zum Betrug in Tateinheit mit Sportwettbetrug nach § 265c I strafbar gemacht.

C hat sich wegen Beihilfe zum Betrug nach § 263 I, § 27 in Tateinheit mit Sportwettbetrug nach § 256c III strafbar gemacht.

W hat sich wegen Untreue strafbar gemacht, § 266 I.

B hat sich wegen Beihilfe zur Untreue des W in Tatmehrheit mit Hehlerei strafbar gemacht, §§ 266 I, 27; 259 I; 53.

---

120 Vgl. *Stree/Hecker*, in: Schönke/Schröder, 30. Aufl. 2019, § 259 Rn. 14; *Rengier*, BT 1, 24. Aufl. 2022, § 22 Rn. 7; *Wessels/Hillenkamp/Schuhr*, BT 2, 44. Aufl. 2021, Rn. 834; anders BGH NStZ-RR 2011, 246 m. ablehnender Anm. *Hecker*, JuS 2011, 1041.

Anmerkungen zur Korrektur

Diese Hausarbeit wurde als Hausarbeit in der Übung für Fortgeschrittene im Wintersemester 2014/15 gestellt. Sie hat einen mittleren bis hohen Schwierigkeitsgrad. 93

Die Bearbeiter erzielten folgende Ergebnisse:

Durchfallquote insgesamt: 40 Prozent
Durchschnittspunktzahl: 4,7 Punkte (Beste Arbeit: 12 Punkte, vollbefriedigend)

Die Gründe für dieses Ergebnis lagen in geringerer Hinsicht an den üblichen formalen Problemen. Die Arbeiten leiden vor allem an schlechter Sachverhaltsauswertung, nachlässiger Subsumtion und diskussionsfauler Darstellung der Rechtsfragen.

Tatkomplex Wettskandal: Zu den umstrittenen Problemen zur Täuschung und zum Vermögensschaden bei § 263 StGB wurde häufig der Meinungsstand nicht hinreichend dargestellt bzw. keine hinreichende Diskussion vorgenommen. Bei A wurde von einigen Bearbeitern nicht überzeugend mittelbare Täterschaft gem. § 25 I 2. Alt. StGB im Verhältnis zu F angenommen. Bei F wurde von einigen Bearbeitern der Vorsatz zum Betrug gem. § 263 StGB verneint. Da der Sachverhalt hierzu etwas dünn ist, habe ich dies nicht ohne Weiteres als falsch moniert. Bei M (§§ 263, 27 StGB) erkannten nur ganz wenige Bearbeiter die Kausalitätsproblematik.

Tatkomplex unfaires Spiel: Bei S gem. § 223 StGB wurde von den meisten Bearbeitern die Problematik der Straflosigkeit von spieltypischen Fouls in der objektiven Zurechnung (bzw. auch keine alternative Einwilligungslösung in der Rechtswidrigkeit) nicht gesehen.

Tatkomplex Ticketverkauf: Bei diesem Tatkomplex taten sich die meisten Bearbeiter schwer. Vielfach wurde § 266 StGB nicht überzeugend geprüft. Auffallend oft wurde der Missbrauch i.S.d. § 266 I 1. Alt. StGB ohne ausreichende Begründung bejaht. Die eigentliche Problematik des bloßen Besitzes bei der Frage des Vermögensnachteils, hier im Rahmen des § 266 I 2. Alt. StGB, wurde in keiner der korrigierten Bearbeitungen erkannt. Die meisten Bearbeiter bejahten, insbesondere bei vorangegangener Verneinung des § 266 StGB, die veruntreuende Unterschlagung gem. § 246 I, II StGB. Aus meiner Sicht vertretbar. Delikte des W zu Lasten der FIFA wurden häufig ganz übersehen oder jedenfalls zur Problematik des Vermögensschadens nicht überzeugend gelost. Bei § 259 StGB durch B wurden vielfach die auftretenden Probleme verkannt.

Hausarbeit 4

„Dunkle Hautfarbe", „ausländische Gesichtszüge", „rassistische Polizeiwillkür" und der Brand in einer Gefängniszelle

von Nils Kosmetschke und Thomas Bode

1 Gerald (G) ist Germanistikstudent in Berlin, deutscher Staatsangehöriger und dunkler Hautfarbe. G wohnt in Frankfurt (Oder) und pendelt jeden Tag zwischen seinem Wohnort und der Universität in Berlin.

Eines Morgens sitzt G im bereits vollbesetzten RE 1 am Frankfurter Bahnhof und wartet auf die Abfahrt des Zuges in Richtung Berlin. Noch vor der Abfahrt, steigen zwei uniformierte Beamte der Bundespolizei in den Zug ein, um nach Personen zu suchen, die sich unerlaubt im Bundesgebiet aufhalten. Nach den Erfahrungen der Bundespolizei werden die auf der Strecke Frankfurt (Oder) – Berlin eingesetzten Nahverkehrszüge regelmäßig zur Begehung aufenthaltsrechtlicher Verstöße genutzt. Dies liege daran, dass diese Strecke Teil einer Route sei, die zur unerlaubten Einreise – insbesondere auch von Schleuserbanden – von Polen (Warschau) kommend, genutzt werde.

Im Zug werden die Polizeibeamten schnell auf G aufmerksam, da dieser aufgrund seiner „dunklen Hautfarbe" und seiner „ausländischen Gesichtszüge" das alleinige Auswahlkriterium der Polizisten für ihre Personenkontrolle erfüllt. Zwar registrieren die Beamten, dass sich G in fließendem Deutsch mit seinem Sitznachbarn über E.T.A. Hoffmanns „Der Sandmann" unterhält, aufgrund seiner Hautfarbe sei er aber „pauschal verdächtig".

Als einzige Person im Waggon wird G von den Polizeibeamten angesprochen, über ihr Anliegen informiert, nach seinem Reiseziel befragt und aufgefordert, sich auszuweisen. Wortführer ist dabei der Polizeibeamte Peters (P). G fühlt sich von dem Vorgehen der Beamten diskriminiert und weigert sich, auf das Anliegen der Beamten einzugehen. Beschämt und verunsichert durch die Situation und die auf ihn gerichteten Blicke der anderen Fahrgäste, bezeichnet er das Vorgehen der Beamten empört als „SS-Methoden".

P, der sich das renitente Verhalten des G nicht länger gefallen lassen will, fordert diesen schließlich auf, ihm dessen Jutebeutel zu übergeben, um in diesem nach Ausweispapieren zu schauen. Dabei weist P den G darauf hin, dass er sich im Falle der Weigerung den Beutel selbst nehmen werde. Als G auch darauf nicht reagiert, ergreift P den Beutel des G. Dieser hat aber aufgepasst und entreißt dem überraschten Polizeibeamten mit einem heftigen Ruck den Beutel aus dessen festem Griff. Zufrieden mit sich und seiner Gedanken- und Handlungsschnelligkeit und in der Überzeugung, trotz dieser unangenehmen Situation, Haltung bewahrt zu haben, erklärt sich G anschließend zur Kooperation bereit und händigt den Polizeibeamten freiwillig seinen Personalausweis zur Begutachtung aus.

Im Zug befindet sich auch der ausländische Reisende Oscar (O) der alkoholisiert wirkt und sich laut und angeregt mit anderen Fahrgästen unterhält. Die ebenfalls Mitreisende Franziska (F) fühlt sich durch O belästigt und meldet P, dass O sie „angetatscht" habe und verbal belästige.

Nachdem O sich auf Ansprache des P hin nicht ausweisen kann und sich nicht kooperativ verhält, nimmt P, der schon durch die Interaktion mit G genervt ist, O kurzerhand fest. P klärt O nicht über den Grund der Festnahme auf, fesselt diesen aber mit Handschellen und verbringt ihn mit einem am Bahnhof wartenden Polizeiauto zur erkennungsdienstlichen Behandlung zum Polizeirevier. Im Auto hat O bereits einige Gegenwehr geleistet, ist mit dem Kopf an die Scheibe gestoßen und hat gegen das Auto getreten. Ein Abgleich der Finger- und Handabdrücke ergibt, dass es sich bei O um einen Asylbewerber handelt, der in einem Asylbewerberwohnheim im 35 km entfernten Eisenhüttenstadt wohnt. Bei der Blutabnahme und erkennungsdienstlichen Behandlung im Polizeirevier schlägt A den Kopf in Richtung der Wand. Die Beamten interpretieren dies als Versuch der Selbstverletzung und ergreifen Zwangsmaßnahmen eine solche Verletzung zu unterbinden.

Die Beamten sperren den aufgebrachten – und wie sich später als Ergebnis der Blutentnahme herausstellt stark alkoholisierten O – dazu in eine Gewahrsamszelle der Inspektion und fixieren den auf dem Rücken liegenden O mit vier Hand- bzw. Fußfesseln auf einer Matratze in der Zelle. Er kann sich so zwar noch mit dem Oberkörper aufrichten, die Matratze aber nicht mehr verlassen.

Von der vorläufigen Festnahme und über den Grund der Verbringung des O in den Gewahrsam wird um 8.30 Uhr der Polizeibeamte Anton (A) sofort darauf unterrichtet. A ist seit 20 Jahren bei der Polizeiinspektion als Dienstgruppenleiter tätig. Zutreffend geht er davon aus, dass er als Dienstgruppenleiter für eine regelgerechte Freiheitsentziehung verantwortlich ist. Für betrunkene und renitente Personen hat A aber nicht viel übrig. Er sieht deshalb davon ab, den erreichbaren zuständigen Richter mit der vorläufigen Festnahme und der Ingewahrsamnahme des O zu befassen. Er geht davon aus, dass er nach dem Gesetz mit der Einholung einer richterlichen Entscheidung auch bis zum nächsten Tag warten könne.

Eine Überwachung der Zelle des O durch einen im Zellentrakt ständig anwesenden Beamten hält A für übertrieben, obwohl dies die personelle Besetzung der Dienstelle zulassen würde. Allerdings hört eine Beamtin Rufe des O durch die Wechselsprechanlage, der bittet seine Fesseln zu lösen und der erfahren möchte, warum er festgehalten werde. Die Beamtin B entgegnet um 11:45 nur, dass O schon wisse, weshalb er dort sei. Dies meldet B dem A, den das nicht weiter interessiert.

Aufgrund nicht aufklärbarer Umstände bricht in der Zelle um 12:05 Uhr ein Brand der Matratze aus, auf der O noch immer fixiert ist. In dessen Folge erleidet O tödliche Verbrennungen. Wäre O nicht auf der Matratze fixiert gewesen und hätte er sich deshalb vom Brandherd entfernen können, hätte er durch das später erfolgte Löschen des Brandes gerettet werden können.

Aufgabe: Prüfen Sie die Strafbarkeit von G und A.

Die erforderlichen Strafanträge sind gestellt.

Bearbeitervermerk: Auf die Polizeigewahrsamsordnung für das Land Brandenburg (Runderlass des Ministeriums des Innern vom 5. April 1995; ABl. S. 402) wird hingewiesen. Gehen Sie nicht auf die Strafbarkeit der Blutabnahme ein.

Gliederung

Gutachten

3 Die folgende Hausarbeit in einem hohen Schwierigkeitsgrad für Fortgeschrittene enthält vor allem Probleme aus dem Besonderen Teil, die als besondere Schwierigkeit mit AT-Problemen zum Unterlassen sowie polizeirechtlichen und strafprozessualen Themen verwoben sind. Schwerpunkte:

1. § 113 III StGB „Unrechtmäßigkeit" der Diensthandlung, Rechtmäßigkeitsbegriffe (Polizeirecht, Verfassungsrecht)
2. Inzidente Prüfung des Festnahmerechts nach § 127 StPO im Rahmen einer Notwehrprüfung
3. Das Verhältnis von § 240 und § 113 StGB
4. §§ 239 I, IV, 13, 18 StGB – Probleme des Unterlassens und des grunddeliktischen Gefahrzusammenhangs

Die ausführliche Lösung ist sowohl in der Länge als auch im materiellen Gehalt auf dem Niveau einer Examenshausarbeit und würde so auch in der Fortgeschrittenenübung nicht verlangt.[1]

A. Strafbarkeit des G gemäß § 113 Abs. 1 StGB zu Lasten des P

4 Indem G dem P den Jutebeutel aus dessen festem Griff entriss, könnte er sich des Widerstands gegen Vollstreckungsbeamte gemäß § 113 Abs. 1 StGB strafbar gemacht haben.

I. Objektiver Tatbestand

1. Tatopfer: Vollstreckungsbeamter

5 Das Tatopfer muss Amtsträger i.S.d. § 11 Abs. 1 Nr. 2 StGB sein, der zur Vollstreckung von z.B. Gesetzen oder Verfügungen berufen ist. Als Beamter der Bundespolizei ist P Amtsträger im Sinne des § 11 Abs. 1 Nr. 2a) StGB. Nach § 1 Abs. 5 BPolG nimmt er die

1 Dieser und alle folgenden grau unterlegten Kästen sind didaktische Anmerkungen von *Nils Kosmetschke* und *Thomas Bode* und gehören nicht zu einer studentischen Hausarbeitslösung. Teils sind es Originalhinweise für Korrekturassistenten, teils Erläuterungen für Studenten.

staatliche Aufgabe der Gefahrenabwehr wahr und darf in diesem Zusammenhang Verfügungen erlassen, welche wiederum mithilfe von Zwangsmitteln durchgesetzt werden können, vgl. etwa §§ 6, 9 ff. VwVG. Folglich war P grundsätzlich zur „Vollstreckung berufen".

2. Vornahme einer Dienst-, d.h. Vollstreckungshandlung

Der Schutz des § 113 Abs. 1 StGB besteht „bei" der Vollstreckungshandlung. Geschützt wird folglich nur eine konkrete Vollstreckungstätigkeit im Einzelfall. Voraussetzung ist die Aktualität oder mindestens unmittelbare Potenzialität der Herbeiführung einer Zwangslage zur Duldung des Eingriffs in die Rechtssphäre des Betroffenen.[2] P griff nach dem Beutel des G, um in diesem nach möglichen Ausweispapieren zu schauen und auf diese Weise, die von G verweigerte Identitätsfeststellung zu ermöglichen. Folglich begründete P eine Zwangslage für G, die zur Duldung der Feststellung dessen Identität und damit zu einem Eingriff in dessen Rechtssphäre führen sollte. Eine hinreichend konkretisierte Vollstreckungshandlung lag vor. 6

3. Tathandlung: Widerstand leisten

G müsste Widerstand geleistet haben. In Betracht kommt hier Widerstand mit Gewalt zu leisten. Darunter fällt jede durch tätiges Handeln gegen die Person des Vollstreckenden gerichtete Kraftentfaltung, mit der eine Verhinderung oder Erschwerung der Diensthandlung bezweckt wird.[3] Eine Einwirkung auf Sachen fällt nur dann unter den Gewaltbegriff, wenn mit ihr zumindest mittelbar eine physisch spürbare Zwangswirkung auf die Person des Amtsträgers einhergeht.[4] Die Beschreibungen des Sachverhalts („heftiger Ruck", „fester Griff") deuten auf eine nicht unerhebliche Intensität des Vorgehens hin. Folglich ging mit dem Entreißen des Beutels eine für P physisch spürbare Zwangswirkung einher. Das Handeln des G war auf die Verhinderung der Diensthandlung gerichtet. 7

II. Subjektiver Tatbestand

G handelte vorsätzlich. 8

III. Rechtmäßigkeit der Vollstreckungshandlung

Eine Strafbarkeit entfällt nach § 113 Abs. 3 StGB, wenn die Diensthandlung des Amtsträgers nicht rechtmäßig war. 9

Umstritten ist bereits die dogmatische Einordnung des Merkmals der Rechtmäßigkeit.[5] Diskutiert werden eine Einordnung als Tatbestandsmerkmal, als modifizierte objektive Bedingung der Strafbarkeit, eine Qualifizierung des § 113 Abs. 3 StGB als Frage der Rechtfertigung und die Deutung des § 113 StGB als Vorsatz-Fahrlässigkeitskombination.

---

2 *Paeffgen*, in: NK-StGB, 5. Aufl. 2017, § 113 Rn. 17.
3 *Bosch*, in: MüKo-StGB, 4. Aufl. 2021, § 113 Rn. 18.
4 *Bosch*, in: MüKo StGB, 4. Aufl. 2021, § 113 Rn. 21; *Dallmeyer*, in: BeckOK-StGB, Stand: 1.11.2022, § 113 Rn. 7.
5 Vgl. dazu die Darstellung von *Bosch*, in: MüKo-StGB, 4. Aufl. 2021, § 113 Rn. 26 ff.

Längere Ausführungen oder gar ein Streitentscheid zu diesem Problem bieten für die Falllösung an dieser Stelle keinerlei Mehrwert und fallen daher negativ ins Gewicht. Letztlich handelt es sich um eine Frage des Prüfungsaufbaus. Dieser bedarf aber keiner Begründung. Entscheidend ist, dass sich die Bearbeiter an einem der diskutierten Prüfungsstandorte orientieren und ihren Prüfungsaufbau entsprechend gliedern.

Die Diensthandlung des P müsste rechtmäßig gewesen sein, § 113 Abs. 3 S. 1 StGB. Umstritten ist, nach welchen Kriterien sich die Rechtmäßigkeit der Diensthandlung bemisst.

1. Vollstreckungsrechtlicher Rechtmäßigkeitsbegriff

a) Klärung der Anforderungen an den Prüfungsmaßstab

10 Nach dem vollstreckungsrechtlichen Rechtmäßigkeitsbegriff muss die konkrete, reale Vollstreckungshandlung rechtmäßig sein (Vorliegen der öffentlich-rechtlichen Eingriffsvoraussetzungen).[6] Dies bedeutet, dass es nicht auf die Rechtmäßigkeit der Grundverfügung (im vorliegenden Fall „antworte und weise dich aus") ankommt, sondern auf die Rechtmäßigkeit der Vollstreckung dieser Verfügung (Suche nach Ausweispapieren, um die Identifikation selbst vorzunehmen).

Um die gesetzlichen Voraussetzungen der Vollstreckung zu ermitteln, bedarf es zunächst aber dennoch der Begutachtung der einschlägigen Ermächtigungsgrundlage für die Grundverfügung. Dies ist deshalb erforderlich, weil sich die Voraussetzungen für den Vollzug der Grundverfügung schon aus der Ermächtigungsgrundlage bzw. einer anderen polizeilichen Spezialbefugnis selbst ergeben können. Ist dies nicht der Fall, kommen subsidiär die Vorschriften des Verwaltungsvollstreckungsrechts zur Anwendung (§§ 6 ff. VwVG).

b) Abgrenzung von § 22 Abs. 1a und § 23 Abs. 1 Nr. 3 BPolG

11 Fraglich ist, auf welche Rechtsgrundlage sich das Handeln der Bundespolizisten stützen lässt. Die Bundespolizeibeamten befragten G nach dessen Reiseziel und verlangten von ihm, sich auszuweisen. Als Ermächtigungsgrundlage für Maßnahmen dieser Art könnten § 22 Abs. 1a BPolG oder § 23 Abs. 1 Nr. 3 BPolG in Betracht kommen.

Die Bearbeiter werden die Maßnahme mitunter auch auf § 163b Abs. 1 S. 1 bzw. § 163b Abs. 1 S. 3 StPO stützen. § 163b StPO scheint als Rechtsgrundlage aber unpassend. Die Identitätsfeststellung nach den §§ 163b, 163c StPO setzt voraus, dass diese Maßnahme sich jeweils auf die Verfolgung und Aufklärung einer bestimmten Straftat bezieht.[7] Soll die Maßnahme dagegen allein dem Zweck dienen, mögliche Straftaten aufzudecken und mögliche Täter zu ermitteln, kann sie nicht auf die genannten Bestimmungen gestützt werden.[8] Die Suche nach Personen, die sich unerlaubt im Bundesgebiet aufhalten, bezieht sich noch nicht auf die Verfolgung einer bestimmten Straftat. Kontrolliert die Polizei eine bestimmte Person und stellt sich heraus, dass

6 *Backes/Ransiek*, JuS 1989, 624 (628); *Paeffgen*, in: NK-StGB, 5. Aufl. 2017, § 113 Rn. 40.
7 *Weingarten*, in: KK-StPO, 9. Aufl. 2023, § 163b Rn. 3.
8 *Weingarten*, in: KK-StPO, 9. Aufl. 2023, § 163b Rn. 3.

sich diese unerlaubt im Bundesgebiet aufhält, kommen verschiedene Straftaten in Betracht, vgl. Verweis in § 12 BPolG auf die Straftatbestände im AufenthG, im PassG und im AsylverfahrensG. Die Beamten müssten folglich schon vor der Kontrolle einen Anfangsverdacht hinsichtlich einer der dort aufgeführten Straftaten haben. Für eine solche Annahme bietet der Sachverhalt aber keinerlei Anhaltspunkt.

Selbst wenn man die Maßnahme der Bundespolizei als mehrfunktional begreift, lag der Schwerpunkt polizeilichen Handelns auf einer präventiven Tätigkeit. Der Sachverhalt enthält keinerlei Hinweise, dass es den Beamten primär um die Verfolgung von Straftaten ging. Die Nähe zur deutsch-polnischen Grenze sowie die Formulierungen im Sachverhalt weisen darauf hin, dass es den Beamten um die Verhinderung der unerlaubten Einreise (vgl. § 14 AufenthG) von Personen ging bzw. um die Unterbindung des sich an die Einreise anschließenden unerlaubten Aufenthalts in der Bundesrepublik. Folglich diente die Maßnahme nicht der Verfolgung einer rechtswidrigen Tat, sondern zur Verhinderung der Begehung bzw. der Fortsetzung einer solchen. Zwar mögen im Falle der Feststellung eines unerlaubten Aufenthalts strafverfolgungsrechtliche Maßnahmen folgen. Dies ändert jedoch nichts an dem präventiven Charakter der vorliegenden Maßnahme.

Allerdings wird durch den hier erfolgten Begründungsaufwand deutlich, dass es den Bearbeitern nicht negativ angerechnet werden darf, wenn sie eine kurze Abgrenzung zu § 163b StPO vornehmen.

§ 22 Abs. 1a BPolG ermächtigt dazu, zur Verhinderung oder Unterbindung unerlaubter Einreise in das Bundesgebiet, in Zügen und auf dem Gebiet der Bahnanlagen der Eisenbahnen des Bundes, jede Person kurzzeitig anzuhalten, zu befragen, zu verlangen, dass mitgeführte Ausweis- oder Grenzübertrittspapiere zur Prüfung ausgehändigt werden sowie zur Inaugenscheinnahme mitgeführter Sachen, soweit auf Grund von Lageerkenntnissen oder grenzpolizeilicher Erfahrung anzunehmen ist, dass diese zur unerlaubten Einreise genutzt werden. Nach grenzpolizeilicher Erfahrung ist die Bahnstrecke Frankfurt (Oder) – Berlin Teil einer Route, die zur unerlaubten Einreise in das Bundesgebiet, insbesondere auch von Schleuserbanden, genutzt wird. Vor diesem Hintergrund befragten die Polizeibeamten den Fahrgast G im RE 1 nach dessen Reiseziel und verlangten die Aushändigung des Ausweises des G zur Überprüfung. § 22 Abs. 1a BPolG kommt somit als Ermächtigungsgrundlage im konkreten Fall in Betracht.

§ 23 Abs. 1 Nr. 3 BPolG ermöglicht eine anlass- und verdachtsunabhängige Identitätsfeststellung im Grenzgebiet bis zu einer Tiefe von 30 km zum Zwecke der Verhinderung und Unterbindung unerlaubter Einreise oder zur Verhütung von Straftaten i.S.d. § 12 Abs. 1 Nr. 1-4 BPolG.[9] Unter einer Identitätsfeststellung versteht man die Erhebung und Überprüfung derjenigen personenbezogenen Daten einer Person, die es ermöglichen, diese von anderen zu unterscheiden.[10] Die polizeiliche Ausweiskontrolle ist eine solche Methode zur Überprüfung personenbezogener Daten. Diese ist erfolgt, um eine unerlaubte Einreise des G festzustellen bzw. auszuschließen. Auch das räumliche Tatbestandskriterium wurde erfüllt. Die Kontrolle erfolgte noch im Bahnhof von Frankfurt (Oder) und damit in nächster Nähe zur deutsch-polnischen Grenze. Mithin kommt zusätzlich § 23 Abs. 1 Nr. 3 BPolG als Ermächtigungsgrundlage in Betracht.

9 *Wehr*, BPolG, 3. Onlineaufl., 2021, § 23 Rn. 5 f.
10 *Wehr*, BPolG, 3. Onlineaufl., 2021, § 23 Rn. 1.

Grundsätzlich regelt § 22 BPolG ein Befragungsrecht innerhalb der präventivpolizeilichen Aufgabenzuweisung der Bundespolizei. Gegenstand des § 22 BPolG ist ein zielgerichtetes Auskunftsverlangen, das sich auf bestimmte sach- oder personenbezogene Informationen bezieht. Ist eine Befragung nur auf die Feststellung der Identität der befragten Person gerichtet, bemisst sich ihre Zulässigkeit nach § 23 BPolG. Zwar beinhaltet § 22 BPolG als Begleiteingriff die Befugnis, den Adressaten der Maßnahme anzuhalten und zu verlangen, dass Ausweispapiere zur Prüfung ausgehändigt werden. Es wird jedoch auch im Rahmen von § 22 Abs. 1a BPolG hervorgehoben, dass die Feststellung der Identität nur der Zuordnung einer Information zu einer Person dienen dürfe. § 22 BPolG stelle keine generalklauselartige Befugnis für Datenerhebungen oder einen Auffangtatbestand für Identitätsfeststellungen dar.

Da § 22 Abs. 1a BPolG in den Gesetzesmaterialien aber als „Instrumentarium für die verdachtsunabhängige Identitätsfeststellung" bezeichnet wird, mit dem Erlass des § 22 Abs. 1a BPolG die Kontrollbefugnis der Bundespolizei bzw. des damaligen Bundesgrenzschutzes insgesamt erweitert werden sollte und auch die Verwaltungsgerichte § 22 Abs. 1a BPolG immer wieder (fälschlicherweise) als Rechtsgrundlage für eine Identitätsfeststellung bezeichnen, ist eine durchgehend klare Abgrenzung zu § 23 Abs. 1 Nr. 3 BPolG nicht erkennbar.

Insgesamt scheint es eine Schnittmenge von Sachverhalten zu geben, bei der beide Normen passen. Der vorliegende Sachverhalt ist so gestellt, dass beide Normen angewendet werden können, und zwar auch dann, wenn man in § 22 Abs. 1a BPolG kein Instrumentarium zur bloßen Identitätsfeststellung erblickt, sondern das Befragungsrecht für zentral erachtet.

Betrachtet man die einschlägige Rechtsprechung und Literatur zu diesem Thema, so tritt als Ermächtigungsgrundlage fast ausschließlich § 22 Abs. 1a BPolG in Erscheinung. Eventuelle Abgrenzungsschwierigkeiten werden nicht problematisiert.

Es genügt, wenn die Bearbeiter eine der beiden potenziellen Ermächtigungsgrundlagen finden und ihre Bearbeitung mit dieser fortsetzen. Sollten die Bearbeiter jedoch beide Normen erkennen und deutlich machen, dass auch beide einschlägig sein könnten, sollte dies besonders honoriert werden. Für die Übersichtlichkeit der Prüfung und um die vorgegebene Seitenzahl nicht wesentlich zu überschreiten, erscheint es aber erforderlich, dass sich die Bearbeiter letztlich für eine der beiden Normen entscheiden und nicht beide parallel prüfen. Erkennen die Bearbeiter, dass die Prüfung, egal für welche Vorschrift sie sich entscheiden, beinahe deckungsgleich verläuft,es für die Strafbarkeit des G keinen Unterschied macht, welche Norm sie anwenden und wird auf diese Rechtslage am Ende der Prüfung kurz hingewiesen, soll sich dies besonders positiv auf die Bewertung auswirken.

Zu klären sind nun die gesetzlichen Voraussetzungen der Vollstreckung der Grundverfügung. Beide Vorschriften beinhalten Handlungsbefugnisse zur Durchsetzung der Grundverfügung – § 22 Abs. 1a BPolG a.E. (Inaugenscheinnahme mitgeführter Sachen) und § 23 Abs. 3 S. 5 BPolG (Durchsuchung nach Gegenständen, die der Identitätsfeststellung dienen). Somit bedarf es keines Rückgriffs auf spezielles Vollstreckungsrecht. Folglich waren § 22 Abs. 1a BPolG a.E. und § 23 Abs. 3 S. 5 BPolG Rechtsgrundlagen für die Durchsetzung der Grundverfügung.

Eine rechtmäßige Inaugenscheinnahme liegt vor, wenn die Voraussetzungen des § 22 Abs. 1a BPolG vorliegen und die Inaugenscheinnahme zu dem in § 22 Abs. 1a BPolG beschriebenen Zweck erfolgt.

Eine rechtmäßige Durchsuchung nach § 23 Abs. 3 S. 5 BPolG ist gegeben, wenn die allgemeinen Voraussetzungen für die Identitätsfeststellung nach § 23 Abs. 1 Nr. 3 BPolG vorliegen und die Identitätsfeststellung anders nicht oder nur unter erheblichen Schwierigkeiten festgestellt werden kann, § 23 Abs. 3 S. 4 BPolG.

Bei den polizeilichen Spezialbefugnissen ist strittig, wieweit diese reichen bzw. wo sie enden. Auch ist das Abgrenzungsverhältnis zu dem eigens geregelten Zwangsverfahren umstritten. Nach überzeugender Ansicht ist wie folgt zu differenzieren. Die Spezialbefugnisse geben die Befugnis zu unmittelbarem Zwang, d.h. zum körperlichen Einwirken auf Personen oder Sachen nur insoweit, als bei Personen kein Widerstand gebrochen und bei Sachen nicht die Funktionsfähigkeit zerstört wird. Verlangt die Maßnahme die Überschreitung dieser Grenze, muss sie nach den Regeln des Zwangsverfahrens erfolgen. Vorliegend musste P weder körperlichen Widerstand des G brechen noch beabsichtigte er die Zerstörung der Funktionsfähigkeit der Sachen des G. Die Rechtmäßigkeit der Maßnahme richtet sich also nicht nach den Regeln des Zwangsverfahrens.

Eine derart genaue Herausarbeitung des Prüfungsprogramms im Rahmen der Prüfung der Rechtmäßigkeit der Maßnahme nach dem vollstreckungsrechtlichen Rechtmäßigkeitsbegriff, kann von den Bearbeitern nicht verlangt werden. Es bleibt, trotz des öffentlich-rechtlichen Schwerpunkts im ersten Teil, eine strafrechtliche Hausarbeit. Insbesondere die Auseinandersetzung mit der Frage der Anwendung der Vorschriften über das Zwangsverfahren nach §§ 6 ff. VwVG wird nicht vorausgesetzt, soll sich aber bei einer brauchbaren Ausführung auf die Bewertung der Arbeit positiv auswirken.

Erwartet wird, dass die Bearbeiter zwischen der Grundverfügung und der Durchsetzung durch Inaugenscheinnahme bzw. Durchsuchung unterscheiden und feststellen, dass die Durchsetzung nur rechtmäßig sein kann, wenn auch die Grundverfügung rechtmäßig war. Diesen Schluss sollten die Bearbeiter aber bereits aus einer genauen Lektüre der §§ 22, 23 BPolG ziehen können.

Im vorliegenden Fall griff P nach dem Beutel des G, um in diesem nach Ausweispapieren des G zu schauen. Fraglich ist, ob dieses Verhalten noch eine Inaugenscheinnahme nach § 22 Abs. 1a BPolG darstellt oder ob es sich dabei nur um eine Durchsuchung gemäß § 23 Abs. 3 S. 5 BPolG handeln kann. Ausgangspunkt der Überlegung ist, dass die Inaugenscheinnahme mitgeführter Sachen (schon sprachlich) ein Minus gegenüber der Durchsuchung von Sachen ist. Dies ergibt sich auch aus der Beschlussempfehlung des Innenausschusses zu § 22 Abs. 1a BPolG (a.F. § 22 Abs. 1a Bundesgrenzschutzgesetz), in der es heißt, dass Maßnahmen, die über die des Katalogs in § 22 Abs. 1a BPolG hinausgehen, wie etwa eine Durchsuchung, erst dann legitim seien, wenn konkrete Verdachtsmomente dies rechtfertigen würden.[11] Dies spiegelt sich auch in der Systematik des BPolG wider. Die Durchsuchung zum Zwecke der Identitätsfeststellung in § 23 Abs. 3 S. 5 BPolG setzt grundsätzlich das Bestehen einer Gefahr voraus. Ausnahmen bilden die Tatbestände des § 23 Abs. 1 Nr. 2 und Nr. 3 BPolG, denen aber als einschränkendes Kriterium die Grenzbezogenheit zugrunde liegt. Folglich würde ein weites Verständnis des Begriffes der Inaugenscheinnahme zu einer nicht gerechtfertigten Annäherung an die Durchsuchung und damit zur Umgehung der strengeren Voraussetzungen führen.

Die Abgrenzung stellt sich aber als schwierig dar. Die Inaugenscheinnahme soll auch das Recht zur Öffnung verschlossener Behältnisse umfassen.[12] Dies stellt häufig gleich-

11 BT-Drs. 13/11159, S. 6.
12 *Wehr*, BPolG, 3. Onlineaufl., 2021, § 22 Rn. 7.

zeitig den ersten Schritt einer Durchsuchung dar. Insgesamt ist eine Durchsuchung umfangreicher und aufwändiger, da auch das Abtasten von Personen oder Gegenständen sowie das Einwirken auf andere Gegenstände, die nicht Ziel der Suche sind, etwa durch Beiseiteschieben oder Anheben, davon erfasst sind. Bei einer Inaugenscheinnahme hingegen ist eine zielgerichtete Suche nicht notwendig, da der jeweilige Gegenstand bereits im Fokus liegt. Die Inaugenscheinnahme beschränkt sich dann auf die bloße Betrachtung einer Sache. Im vorliegenden Fall nahm der P den Beutel des G an sich, um in diesem nach Ausweispapieren zu schauen, d.h. er hatte diese noch nicht im Blick. Da es aber nicht zu einer Öffnung des Beutels durch P kam, kann nicht festgestellt werden, inwieweit eine Suche in dem Beutel erforderlich gewesen wäre. Insoweit kommt auch eine bloße Betrachtung des Inhalts des Beutels und damit dessen Inaugenscheinnahme in Betracht. Näherliegend erscheint bei lebensnaher Sachverhaltsanalyse aber eine Einordnung der Maßnahme als der Beginn einer Durchsuchung.

Selbstverständlich können die Bearbeiter auch § 22 Abs. 1a BPolG als einschlägige Rechtsgrundlage annehmen. Die umfangreichen Ausführungen zu beiden Ermächtigungsgrundlagen sollen lediglich darauf hindeuten, dass lösungstechnisch vieles möglich ist.

c) Prüfung der Rechtmäßigkeit der Maßnahme

aa) Rechtsgrundlage

12 Als Rechtsgrundlage der Maßnahme kommt § 23 Abs. 1 Nr. 1 i.V.m. § 23 Abs. 3 S. 5 BPolG in Betracht.

Schon die verfassungs- bzw. europarechtliche Zulässigkeit polizeilicher Befugnisnormen wie § 22 Abs. 1a und § 23 Abs. 1 Nr. 3 BPolG ist umstritten.

Aus europarechtlicher Sicht ist seit der Entscheidung des EuGH vom 22. Juni 2010 die Vereinbarkeit solcher Vorschriften mit Art. 67 Abs. 2 AEUV sowie Art. 20 und 21 des Schengener Grenzkodex fraglich. Dies folgt daraus, dass derartige Regelungen nicht den vom EuGH geforderten Rahmen vorgeben, der gewährleistet, dass die tatsächliche Ausübung derartiger Befugnisse nicht die gleiche Wirkung wie Grenzübertrittskontrollen haben.

In verfassungsrechtlicher Hinsicht wird eine Unvereinbarkeit des § 22 Abs. 1a BPolG mit dem Recht auf informationelle Selbstbestimmung aus Art. 2 Abs. 1 i.V.m. Art. 1 Abs. 1 GG vertreten. Zum einen wird den Tatbestandsmerkmalen „Lageerkenntnisse" und „grenzpolizeiliche Erfahrung" ein Verstoß gegen das Gebot der Normenklarheit und den verfassungsrechtlichen Bestimmtheitsgrundsatz attestiert. Zum anderen verstoße die Vorschrift gegen den Grundsatz der Verhältnismäßigkeit, da sie aufgrund ihrer Eigenschaft als verdachtsunabhängige Kontrollmöglichkeit einen Eingriff von erheblichem Gewicht darstelle und der mit ihrem verfolgten Zweck, die Begrenzung irregulärer Einwanderung, zu diesem Eingriff in keinem angemessenen Verhältnis stehe.

Des Weiteren wird ein Verstoß verdachtsunabhängiger Kontrollen zur Verhinderung oder Unterbindung unerlaubter Einreise gegen das Verbot rassistischer Diskriminierung nach Art. 3 Abs. 3 GG angenommen. § 22 Abs. 1a BPolG sei schon aufgrund seiner Struktur darauf angelegt, dass die Bundespolizei anhand von Pauschalverdächtigungen selektive und damit rassistische Personenkontrollen vornehme. Es könne in der Realität im Wesentlichen nur um äußerliche Merkmale gehen, wenn die Auswahl allein durch Inaugenscheinnahme geschehen kann und soll. Das Gesetz suggeriere folglich, dass sich der Aufenthaltsstatus von Menschen auf der

Grundlage von phänotypischen Merkmalen festmachen ließe. Dieselbe Argumentation lässt sich auch gegen § 23 Abs. 1 Nr. 3 BPolG anbringen. Gegen einen solchen Verstoß gegen Art. 3 Abs. 3 GG lässt sich der eindeutige Wortlaut der Vorschriften anführen. Er spricht von „jeder Person" bzw. „einer Person", die kontrolliert werden kann. Dass aus dem defizitären Vollzug eines Gesetzes nicht ohne weiteres auf dessen Verfassungswidrigkeit geschlossen werden darf, hat vor kurzem erst das BVerfG betont.

Gegen die Annahme eines Verstoßes gegen Art. 2 Abs. 1 i.V.m. Art. 1 Abs. 1 GG lässt sich u.a. einwenden, dass der Eingriff in das Persönlichkeitsrecht durch die Aufforderung sich auszuweisen denkbar gering ist und es demzufolge auch hinnehmbar ist, dass die Eingriffsschwelle niedrig angesetzt wird.

Diskutieren die Bearbeiter die Frage der Verfassungsmäßigkeit nicht, ist dies nicht zu beanstanden. Der Sachverhalt enthält keinerlei Andeutungen, dass bereits die potenziellen Ermächtigungsgrundlagen selbst verfassungswidrig sind. Folglich ist auch ein eher defensiver Umgang der Bearbeiter mit dieser Frage zu erwarten.

Nichtsdestotrotz scheint die Verfassungswidrigkeit bzw. die Unanwendbarkeit der Vorschrif-t(en) aufgrund der Unvereinbarkeit mit Europarecht mit entsprechender Begründung vertretbar und stellt demzufolge einen alternativen Lösungsansatz dar. Folgt man diesem, so müsste die Kontrolle nach § 22 Abs. 1a BPolG schon an dieser Stelle nach der vollstreckungsrechtlichen Theorie als rechtswidrig eingestuft werden. Zwar sind auch rechtswidrige Verwaltungsakte nach h.M. vollstreckbar, was für eine Fortsetzung der Prüfung sprechen würde. Diese Erkenntnis führt hier aber nicht weiter, was an der bereits oben beschriebenen Struktur der potenziellen Ermächtigungsgrundlagen (§§ 22, 23 BPolG) liegt. Die kurze Abfolge, in der von einer Spezialbefugnis (Kontrolle nach § 22 Abs. 1a BPolG/Identitätsfeststellung nach § 23 Abs. 1 Nr. 3 BPolG) Gebrauch gemacht und sie anschließend mittels einer anderen Spezialbefugnis (Inaugenscheinnahme/Durchsuchung) durchgesetzt wird, ähnelt der Situation beim gekürzten Zwangsverfahren, bei dem ebenfalls eine rechtmäßig ergangene oder fiktive Grundverfügung vorausgesetzt wird. Folglich kommt es im vorliegenden Fall sehr wohl auf die Rechtmäßigkeit der Grundverfügung an. Die Vorschriften des Verwaltungsvollstreckungsrechts finden gerade keine Anwendung.

bb) Formelle Rechtmäßigkeit

Die sachliche Zuständigkeit der Bundespolizei ergibt sich aus § 2 Abs. 2 S. 1 Nr. 3 **13**
BPolG. Hinsichtlich der Voraussetzung eines rechtmäßigen Verfahrens, entspricht es dem Grundsatz der Verhältnismäßigkeit (§ 15 BPolG), dass vor der Durchsetzung einer Maßnahme, dem Betroffenen Gelegenheit gegeben werden muss, zu reagieren. P wies G darauf hin, dass er sich den Beutel notfalls selbst nehmen würde. Verfahrens- und Formfehler sind folglich nicht ersichtlich, da der Zug im grenzüberschreitenden Verkehr eingesetzt wird.

cc) Materielle Rechtmäßigkeit

Die Tatbestandsvoraussetzungen des § 23 Abs. 1 Nr. 3 BPolG liegen vor (s.o.). Da sich G **14**
weigerte, seine Ausweispapiere vorzuzeigen, konnte seine Identität auch nicht auf andere Weise als durch die Durchsuchung seiner Sachen und eventuell seiner Person, festgestellt werden, vgl. § 23 Abs. 3 S. 4, 5 BPolG.

Nach § 16 BPolG trifft die Bundespolizei ihre Maßnahmen nach pflichtgemäßem Ermessen. Den Maßstab der Pflichtgemäßheit stellt § 40 VwVfG auf. Diese Vorschrift findet deshalb Anwendung, weil die Kontrollmaßnahme des § 23 Abs. 1 Nr. 3 i.V.m. § 23 Abs. 3 S. 5 BPolG Verwaltungsaktqualität im Sinne von § 35 VwVfG hat und § 40 VwVfG neben Anderem das ausweislich der amtlichen Überschrift im Teil III, Abschnitt 1 VwVfG so bezeichnete „Zustandekommen des Verwaltungsaktes" determiniert. Danach muss eine zur Ermessensausübung berechtigte Behörde ihr Ermessen entsprechend dem Zweck der Ermächtigung ausüben und die gesetzlichen Grenzen des Ermessens einhalten.

Die gesetzlichen Grenzen des Ermessens sind verletzt, soweit sich die Entscheidung über die Durchführung einer Identitätsfeststellung (oder Kontrolle nach § 22 Abs. 1a BPolG) allein auf die Hautfarbe des polizeilichen Gegenübers stützt und dadurch der Gleichheitssatz des Art. 3 Abs. 3 GG, der gegenüber der grundrechtlich garantierten Menschenwürde spezieller ist, verletzt wird.[13] Mit Blick auf das in Art. 3 Abs. 3 GG normierte Merkmal der Rasse – die Zugehörigkeit zu einer Gruppe mit realen oder vermeintlichen vererbbaren Merkmalen[14] – liegt eine Ungleichbehandlung derjenigen Menschen vor, die allein wegen ihrer Hautfarbe kontrolliert werden. Zwar erwähnt Art. 3 Abs. 3 GG die Hautfarbe nicht explizit als spezielles Diskriminierungskriterium, es ist jedoch unbestritten, dass die Hautfarbe durch das Differenzierungsmerkmal der „Rasse" erfasst wird.[15] Vorliegend kontrollierten die Bundespolizisten den G als einzige Person in seinem Waggon allein aufgrund seiner „dunklen Hautfarbe" und seiner „ausländischen Gesichtszüge". Folglich bestand die Ungleichbehandlung des G darin, dass dieser als Schwarzer mit Blick auf die Unterbindung unerlaubter Einreise anders behandelt wurde als Menschen mit weißer Hautfarbe, die von den Beamten gar nicht kontrolliert wurden. Dieser Ungleichbehandlung lagen auch wesentlich gleiche Sachverhalte zugrunde, da G, genauso wie auch alle anderen Personen im Zug, ein Fahrgast des RE 1 in unmittelbarer Grenznähe war.

Eine Ungleichbehandlung stellt allerdings nur dann eine verbotene Diskriminierung dar, wenn sie nicht gerechtfertigt ist. Die Frage, inwieweit das Anknüpfen an die Hautfarbe als besonderes Anknüpfungsmerkmal des Art. 3 Abs. 3 GG überhaupt gerechtfertigt werden kann,[16] kann hier letztlich dahinstehen, da eine Ungleichbehandlung aufgrund der Hautfarbe jedenfalls dann in eine verbotene Diskriminierung umschlägt, wenn sie ungerechtfertigt ist.[17] Dies ist auch dann der Fall, wenn sie der Verfolgung eines legitimen Zwecks dient, hier der Verfolgung von unerlaubten Einreisen in das Bundesgebiet und damit übergeordnet, der Sicherung der Integrationsfähigkeit sowie wirtschaftlicher und arbeitsmarktpolitischer Interessen[18] und dazu auch geeignet ist. Nach der sog. Neuen Formel des BVerfG ist bei der Prüfung des Art. 3 GG eine strenge Verhältnismäßigkeitsprüfung insbesondere dann vorzunehmen, wenn Personengruppen und nicht nur Sachverhalte unterschiedlich behandelt werden.[19] Vorliegend geht es folglich um eine Abwä-

---

13 *Wagner*, DÖV 2013, 113 (115).

14 *Kischel*, in: BeckOK-GG, Stand: 15.11.2022, Art. 3 Rn. 223.

15 *Jarass/Pieroth*, GG, 17. Aufl. 2022, Art. 3 Rn. 140.

16 *Kischel*, in: BeckOK-GG, Stand: 15.11.20225, Art. 3 Rn. 214.1.

17 Vgl. *Drohla*, ZAR 2012, 411 (415).

18 *Drohla*, ZAR 2012, 411 (415).

19 BVerfGE 75, 348 (357).

gung der sich gegenüberstehenden Rechtsgüter, sprich, die hinter der Verfolgung von verboten Einreisenden stehenden Rechtsgüter gegen den sozialen Achtungsanspruch des Betroffenen, frei von Diskriminierung und Stigmatisierung zu sein.[20]

Dass die Sicherung der staatlichen Interessen an der Verhinderung und Unterbindung unerlaubter Einreise legitim sind, steht außer Frage. Zu berücksichtigen ist bei der Gewichtung der oben beschriebenen Güter auch, dass der Gesetzgeber mit der strafrechtlichen Bewehrung der unerlaubten Einreise in § 95 Abs. 1 Nr. 3 i.V.m. § 14 Abs. 1 Nr. 1, 2 AufenthG dem Schutz dieser Güter ein erhöhtes Gewicht verliehen hat.[21] Hinzu kommt, dass man es grundsätzlich nur schwer verneinen kann, dass die Wahrscheinlichkeit unter den Personen „mit ausländischen Gesichtszügen" und „dunkler Hautfarbe" tatsächlich eine Person zu finden, die sich ohne Aufenthaltstitel oder Duldung in Deutschland aufhält, potentiell größer ist als unter „phänotypisch Deutschen".[22]

Nicht jede polizeiliche Maßnahme, die im Einzelfall sinnvoll erscheinen mag, ist aber auch zulässig. Die selektive Kontrolle von Personen am Maßstab der Hautfarbe stellt diese unter den Pauschalverdacht der Begehung einer Straftat.[23] Mit dem Anknüpfen einer belastenden hoheitlichen Maßnahme an ein unveränderliches Merkmal, wird der persönliche Achtungsanspruch Betroffener negiert.[24] Diese potenzielle Gefährdung für die Menschenwürde hat den Verfassungsgeber dazu veranlasst, in Art. 3 Abs. 3 GG das Verbot der Anknüpfung an ein unveränderliches Merkmal besonders hervorzuheben. Hinzu kommt, dass ein Vorgehen wie im vorliegenden Fall nicht nur Konsequenzen für den Rechtskreis des Einzelnen hat und dessen Würde beeinträchtigt, es trägt auch zur Verbreitung xenophober Einstellungen in der allgemeinen Öffentlichkeit bei[25] und ist aus diesem Grund vorliegend nicht zu rechtfertigen. Dies ist auch deshalb der Fall, weil die Effektivität der Kontrollen auf andere Weise und trotz des Verbots der Anknüpfung an physiognomische Merkmale erreicht werden kann. Jenseits der von der Person abstrakten Auswahlkriterien (Grenznähe bzw. „Lageerkenntnisse" und „grenzpolizeiliche Erfahrung") kann eine Auswahl der zu kontrollierenden Personen an bestimmten Verhaltensauffälligkeiten ausgerichtet werden. Dieser Weg führt zwar weg von der sogenannten verdachtsunabhängigen Kontrolle, die durch die §§ 23 Abs. 1 Nr. 3 und 22 Abs. 1a BPolG grundsätzlich gedeckt ist, hin zu einer verdachtsbasierten Kontrolle. Dieser Weg ist aber der Einzige, der verfassungsmäßig erscheint und gleichzeitig praxistauglich ist. Denn die Kontrolle „jeder Person" wird aus Kapazitätsgründen nicht machbar sein. Die Polizei ist daher dazu gezwungen, selektiv vorzugehen und das Verhalten einer Person zum Anlass ihrer Kontrolle zu nehmen. Im konkreten Fall liegt mithin ein Ermessensfehler in Form der Ermessensüberschreitung vor.

In dem Verhalten der Beamten könnte des Weiteren ein Ermessensfehlgebrauch zu sehen sein. Ein solcher kann beispielsweise dann angenommen werden, wenn eine Norm nicht ihrem Sinn und Zweck nach, sondern falsch angewandt worden ist.[26] Sinn und

20 *Drohla*, ZAR 2012, 411 (415).
21 *Drohla*, ZAR 2012, 411 (415).
22 *Drohla*, ZAR 2012, 411 (415).
23 *Cremer*, Grund- und menschenrechtliche Bewertung von § 22 Abs. 1 BPolG, 29.
24 *Cremer*, Grund- und menschenrechtliche Bewertung von § 22 Abs. 1 BPolG, 29.
25 *Cremer*, Grund- und menschenrechtliche Bewertung von § 22 Abs. 1 BPolG, 30.
26 *Wolff*, in: Sodan/Ziekow-VwGO, 5. Aufl. 2018, § 114 Rn. 162.

Zweck des § 23 Abs. 1 Nr. 3 BPolG ist es, ausweislich des Wortlautes der Vorschrift, die unerlaubte Einreise in das Bundesgebiet zu verhindern bzw. zu unterbinden. Indem die Polizisten aber aufgrund willkürlicher Verdachtserwägungen ausschließlich Menschen dunkler Hautfarbe kontrollieren wollten und diese Herangehensweise dazu führte, dass sie G kontrollierten, obwohl dessen Verhaltensweise überhaupt nicht auf eine unerlaubte Einreise hindeutete, schien die Erreichung des Zwecks der Kontrolle durch die Beamten nicht mehr garantiert, sondern einer bloß willkürlichen Kontrolle aus diskriminierenden und rassistischen Motiven gewichen zu sein. Mithin ist auch ein Ermessensfehlgebrauch zu bejahen.

d) Zwischenergebnis

15 Die Identitätsfeststellung nach § 23 Abs. 1 Nr. 3 BPolG ist ermessensfehlerhaft und damit materiell rechtswidrig. Dies gilt folglich auch für die Ansichnahme des Beutels zum Zwecke der Durchsuchung, um die Identitätsfeststellung zu ermöglichen. Nach dem vollstreckungsrechtlichen Rechtmäßigkeitsbegriff ist die Maßnahme damit rechtswidrig.

2. Strafrechtlicher Rechtmäßigkeitsbegriff

16 Nach dem strafrechtlichen Rechtmäßigkeitsbegriff hängt die Rechtmäßigkeit der Maßnahme von drei Kriterien ab. Eine Diensthandlung ist dann rechtmäßig, wenn die sachliche und örtliche Zuständigkeit gegeben ist, die wesentlichen Förmlichkeiten eingehalten werden und eine pflichtgemäße Ermessensausübung vorliegt.[27]

Das Vorliegen der sachlichen und örtlichen Zuständigkeit sowie das Einhalten der wesentlichen Förmlichkeiten kann unter Hinweis auf die Ausführungen zum vollstreckungsrechtlichen Rechtmäßigkeitsbegriff bejaht werden.

Problematisch ist der Gesichtspunkt der pflichtgemäßen Ermessensausübung, der nicht dem verwaltungsrechtlichen Gebrauch entspricht.[28] Sicher ist aber, dass jedenfalls keine Willkür oder grobes Verschulden der Beamten bezüglich der Beurteilung der Rechtmäßigkeit vorliegen darf.[29] Die bei der Prüfung der Rechtmäßigkeit der Diensthandlung nach dem vollstreckungsrechtlichen Rechtmäßigkeitsbegriff angestellten Erwägungen greifen auch hier. Indem die Beamten unter Ausblendung aller verhaltensbasierender Anhaltspunkte eine Kontrolle allein aufgrund der Hautfarbe vornahmen und dies aus xenophoben Motiven heraus geschah („alle mit dunkler Hautfarbe sind pauschal verdächtig"), was aus der Absolutheit ihrer Maxime geschlossen werden kann, handelten sie willkürlich und in einer gegen Art. 3 Abs. 3 GG verstoßenden Weise.

Mithin ist die Diensthandlung auch auf Grundlage des strafrechtlichen Rechtmäßigkeitsbegriffs „nicht rechtmäßig", vgl. § 113 Abs. 3 StGB.

---

27 BGH NJW 2015, 3109 (3111) mit Anm. *Fickenscher*; *Paeffgen*, in: NK-StGB, 5. Aufl. 2017, § 113 Rn. 35; *Bosch*, Jura 2011, 268 (273).
28 *Backes/Ransiek*, JuS 1989, 624 (627).
29 *Backes/Ransiek*, JuS 1989, 624 (627).

3. Wirksamkeits-Lehre

Nach der sog. Wirksamkeits-Lehre ist allein die verwaltungsrechtliche Wirksamkeit der durchzusetzenden Grundverfügung maßgebend, die regelmäßig bei nichtigen (vgl. §§ 43 Abs. 3, 44 VwVfG) Verwaltungsakten entfällt.[30] Da ein Nichtigkeitsgrund nach § 44 Abs. 2 VwVfG vorliegend offensichtlich nicht in Betracht kommt, richtet sich die Frage der Wirksamkeit der Grundverfügung nach § 44 Abs. 1 VwVfG. Danach ist ein Verwaltungsakt nichtig und folglich unwirksam, der an einem besonders schwerwiegenden Fehler leidet und dieser Fehler bei verständiger Würdigung aller Umstände offensichtlich ist. **17**

Fraglich ist, ob der beabsichtigten Identitätsfeststellung des G ein besonders schwerer Fehler anhaftet. Dann müsste der dem Verwaltungsakt, d.h. der Identitätsfeststellung anhaftende Fehler diese schlechterdings unerträglich, d.h. mit tragenden Verfassungsprinzipien oder der Rechtsordnung immanenten wesentlichen Wertvorstellungen unvereinbar erscheinen lassen.[31] Der Verstoß gegen eine wichtige Rechtsbestimmung allein, selbst eine Verfassungsbestimmung wie Grundrechte, soll noch nicht zur Nichtigkeit führen.[32] Nichtig sein dürften aber ohne Rücksicht auf die gesetzlichen Anforderungen getroffene Willkürmaßnahmen.[33] Zu den gesetzlichen Anforderungen zählt es gem. § 16 BPolG auch, die polizeilichen Maßnahmen nach pflichtgemäßem Ermessen zu treffen. Dies haben die Beamten im vorliegenden Fall offensichtlich nicht getan. Vielmehr stellten sie eigene Maßstäbe auf, an denen sie ihre Kontrollen ausrichten wollten. Sie hielten Menschen mit „dunkler Hautfarbe" für „pauschal verdächtig" und erachteten diese physiognomische Eigenschaft als ihr alleiniges Auswahlkriterium für die Kontrolle. Mit dieser Vorgehensweise richteten sie sich aber eigenmächtig gegen den allgemein zu berücksichtigenden Ermessensparameter in Form des grundgesetzlich verbrieften Diskriminierungsverbots des Art. 3 Abs. 3 GG. Folglich lässt sich ein willkürliches Vorgehen der Beamten, wie oben bereits geschehen, durchaus bejahen. Gegen eine Qualifizierung der Identitätsfeststellung als „unerträglich" könnte sprechen, dass die beabsichtigte Maßnahme nur einen relativ geringen Eingriff in die Freiheitssphäre des G bedeutet hätte, d.h. er eine Feststellung seiner Identität problemlos und schnell hätte ermöglichen können. Bejaht man aber das Vorliegen eines schwerwiegenden Fehlers, müsste dieser zudem auch offensichtlich sein.

Die Feststellung, ob Umstände gegeben sind, die einen derartig qualifizierten Fehler begründen können, fällt nicht leicht. Aufgrund des hohen Maßes an Unbestimmtheit der Norm, können die Bearbeiter natürlich beide Ansichten vertreten und § 44 Abs. 1 VwVfG als einschlägig erachten oder nicht. Halten die Bearbeiter den VA für nichtig, dürfen die Ausführungen im Rahmen des vollstreckungsrechtlichen Rechtmäßigkeitsbegriffs dieser Annahme nicht widersprechen. Ein nichtiger VA ist unwirksam (§ 43 Abs. 3 VwVfG) und kann schon deshalb nicht nach § 23 Abs. 3 S. 5 BPolG durchgesetzt bzw. „vollstreckt" werden. Auf die Rechtmäßigkeit kommt es dann nicht mehr an.

---

30 *Bosch*, Jura 2011, 268 (273).
31 BVerwG NVwZ 1998, 1061 (1061).
32 *Sachs*, in: Stelkens/Bonk/Sachs-VwVfG, 10. Aufl. 2023, § 44 Rn. 103.
33 *Sachs*, in: Stelkens/Bonk/Sachs-VwVfG, 10. Aufl. 2023, § 44 Rn. 106.

Lösungstaktisch betrachtet, ist es egal, welchen Weg die Bearbeiter gehen. Mit der Vereinbarkeit der Identitätsfeststellung mit Art. 3 Abs. 3 GG müssen sie sich in beiden Fällen befassen, egal ob sie den VA für nichtig oder bloß für rechtswidrig halten.

Kommen die Bearbeiter zu dem Ergebnis, dass der VA nichtig ist, ist ein Streitentscheid über die verschiedenen Ansätze zur Ausgestaltung des Rechtmäßigkeitsbegriffs des § 113 Abs. 3 StGB entbehrlich, da die Diensthandlung nach allen drei Ansichten rechtswidrig wäre. Halten die Bearbeiter die Diensthandlung aber nach der Wirksamkeits-Lehre für rechtmäßig, muss ein Streitentscheid zwischen dieser und den beiden anderen Theorien erfolgen. Die Wirksamkeits-Lehre wird jedoch zurecht kritisiert und wird heute so gut wie nicht mehr vertreten, sodass von Bearbeitern, die der Wirksamkeits-Lehre folgen und folglich auch zu einer Strafbarkeit des G nach § 113 Abs. 3 StGB kommen, ein besonders hoher Begründungsaufwand und vor allem eine schlüssige Argumentation erwartet wird.

Ratio der Wirksamkeits-Lehre ist es, einen dem Prinzip der Einheit der Rechtsordnung zuwiderlaufenden Norm- oder Wertungswiderspruch zu vermeiden. Dieser soll darin bestehen, dass sich die öffentlich-rechtliche Pflicht des Bürgers, die Vollstreckung rechtswidriger Hoheitsakte zu dulden, und dessen Recht, Widerstand zu leisten, auseinanderbewegen. Notwehr könne deshalb nur gegen den Vollzug unwirksamer Verwaltungsakte ausgeübt werden. Gegen die Wirksamkeits-Lehre spricht, dass sie von einer verwaltungsrechtlich falschen Prämisse ausgeht. Nicht aus der Wirksamkeit an sich folgt eine Duldungspflicht des Bürgers, sondern aus der Rechtmäßigkeit der Durchsetzung bzw. der Vollstreckung. Und das setzt voraus, dass Verwaltungsakte nicht nur wirksam sind, sondern dass die Vollstreckungsvoraussetzungen eingehalten wurden. Des Weiteren wird angeführt, dass diese Ansicht schon mit dem Wortlaut der Vorschrift des § 113 Abs. 3 StGB schwer zu vereinbaren sei, es ginge eben um die Rechtmäßigkeit von Diensthandlungen und nicht um die Wirksamkeit. Hinzu kommen Bedenken, dass die Auffassung die Position des Bürgers ungerechtfertigt stark eingrenze und einer solchen Auslegung auch die Gesetzgebungsgeschichte widerspreche.

IV. Ergebnis

18 Im Ergebnis ist die Rechtmäßigkeit der Maßnahme wohl abzulehnen und die Strafbarkeit des G nach § 113 Abs. 1 StGB damit zu verneinen.

B. Strafbarkeit des G gemäß § 240 Abs. 1 StGB zu Lasten des P

19 Indem G dem P den Jutebeutel aus dessen festem Griff entriss, könnte er sich der Nötigung gemäß § 240 Abs. 1 StGB strafbar gemacht haben.

I. Objektiver Tatbestand

1. Nötigungsmittel

20 Als Nötigungsmittel kommt vorliegend die Ausübung von Gewalt in Betracht. Unter Gewalt versteht man gemeinhin jede Kraftentfaltung zur Beseitigung eines wirklichen oder vermuteten Widerstands, die vom Opfer als körperlicher Zwang empfunden wird.[34] Im heftigen Entreißen des Beutels aus dem festen Griff des P ist unproblematisch eine Ausübung von Gewalt zu erblicken.

---

34 *Heger*, in: Lackner/Kühl/Heger, StGB, 30. Aufl. 2023, § 240 Rn. 5.

2. Nötigungserfolg

Der Nötigungserfolg liegt in der Duldung der Ansichnahme des Beutels. **21**

II. Subjektiver Tatbestand

G handelte vorsätzlich. **22**

III. Rechtswidrigkeit

G müsste auch rechtswidrig gehandelt haben. **23**

1. Allgemeiner Rechtfertigungsgrund

In Betracht kommt der Rechtfertigungsgrund der Notwehr gem. § 32 StGB. **24**

a) Notwehrlage

Dann müsste zunächst ein gegenwärtiger rechtswidriger Angriff vorliegen. Der Rechtswidrigkeitsbegriff des § 32 Abs. 2 StGB kann nicht losgelöst vom Rechtmäßigkeitsbegriff in § 113 Abs. 3 StGB betrachtet werden. Eine nicht rechtmäßige Diensthandlung im Sinne des § 113 Abs. 3 S. 1 StGB ist zugleich ein rechtswidriger Angriff im Sinne des § 32 StGB.[35] Wie oben bereits festgestellt, ist in der Identitätsfeststellung bzw. in der Ansichnahme des Beutels durch P zum Zwecke der Durchsuchung und der Ermöglichung der Identitätsfeststellung eine nicht rechtmäßige Diensthandlung im Sinne des § 113 Abs. 3 StGB zu erblicken. Folglich liegt auch ein rechtswidriger Angriff zu Lasten des G vor. Dieser ist auch gegenwärtig, da er gerade stattfand bzw. noch andauerte. **25**

b) Notwehrhandlung

aa) Erforderlichkeit

Die Handlung des G müsste erforderlich gewesen sein, um den Angriff des P abzuwenden, § 32 Abs. 2 StGB. Erforderlich ist nach h.M. die Verteidigung, die für eine sofortige Beendigung des Angriffs geeignet ist und zugleich das Mildeste zur Verfügung stehende Mittel darstellt.[36] **26**

Fraglich ist bereits, ob das Entreißen des Beutels aus der Hand des Polizisten aus einer ex-ante-Sicht überhaupt geeignet war, den Angriff, d.h. die Identitätsfeststellung, durch die Bundespolizei abzuwehren. So könnte man annehmen, dass keine Aussicht für G bestand, durch das Entreißen des Beutels die Identitätsfeststellung wirklich abwehren zu können. Vielmehr erscheint es naheliegend, dass die Polizisten weitere Maßnahmen zu deren Durchsetzung, etwa die Verbringung des G zur Dienststelle (§ 23 Abs. 3 S. 4 BPolG), unternommen hätten. Die Annahme bzw. Ablehnung der Erforderlichkeit hängt auch davon ab, inwieweit man für die Erforderlichkeit prinzipiell eine Eignung voraussetzt oder ob Notwehrrechte für denjenigen ausscheiden oder eingeschränkt sind, der sich in einer aussichtslosen Lage befindet, in der Gegenwehr zwecklos ist.[37] Die grundsätzliche Versagung eines Notwehrrechts in derartigen Fällen erscheint kaum tragbar.

35 OLG Hamm, Beschl. v. 3.5.2009 – 3 Ss 180/09; *Rönnau/Hohn*, in: LK-StGB, 13. Aufl. 2019, § 32 Rn. 117.
36 *Momsen/Savic*, in: BeckOK-StGB, Stand: 1.11.2022, § 32 Rn. 27.
37 Vgl. zu diesem Streit ausführlich *Erb*, in: MüKo-StGB, 4. Aufl. 2020, § 32 Rn. 150-157.

Dies sieht auch die h.M. so, die zwar grundsätzlich am Geeignetheitskriterium festhält, aber um dessen Reduktion bemüht ist.[38] So soll nicht nur die Möglichkeit einer Abschwächung des Angriffs genügen, sondern bereits diejenige seiner Verzögerung oder sogar der Umstand, dass dem Angreifer die Erreichung seines Ziels in irgendeiner Weise erschwert wird oder erschwert werden könnte.[39] Vorliegend wurde die Identitätsfeststellung durch die Ansichnahme des Beutels durch G zumindest vorübergehend verzögert und auch erschwert, da die Polizisten zu diesem Zeitpunkt umfangreichere Maßnahmen zur Feststellung der Identität des G hätten ergreifen müssen. Nach den Kriterien der h.M. wäre die Eignung daher wohl zu bejahen.

Mildere Mittel waren nicht ersichtlich. Folglich war die Handlung des G erforderlich, um den Angriff des P abzuwenden.

Auch an dieser Stelle können die Bearbeiter vieles vertreten, solange sie ihren Lösungsweg nur nachvollziehbar darstellen.

So könnten die Bearbeiter über eine kritische Auseinandersetzung mit der Definition der Erforderlichkeit zu einer gut vertretbaren Ablehnung des Geeignetheitskriteriums gelangen.

Das weitere Verhalten der Polizisten beruht allein auf hypothetischen Erwägungen. Erst diese Erwägungen führen dazu, dass man bei einer engen Auslegung der Eignung, diese verneinen müsste. Es kann den Bearbeitern folglich nicht negativ angerechnet werden, wenn sie die Geeignetheit nicht großartig problematisieren, sondern stattdessen feststellen, dass die Abwehrhandlung des G zumindest dazu geeignet war, die konkrete und gerade stattfindende Maßnahme, die Ansichnahme des Beutels durch P zum Zwecke der Identitätsfeststellung, abzuwehren und (mögliche) weitere Maßnahmen der Polizisten gar nicht berücksichtigen.

Natürlich kann man mit guter Begründung auch Eignung und Erforderlichkeit verneinen und somit auch ein Notwehrrecht des G ablehnen. Die Bearbeiter müssten dann aber auf die Verwerflichkeitsklausel des § 240 Abs. 2 StGB eingehen und die Frage aufwerfen, ob sich eine Rechtfertigung des G aus dieser ergeben könnte.

bb) Gebotenheit

27 Die Handlung des G müsste auch geboten gewesen sein, § 32 Abs. 1 StGB.

Fraglich ist, ob es sich auf die Gebotenheit auswirkt, dass sich G mit einer (Feststellungs-)Klage vor dem Verwaltungsgericht gegen die rechtswidrige Identitätsfeststellung hätte wehren können.[40] Der Gedanke, dass dem Bürger zuzumuten sei, sich gegen Missgriffe der Exekutive mit den zulässigen Rechtsbehelfen anstatt durch persönlichen Widerstand zu wehren, geht insofern fehl, als sich die durch unzulässige Vollstreckung verursachten Rechtsgutsverletzungen im Nachhinein nicht mehr ungeschehen machen lassen.[41]

Die Abwehrhandlung des G war auch geboten.

38 *Erb*, in: MüKo-StGB, 4. Aufl. 2020, § 32 Rn. 151.
39 *Erb*, in: MüKo-StGB, 4. Aufl. 2020, § 32 Rn. 151.
40 Vgl. hierzu OLG Hamm, Beschl. v. 3.5.2009 – 3 Ss 180/09.
41 *Roxin*, in: FS-Pfeiffer, 1988, 45 (50).

Geht es um die Verteidigung gegen polizeiliche Maßnahmen, verlangt das OLG Hamm[42] in Fällen, in denen die Vollstreckungsbeamten nicht offensichtlich bösgläubig oder amtsmissbräuchlich handeln und durch die Vollstreckungshandlung kein irreparabler Schaden droht, durch die Abwehrhandlung aber erhebliche Verletzungen des Amtsträgers zu gegenwärtigen sind, einen Verzicht auf die Abwehrhandlung. Die betreffende Person sei dann auf den Rechtsweg zu verweisen.

Wie bereits oben festgestellt, könnte man dem P vorliegend wohl amtsmissbräuchliches Verhalten vorwerfen. Hinzu kommt, dass sich die Abwehrhandlung des G auf ein Entreißen des Beutels beschränkte, erhebliche Verletzungen des P standen mithin zu keinem Zeitpunkt im Raum. Folglich käme ein Ausschluss der Gebotenheit mithilfe des Verweises auf den Verwaltungsrechtsweg wohl auch nach den Kriterien des OLG Hamm nicht in Betracht. Dies hat zur Folge, dass sich eine kritische Auseinandersetzung mit den vom OLG Hamm entwickelten Kriterien erübrigt.

c) Verteidigungswille

G handelte auch mit Verteidigungswillen. **28**

d) Zwischenergebnis

Die Voraussetzungen des § 32 StGB liegen vor. **29**

Verneinen die Bearbeiter ein Notwehrrecht des G nach § 32 StGB, muss es an dieser Stelle mit einer Prüfung der Verwerflichkeitsklausel nach § 240 Abs. 2 StGB weitergehen.

2. Zwischenergebnis

G handelte nicht rechtswidrig. **30**

IV. Ergebnis

G hat sich nicht nach § 240 Abs. 1 StGB strafbar gemacht. **31**

In Betracht kommt auch ein gänzlich anderer Ansatz der Verneinung der Strafbarkeit des G nach § 240 StGB. So könnte man an eine analoge Anwendung des § 113 Abs. 3 StGB sogar unabhängig vom Unterschreiten der Anforderungen des § 113 Abs. 1 StGB (siehe unten) denken. Es erscheint fragwürdig, dass der Täter, der durch Anwendung (minimaler) Gewalt Widerstand gegen einen Vollstreckungsbeamten übt, zwar vom Vorwurf des § 113 StGB befreit wird, weil die Diensthandlung, gegen die er sich wehrte, rechtswidrig war (§ 113 Abs. 3 StGB), er dann aber – mit gleichem Strafrahmen – aus § 240 StGB bestraft wird.[43]

---

42 OLG Hamm, Beschl. v. 3.5.2009 – 3 Ss 180/09.

43 Vgl. *Fahl*, StV 2012, 623 (625).

C. Strafbarkeit des G gemäß § 185 StGB zu Lasten der Polizeibeamten

32 Indem G das Vorgehen der Polizeibeamten mit „SS-Methoden" verglich, könnte er sich einer Beleidigung gemäß § 185 StGB strafbar gemacht haben.

I. Objektiver Tatbestand

33 Es müsste sich bei der Äußerung des G um eine Beleidigung gehandelt haben. Unter einer Beleidigung ist die Kundgabe der Nicht- oder Missachtung zu verstehen. G verglich das Handeln der Polizeibeamten, insbesondere deren Auswahl der zu kontrollierenden Personen, mit den von Willkür getragenen und von Recht und Gesetz gelösten „Methoden der SS" in Zeiten des Nationalsozialismus. Damit rückte er die Beamten selbst in die Nähe von SS-Mitgliedern, was Ausdruck einer Geringschätzung und Missachtung ist.[44] Somit ist die Aussage des G eine Beleidigung.

II. Subjektiver Tatbestand

34 G handelte vorsätzlich.

III. Rechtswidrigkeit

35 G müsste rechtswidrig gehandelt haben. Das ist der Fall, wenn G keine Rechtfertigungsgründe zur Seite standen.

G könnte durch die Wahrnehmung berechtigter Interessen gem. § 193 StGB gerechtfertigt gewesen sein.

Dies setzt zunächst ein „berechtigtes Interesse" auf Seiten des G voraus. Als solches kommen alle privaten und öffentlichen Interessen, die nicht rechts- und sittenwidrig sind, in Betracht.[45] Vorliegend leiteten die Bundespolizisten allein aufgrund der Hautfarbe des G eine Identitätsfeststellung gegen diesen ein. Kein anderer Fahrgast sollte einer solchen Maßnahme unterzogen werden. Dies monierte G mit seiner Äußerung. Diese von der Meinungsfreiheit (Art. 5 Abs. 1 S. 1 GG) geschützte Kritik an der Dienstführung der Beamten ist ein „berechtigtes Interesse" im Sinne des § 193 StGB.[46]

Des Weiteren müsste die Äußerung zur Wahrnehmung des „berechtigten Interesses" geeignet und erforderlich sowie ein angemessenes Mittel zur Erreichung dieses Zwecks gewesen sein.[47] Zweifel an der Eignung der Worte, die Dienstführung zu beanstanden, bestehen nicht. Ferner schien die Wahl einer weniger gespitzten Formulierung nicht geeignet zu sein, das Anliegen des G in gleicher Weise zu verdeutlichen. Mithin war die Äußerung auch erforderlich. Im Rahmen der Frage nach der Angemessenheit sind die widerstreitenden Interessen unter Berücksichtigung aller Umstände des Einzelfalls gegeneinander abzuwägen. Hier standen sich die Meinungsäußerungsfreiheit des G und der über Art. 2 Abs. 1 i.V.m. Art. 1 Abs. 1 GG ebenfalls grundrechtlich geschützte Ehran-

44 BVerfG NJW 1992, 2815 (2816); OLG Frankfurt, Beschl. v. 20.3.2012 – 2 Ss 329/11.
45 *Zaczyk*, in: NK-StGB, 5. Aufl. 2017, § 193 Rn. 18.
46 OLG Frankfurt, Beschl. v. 20.3.2012 – 2 Ss 329/11.
47 *Zaczyk*, in: NK-StGB, 5. Aufl. 2017, § 193 Rn. 21.

spruch der Polizeibeamten gegenüber. Nach ständiger Rechtsprechung des BVerfG überwiegt der Ehrschutz regelmäßig nur dann, wenn es sich bei der herabsetzenden Äußerung um eine Formalbeleidigung, eine Schmähkritik oder einen Angriff auf die Menschenwürde handelt.[48] Eine Äußerung nehme diesen Charakter aber erst an, wenn sie ihrem objektiven Sinn und den konkreten Begleitumständen nach ausschließlich den Zweck der Diffamierung und der persönlichen Herabsetzung verfolge.[49] Wie aus den Schilderungen des Sachverhalts deutlich wird, ging es dem G nicht um eine persönliche Herabsetzung der Beamten. G fühlte sich durch deren, aufgrund der Hautfarbe getroffene, Auswahlentscheidung diskriminiert. Das Verhalten der Beamten und die auf ihn gerichteten Blicke der übrigen Fahrgäste beschämten und empörten ihn und veranlassten G dazu, deutlich auf das rassistische Vorgehen der Polizeibeamten hinzuweisen und sich auch gegen den mit der Kontrolle einhergehenden Pauschalverdacht zur Wehr zu setzen. Damit stand für ihn die Kritik an der Sache im Vordergrund. Wird aber nur die Maßnahme beanstandet, so kann auch nur von einer mittelbaren Beeinträchtigung des Ehranspruchs gesprochen werden, die weniger schwer wiegt als eine unmittelbare.[50] Das Recht des Bürgers, Maßnahmen der öffentlichen Gewalt ohne Furcht vor staatlichen Sanktionen zu kritisieren, gehört hingegen zum Kernbereich der Meinungsäußerungsfreiheit.[51] Mithin überwiegt diese auch im konkreten Fall.

Zudem handelte G auch in der Absicht, ein „berechtigtes Interesse" wahrzunehmen. Folglich war die Äußerung gem. § 193 StGB gerechtfertigt.

IV. Ergebnis

G hat sich nicht nach § 185 StGB strafbar gemacht. 36

D. Gesamtergebnis zur Strafbarkeit des G

G bleibt straflos. 37

E. Strafbarkeit des A gemäß den §§ 239 Abs. 1, 13 Abs. 1 StGB zu Lasten des O

Indem es A unterließ, umgehend eine richterliche Entscheidung über die Freiheitsentziehung zu erwirken und er es unterließ, die Fixierung des O bis 12 Uhr aufzuheben, könnte er sich wegen Freiheitsberaubung durch Unterlassen gemäß §§ 239 Abs. 1, 13 Abs. 1 StGB strafbar gemacht haben. 38

---

48 Vgl. BVerfGE 28, 191 (202); 61, 1 (12); 66, 116 (151); 82, 43 (51); 85, 1 (16); 90, 241 (248); 93, 266 (293 f.); 99, 185 (196).
49 BVerfG NJW 1992, 2815 (2816).
50 So auch für die Bezeichnung von Abschiebungsmaßnahmen als „Gestapo-Methoden" BVerfG NJW 1992, 2815 (2816).
51 OLG Frankfurt, Beschl. v. 20.3.2012 – 2 Ss 329/11.

I. Objektiver Tatbestand

1. Taterfolg

39 Durch das Verbringen in die Zelle und die Fesselung war O eingesperrt und daher seiner Fortbewegungsfreiheit beraubt.

2. Abgrenzung Tun und Unterlassen

40 Fraglich ist, ob für die Feststellung der übrigen Tatbestandsvoraussetzungen an ein aktives Tun des A oder an das Unterlassen der Einholung einer richterlichen Entscheidung anzuknüpfen ist.

Nach einer naturalistischen Betrachtung ist entscheidend, ob der Täter durch den Einsatz von Energie den zum tatbestandsmäßigen Erfolg führenden Kausalverlauf in Gang gesetzt hat.[52] Ist dies der Fall, liegt stets ein Begehungsdelikt vor. Hier wurde A zwar von der vorläufigen Festnahme und der Ingewahrsamnahme des O unterrichtet und er veranlasste eine regelmäßig stattfindende Zellenkontrolle. Dies war jedoch nicht ursächlich im Sinne der Bedingungstheorie für die Ingewahrsamnahme des O und deren Fortdauer. Ursächlich war hierfür das Handeln der mit der vorläufigen Festnahme bzw. der Ingewahrsamnahme und Fesselung unmittelbar befassten Beamten. In Betracht käme nur, dass A als Dienstgruppenleiter als mittelbarer Täter hätte einstehen müssen. Die nach § 25 Abs. 1 Alt. 2 StGB erforderliche Zurechnung des Handelns der Beamten setzt aber voraus, dass A hierfür einen Veranlassungsbeitrag hätte leisten müssen. Ein solcher war hier aber nicht ersichtlich. Ein Begehungsdelikt scheidet nach dieser Ansicht aus.

Nach der sog. „Schwerpunktformel“ ist die Abgrenzung von Tun und Unterlassen eine Wertungsfrage, deren Beantwortung sich nach dem Schwerpunkt der Vorwerfbarkeit unter Berücksichtigung des sozialen Handlungssinns richtet.[53] Nachdem A mit dem Vorgang befasst war, lag der Schwerpunkt in dem Aufrechthalten des Gewahrsams bzw. der Festnahme von O ohne Einschalten eines Richters, also in einem passiven Verhalten, nicht in einem aktiven Tun.[54] Somit ist in erster Linie an das Unterlassen, (wenigstens) die Fixierung zu lösen, anzuknüpfen.

3. Unterlassen

41 A hat die Fixierung nicht gelöst, obwohl er – physisch vor Ort und mit normalen Fähigkeiten ausgestattet – in der Lage war zu handeln.

4. Hypothetische Kausalität

42 Das Versäumnis des A müsste ursächlich für den weiteren Freiheitsentzug des O durch Fixieren gewesen sein.

Nach der modifizierten Bedingungstheorie kommt es darauf an, ob bei der Vornahme der gebotenen Handlung der tatbestandsmäßige Erfolg mit an Sicherheit grenzender Wahrscheinlichkeit[55] entfallen wäre.

---

52 *Rengier*, AT, 14. Aufl. 2022, § 48 Rn. 10.
53 *Rengier*, AT, 14. Aufl. 2022, § 48 Rn. 10.
54 Vgl. dazu BGHSt 59, 292 (296).
55 Anders die weitergehende Risikoverringerungstheorie; vgl. *Stratenwerth*, AT, 3. Aufl. 1981, Rn. 1028.

Hätte A die Fixierung gelöst oder lösen lassen, wäre O nicht mehr in dieser zusätzlichen Weise der Freiheit beraubt gewesen.

Auf die Frage, ob der von A hypothetisch informierte Richter, die Fortdauer des Gewahrsams mit an Sicherheit grenzender Wahrscheinlichkeit aufgehoben hätte, käme es nur an, wenn es um das Unterlassen geht, die richterliche Überprüfung zu veranlassen. Eine solche Prüfung ist aber nur dann erforderlich, wenn das Fixieren materiell rechtmäßig wäre, also der Schwerpunkt der Vorwerfbarkeit nicht auf dem inhaltlichen Fehlen der Haftgründe, sondern formellen Voraussetzungen liegt.[56]

5. Garantenpflicht

A ist die Freiheitsberaubung des O aber nur als seine Tat zuzurechnen, wenn er gemäß **43**
§ 13 StGB rechtlich (im Unterschied zu unbeteiligten Dritten besonders) dafür einstehen musste, den Erfolg, also hier die weitere Fixierung, zu verhindern. Eine Garantenpflicht kann sich aus der Garantestellung als Beschützer des O aus beruflichen (beamtenrechtlichen) i.V.m. öffentlich-rechtlichen Normen zur Durchführung des Polizeigewahrsams ergeben. A war als Dienstgruppenleiter für die Ordnungsgemäßheit einer Freiheitsentziehung verantwortlich, vgl. Ziff. 5.4.3. Polizeigewahrsamsordnung. Mithin oblag es dem A, dafür Sorge zu tragen, dass in den ihm bekannten Fällen von Freiheitsentziehung die Voraussetzungen einer gesetzesgemäßen Fortdauer einer solchen gewahrt und erfüllt wurden bzw. blieben.[57] Folglich war A grundsätzlich verpflichtet rechtswidrigen Gewahrsam aufzuheben.

Es kommt damit entscheidend darauf an, ob die Fixierung (bzw. deren Fortdauer nach 11:45) rechtmäßig war.

Die Unterscheidung zwischen Tatbestandmäßigkeit im engeren Sinne und Rechtswidrigkeit bricht im Rahmen der Garantenpflicht in Fällen wie diesem zusammen. Niemand kann verpflichtet sein zu handeln, wenn ein Unterlassen rechtmäßig wäre. Dies muss auch dann gelten, wenn bei vergleichbarem Handeln erst auf der Ebene der Rechtswidrigkeit eine Rechtfertigung (durch polizeirechtliche Vorschriften) geprüft würde. Die besondere Handlungspflicht beim unechten Unterlassungsdelikt ist ähnlich wie ein Rechtfertigungsgrund eine Ausnahme zur Regel, nur mit umgekehrtem Vorzeichen, da Unterlassen in der Regel nicht besonders[58] bestraft wird, während eine Tatbestandsverwirklichung durch Tun in der Regel bestraft wird.

Die Dramatik dieses Bruches relativiert sich, wenn Sie sich klarmachen, dass Tatbestand und Rechtswidrigkeit gemeinsam den Unrechtstatbestand bilden und daher (außer in bestimmten Fragen der Irrtumslehre) keine Unterschiede in den Rechtsfolgen an der Einordnung Tatbestand/Rechtswidrigkeit hängen.

56 Vgl. zu einer solchen Lösung des Falles Jalloh: *Heinrich* u.a. in: famos 01/2015, 1 (3) und die Hinweise oben Rn. 40.

57 Vgl. BGHSt 59, 292 (297).

58 „Besonders“ steht hier in Relation zur allgemeinen Hilfspflicht aus § 323c StGB.

a) Vorläufige Festnahme nach § 127 Abs. 2 i.V.m. §§ 114, 112 StPO?

44 In Betracht kam eine vorläufige Festnahme gem. § 127 Abs. 2 i.V.m. §§ 112, 113 Abs. 2 Nr. 3, 114 StPO. Als Straftat kommt höchstens eine Beleidigung zu Lasten der F nach § 185 StGB (für § 218 StGB ist nicht genug dargetan) und Widerstand gegen Vollstreckungsbeamte zu Lasten des O bei der Verbringung zum Polizeirevier in Betracht.

§ 113 Abs. 1 StGB des O würde aber selbst nach dem engen strafrechtspezifischen Rechtmäßigkeitsbegriff an der Nichtbeachtung der wesentlichen Förmlichkeiten[59] der ersten Festnahme scheitern. P hat O nicht eröffnet weswegen er festgenommen wurde. Dies wäre aber nach § 127 Abs. 4 i.V.m. § 114a StPO notwendig gewesen.

Hinsichtlich der Beleidigung ist in *dubio pro reo* von dringendem Tatverdacht (§ 127 Abs. 2 i.V.m. §§ 114, 112) auszugehen, obwohl das hier bereits bedenklich ist – es gibt nur die Aussage der F. Gemäß § 127 Abs. 2 i.V.m. §§ 114, 112, 113 Abs. 2 Nr. 3 StPO könnte der fehlende Ausweis zumindest dafür sorgen, dass ein Haftgrund nicht von vorneherein ausgeschlossen ist. Dieser entfällt dann aber spätestens mit der Personalienfeststellung im Arztzimmer. Dabei ergab sich auch ein fester Wohnsitz in Deutschland (§ 113 Abs. 2 Nr. 2 StPO), denn selbst ein Heimplatz ist dafür ausreichend.

Selbst wenn man zu einem anderen Ergebnis hinsichtlich der Haftgründe kommt, ist die Untersuchungshaft wegen der Geringfügigkeit der Taten – kein Polizist wurde verletzt, die Belästigung der F war nicht erheblich – unverhältnismäßig und damit auch eine vorläufige Festnahme über die Personalienfeststellung hinaus.

b) Gewahrsam zur Identitätsfeststellung § 127 Abs. 1 S. 2 i.V.m. § 163b Abs. 1 StPO?

45 Ab der Eröffnung der Festnahmegründe könnte dennoch ein rechtmäßiger Gewahrsam in der Zelle nach § 163b Abs. 1 S. 2 StPO bestanden haben.

Die erkennungsdienstliche Behandlung konnte die Haft aber jedenfalls deshalb nicht mehr rechtfertigen, weil die Personalien inzwischen durch die Untersuchung und die folgende INPOL-Abfrage herausgefunden werden konnten.

c) Gewahrsam wegen Fremdgefährdung nach § 39 Abs. 1 Nr. 3 BPolG

46 Eine andere Begründung wäre die Verhinderung von Straftaten oder erheblichen, unmittelbar bevorstehenden Ordnungswidrigkeiten nach § 39 Abs. 1 Nr. 3 BPolG.[60] Der fehlende Ausweis ist zwar ein Ordnungsverstoß nach § 48 Aufenthaltsgesetz doch ist das ein häufiger Verstoß, der keine direkten negativen Auswirkungen auf andere Bürger oder staatliche Einrichtungen hat, meist unbemerkt bleibt und den Rechtsfrieden daher nicht erheblich beeinträchtigt.

---

59 Vgl. BGHSt 5, 93.

60 Zuständigkeit in der Bahn nach § 3 Abs. 1 Nr. 1 BblG.

Bei Deutschen ist fehlender Ausweisbesitz sogar eine Ordnungswidrigkeit nach § 32 Abs. 1 Nr. 2 i.V.m. § 1 Abs. 1 S. 2 PAuswGZ.

Selbst Antragdelikte wie die (mutmaßliche) Beleidigung des O zu Lasten der F gehören zur öffentlichen Sicherheit und Ordnung, sodass man darauf abstellen könnte, dass O dergleichen Taten weiterhin begehen würde, wenn P keine Maßnahme gegen ihn durchführt. Problematisch ist hier aber bereits, ob diese Taten geeignet sind den Rechtsfrieden nachhaltig zu beeinträchtigen.

Außerdem bleibt unklar, ob O die F überhaupt beleidigt oder auch nur belästigt hat. Zwar ist für § 39 Abs. 1 Nr. 3 BPolG eine tatsächliche Störung Voraussetzung, doch sind die Aufzählungen von Nr. 1-3 nicht abschließend. Insoweit wird auch ein konkreter Verdacht ausreichen, weil es um keine Repressions-, sondern um eine Präventionsmaßnahme geht.

Selbst wenn man diese beiden Punkte mit großer Mühe bejaht, sind an die in die Zukunft gerichtete Gefahrprognose des sog. Präventivgewahrsams allerdings strenge Anforderungen zu stellen.[61] Der EGMR verlangt insoweit, dass die Gefahr spezifisch und konkret sein muss. Die in Rede stehende Verpflichtung, friedlich zu bleiben und eine Straftat nicht zu begehen, kann danach nur dann „als spezifisch und konkret" angesehen werden, wenn Ort und Zeitpunkt der bevorstehenden Begehung der Straftat sowie ihr potenzielles Opfer hinreichend konkretisiert wurde.[62] Geht man davon aus, dass O eine weitere Tat gerade gegen F oder andere Personen im Umfeld des Sitzplatzes begehen könnte, wäre eine solche konkrete Gefahr gegeben. Allerdings müssen bei einem drastischen Eingriff wie der Ingewahrsamnahme die Grundsätze der Verhältnismäßigkeit besonders berücksichtigt werden. Die Ingewahrsamnahme war nicht erforderlich, wenn ein milderes ebenfalls effektives Mittel zur Verfügung stände. Hier wäre zunächst eine Ermahnung, eine Verweisung an einen anderen Platz oder Ähnliches möglich gewesen. Eine solche Maßnahme wäre auch nicht von vorneherein ineffektiv, wäre sie fehlgeschlagen hätte P immer noch schärfere Maßnahmen wählen können. Eine Ingewahrsamnahme wegen Fremdgefährdung war daher ermessenfehlerhaft und rechtswidrig. Ein Richter hätte die Haft auf § 39 Abs. 1 Nr. 3 BPolG als Rechtsgrundlage also nicht bestätigt. Der Betrunkene O hat sich hier zwar – mutmaßlich – lästig verhalten, die zu erwartenden Störungen waren aber weder erheblich noch konkret genug, um ihn deswegen in Zellenhaft zu nehmen. Dass die Verbringung zum Polizeirevier als weniger schwere Freiheitsberaubung evtl. rechtmäßig war, ist für die weitere Haft ohne Belang.

Eine weitere Aufspaltung im Fallaufbau in den Verbringungsgewahrsam und den Haftgewahrsam wäre vertretbar, führt hier aber im Ergebnis nur dann zu unterscheiden, wenn man nicht wie hier vorgeschlagen nur die Fixierung, sondern auch die Zellenhaft an sich zur Eigensicherung für unrechtmäßig hält. Die Haft zur Eigensicherung bemisst sich nach dem jeweiligen Landesrecht, hier BbgPolG, da das Geschehen nicht in der Bahn stattfindet.

---

61 BVerfG NVwZ 2016, 1079; *Schacks/Schneider*, LKV 2014, 203; *Breucker*, NJW 2004, 1631; VG Hannover NVwZ-RR 2012, 925.

62 EGMR v. 7.3.2013, Az. 15598/08.

d) Gewahrsam zum Selbstschutz des O gemäß § 17 Abs. 1 Nr. 1 BbgPolG?

47 In Betracht kam zudem eine richterliche Anordnung weiteren Gewahrsams zum Schutz des O selbst auf Grundlage des § 17 Abs. 1 Nr. 1 BbgPolG. Die Norm erlaubt eine Ingewahrsamnahme zur Eigensicherung. Voraussetzung dafür ist aber ein die freie Willensbestimmung ausschließender Zustand und zusätzlich eine Gefahr für Leib und Leben.

aa) Gefahr für Leib und Leben – wegen des Schlages des Kopfes gegen die Wand?

48 Diese Anordnung war nicht allein aus dem Fakt erforderlich, dass O mit dem Kopf einmal im Arztzimmer an die Wand schlug. Diese Verletzung ist aus der Fesselungs- bzw. Verhaftungssituation zu erklären und hätte so ohne die Verhaftung nicht stattgefunden. Es wäre zynisch, die Haft mit einer Gefährdung zu rechtfertigen, die erst durch die Verhaftung entstanden ist. Anders wäre es, wenn O in einer Situation angetroffen worden wäre, in der er sich selbst verletzen wollte. Selbst wenn man diesen Gesichtspunkt als normatives Argument mit der faktischen Selbstverletzung des O überspielt, ist doch das bloß einmalige Stoßen des Kopfes allein kein ausreichender Grund für eine Inhaftierung. Aus dem belästigenden Agieren des O im Zug in Kombination mit seinem wenn auch nicht beabsichtigten, aber unvorsichtigen Verhalten gegen sich selbst, könnte man folgern, dass O in der Öffentlichkeit durch provokantes Verhalten anderen gegenüber oder unvorsichtiges Verhalten beim Überqueren einer Straße zu Schaden kommen könnte.

bb) Zustand der Willensunfreiheit – Gewahrsam wegen Trunkenheit?

49 Die BAK-Konzentration von 2,98 Promille deutet auf einen Rauschzustand hin, der nahe an der Grenze zum „Richtwert“[63] der Schuldunfähigkeit i.S.d. § 20 StGB liegt. Nimmt man die gemessenen Cocain-Metaboliten hinzu, kann man davon ausgehen, dass bei O durch diesen Cocktail aus Alkohol und Kokain eine starke Wesensveränderung eingetreten war, die seine normale Steuerungs- und Hemmungsmechanismen außer Kraft setzte. Der starke Verdacht eines zumindest sozialinadäquaten Verhaltens gegenüber F bestätigt diese Vermutung. Zwar konnte er noch bewusst handeln, doch hatte es sich nicht mehr unter Kontrolle. Er befand sich also in einem die freie Willensbestimmung ausschließenden Zustand.

cc) Ermessen/Verhältnismäßigkeit

50 So ließe sich mit Bedenken ein Haftgrund nach § 17 Abs. 1 Nr. 1 BbgPolG konstruieren. Gegen einen solchen Haftgrund spräche der Verhältnismäßigkeitsgrundsatz, nach dem gleich wirksame mildere Mittel in Erwägung gezogen werden müssten. So käme in Betracht, O zu Hause im Asylbewerberheim abzuliefern, damit er dort seinen Rausch ausschlafen könnte.[64] Wenn man mangels Angaben im Sachverhalt zugunsten des A

63 *Perron/Weißer*, in: Schönke/Schröder, StGB, 30. Aufl. 2019, § 20 Rn. 16a f.; *Lackner/Kühl/Heger*, StGB, 30. Aufl. 2023, § 20 Rn. 23 f.; *Schild*, in: NK-StGB, 5. Aufl. 2017, § 20 Rn. 80; *Eschelbach*, in: BeckOK-StGB, 55. Edition 1.11.22, § 20 Rn. 22 ff.

64 Vgl. die Entscheidung VG Ansbach, Beschluss v. 17.1.2014 – AN 5 K 13.01940, AN 5 S 13.01939, in der es um eine betrunken auf der Straße torkelnde Frau ging, die nur im Streifenwagen für die Fahrt nach Hause in Gewahrsam genommen wurde.

unterstellt, dass O dermaßen umtriebig war, dass er auch wieder von zu Hause „ausgebrochen“ wäre oder als durchreisender Zugpassagier nicht in erreichbarer Nähe wohnte (die Fahrt von 35 km mit einem schwer Betrunkenen im Streifenwagen wäre wohl grenzwertig), kann man hier in *dubio pro reo* zugunsten des A annehmen, dass die Haft des O zur Ausnüchterung und Selbstschutz zunächst rechtmäßig war.

Diese Lösung ist akzeptabel – immerhin hat der BGH im, dieser Aufgabe zugrundeliegenden, ganz ähnlichen Fall „Oury Jalloh“ die Haft nicht für rechtswidrig gehalten.[65] Ebenfalls gut vertretbar ist aber, dass der Verhältnismäßigkeitsgrundsatz schon bei der Zellenhaft als solcher verletzt ist. Wenn man das bejaht, ist der Zusammenhang zwischen Freiheitsberaubung und Todesfolge einfacher zu bejahen, als wenn nur die Fixierung rechtswidrig war.

e) Freiheitsberaubung im Gewahrsam – Frage der Fixierung

Selbst wenn die Ausnüchterungshaft an sich materiell rechtmäßig war, stellt sich die **51**
Frage, ob dies auf die zusätzliche Fixierung des O in seiner Zelle zutrifft. Diese Fixierung war zu seinem Festhalten nicht notwendig.

Jedenfalls wenn eine Person in ihrem Gefängnis noch eine gewisse qualitativ nennenswerte Restfreiheit genießt und umhergehen kann, ist eine Fesselung ein qualitativer Sprung, der zu einer weiteren, selbständigen (und selbständig strafbaren) Freiheitsberaubung führt. Die Verkürzung der dem Inhaftierten verbleibenden Fortbewegungsfreiheit, insbesondere bei Fesselungen, ist daher auch nach der Rspr. ein weiterer, selbständiger Grundrechtseingriff.[66] Auch das BVerfG fordert daher besondere Zurückhaltung bei der Anwendung dieses Mittels in bestehender Haft.[67]

Die Fixierung war zur Ausnüchterung unnötig, O hat nicht mehr als ein durchschnittlicher Betrunkener Ausfallerscheinungen gezeigt. Die Gefahr, als Betrunkener im Straßenverkehr oder durch die Einwirkungen provozierter Dritter zu Schaden zu kommen, als einzig tragfähiger Gewahrsamsgrund, war mit der Zellenhaft bereits aufgehoben. Für Selbstverletzungen ohne Fixierung gab es keine ausreichenden Anhaltspunkte.

Aber nicht nur eine qualitative Änderung der Haftbedingungen kann eine neue, selbständig auf ihren Unrechtsgehalt hin zu beurteilende Tat sein. Selbst wenn die ursprüngliche Fixierung wegen der starken Trunkenheit rechtmäßig gewesen sein sollte, kann auch eine weitere Dauer der Fixierung zu einer weiteren, unrechtmäßigen Freiheitsberaubung werden.[68] Das folgt bereits aus dem Charakter der Freiheitsberaubung als Dauerdelikt.[69]

Folglich war jedenfalls die Fixierung spätestens ab 11:45 Uhr rechtswidrig. Zu diesem Zeitpunkt hat eine Beamtin mit O gesprochen und hätte aufgrund der mit dem Zeitablauf von drei Stunden eintretenden (wenn auch relativ geringen) Verminderung der Alkoholisierung und der vernünftig vorgetragenen Frage des O warum er eingesperrt sei

65 BGH NJW 2015, 96.
66 RGSt 17, 127; BGH BeckRS 1952, 31193970; *Schluckebier,* in: LK-StGB, 13. Aufl. 2023, § 239 Rn. 10, 11.
67 BVerfG NStZ 1999, 428.
68 Vgl. VG Dresden BeckRS 2004, 29048; *Pewestorf/Söllner/Tölle*, Praxishandbuch Polizei- und Ordnungsrecht, 2013, 312.
69 A.A. BGH NJW 2015, 96 (103)

und der Bitte, die Fixierung zu lösen, zumindest von einer wesentlichen Besserung der Lage ausgehen müssen. A, dem die Tatsachen bekannt waren, war als Beschützergarant verpflichtet, die Fixierung aufzuheben.

Wer den Gewahrsam materiell für rechtmäßig hält (so z.B. der BGH, NJW 2015, 96 im Originalfall) muss sich mit der Frage auseinandersetzen, ob das pflichtwidrige Unterlassen den Richter einzuschalten, trotzdem zu einer rechtswidrigen Freiheitsberaubung führt. Hauptargument gegen eine Beachtlichkeit der formellen Rechtswidrigkeit ist, dass der Richter den Gewahrsam bestätigt hätte und das nur formell pflichtwidrige/rechtswidrige Verhalten des A keinen inneren Zusammenhang zur Tatbestandsverwirklichung begründet. Die Bejahung der Strafbarkeit in einem solchen Fall hätte zur Folge, dass sich diese allein aus dem Verstoß gegen formelle Vorschriften herleiten würde (das Strafrecht ist das falsche Mittel zur „Bestrafung", der Polizeibeamte hat aber mit dienstlichen Maßnahmen zu rechnen).

In der Literatur werden einige Bedenken gegen das Urteil des BGH an dieser Stelle vorgebracht. So sei es bereits fraglich, ob der formelle Zuständigkeitsfehler (fehlende präventive Einschaltung des Richters) überhaupt durch ein Hypothesendenken ersetzt werden könne.[70] Im Strafverfahrensrecht wird ein solches Hypothesendenken von vielen verneint.[71] Strafverfahrensrecht ist kein Baurecht, in dem materielle „Genehmigungsfähigkeit" genügt.

Des Weiteren wird vorgebracht, dass wenn der BGH im Rahmen der Erfolgsabwendungspflicht (Tatbestand) ausführlich Rechtswidrigkeitsgesichtspunkte würdige, müsse er dies auch im Rahmen der **Quasi-Kausalität** tun und dürfe dort nicht allein nach dem Erfolg fragen.[72] Durch die Vorführung vor den Richter wäre die rechtswidrige Freiheitsberaubung aber mit an Sicherheit grenzender Wahrscheinlichkeit eine rechtmäßige geworden.[73] (Eine Ansicht, die wir nur im Ansatz, nicht aber im Ergebnis teilen.)

Eng mit diesem Einwand verzahnt ist die Aussage, dass die Handlung des Richters bei der Frage nach der hypothetischen Handlung des Täters überhaupt keine Rolle spielen dürfe, denn hinzuzudenken und als sorgfaltsgemäßes Verhalten zu ersetzen, sei nur der dem Täter vorwerfbare Tatumstand[74] (Abgrenzung rechtmäßiges Alternativverhalten/unbeachtlicher hypothetischer Kausalverlauf).

Schließlich wird selbst bei unterstellter Rechtmäßigkeit der Fixierung an sich angemerkt, dass im hiesigen Fall, selbst bei Vorliegen einer richterlichen Entscheidung, ein pflichtwidriges Verhalten geblieben wäre, das eine rechtswidrige Freiheitsberaubung begründet hätte.[75] So ließ sich die fehlende Dauerüberwachung des O nicht mit den Vorschriften der BbgPGO (Brandenburgische Gewahrsamsordnung) vereinbaren – vor diesem Hintergrund hätte auch eine richterliche Entscheidung nichts daran geändert, dass die konkrete Durchführung der Maßnahme gegen das Recht verstieß und es sich somit um eine rechtswidrige Freiheitsberaubung handelte.

Auch solche Erwägungen waren vertretbar und sollten von der Korrektur entsprechen honoriert werden.

70 *Jäger*, JA 2015, 72 (74).
71 Vgl. etwa *Roxin/Schünemann*, Strafverfahrensrecht, 30. Aufl. 2022, § 24 Rn. 26 f.
72 *Schiemann*, NJW 2015, 20 (23).
73 *Schiemann*, NJW 2015, 20 (23); *Jäger*, JA 2015, 72 (74); Fallaufbau bei *Jahn*, JuS 2015, 180 (181 f.).
74 *Rostalski*, JR 2015, 306 (313).
75 *Rostalski*, JR 2015, 306 (312).

II. Subjektiver Tatbestand

A wusste, dass O in der Zelle fixiert war. Er kannte auch die objektiven Tatsachen, die eine Rechtswidrigkeit der Haft ergaben. Selbst wenn A hier trotzdem von einer Rechtmäßigkeit der Fixierung ausging, handelt es sich um keinen Tatumstandsirrtum bezüglich seiner Garantenpflicht, der nach § 16 Abs. 1 StGB zu behandeln wäre, sondern einen Subsumtionsirrtum, der höchstens die Schuld berühren kann. Zwar handelt es sich bei den Voraussetzungen seiner Garantenpflicht konkret auch um normative Tatumstände (Rechtmäßigkeit der Fixierung), doch hat A diese im Sinne einer Parallelwertung in der Laienspähre durchaus zutreffend erkannt, und nur den falschen rechtlichen Schluss gezogen, dass die weitere Fixierung von seiner Willkür abhängt. **52**

III. Rechtswidrigkeit

Allgemeine Rechtfertigungsgründe für die weitere Fixierung sind nicht ersichtlich. **53**

Nach unserer Auffassung hätte man diese Gründe auch bereits für die Frage der Garantenpflicht berücksichtigen müssen.

IV. Schuld

Ein eventueller Verbotsirrtum nach § 17 Abs. 2 StGB ist vor allem deshalb vermeidbar, weil A hier weder den ihm übergeordneten Dienststellenleiter gefragt noch eine richterliche Überprüfung beantragt hat. Beides wäre ihm leicht möglich gewesen. Dass er davon ausgeht, eine richterliche Überprüfung sei erst später notwendig, ist eine Fehlbeurteilung, die er durch Konsultierung der Dienstvorschriften oder den Rat von Kollegen hätte vermeiden können. **54**

V. Ergebnis

A hat sich wegen Freiheitsberaubung durch Unterlassen gem. §§ 239 Abs. 1, 13 Abs. 1 StGB strafbar gemacht. **55**

F. § 239 Abs. 4 StGB Freiheitsberaubung mit Todesfolge des A zu Lasten des O

Man kann die Prüfung des § 239 Abs. 4 auch mit dem Grunddelikt zusammenlegen.[76] Allein aus Gründen der Übersichtlichkeit – Gliederungsebenen verschieben sich „nach unten" – prüft die Lösung hier getrennt. **56**

Als A die Fixierung rechtswidrig nicht aufhob, könnte er sich wegen Freiheitsberaubung mit Todesfolge durch Unterlassen gemäß §§ 239 Abs. 1, Abs. 4, 13 Abs. 1 StGB strafbar gemacht haben.

---

76 Vgl. dazu *Putzke*, ZJS 2006, 522 (526).

I. Grundtatbestand (§ 239 Abs. 1 StGB)

57 Eine Freiheitsberaubung ist gegeben, vgl. oben H.

II. Qualifikationstatbestand

1. Eintritt des tatbestandlichen Erfolgs

58 O ist durch den Brand gestorben. Der tatbestandliche Erfolg des § 239 Abs. 4 StGB ist also gegeben.

2. Hypothetische Kausalität Nichtaufhebung der Fixierung für den Tod

59 Ohne die Fixierung hätte der Erfolg in seiner konkreten Gestalt mit an Sicherheit grenzender Wahrscheinlichkeit entfallen müssen. O ist hier gerade auf der brennenden Matratze gestorben, wäre die Fixierung gelöst worden, wäre er mit an Sicherheit grenzender Wahrscheinlichkeit[77] nicht verbrannt. Dass er evtl. auch ohne die Fixierung an einer Rauchvergiftung in der Zelle hätte sterben können, ist eine unbeachtliche Reserveursache.[78] Entscheidend ist hier, dass A den O durch Lösen der Fixierung mit an Sicherheit grenzender Wahrscheinlichkeit vor dem Verbrennen gerettet hätte.

Es geht hier wie beim Grunddelikt um eine Quasikausalität des Unterlassens. A hat nicht durch aktives Tun getötet und auch § 239 Abs. 4 StGB knüpft an das Verhalten („durch die Tat") und nicht bloß an den Erfolg an. Man könnte anderseits ähnlich wie bei der älteren Letalitätstheorie bei der Körperverletzung mit Todesfolge auf den Erfolg des Grunddelikts abstellen, für den es nicht auf die Verhaltensform des Handlungsunrechts ankommt. Im vorliegenden Fall führt das aber nicht zu unterschiedlichen Ergebnissen.

3. Fahrlässigkeit (§ 18 StGB)

60 Eine Strafbarkeit nach § 239 Abs. 4 StGB kommt aber nur dann in Betracht, wenn A hinsichtlich des Todeserfolgs „wenigstens Fahrlässigkeit zur Last fällt" (§ 18 StGB).

Das Grunddelikt hat A vorsätzlich begangen. Damit liegt bereits eine Pflichtverletzung vor, die auch kausal zum Tod des O geführt hat. Die Vorschrift des § 18 StGB ist insofern verwirrend, als sie den Eindruck hervorruft, dass eine zusätzliche Fahrlässigkeit in der Vorsatztat liegen müsse. Das ist aber nicht erforderlich, die im Vorsatzdelikt enthaltene Fahrlässigkeit muss sich aber nicht nur auf das Grunddelikt, sondern auch auf die schwere Folge beziehen. Dabei entstehen oft unfreiwillig komische Ergebnisse, denn wie verletzt man eine Person sorgfältig? Kann man eine Freiheitsberaubung mit der nötigen Achtsamkeit begehen? Insoweit kommt es darauf an, den Bezug der Tat zur schweren Folge klar herauszustellen.

---

77 Auf den Streit mit der weitergehenden Risikoverminderungslehre – *Brammsen*, MDR 1989, 123 (126 ff.); *Otto*, NJW 1980, 417 (423 ff.) – kommt es hier nicht an.

78 Vgl. BGHSt 4, 113.

a) Vorhersehbarkeit/Objektive Zurechnung

Zunächst sind neben der Kausalität die Kriterien der Voraussehbarkeit des wesentlichen Kausalverlaufs und des Erfolges bzw. der objektiven Zurechnung zu beachten.[79] **61**

aa) Eigenverantwortliche Selbstgefährdung

O hat sich nicht eigenverantwortlich selbstgefährdet. Selbst wenn man eine selbstschädigende Handlung des O in *dubio pro reo* annähme,[80] steht dem einerseits der im Brandzeitpunkt immer noch erhebliche Rausch des O gegenüber.[81] Bereits dieser dürfte die Willensfreiheit so erheblich beeinträchtigen, dass O die Gefahr nicht ernsthaft in ihrer wesentlichen Dimension übersehen konnte.[82] Außerdem wäre zu diskutieren, ob die Eigenverantwortlichkeit in Haftsituationen nicht abweichend von Gefährdungen in Freiheit zu beurteilen ist, weil der Gefangene durch die ihn durch die Haft beherrschenden Personen in fremder Gewalt ein Stück weit „aus der Verantwortung für sich selbst genommen" wird. Die Verantwortlichkeit des Hoheitsträgers würde die Eigenverantwortlichkeit des Gefährdenden quasi überlagern.[83] Mit abweichender Begründung wird auch von der h.M. unter Umständen der Selbstmord in der Gefangenschaft dem Täter der Freiheitsberaubung zugerechnet.[84] Nach alledem ist O in keinem Fall selbst für seinen Tod verantwortlich. **62**

bb) Atypischer Kausalverlauf

Dass jemand in einem verschlossenen Raum durch einen Brand getötet wird, ist auch keine völlig ungewöhnliche, atypische Folge einer Freiheitsberaubung. Das Risiko, durch einen Gebäudebrand zu sterben, wird im Vergleich zum normalen Alltagsrisiko in unverschlossenen Räumen potenziert. **63**

---

79 *Sternberg-Lieben/Schuster*, in: Schönke/Schröder, 30. Aufl. 2019, § 18 Rn. 4.

80 Ursprünglich stand im Fall „Jalloh" die Möglichkeit im Raum, dass dieser selbst die Matratze entzündet haben könnte, was sich aber nach neusten Hinweisen wohl nicht zu bewahrheiten scheint, der Sachverhalt ist aber noch nicht restlos aufgeklärt, http://www.spiegel.de/panorama/justiz/oury-jalloh-experte-stellt-brand-in-zelle-nach-a- 1108298.html, abgerufen am: 1.9.2016. Auch nach neuem Antrag der Familie zur öffentlichen Klage im Jahr 2019, wurde vom Oberlandesgericht Naumburg entschieden, dass neue Ermittlungen erst nach neuen Beweisen aufgenommen werden können; OLG Naumburg, Beschl. v. 22.10.2019, Az. 1 Ws (gE) 1/19.

81 Bei einer Abbaurate von 0,1 ‰ Alkohol je Stunde wurden demnach 0,3 ‰ BAK nach 3 Stunden abgebaut, O hätte immer noch 2,7 ‰ BAK.

82 Er befände sich wohl immer noch im Bereich verminderter Schuldfähigkeit und trüge auch bei einer Straftat nicht die volle Verantwortung. Diese Verantwortungsminderung muss dann entsprechen auch in eigenen Angelegenheiten gelten.

83 Diese Einschränkung könnte aus den gleichen Erwägungen hergeleitet werden, mit denen man im Bereich der Betäubungsmittelverbreitung zur Verantwortlichkeit des das Rauschgift weitergebenden Täters trotz der bewussten Selbstgefährdung des Opfers kommt (vgl. etwa § 30 Abs. 1 Nr. 3 BtMG). Abgestellt wird auf den Schutzzweck der Vorschriften des Betäubungsmittelgesetzes. Blickt man vorliegend auf die BbgPGO, so kommt durch mehrere Vorschriften zum Ausdruck, dass die Gefahr gesundheitlicher Schäden für die verwahrte Person vermieden werden soll, indem man den Vollzug entsprechend ausgestaltet (Nr. 2.5.1, 4.1.3, 5.2.2 BbgPGO). Der Schutzzweck ist folglich (auch) auf die Gesundheit des Verwahrten gerichtet. Aus diesem Schutzzweck könnte man nun auf die Verantwortlichkeit für die Gesundheit des Verwahrten, unabhängig von einer eigenverantwortlichen Selbstgefährdung schließen.

84 *Eser/Eisele*, in: Schönke/Schröder, 30. Aufl. 2019, § 239 Rn. 12.

b) Grunddeliktsspezifischer Gefahrzusammenhang

64 Die ältere Rspr. nannte den Kern des in § 18 Abs. 1 StGB gemeinten Fahrlässigkeitskriterium „unmittelbarer innerer Zusammenhang".[85] Heute wird von der h.M. als Hauptkriterium der „grunddeliktischer Gefahrzusammenhang" angeführt. Die besondere Folge wird nur dann als fahrlässig verursacht zugerechnet, wenn sich damit gerade die in der Grunddeliktsbegehung liegende „eigentümliche tatbestandsspezifische Gefahr" verwirkliche.[86] Innerhalb der h.M. geht die weitere Konkretisierung dieser unbestimmten Formel aber weit auseinander. Vor allem die Frage, ob sich die Voraussehbarkeit im Rahmen der Fahrlässigkeit nach § 18 StGB auf den konkreten Erfolg- und Kausalverlauf in seinen wesentlichen Zügen beziehen muss oder eine Ebene abstrakter nur auf den Erfolgseintritt seiner Art nach als solchen, ist allerdings umstritten.

aa) Entscheidungen der Rspr.

65 Die Rspr. lässt eine abstrakte Erhöhung der Erfolgsgefahr durch das Grunddelikt genügen. Beispielhaft nahm der BGH im Fall der „Gubener-Hetzjagd"[87] den spezifischen Fahrlässigkeitszusammenhang zwischen Grunddelikt und schwerer Folge i.S.d. § 227 Abs. 1 StGB an. Das Opfer sprang auf der Flucht vor Neonazis in die Glastür eines Gebäudes und starb an Schnittverletzungen durch Scherben. Die Täter hatten das Opfer aber bereits aus den Augen verloren und wussten weder von dem Haus, noch von der Glastür, noch von dem konkreten gefährlichen Fluchtweg. Dennoch mussten sie nach der Entscheidung des BGH mit solchen Folgen rechnen, da Fluchtunfälle – abstrakt gesehen – im typischen Risiko einer Körperverletzungshandlung liegen, die stressinduzierte Unvorsichtigkeit des Opfers auf der Flucht liegt danach ebenfalls im typischen Risiko und kann nicht mit dem Argument der eigenverantwortlichen Selbstgefährdung gekontert werden. Übertragen auf den vorliegenden Fall ergibt sich danach Folgendes:

Die typische Todesgefahr einer Fesselung in einem Raum liegt nicht nur in Verdursten, Verhungern oder Ersticken, sondern auch darin, äußeren Gefahren nicht mehr ausweichen zu können. In Gebäuden ist eine Feuergefahr ein Hauptrisiko für Personenschäden. Baurechtlich sind in allen neuen Privatgebäuden sogar zwei offene Fluchtwege, in öffentlichen Gebäuden Notausgänge etc. Nutzungsvoraussetzung. Das Risiko eines Todes durch einen Gebäudebrand zu sterben, kann daher mit guten Gründen als typisches Risiko von Freiheitsberaubungen durch Einsperren in Räumen gesehen werden. Auch bezüglich der Fixierung in einem Raum als konkreter rechtswidriger Tat, kommen die gleichen Gründe entsprechend zum Tragen, der in einem geschlossenen (er muss nicht verschlossen sein) Raum gefesselte kann sich erst recht nicht vor Gebäudebränden in Sicherheit bringen. Selbst wenn der Brand durch O gelegt wurde, muss man dies auf Grundlage der Ansicht der Rspr. als typisches Freiheitsberaubungsrisiko ansehen, weil es dem menschlichen Freiheitsbedürfnis entspricht, sich mit allen möglichen zur Hand liegenden, auch objektiv ungeeigneten Mitteln aus der Gefangenschaft zu befreien. Das typische Risiko des Grunddelikts besteht darin, dass das Opfer hierbei zu Tode kommt.

---

85 BGHR StGB § 239 III Behdlg. 1; *Eser/Eisele*, in: Schönke/Schröder, StGB, 30. Aufl. 2019, § 239 Rn. 12.
86 BGHSt 39, 100; *von Heintschel-Heinegg*, JA 1994, 10; *Hardtung*, in: MüKoStGB, 4. Aufl. 2020, § 18 Rn. 23.
87 BGHSt 48, 34.

Das Kriterium des spezifischen Gefahrzusammenhangs ist daher auf Grundlage der Rspr. erfüllt.

bb) Literaturansicht – besondere Gefährlichkeit des konkreten Kausalverlaufs

In der Literatur werden verschiedene Ansätze vertreten. Nach der Letalitätstheorie kommt es darauf an, dass die schwere Folge gerade aus dem Grunddeliktserfolg und nicht nur aus der Handlung herrührt. Das kann hier leicht bejaht werden, weil nicht (nur) die Fixierungshandlung, sondern das spätere Fixiertsein zum Tode des O führte. 66

Das andere Lager stellt auf das spezifisch gesteigerte Gefahrenpotential ab und ist dabei verbal der Rspr. nahe. Den entscheidenden Unterschied zur Rspr. vertritt die Ansicht, die den Erfolg nicht als abstrakte Denkmöglichkeit, sondern als naheliegende (konkrete) Gefahr verlangt. Nach dieser Ansicht kommt es auf die Vorhersehbarkeit des konkreten Erfolges und Kausalverlaufs an, nicht nur der Denkbarkeit einer Folge der Art nach. Hier deuteten keine konkreten Hinweise auf einen Brand hin, insbesondere durfte sich A darauf verlassen, dass O von subalternen Mitarbeitern vorschriftsmäßig auf gefährliche Gegenstände kontrolliert wurde. Danach war kein besonderes gesteigertes Gefahrpotential für A erkennbar. Er hätte sich – mangels Tatbestandserfüllung – nicht wegen Freiheitsberaubung mit Todesfolge strafbar gemacht.

Daneben gibt es noch ca. acht andere in Einzelmeinungen vertretene Einschränkungsversuche,[88] die wir hier aus Platzgründen nicht alle aufführen können. Dabei wird teilweise bewusste Fahrlässigkeit bezüglich des Erfolges gefordert (das kommt der Sache nach der konkreten Vorhersehbarkeit nahe, ist aber nicht mit dieser Lehre identisch), die hier nicht vorläge, da A nicht an einen Brand dachte, eine solche Einschränkung findet jedoch keine Stütze im Gesetz und widerspricht der allgemeinen Fahrlässigkeitsdogmatik, die eine solche Unterscheidung an keiner Stelle vornimmt. Diese wie auch alle anderen Theorien sind jedoch mit entsprechender Begründung vertretbar.

cc) Streitentscheid

Gegen die Ansicht der Rspr. wird vorgebracht, dass sie das Kriterium des Unmittelbarkeits- bzw. Gefahrzusammenhangs nur verbal aufrechterhält und der Sache nach einfach auf jede relevante Einschränkung verzichte.[89] Dem ist zuzugeben, dass so der gesetzgeberische Wille, der mit der Einführung des § 18 StGB verbunden war, ignoriert würde und ein *versari in rei illicitia*, also letztlich eine Zufallshaftung entstünde. Dem ist aber wieder zu entgegnen, dass ein solches Ergebnis nur entsteht, wenn die Rspr. das selbst aufgestellte Erfordernis des spezifischen Gefahrzusammenhangs nicht ernst nimmt. Untersucht man – wie in der hiesigen Subsumtion durchexerziert – das Zustandekommen der schweren Folge aus dem Grunddelikt genau, kann die Ansicht der Rspr. ihr einschränkendes Potenzial entfalten. Es gibt durchaus Folgen des Grunddelikts, die auf dieser Grundlage nicht zugerechnet würden, etwa ein Brand der von außen an die Zelle heranrückt und auch bei fehlender Fixierung und offener Tür zum Tod des O geführt hätte. Ein beachtlicher Einwand dagegen wäre wiederum, dass so effektiv doch lediglich 67

88 Vgl. dazu *Paeffgen*, in: NK-StGB, 5. Aufl. 2017, § 18 Rn. 35 ff. m.w.N.
89 *Steinberg*, NStZ 2010, 72 ff.; *Paeffgen*, in: NK-StGB, 5. Aufl. 2017, § 18 Rn. 27.

die Kriterien der objektiven Zurechnung (im Beispiel rechtmäßiges Alternativerhalten) übrigblieben,[90] was dem gesetzlichen Begriff der Fahrlässigkeit allein nicht gerecht würde. Mit dem Kriterium der Typizität oder Regelmäßigkeit der Folgen würde man über den atypischen Kausalverlauf als Fallgruppe der objektiven Zurechnung tendenziell doch hinausgehen. Bei der obj. Zurechnung ist die Folge nur ausnahmsweise atypisch, während sie beim spezifischen Gefahrenzusammenhang regelmäßig und typisch sein muss. Die Brandgefahr müsste also mehr als nur nicht völlig ungewöhnlich, nämlich geradezu typisch sein, was hier mit der eigentlich vollzugsrechtlich vorgesehenen Dauerüberwachung[91] verstärkt begründet werden kann. Praktisch ist aber zuzugeben, dass die Kriterien der deliktstypischen Gefahr schwer von denen der obj. Zurechnung unterschieden werden können.

Wenn man § 239 Abs. 4 StGB als Kombination von § 239 Abs. 1 StGB und § 222 StGB versteht, ist auch eine Reduzierung auf die obj. Zurechnung eigentlich nur konsequent. Die Sorgfaltspflichtverletzung bei § 222 liegt in der Freiheitsberaubung und lässt (auf Tatbestandsebene innerhalb der hier ausgelassenen gesonderten Prüfung des § 222 StGB) nur noch Raum für das Korrektiv der obj. Zurechnung.

Andererseits spricht gegen die alternative Theorie von der Vorhersehbarkeit des konkreten Kausalverlaufs, dass mit der dort geforderten konkret erkennbaren gesteigerten Gefahr letztlich das Leichtfertigkeitskriterium ohne Stütze im Gesetz eingeführt wird. Leichtfertigkeit ist systematisch eine Untergruppe der Fahrlässigkeit und kann darum nicht mit dem Oberbegriff gemeint sein. Auch die Gesetzesmaterialien lassen den Bezug zur Leichtfertigkeit nicht erkennen. Dem wird mit dem Erfordernis verfassungskonformer Auslegung begegnet. Der krassen Strafrahmenverschiebung müsse ein ebensolcher Sprung im Unrecht der Tat entsprechen und dieser müsste in einer stark gesteigerten Handlungsgefahr und nicht nur primär im Erfolgsunrecht liegen.[92] Einer solchen Methodik ist aber – so verdienstvoll sie materiell ist – aus Gründen der Kompetenzregelungen der Verfassung nicht beizupflichten. Es ist ggf. Sache des Gesetzgebers und nicht des Rechtsanwenders, das unangemessen harte Gesetz zu korrigieren. Daher ist der Rspr. – soweit sie den eigenen Ansatz ernst nimmt – zuzustimmen. Mithin hat sich im Tod des O gerade eine der Freiheitsberaubung typische Gefahr – nämlich als gefesselte Person einer Katastrophe hilflos ausgeliefert zu sein – verwirklicht. Selbst wenn man in *dubio pro reo* davon ausginge, dass O selbst durch Brandlegung seine Fesseln durchschmoren oder auf sich aufmerksam machen wollte, muss dies als vorhersehbare Panikreaktion eines (schwer betrunkenen) und daher erkennbar unvernünftigen Gefangenen betrachtet werden.[93]

In diesem Streit ist auch die andere Ansicht sehr gut vertretbar.

---

90 Vgl. *Vogel/Bülte*, in: LK, 13. Aufl. 2020, § 18 Rn. 45.

91 Vgl. Ziff. 5 Polizeigewahrsamordnung Brandenburg und i.B. § 27 Abs. 2 S. 5 Polizeigewahrsamsordnung NRW: „Eine durchgängige persönliche Beobachtung ist bei der in der Seitenlage oder im Sitzen fixierten Person zu gewährleisten.".

92 Vgl. *Paeffgen*, in: NK-StGB, 5. Aufl. 2017, § 18 Rn. 45 f.

93 Vgl. dazu auch oben Rn. 69.

III. Rechtswidrigkeit

A handelte rechtswidrig. 68

IV. Schuld

Für A als erfahrenen Polizeibeamten, der über die Gründe und die Umstände des Gewahrsams und den Zustand des O stets informiert war, waren die Folgen seines Handelns auch subjektiv vorhersehbar. A handelte damit auch schuldhaft bezüglich des Todes des O. 69

V. Ergebnis

A hat sich wegen Freiheitsberaubung mit Todesfolge durch Unterlassen gem. §§ 239 Abs. 1, Abs. 4, 13 Abs. 1 StGB strafbar gemacht. 70

G. Strafbarkeit des A gemäß den §§ 340 Abs. 1, 3, 229, 13 Abs. 1 StGB zu Lasten des O

Bejaht man die Strafbarkeit nach §§ 239 Abs. 1, Abs. 4, 13 Abs. 1 StGB, hat sich A zudem einer fahrlässigen Körperverletzung im Amt durch Unterlassen gemäß den §§ 340 Abs. 1, 3, 229, 13 Abs. 1 StGB strafbar gemacht. Aus Klarstellungsgründen – die Amtsträgereigenschaft käme sonst nicht zum Tragen – bleibt diese Tat neben § 239 Abs. 4 StGB bestehen. 71

> Hier ist auch vertretbar, dass §§ 340 Abs. 1, 3, 229, 13 Abs. 1 StGB vom Tötungsdelikt verdrängt werden, da der Körperverletzung im Amt kein erheblicher eigenständiger Unrechtsgehalt mehr zukommt.

H. Gesamtergebnis zur Strafbarkeit des A

A hat sich der Freiheitsberaubung mit Todesfolge durch Unterlassen gem. §§ 239 Abs. 1, Abs. 4, 13 Abs. 1 in Tateinheit (§ 52 Abs. 1 StGB) mit (fahrlässiger) Körperverletzung im Amt §§ 340 Abs. 1, 3, 229, 13 Abs. 1 StGB strafbar gemacht. Die gleichzeitig mitverwirklichte fahrlässige Tötung durch Unterlassen gem. §§ 222, 13 Abs. 1 StGB tritt jedenfalls im Wege der Gesetzeskonkurrenz (Spezialität) zurück. 72

Anmerkungen zur Korrektur

73 Die Aufgabe wurde in leicht abgewandelter Form als Hausarbeit in der Übung für Fortgeschrittene im Wintersemester 2015/16 an der Europa-Universität Viadrina gestellt. Die Hausarbeit für Fortgeschrittene ist insgesamt als schwierig einzustufen. Insbesondere die häufige Verzahnung der strafrechtlichen Beurteilung mit verfassungsrechtlichen, polizeirechtlichen und strafprozessualen Fragen, das Erfassen ihrer Tragweite und das Einbringen an geeigneter Stelle in der Bearbeitung, machen die Schwierigkeit des Falles aus.

Dem Sachverhalt liegen größtenteils Geschehnisse zugrunde, die auch die Rechtsprechung in jüngerer Vergangenheit beschäftigte.[94] Die Orientierung an den zu den Fällen ergangenen Urteilen bzw. Beschlüssen sowie den dazu ergangenen Anmerkungen oder Aufsätzen, sollte den Bearbeitern die Arbeit mit dem Fall etwas erleichtern. Die Bearbeiter erzielten folgende Ergebnisse:

Durchfallquote insgesamt: 56 Prozent
Durchschnittspunktzahl: 3,67 Punkte (Beste Arbeit: 14 Punkte, gut)

Aus einem Originalkorrekturbericht (25 Arbeiten):

[...] Die mögliche Beleidigung zu Lasten des P wurde von allen Bearbeitern gesehen und geprüft. Eine Rechtfertigung nach § 193 StGB wurde in nahezu allen Arbeiten in Betracht gezogen, wobei es vielen Bearbeitern Schwierigkeiten bereitete, strukturierte und präzise Ausführungen zu machen.

Erhebliche Schwierigkeiten bereitete den Bearbeitern die Prüfung des § 113 StGB. Zwar stuften alle Bearbeiter den Widerstand gegen Vollstreckungsbeamte als prüfenswert ein, jedoch gelang nur den besseren Bearbeitern eine zufriedenstellende Auseinandersetzung mit dem Problem des Begriffs der Rechtsmäßigkeit, § 113 III StGB. Keiner der Bearbeiter nahm eine Abgrenzung der möglichen RGL (§ 22 bzw. § 23 BPolG) vor. Die Bearbeiter konzentrierten sich [...] fast ausschließlich auf § 22 BPolG [...].

Bei der Darstellung der verschiedenen Ansichten zum Begriff der Rechtmäßigkeit konnten nur wenige Arbeiten überzeugen. In den allermeisten Fällen wurde – gerade im Rahmen der Auseinandersetzung mit dem vollstreckungsrechtlichen Rechtmäßigkeitsbegriff – unsauber bzw. viel zu oberflächlich subsumiert. Viele Bearbeiter schlossen sich vorschnell dem strafrechtlichen Rechtmäßigkeitsbegriff an und beschäftigten sich nicht mit den übrigen Ansichten [...] bedingt durch eine unsaubere Subsumtion gelang es vielen Bearbeitern, trotz der Darstellung mehrerer Auffassungen, nicht, vertretbare Ergebnisse zu finden. Oft endete die Problemdarstellung in einem wenig überzeugenden Streitentscheid [...].

Schließlich wurde von etwa der Hälfte der Bearbeiter auch § 240 StGB gesehen, allerdings befassten sich schon hier einige Bearbeiter mit dem Verhältnis von § 113 und § 240 StGB. [...] Meist wurde vorschnell im Urteilsstil festgestellt, dass § 113 StGB gegenüber § 240 StGB eine Privilegierungsfunktion habe, sodass auf § 240 StGB folg-

94 VG Koblenz, Urt. v. 28.2.2012 – 5 K 1026/11; OLG Frankfurt, Beschl. v. 20.3.2012 – 2 Ss 329/11; BGHSt 59, 292.

lich nicht mehr einzugehen sei. Die Bearbeiter schnitten sich dadurch eine saubere Prüfung des § 240 StGB ab. Ursache für diesen Fehler bildete der im Lösungsvorschlag negativ zu bewertende Umstand, dass die unterschiedlichen (teilweise veralteten) Auffassungen zu diesem Problem unreflektiert wiedergegeben wurden und eine kritische Würdigung vor dem Hintergrund der im Jahre 2011 erfolgten Strafrahmenangleichung des § 113 StGB nicht stattfand.

Bei der Prüfung der Strafbarkeit des A wurde die in Betracht zu ziehende Freiheitsberaubung durch Unterlassen von der Mehrheit der Bearbeiter gesehen und geprüft. Leider grenzten nur sehr wenige Bearbeiter zwischen Tun/Unterlassen ab [...] auffällig war weiterhin, dass viele eine Garantenstellung des A eher gefühlsmäßig bejahten, ohne entsprechende Belege aus den Vorschriften/Gesetzen zu geben. Das Problem der hypothetischen Kausalität wurde überwiegend nicht sauber geprüft. Es blieb zumeist bei einer oberflächlichen Auseinandersetzung an dieser Stelle. Eine kritische Würdigung der angegebenen BGH-Entscheidung nahm kein Bearbeiter vor, sodass hier auch keine besondere Honorierung erfolgen konnte [...].

Hausarbeit 5

Bargeldloser Zahlungsverkehr

von Holger Niehaus

1 A und B blicken auf eine langjährige Zusammenarbeit bei der Begehung von Eigentums- und Vermögensdelikten zurück, mittels derer sie ihren Lebensunterhalt bestreiten. Als sie wieder einmal Geld benötigten, beschlossen sie, an einem Geldautomaten, der an der Außenfassade einer Bank angebracht war, auf einen Bankkunden zu warten und ihn zur Eingabe seiner PIN und zum Abheben des Maximalbetrages von 2.000 Euro zu bewegen. Das Geld wollten A und B an sich nehmen, sobald die Scheine im Geldausgabefach des Automaten erscheinen würden. C, der üblicherweise mit A und B auf Beutezug ging, war an dem geplanten Abend verhindert. Ersatzweise hatten A und B sich an D gewandt, einen Bekannten des A, der sie bisher noch nie begleitet hatte, und den sie darüber informiert hatten, dass es bei ihren Taten je nach Verhalten des Opfers auch zu Handgreiflichkeiten kommen könne. A und B zahlten ihm 100 Euro dafür, dass er an einer Straßenecke aufpassen und Alarm schlagen sollte, falls sich eine Polizeistreife näherte. An einem Samstagabend gegen 22 Uhr legten sich A und B vereinbarungsgemäß in der Nähe des Geldautomaten auf die Lauer, und D bezog seinen Posten an der Straßenecke. Als X sich dem Geldautomaten näherte und seine Brieftasche hervorzog, um seine EC-Karte einzuführen, traten A und B hinter X, und A forderte ihn mit dem Hinweis, es handele sich um einen Überfall, auf, seine PIN einzugeben und 2.000 Euro abzuheben. X weigerte sich jedoch vehement, woraufhin es zu einem Handgemenge zwischen A, B und X kam. Da C, der innerhalb des Trios üblicherweise der Mann für derartige Situationen war, nicht anwesend war und sie des sich heftig wehrenden X nicht Herr werden konnten, beendeten A und B ihre Bemühungen und suchten das Weite.

Da A dringend finanzielle Mittel benötigte, legte er sich am folgenden Tag an derselben Stelle erneut auf die Lauer, um auf die geplante Weise Geld zu erlangen. Weil er diesmal nicht auf die Unterstützung Dritter zurückgreifen konnte, hatte er ein Brecheisen unter der Jacke versteckt, um durch Ankündigung von Schlägen mit dem Werkzeug seiner Forderung gegenüber dem Opfer Nachdruck zu verleihen. Als sich der Bankkunde Y an den Geldautomaten begab, um Geld abzuheben, näherte sich A ihm von hinten und holte das Brecheisen unter der Jacke hervor. Als er noch etwa 10 Schritte von Y entfernt war, kamen A jedoch Bedenken im Hinblick auf eine mögliche Eskalation der Situation und im Hinblick auf sein bereits nicht unerhebliches Vorstrafenregister. Deshalb entledigte er sich des Brecheisens, indem er dieses in einen Mülleimer am Straßenrand warf. Daraufhin schlich er sich an den Y an, der soeben seine EC-Karte in den Automaten eingeführt hatte, legte von hinten den linken Arm um seinen Hals und bohrte ihm den rechten Zeigefinger in den Rücken mit den Worten „Überfall! 2.000 Euro abheben oder es knallt!“. Y erkannte jedoch, dass A nur vorgab, über eine Pistole zu verfügen, riss sich mit einer beherzten Bewegung von A los und floh. A verließ erneut den Ort des Geschehens, wobei er die von Y im Geldautomaten zurückgelassene EC-Karte mitnahm, um zu überprüfen, ob auf dem in die EC-Karte integrierten Speicherchip (Geldkarten-Funktion) ein abrufbares Guthaben gespeichert war, das A gegebenenfalls für sich verwenden wollte. Als A am folgenden Tag feststellte, dass dies nicht der Fall war, entsorgte er die EC-Karte im nächsten Papierkorb.

Nachdem eine Schwellung am Handgelenk, die A sich bei dem Handgemenge mit X zugezogen hatte, auch nach einigen Tagen nicht abklang, begab sich A zu seinem Hausarzt H. Während dieser das Handgelenk mit einem Verband versorgte, erzählte A dem H leutselig, wie es zu der Verletzung gekommen war, einschließlich der Beteiligung des B, der – wie A wusste – ebenfalls Patient bei H war. H war schockiert, da er selbst bereits einmal Opfer eines ähnlichen Überfalls gewesen war, und begab sich am folgenden Tag zur Polizei, wo er die von A erlangten Informationen zur Anzeige brachte, damit der Gerechtigkeit genüge getan werde und nicht noch weitere Personen Opfer ähnlicher Taten von A und B würden. Gerade als Arzt meinte er zu diesem Vorgehen berechtigt und verpflichtet zu sein.

Aufgabe: Haben sich A, B, D und H nach dem StGB strafbar gemacht?

Gliederung

Gutachten

1. Handlungsabschnitt: Das Geschehen am Samstag

Die Unterteilung des Geschehens in „Handlungsabschnitte" oder „Tatkomplexe" ist kein Selbstzweck, sondern empfiehlt sich (nur) dann, wenn dies die Übersichtlichkeit des Gutachtens erhöht. Wer einen Sachverhalt in dieser Form gliedert, muss zudem durch eine *Umschreibung* deutlich machen, auf welchen Abschnitt des Sachverhalts sich diese Einteilung bezieht.[1] 3

1 *Schlüter/Niehaus/Schröder*, Examensklausurenkurs im Zivil-, Straf- und Öffentlichen Recht, 2. Aufl., S. 5.

A. Strafbarkeit von A und B

4 Zum Aufbau bei Mittäterschaft[2]: Ob bei mehreren Tatbeteiligten ein gemeinsamer oder ein getrennter Aufbau[3] gewählt wird, ist eine Frage der Zweckmäßigkeit. Stellt die Zurechenbarkeit der Tathandlung des einen Beteiligten zum anderen gerade ein Kernproblem der Aufgabe dar, empfiehlt es sich, zunächst die Strafbarkeit des Tatnächsten (hier: A) zu untersuchen und sodann die Strafbarkeit des anderen Beteiligten – einschließlich der Frage der Zurechnung der Tathandlung gem. § 25 II. Liegen hingegen die Voraussetzungen der Mittäterschaft vergleichsweise eindeutig vor (wie hier), empfiehlt sich eine gemeinsame Prüfung, weil sie zur Straffung des Gutachtens beiträgt.

I. §§ 253, 255, 250 I Nr. 2, 22, 23, 25 II

5 A und B könnten sich wegen versuchter schwerer räuberischer Erpressung gemäß den §§ 253, 255, 250 I Nr. 2, 22, 23, 25 II strafbar gemacht haben, indem A den X zunächst unter Hinweis darauf, dass es sich um einen Überfall handele, absprachegemäß aufforderte, 2.000 Euro abzuheben und beide sodann gegenüber X handgreiflich wurden.

Auch beim Versuch eines Delikts ist ein vollständiger **Obersatz** zu bilden. Dazu gehört insbesondere die Benennung der **Handlung(en)**, an welche die Strafbarkeit auch beim Versuch anknüpft (Der bloße Tatbestandsvorsatz und etwaige kriminelle Absichten sind als solche nicht strafbar). Dies ist beim Versuch diejenige Handlung, aus der im weiteren Verlauf der Prüfung das unmittelbare Ansetzen (§ 22) hergeleitet werden könnte. Handelt bei mehreren Mittätern nur einer von ihnen, so beschränkt sich der Obersatz auf die Benennung dieser Handlung. Ob diese den übrigen Beteiligten zuzurechnen ist, wird sodann im Gutachten geklärt.

1. Tatentschluss

A und B müssten Tatentschluss gehabt haben.

a) Vorsatz

6 Dies setzt zunächst Vorsatz hinsichtlich aller Merkmale des objektiven Tatbestandes der (schweren) räuberischen Erpressung voraus.

aa) bezüglich des Einsatzes qualifizierter Nötigungsmittel

7 A und B wollten das Opfer zunächst durch die Art ihres Vorgehens dazu bringen, dass es um seine Gesundheit und sein Leben fürchtete. Sie wussten, dass das Opfer die Art ihres gemeinschaftlichen Auftretens – verbunden mit der Erklärung, es handele sich um einen Überfall – nur dahingehend verstehen konnte, dass es im Fall der Weigerung zur Anwendung von erheblicher körperlicher Gewalt kommen würde. Sie hatten somit Vor-

2 Vgl. zum Aufbau bei mehreren Tatbeteiligten *Wessels/Beulke/Satzger*, AT, Rn. 1209 ff.
3 Bei einem „getrennten Aufbau" würde zunächst die Strafbarkeit des A (als Tatnächstem) untersucht und sodann die Strafbarkeit des B, während bei dem hier gewählten „gemeinsamen Aufbau" die Strafbarkeit von A und B gemeinsam geprüft wird.

satz zur (konkludenten) Drohung mit gegenwärtiger Gefahr für Leib oder Leben. Außerdem hatten sie die Vorstellung, dass es bei ihrer Tat nötigenfalls zur Gewaltanwendung gegen eine Person kommen könnte und sie nahmen dies billigend in Kauf.

bb) bez. gemeinschaftlicher Begehung

Die Voraussetzungen der Mittäterschaft sind dort zu untersuchen, wo sie im Gutachten relevant werden – beim vollendeten Delikt daher im Rahmen der **Zurechnung** der Tathandlung und beim Versuch im Rahmen des Tatentschlusses zu einer mittäterschaftlichen Begehung, also beim Vorsatz hinsichtlich der Tathandlung. Unzutreffend wäre es deshalb, die Voraussetzungen der Mittäterschaft etwa in einem separaten Prüfungspunkt (vor, nach oder zwischen Tatentschluss und unmittelbarem Ansetzen) abzuhandeln. 8

A und B verfolgten einen gemeinsamen Tatplan und B sollte einen Tatbeitrag erbringen, indem er sich mit A zum Tatort begab und hinter den X trat, um die Drohkulisse gegenüber diesem aufzubauen. Als am Tatort anwesender gleichberechtigter Partner des A hatte B Tatherrschaft über das Geschehen, so dass A und B Vorsatz hinsichtlich aller Umstände hatten, die eine Zurechnung der Erklärungen des A gegenüber X gemäß § 25 II begründen.

Für die hier allein in Betracht kommende Versuchsstrafbarkeit kommt es allein auf den **Vorsatz** von A und B an (hier bezüglich der Umstände, aus denen die Zurechnung der Tathandlung gemäß § 25 II herzuleiten wäre, wenn es zur Vollendung gekommen wäre). Unzutreffend (weil für die untersuchte Strafbarkeit nicht Voraussetzung) wäre es daher, im Tatentschluss (!) zu prüfen, ob die Erklärungen des A dem B tatsächlich zugerechnet werden.

cc) bez. Tun, Dulden oder Unterlassen des Opfers

A und B müssten weiterhin den Vorsatz gehabt haben, ihr Opfer zu einer Handlung, Duldung oder Unterlassung zu nötigen. 9

(1) Vermögensverfügungscharakter der Opfermitwirkung

Nach einer Auffassung muss bei der Erpressung die Opfermitwirkung die Qualität einer unmittelbaren Vermögensverfügung aufweisen[4]. A und B wollten, dass X infolge der Drohung und der Gewalt die PIN seines Kontos eingibt und 2.000 Euro abhebt. Da nur X die PIN kannte, handelte es sich – was A und B bewusst war – um einen notwendigen Mitwirkungsakt. Da die Auszahlung des Geldes vor Ort erfolgen sollte, hatten A und B auch Vorsatz hinsichtlich der Umstände, aus denen sich die Unmittelbarkeit der Vermögensverfügung ergibt.[5] 10

Allgemein zur Methodik der Streitdarstellung vgl. Einleitung, S. 16.

4 Schönke/Schröder/*Bosch*, StGB, 29. Aufl., § 253 Rn. 8.
5 Vgl. *Rengier*, BT 1, 25. Aufl., § 11 Rn. 22 f.

(2) Äußere Gestalt des Vermögensverschiebungsvorgangs

11 Nach der Gegenauffassung muss die nach dem Wortlaut des § 253 vorausgesetzte Handlung, Duldung oder Unterlassung keine Vermögensverfügung in dem oben genannten Sinne darstellen. Ob eine Verurteilung wegen Raubes oder wegen räuberischer Erpressung zu erfolgen hat, wird danach nicht nach materiellen Kriterien beurteilt, sondern richtet sich danach, ob sich das Verhalten der Beteiligten als Wegnahme durch den Täter darstellt (dann Raub) oder als Weggabe durch das Opfer (dann räuberische Erpressung).[6]

Hier sollte nach der Vorstellung von A und B durch die Eingaben des X das Geld in den Geldausgabeschacht des Automaten fallen und ihnen damit zur Verfügung stehen. Bei der gebotenen Gesamtbetrachtung stellt der erstrebte Vorgang deshalb ein Geben des X (unter Verwendung des Automaten) dar. Auch nach dieser Auffassung hatten A und B daher Vorsatz hinsichtlich einer tatbestandlichen Opferreaktion im Sinne des § 253 I.

1) Der vielfach anzutreffende Satz „Eine Streitentscheidung ist daher entbehrlich" ist überflüssig; dies ergibt sich vielmehr aus der oben dargestellten Subsumtion.

2) Wie der vorliegende Fall zeigt, bildet nicht in jedem Fall, in dem sowohl ein Raub als auch eine räuberische Erpressung in Betracht kommt, der allseits bekannte Streit um die Abgrenzung der beiden Tatbestände einen Schwerpunkt der Prüfung. Wer hier schematisch diesen Meinungsstreit breit darstellt, verfehlt die **Schwerpunkte** der Aufgabe. Allerdings lässt sich bei entsprechender Begründung der Vorgang durchaus auch als *Wegnahme* durch A und B deuten (Es sollte allerdings bedacht werden, dass bei **jedem** Erpressungsvorgang, bei dem das Opfer nicht gerade dem Täter die Beute in die Jackentasche steckt, auch ein Element des Nehmens vorhanden sein wird. Wer der Erpressung daher einen Anwendungsbereich zugestehen will, kann daher das Vorhandensein irgendeines Elementes des Nehmens (wie hier) nicht ausreichen lassen).

Dann wäre der Streit zu entscheiden und es wären vertieftere Ausführungen dazu erforderlich. Der Bearbeiter sollte sich bei seiner Subsumtion allerdings nicht von der (wie der vorliegende Fall zeigt, oftmals unzutreffenden) Annahme leiten lassen, der Aufgabensteller erwarte gewiss eine breite Darstellung eines bekannten Streitstandes, so dass man – mit welcher Begründung auch immer – zu divergierenden Ergebnissen kommen müsse.

dd) bez. Vermögensschaden

12 A und B wussten auch, dass sie dem Vermögen des X einen Nachteil zufügen würden.

ee) bez. bandenmäßiger Begehung

13 A und B müssten ferner Umstände in ihren Willen aufgenommen haben, aus denen sich eine bandenmäßige Begehung i.S.d. § 250 I Nr. 2 StGB ergibt. Eine Bande in diesem Sinne liegt vor, wenn sich mindestens drei Personen durch ausdrückliche oder stillschweigende Vereinbarung zur fortgesetzten Begehung mehrerer, im Einzelnen noch unbestimmter Raubtaten verbunden haben.[7] Dies trifft auf die Verbindung von A, B und C zu.

6 BGH, NJW 1995, 2799, 2800; BGHSt 3, 297, 299.
7 BGHSt 46, 321.

A und B müssten weiter den Vorsatz gehabt haben, die Tat unter Mitwirkung eines anderen Bandenmitglieds zu begehen. Beide wussten, dass der jeweils andere bei der Tat vor Ort sein und aktiv an der Tat mitwirken sollte. Die Existenz eines dritten Bandenmitglieds ist zwar Voraussetzung dafür, dass überhaupt eine Bande i.S.d. § 250 I Nr. 2 vorliegt. Die Vorschrift setzt aber nicht voraus, dass das dritte Mitglied ebenfalls an der konkreten Tat mitwirkt. Somit war der Vorsatz von A und B auf die Begehung einer bandenmäßigen (schweren) räuberischen Erpressung gerichtet.

b) Bereicherungsabsicht

Sie müssten weiterhin mit Bereicherungsabsicht gehandelt haben. A und B kam es gerade auf die Erlangung der 2.000 Euro an und sie wussten, dass ihnen kein Anspruch auf das Geld zustand, so dass sie die erforderliche Absicht rechtswidriger Bereicherung hatten. **14**

2. Unmittelbares Ansetzen

A und B müssten gem. § 22 zur Verwirklichung des Tatbestands unmittelbar angesetzt haben. Dies ist der Fall, wenn nach ihrer Vorstellung das bedrohte Rechtsgut schon unmittelbar gefährdet war.[8] Nach dem Aussprechen der Drohung und der Aufforderung, 2.000 Euro abzuheben, bedurfte es nach der Vorstellung von A und B keiner wesentlichen Zwischenakte mehr, um die Tatbestandsverwirklichung herbeizuführen. Sie haben daher unmittelbar zur Tatbestandsverwirklichung angesetzt. **15**

3. Rechtswidrigkeit/Schuld

A und B handelten auch rechtswidrig und schuldhaft. **16**

4. Rücktritt (§ 24 II)

Sie sind nicht mit strafbefreiender Wirkung gem. § 24 II zurückgetreten, da es zur Vollendung lediglich deshalb nicht kam, weil sie den Widerstand des X nicht überwinden konnten. Ihr Abstandnehmen von der Tat geschah daher nicht freiwillig. **17**

> Die Verwendung eines (verkürzten) **Urteilsstils** ist auch im Rahmen eines Gutachtens an unproblematischen Stellen ohne weiteres zulässig und kann zur Straffung der Ausführungen eingesetzt werden.[9] Wer mit der h.M. die Kategorie des „fehlgeschlagenen Versuchs" anerkennt, wird zum selben Ergebnis gelangen, indem er auf das Vorliegen eines solchen fehlgeschlagenen Versuchs abstellt.

II. Ergebnis

A und B haben sich daher wegen versuchter schwerer räuberischer Erpressung strafbar gemacht. **18**

---

8 Vgl. BGH, NStZ 2006, 331, 332; Schönke/Schröder/*Eser/Bosch*, StGB, 30. Aufl., § 22 Rn. 42.

9 Vgl. Einleitung, S. 15.

Die ebenfalls verwirklichte **versuchte Nötigung** (§§ 240, 22, 23, 25 II) tritt als lex generalis ersichtlich hinter der versuchten schweren räuberischen Erpressung zurück. Eine kurze Feststellung dieses Umstandes ist nicht falsch. Allerdings sollte der in der Hausarbeitssituation fehlende Zeitdruck nicht zu weitschweifigen und überflüssigen Ausführungen verführen; „Mut zum Weglassen" von Offensichtlichem ist auch in der Hausarbeit ein Qualitätskriterium (vgl. S. 13). Aus demselben Grund bedarf auch eine etwaige Strafbarkeit wegen **Körperverletzung** (§§ 223, 25 II) keiner Erwähnung, da sich dem Sachverhalt ein Körperverletzungserfolg zum Nachteil des X nicht entnehmen lässt.

B. Strafbarkeit des D

I. §§ 253, 255, 250 I Nr. 2, 22, 23, 27

19 D könnte sich wegen Beihilfe zur versuchten schweren räuberischen Erpressung gemäß den §§ 253, 255, 250 I Nr. 2, 22, 23, 27 strafbar gemacht haben, indem er während der Tat von A und B an der Straßenecke aufpasste, um diese gegebenenfalls zu warnen.

1) Der Formulierung der Obersätze kommt im strafrechtlichen Gutachten besondere Bedeutung zu. In der späteren Praxis hängen von der möglichst genauen Formulierung der Tathandlungen die Wirksamkeit der Anklage und im Rahmen des gerichtlichen Verfahrens der Umfang der Rechtskraft und damit des Strafklageverbrauchs ab. Natürlich ist auch auf begriffliche Genauigkeit zu achten. Es handelt sich hier um eine „Beihilfe zum Versuch", nicht etwa um eine „versuchte Beihilfe" (die straflos ist, vgl. § 30 StGB).

2) D ist ersichtlich nicht **Mittäter**, da die Umstände, die er kennt, weder seine Tatherrschaft begründen noch auf seinen „Täterwillen" schließen lassen. Ausführungen hierzu sind daher entbehrlich. Wenn sie gleichwohl erfolgen, sind sie kurz zu halten, da anderenfalls eine unzutreffende Schwerpunktsetzung droht.

1. Haupttat

20 Es müsste zunächst eine vorsätzliche und rechtswidrige Haupttat von A und B vorliegen. Wie oben gezeigt, haben A und B eine versuchte schwere räuberische Erpressung (§§ 253, 255, 250 I Nr. 2, 22) begangen.

a) Akzessorietätslockerung, § 28 II

21 Gleichwohl könnte für D gemäß § 28 II (lediglich) der Tatbestand der versuchten räuberischen Erpressung (§§ 253, 255, 22, 25 II) als Haupttat maßgeblich sein, wenn der für A und B qualifizierende Umstand der Bandenmitgliedschaft ein besonderes persönliches Merkmal darstellt und dieses bei D fehlt.

1) Bei dieser Frage handelt es sich nicht etwa um ein „Detail", das lediglich kursorisch abgehandelt werden könnte. Die Mindeststrafe erhöht sich bei Eingreifen des § 250 StGB von einem Jahr (§§ 249, 255) auf drei Jahre (wobei hier in beiden Fällen die Strafmilderungen gem. § 27 II 2 und ggf. § 23 II zu beachten wären).

2) Zum **Aufbau**: Hinsichtlich des **Prüfungsstandorts des § 28 II** finden sich in der Übungsliteratur verschiedene Empfehlungen (z.B. Prüfung zwischen Tatbestand und Rechtswidrigkeit etc.). Richtigerweise regelt § 28 II die Frage, für die Beteiligung an **welcher** Haupttat der Gehilfe haftet. Die Ausführungen zu § 28 II sollten daher nicht „in der Luft hängend“ erfolgen, sondern dort, wo sie im Gutachten relevant werden – im Rahmen der beteiligungsfähigen „Tat eines anderen“ i.S.d. § 27 I.

3) Der hier gewählte Aufbau bringt es mit sich, dass Obersatz (versuchte schwere räuberische Erpressung) und Ergebnis (versuchte räuberische Erpressung) u.U. nicht deckungsgleich sind. Dies ist jedoch kein Mangel, sondern gerade Folge der Anwendung des § 28 II. Alternativ kann ein Aufbau gewählt werden, der nach Bejahung der Anwendung des § 28 II die Prüfung der Beihilfe zur **schweren** räuberischen Erpressung abbricht und sodann mit der Beihilfe zur räuberischen Erpressung fortsetzt.

aa) Fehlen des Merkmals beim Teilnehmer

Voraussetzung einer Durchbrechung der Akzessorietät des § 28 II ist, dass das Merkmal der Bandenmitgliedschaft bei D fehlt. Bandenmitgliedschaft setzt eine Vereinbarung zu längerfristigem Zusammenwirken voraus. Daher ist D, der A und B nur einmalig als Ersatz für C begleitet, nicht Bandenmitglied. **22**

Z.T. wird in der Lit. darüber hinaus bezweifelt, ob Gehilfen *überhaupt* Bandenmitglieder sein können; dagegen die h.M.: BGHSt 47, 214. Auch hier gilt: Nicht jede unterschiedliche Rechtsauffassung muss im Gutachten auch dargestellt werden.

bb) Strafschärfendes Merkmal

Das Merkmal der Bandenmitgliedschaft stellt zunächst einen strafschärfenden Umstand i.S.d. § 28 II dar, weil im Falle seines Vorliegens der Tatbestand des Raubes bzw. der Erpressung zum schweren Raub/zur schweren räuberischen Erpressung qualifiziert wird. **23**

cc) Besonderes persönliches Merkmal

Darüber hinaus müsste es sich um ein besonderes persönliches Merkmal handeln. Dies sind solche Umstände, die einen Bezug zur Person des Täters haben und Ausdruck einer höchstpersönlichen Pflichtenbindung sind.[10] Daran fehlt es, wenn nur der besondere Unrechtscharakter der Tat beschrieben wird („tatbezogene Merkmale“). **24**

Ob die Bandenmitgliedschaft ein tat- oder täterbezogenes Merkmal darstellt, ist umstritten.

(1) Nach einer Auffassung wird durch das Merkmal der Bandenzugehörigkeit die Begründung einer gewissen Eigendynamik für weitere Straftaten und die verringerte Abwehrchance für das aktuelle Opfer als strafschärfend typisiert. Daher handele es sich um ein Merkmal, das die Tat als besonders gefährlich kennzeichne und somit nicht um **25**

10 Schönke/Schröder/*Heine/Weißer*, 30. Aufl., § 28 Rn. 17.

ein besonderes persönliches Merkmal, so dass § 28 II keine Anwendung finde.[11] Die für D maßgebliche Haupttat wäre danach die versuchte schwere räuberische Erpressung.

Im Rahmen der Streitdarstellung sind die **Auswirkungen** der jeweiligen Auffassung für den zu begutachtenden Fall darzustellen (Subsumtion). Anderenfalls ist nicht nachvollziehbar, ob es für die Entscheidung des Falles überhaupt auf den Unterschied zwischen den Auffassungen ankommt. Denn Gegenstand des Gutachtens ist ein konkreter Fall, nicht die Erörterung abstrakter Rechtsfragen.

Nicht erforderlich ist es, die Auffassungen mit einer konkreten **Bezeichnung** zu versehen, wenn sich dies nicht aufdrängt (wie z.B. bei der „Tatherrschaftslehre“). Gegenüber gelegentlich eher verzweifelt daherkommenden entsprechenden Versuchen („materiell-objektive Theorie“) erscheint die schlichte Darstellung als „eine Auffassung“ als vorzugswürdig.

Beim Umgang mit Bezeichnungen wie „nach herrschender Meinung“, nach „der Literatur“ bzw. „der Rechtsprechung“ ist Zurückhaltung geboten. Welche Auffassung „herrschend“ ist, ist zum einen für das Gutachten unerheblich. Zum anderen fehlen objektive Kriterien dafür, wonach sich dies bemessen soll. Weiterhin verlaufen die Grenzlinien oftmals nicht schematisch zwischen Rechtsprechung und Schrifttum, sondern regelmäßig existieren auch innerhalb des Schrifttums unterschiedliche Ansätze.

26 (2) Nach der Gegenauffassung kann ein Teilnehmer „Mitglied“ nur in eigener Person sein. Es handle sich um ein personenbezogenes und nicht um ein tatbezogenes Merkmal, so dass eine Zurechnung daher ausscheide.[12] Da D nicht Mitglied der Bande war, könnte er daher über § 28 II nur wegen Beteiligung an einer versuchten räuberischen Erpressung strafbar sein, nicht aber wegen Teilnahme an einer versuchten schweren räuberischen Erpressung.

Da die beiden Auffassungen zu unterschiedlichen Ergebnissen gelangen, ist hier eine Stellungnahme erforderlich. Dies ergibt sich wiederum aus der Subsumtion selbst, so dass der nicht selten anzutreffende Satz „Es ist daher eine Stellungnahme erforderlich“ überflüssig (allerdings auch nicht schädlich) ist.

27 (3) Mit dem **Wortlaut** des Gesetzes lassen sich beide Auffassungen vereinbaren.

Im Rahmen der Auslegung bietet es sich regelmäßig an, mit dem Wortlaut des Gesetzes zu beginnen, denn dieser bildet die Grundlage der Auslegung und die Rechtsprechung ist an den Wortlaut des Gesetzes gebunden (Art. 20 III, 103 II GG). Dies kann gerade auch dann gelten, wenn der Wortlaut für die Auslegungsfrage unergiebig ist, denn dadurch wird aufgezeigt, dass beide Ergebnisse mit dem Gesetz vereinbar sind und sich das Ergebnis aus den übrigen Auslegungsmethoden ergeben muss.

---

11 SK-StGB/*Hoyer*, 35. Lieferung (Januar 2001), § 28 Rn. 34; Schönke/Schröder/*Heine/Weißer*, 30. Aufl., § 28 Rn. 18; LK-StGB/*Roxin*, 11. Aufl., § 28 Rn. 73.

12 BGHSt 47, 214 ff.; 46, 120, 128; LK-StGB/*Schünemann*, 12. Aufl., § 28 Rn. 68.

Die Anwendung der anerkannten Auslegungsmethoden ist ein wesentliches Kriterium für die Bewertung des Gutachtens. Wenn der Bearbeiter zeigt, dass er sein Ergebnis aus der Anwendung dieser Methoden herleitet und es nicht lediglich „behauptet“, wird sich dies maßgeblich in der Benotung widerspiegeln.

Für die letztgenannte Auffassung spricht aber bereits die **Gesetzesgeschichte**. Der Gesetzgeber hat in der Begründung des Entwurfes eines Strafgesetzesbuches deutlich zum Ausdruck gebracht, dass nach seiner Vorstellung die Bandenmitgliedschaft ein besonderes persönliches Merkmal darstellt und der Gehilfe deshalb nicht aus dem verschärften Strafrahmen bestraft werden kann, wenn er selbst nicht Bandenmitglied ist.[13]

Im Gegensatz zur Klausuraufgabe stehen den Bearbeitern im Rahmen der Hausarbeit die Gesetzesmaterialien zur Verfügung. Sofern sich aus ihnen Hinweise ergeben, stellen sie eine wertvolle Auslegungshilfe dar. Umgekehrt stellt es einen Mangel des Gutachtens dar, wenn die Materialien Hinweise auf den Willen des Gesetzgebers enthalten und der Bearbeiter darauf nicht eingeht.

Der Umstand, Mitglied einer Bande zu sein, charakterisiert – entgegen der erstgenannten Auffassung – nicht den Kontext der konkreten Tatsituation[14] oder eine bestimmte Lebenssituation, sondern die persönliche Beziehung des Beteiligten zu den übrigen Bandenmitgliedern und ist deshalb ein persönliches, nicht aber ein tatbezogenes Merkmal.

Zur Stellungnahme in einer umstrittenen Frage gehört es, sich mit den **Argumenten der Gegenauffassung** auseinanderzusetzen (In welchem Umfang dies geschieht, entzieht sich selbstverständlich einer abstrakten Vorgabe). Wer zwar Meinungen auflistet, sich aber nicht mit deren Argumenten auseinandersetzt, legt ein unvollständiges Gutachten vor. Verfügt eine Auffassung nach der Meinung des Bearbeiters über keine Argumente, mit denen sich eine Auseinandersetzung lohnte, dann sollte diese Auffassung gar nicht dargestellt werden.

Dies entspricht auch dem **Sinn und Zweck** der Akzessorietätslockerung gem. § 28 II. Nach dem Grundgedanken dieser Vorschrift sollen dem Beteiligten keine Umstände zugerechnet werden, die nur die Person des anderen Beteiligten charakterisieren.[15] Bandenmitglied kann man jedoch nur in eigener Person sein.[16] Eine Strafschärfung für einen Gehilfen unter dem Gesichtspunkt, dass ein anderer Beteiligter Mitglied einer Bande ist, widerspräche dem Gerechtigkeitsempfinden, dem § 28 II im Bereich der Zurechnung Rechnung tragen will.

13 BT-Drucks. IV/650, S. 407.
14 So aber Schönke/Schröder/*Heine/Weißer*, 30. Aufl., § 28 Rn. 18.
15 *Lackner/Kühl/Heger*, StGB, 30. Aufl., § 28 Rn. 1.
16 LK-StGB/*Schünemann*, § 28 Rn. 68.

b) Zwischenergebnis

28 Im Ergebnis ist daher die versuchte räuberische Erpressung gemäß den §§ 253, 255, 22, 23, 25 II die für D maßgebliche Haupttat.

> Selbstverständlich ist das gegenteilige Ergebnis mit den genannten Argumenten vertretbar.

2. Beihilfehandlung

29 Indem er während der Tat von A und B an der Straßenecke aufpasste, um diese gegebenenfalls zu warnen, leistete D Hilfe zu ihrer Tat i.S.d. § 27 I.

3. Vorsatz, Rechtswidrigkeit, Schuld

30 Er handelte vorsätzlich, rechtswidrig und schuldhaft.

II. Ergebnis

31 D hat sich somit wegen Beihilfe zur versuchten räuberischen Erpressung gemäß den §§ 253, 255, 22, 23, 27 strafbar gemacht.

2. Handlungsabschnitt: Das Geschehen am Sonntag

– Strafbarkeit des A –

I. §§ 253, 255, 250 I Nr. 1a), 2. Alt., II Nr. 1, 22, 23

32 A könnte sich wegen versuchter besonders schwerer räuberischer Erpressung gemäß den §§ 253, 255, 250 I Nr. 1a), 2. Alt., II Nr. 1, 22, 23 strafbar gemacht haben, indem er sich Y zunächst mit einem Brecheisen näherte, ihm sodann um den Hals fasste und ihm den Zeigefinger in den Rücken bohrte, wobei er ihn aufforderte, 2.000 Euro abzuheben.

Die **gesteigerte** Qualifikation des § 250 II ist trotz der amtlichen Gesetzesüberschrift („schwerer Raub") nach der Rechtsprechung als „**besonders** schwere" räuberische Erpressung sprachlich kenntlich zu machen.[17]

1. Tatentschluss

33 a) A hatte – wie sich aus den entsprechend anwendbaren Ausführungen im 1. Handlungsabschnitt, A. I. ergibt – Tatentschluss zur Begehung einer räuberischen Erpressung.

> Verweisungen nach oben sind zulässig (auch wenn sie sich – wie hier – auf Ausführungen beziehen, die eine andere Tat betreffen, so dass die in Bezug genommenen Ausführungen nur entsprechend gelten).

---

17 BGH, Beschluss vom 29.11.2011 – 3 StR 390/11; vgl. *Meyer-Goßner/Schmitt*, StPO, 66. Aufl., § 260 Rn. 25a.

b) Der Vorsatz des A könnte sich darüber hinaus auf qualifizierende Umstände bezogen haben.

aa) A wusste, dass er ein Brecheisen – mithin ein gefährliches Werkzeug i.S.d. § 250 I Nr. 1a), 2. Alt. – bei sich führte. Dies muss nach seiner Vorstellung zu einem beliebigen Zeitpunkt zwischen Versuchsbeginn und Beendigung erfolgen. Hier hatte der Versuch schon begonnen, als A das Brecheisen unmittelbar vor Erreichen des Opfers beiseite legte, und A kannte die Umstände, aus denen sich der Versuchsbeginn ergibt. Daher ändert das Beiseitelegen des Brecheisens nichts daran, dass sein Tatentschluss auf eine gem. § 250 I Nr. 1a) qualifizierte Tatbegehung gerichtet war.

Das Weglegen des Brecheisens kann allenfalls unter dem Gesichtspunkt des (Teil-) Rücktritts relevant werden (vgl. Rn. 36).

Dass es sich bei einem Brecheisen um ein gefährliches Werkzeug handelt, lässt sich mit einer im Schrifttum vertretenen, sehr engen Auffassung verneinen.[18] Ob dieser Streit hier dargestellt und welcher Raum ihm gegebenenfalls gewidmet wird, liegt im Ermessen des Bearbeiters.

bb) A könnte weiterhin Vorsatz zum **Verwenden** eines gefährlichen Werkzeuges gemäß § 250 II Nr. 1 gehabt haben. Verwenden ist jeder Gebrauch des Werkzeugs, auch soweit er (nur) zur Drohung mit Gewalt erfolgen soll.[19] A wollte den D mit dem Brecheisen bedrohen, so dass er Vorsatz hinsichtlich des Verwendens des Werkzeugs hatte.

2. Unmittelbares Ansetzen

Indem er sich dem Y, der am Automaten stand, von hinten näherte, setzte A zur Tat 34
unmittelbar an i.S.d. § 22.

3. Rechtswidrigkeit/Schuld

Er handelte auch rechtswidrig und schuldhaft. 35

4. Teilrücktritt von der Qualifikation

A ist nicht vom Versuch der räuberischen Erpressung gem. § 24 I 1, 1. Alt. **insgesamt** 36
zurückgetreten, denn nachdem der Versuch fehlgeschlagen war, kommt ein Rücktritt nicht mehr in Betracht.

In Betracht kommt aber ein Teilrücktritt vom gem. § 250 qualifizierten Delikt.

a) Wenn die **Qualifikation nur versucht** wurde, ist ein Teilrücktritt möglich.[20] A hat seinen Plan hinsichtlich der Verwendung des Brecheisens als Drohmittel freiwillig aufgegeben, so dass er hinsichtlich der Qualifikation gemäß § 250 II Nr. 1 mit strafbefreiender Wirkung zurückgetreten ist.

18 Vgl. die Nachweise bei *Lackner/Kühl/Heger*, StGB, § 244 Rn. 3.
19 *Lackner/Kühl/Heger*, a.a.O., § 244 Rn. 3 m.w.N.
20 BGH, NJW 2007, 1699.

b) Fraglich ist aber, ob A auch vom Versuch des gem. § 250 I Nr. 1a), 2. Alt. qualifizierten Versuchs zurücktreten konnte. Insoweit war die Qualifikation bereits **vollendet**, indem A die Brechstange **nach Versuchsbeginn** einsatzbereit bei sich hatte. Da aber ein Rücktritt von einer vollendeten Tat nicht möglich ist, scheidet ein Rücktritt des A hinsichtlich dieser Qualifikation aus.

5. Ergebnis

37 A hat sich wegen versuchter schwerer räuberischer Erpressung gemäß den §§ 253, 255, 250 I Nr. 1a), 2. Alt., 22, 23 strafbar gemacht (nicht aber wegen versuchter *besonders* schwerer räuberischer Erpressung).

II. §§ 263, 22, 23

38 A könnte sich wegen versuchten Betruges gemäß den §§ 263, 22, 23 strafbar gemacht haben, indem er dem Y den Zeigefinger in den Rücken bohrte und erklärte, es werde „knallen", wenn Y seinen Forderungen nicht nachkommt.

Es entspricht einhelliger Meinung, dass im Fall einer **Scheindrohung**, die zum Zweck der Ermöglichung einer Erpressung ausgeführt wird (wie hier), im Ergebnis keine Verurteilung wegen versuchten Betruges erfolgt. Die entsprechenden Ausführungen sind deshalb kurz zu halten. Das „Springen" zur Konkurrenzfrage ist hier zulässig.

1. Nach einer Auffassung (sog. Tatbestandslösung) liegt bereits keine betrugsrelevante Täuschung mehr vor, wenn diese nur der Unterstützung der Drohung im Rahmen einer Erpressung dient.[21]

2. Die Gegenauffassung (sog. Konkurrenzlösung) geht davon aus, dass zwar ein tatbestandlicher Betrug vorliegen kann, dieser aber jedenfalls hinter der Erpressung im Wege der Konsumtion zurücktritt.[22]

III. § 239a

39 A könnte sich wegen räuberischer Erpressung gem. § 239a StGB strafbar gemacht haben, indem er dem Y den Zeigefinger in den Rücken bohrte und erklärte, es werde „knallen", wenn Y seinen Forderungen nicht nachkommt.

Dann müsste A sich des Y bemächtigt haben. Dies setzt im Zwei-Personen-Verhältnis voraus, dass eine „stabilisierte Lage" in der Weise eingetreten ist, dass der Bemächtigungssituation im Vergleich zur vorherigen Nötigungshandlung im Rahmen des § 255 eine eigenständige Bedeutung zukommt.[23] Y war jedoch (lediglich) der Nötigungshandlung des A ausgesetzt, so dass es hier an einer solchen Bemächtigungslage fehlt und A sich nicht gem. § 239a StGB strafbar gemacht hat.

21 So wohl BGHSt 23, 294.
22 Schönke/Schröder/*Bosch*, StGB, 30. Aufl., § 253 Rn. 33.
23 BGHSt 40, 350, 358.

IV. § 242 bez. der EC-Karte

A könnte sich wegen Diebstahls der EC-Karte des Y strafbar gemacht haben, indem er diese nach dem Verlassen des Tatorts durch Y an sich nahm. 40

1. Wegnahme einer fremden beweglichen Sache

Dann müsste A die Karte – eine für ihn fremde bewegliche Sache – weggenommen, also fremden Gewahrsam gebrochen und neuen begründet haben. Die Karte war nach der Flucht des Y nicht gewahrsamslos, sondern befand sich im Gewahrsam der Bank. Diesen Gewahrsam hat A ohne Willen eines Berechtigten aufgehoben und neuen, nämlich eigenen Gewahrsam begründet. Er hat die Karte daher weggenommen. 41

In eindeutigen Fällen – wie hier im Fall des Merkmals der fremden beweglichen Sache – reicht auch im Gutachten die bloße Feststellung, dass das Merkmal vorliegt, aus.

2. Vorsatz

A handelte vorsätzlich. 42

3. Zueignungsabsicht

Darüber hinaus müsste er Zueignungsabsicht gehabt haben. Er müsste also die Absicht gehabt haben, sich die Karte oder den in ihr verkörperten Sachwert anzueignen. Hinsichtlich der Geldkartenfunktion ist das in dem Speicherchip enthaltene Guthaben[24] als Sachwert in der Karte verkörpert. Die auf Nutzung der Geldkartenfunktion gerichtete Absicht ist daher auf Sachwertzueignung gerichtet. Dass kein Guthaben auf der Karte war, ändert nichts an der Absicht. 43

Einige Bearbeiter haben deshalb lediglich einen Versuch des Diebstahls angenommen. Dabei wird verkannt, dass es für die Absicht nur auf die Vorstellung des A ankommt.

Ein versuchter Computerbetrug (§§ 263a, 22, 23) kommt nicht in Betracht, weil A die Karte nicht durch Benutzen der PIN als Schlüssel zum Girokonto des Y benutzen wollte (sondern in ihrer Geldkartenfunktion).

4. Rechtswidrigkeit, Schuld, Ergebnis

A handelte rechtswidrig und schuldhaft. Er hat sich somit wegen Diebstahls gem. § 242 strafbar gemacht. 44

V. § 274 I Nr. 1, 2

A könnte sich durch das Wegwerfen der EC-Karte des Y wegen Urkundenunterdrückung gem. § 274 I strafbar gemacht haben. 45

24 Nicht zu verwechseln mit dem Guthaben auf dem Girokonto, hinsichtlich dessen die EC-Karte lediglich „Schlüsselfunktion" hat.

1. Urkunde

46 Die EC-Karte stellt eine verkörperte Gedankenerklärung dar, die zum Beweis im Rechtsverkehr geeignet und bestimmt ist und ihren Aussteller erkennen lässt.[25] Bei ihr handelt es sich daher um eine Urkunde.

2. Tathandlung

47 Diese müsste A unterdrückt haben. Dies bedeutet die mindestens vorübergehende Entziehung der Beweisführungsmöglichkeit. Durch das Wegwerfen war dem Y jedenfalls vorübergehend die Beweisführung mit der EC-Karte nicht möglich. A hat deshalb die Urkunde gem. § 274 I Nr. 1 unterdrückt.

3. Subjektiver Tatbestand

48 A handelte in Kenntnis aller Umstände und damit vorsätzlich. Er müsste auch mit Nachteilszufügungsabsicht gehandelt haben. Dafür reicht sicheres Wissen (dolus directus 2. Grades) aus.[26] Hier wusste A zwar, dass Y sich infolge des Verlustes der Karte vorübergehend nicht mehr – etwa im Rahmen des bargeldlosen Zahlungsverkehrs – als berechtigter Kontoinhaber legitimieren kann und dass Y sich eine neue EC-Karte würde verschaffen und dafür eine Gebühr entrichten müssen. Bei letzterem handelt es sich jedoch nicht um Nachteile, die gerade aus dem Verlust des Beweisführungsrechts resultiert. Dafür, dass A im Sinne eines sicheren Wissens die Vorstellung hatte, dass dem Y Nachteile daraus entstehen könnten, dass er für den Zeitraum bis zur Erlangung der neuen EC-Karte seine alte EC-Karte nicht verwenden kann, gibt es nach dem Sachverhalt keine Anhaltspunkte.

Wer daher etwa eine fremde Brieftasche mit den darinbefindlichen Urkundspapieren in einen Fluss wirft, hat keine Nachteilszufügungsabsicht i.S.d. § 274 StGB.[27]

A handelte daher im Sinne des § 274 nicht in der Absicht, dem Y Nachteil zuzufügen und hat sich nicht wegen Urkundenunterdrückung strafbar gemacht.

Das OLG Hamm hat die Nachteilszufügungsabsicht mit der (knappen) Begründung bejaht, dass der Täter in dem Bewusstsein gehandelt habe, dass notwendige Folge seiner Tat der Nachteil des Berechtigten ist, mit der Urkunde keinen Beweis mehr führen zu können.[28] Bejaht man dementsprechend die Urkundenunterdrückung, dann tritt § 303a StGB dahinter als subsidiäres Delikt zurück (aA (Idealkonkkurrenz) vertretbar).

---

25 Schönke/Schröder/*Heine/Schuster*, StGB, 30. Aufl., § 267 Rn. 2; NK-StGB/*Puppe*, 5. Aufl., 2017, § 152b Rn. 10 a.E.

26 *Lackner/Kühl/Heger*, a.a.O., § 274 Rn. 7 m.w.N.

27 MüKoStGB/*Erb*, 4. Aufl., 2022, § 274 Rn. 21.

28 OLG Hamm, Beschl. v. 7.4.2020 – 4 RVs 12/20, BeckRS 2020, 9059, Rn. 40.

VI. § 303a

1. Tatobjket

A könnte sich durch dieselbe Handlung wegen Datenveränderung gem. § 303a I 2. Var. strafbar gemacht haben. Bei den auf der EC-Karte gespeicherten Informationen handelt es sich um Daten, die elektronisch, magnetisch oder sonst nicht unmittelbar wahrnehmbar gespeichert sind oder übermittelt werden, und somit um Daten i.S.d. §§ 303a I, 202a II. **49**

2. Tathandlung

Unterdrückt werden Daten, wenn sie dem Zugriff des Berechtigten entzogen und deshalb von diesem nicht mehr verwendet werden können. Die zeitweilige Entziehung reicht, so dass es nicht darauf ankommt, ob der Verfügungsberechtigte die Daten wiederherstellen kann.[29] A hat durch das Wegwerfen des Datenträgers (der EC-Karte) dem Y die Daten jedenfalls zeitweilig entzogen und diese daher unterdrückt. **50**

3. Subjektiver Tatbestand

In subjektiver Hinsicht reicht bedingter Vorsatz aus. A kannte alle Umstände, die den objektiven Tatbestand erfüllen, und handelte daher vorsätzlich. **51**

4. Rechtswidrigkeit/Schuld/Ergebnis

A handelte auch rechtswidrig und schuldhaft und hat sich somit wegen Datenveränderung gem. § 303a I 2. Var. strafbar gemacht. Für die Strafverfolgung bedarf es gem. § 303c eines Strafantrags. **52**

VII. § 202a

A könnte sich wegen Ausspähens von Daten gem. § 202a strafbar gemacht haben, indem er die EC-Karte des Y an sich nahm. **53**

Dann müsste er sich Daten, die nicht für ihn bestimmt und gegen unberechtigten Zugang besonders gesichert sind, verschafft haben. Da § 202a das Interesse an der Geheimhaltung gespeicherter Daten schützt, setzt das Sichverschaffen zwar nicht die Überwindung der besonderen Sicherung beim Sichverschaffensvorgang, wohl aber im weiteren Verlauf voraus.[30] A hat eine solche Sicherung nicht überwunden und sich daher nicht gem. § 202a strafbar gemacht.[31]

29 Vgl. Schönke/Schröder/*Hecker*, 30. Aufl., 2019, § 303a, Rn. 6.
30 *Lackner/Kühl/Heger*, a.a.O., § 202a Rn. 5.
31 Vgl. OLG Hamm, Beschl. v. 7.4.2020 – 4 RVs 12/20, BeckRS 2020, 9059, Rn. 31 f.

3. Handlungsabschnitt: Die Strafanzeige des Arztes

– Strafbarkeit des H –

I. § 203 I Nr. 1

54 H könnte sich wegen Verletzung von Privatgeheimnissen gem. § 203 I Nr. 1 strafbar gemacht haben, indem er der Polizei mitteilte, dass A sich bei einem Überfall verletzt hatte.

Die Bearbeiter werden in Hausarbeiten regelmäßig (wenngleich meist eher am Rande, wie hier) mit Auslegungsfragen konfrontiert, die in der Vorlesung oder in der Klausurvorbereitung oftmals eine eher untergeordnete Rolle spielen. Der Bearbeiter hat hier die Gelegenheit, zu demonstrieren, dass er auch in ihm bisher weniger bekannten Zusammenhängen mittels der Methoden der Gesetzesauslegung zu einem überzeugenden Ergebnis gelangt.

1. Fremdes Geheimnis

55 Dann müsste es sich bei diesem Umstand um ein fremdes Geheimnis handeln. Das sind Tatsachen, die nur einem beschränkten Personenkreis bekannt sind und nach dem verständlichen Interesse des Geheimnisträgers nicht weiter bekannt werden sollen.[32] Dies trifft auf den Umstand der Tatbeteiligung des A zu.

Bezüglich der Tatbeteiligung des B handelt es sich um ein sog. **Drittgeheimnis**, das ebenfalls vom Tatbestand umfasst wird.[33] Insoweit ist allerdings eine andere Auffassung vertretbar. Eine Darstellung dieses Streits erscheint aber als entbehrlich, da sie wegen der eindeutig erfassten Tatsache, die sich auf A bezieht, nicht für die Verwirklichung des Tatbestandes relevant ist.

2. „als Arzt“ anvertraut

56 Das Geheimnis müsste dem H als Arzt anvertraut worden sein.

a) Nach einer Auffassung reicht es für das Anvertrautsein nicht aus, wenn die Tatsache dem Berufsgeheimnisträger lediglich bei Gelegenheit seiner Berufsausübung bekannt wird und nicht, weil die Mitteilung „zur Behebung gesundheitlicher Not erforderlich“ war.[34] Danach wäre der Tatbestand hier nicht erfüllt, weil die Mitteilung des A darüber, wie die Verletzung zustande gekommen ist, nicht zu ihrer Behandlung erforderlich war.

b) Nach der Gegenmeinung reicht es aus, wenn ein funktionaler Zusammenhang mit der Berufsausübung in dem Sinne vorliegt, dass der Patient den Besuch beim Arzt zu einer allgemeinen Aussprache über seine „Sorgen und Nöte“ nutzt.[35] Danach wäre die Mitteilung des A von § 203 erfasst.

---

32 MüKo-StGB/*Cierniak/Niehaus*, 4. Aufl., § 203 Rn. 13.
33 MüKo-StGB/*Cierniak/Niehaus*, 4. Aufl., § 203 Rn. 27.
34 *Ostendorf*, JR 1981, 444, 448; wohl auch *Schünemann*, ZStW 1978, 11, 57.
35 Schönke/Schröder/*Eisele*, StGB, 30. Aufl., § 203 Rn. 14.

c) Sinn und Zweck des § 203 ist der Schutz der Geheimsphäre des Betroffenen, die er gegenüber bestimmten Berufsgruppen faktisch zwangsweise öffnen muss, um ansonsten drohende schwerwiegende Nachteile zu vermeiden.[36] So kann ein Patient zwar den Arztbesuch theoretisch vermeiden, wenn er den Umstand, dass ihm ins Bein geschossen wurde, geheim halten möchte. Faktisch ist er jedoch zur Offenbarung dieses Umstandes gezwungen, wenn er nicht Gefahren für Leib oder Leben in Kauf nehmen will. Diesem faktischen Offenbarungszwang korrespondiert der besondere Geheimnisschutz des § 203. Von diesem Schutzzweck sind aber Informationen nicht erfasst, die der Patient ohne therapeutischen Anlass preisgibt.

Daher ist die Anvertrauensvariante des § 203 in derartigen Fällen nicht erfüllt.

3. Sonst bekanntgeworden

Dem H könnte das Geheimnis aber sonst bekanntgeworden sein. Dazu reicht es aus, **57**
wenn der Schweigepflichtige in beruflicher Eigenschaft die Möglichkeit ungehinderter Kenntnisnahme hatte.[37] Dem H ist der Überfall durch A und B in seiner Eigenschaft als Arzt bei der Behandlung des A und somit i.S.d. § 203 I sonst bekanntgeworden.

4. Subjektiver Tatbestand

H handelte in Kenntnis aller Umstände, die den objektiven Tatbestand begründen, und **58**
somit vorsätzlich.

5. Rechtswidrigkeit/Schuld

H könnte aus dem Gesichtspunkt des Notstands (§ 34) gerechtfertigt gewesen sein. **59**

a) Die Tat nach § 203 kann grundsätzlich durch Notstand gerechtfertigt sein, wenn der Täter handelt, um Dritte vor bevorstehenden Straftaten nicht unerheblichen Gewichts zu schützen.[38] Hingegen ist die Ermöglichung der Strafverfolgung hinsichtlich in der Vergangenheit begangener Straftaten kein Interesse, das eine Rechtfertigung nach § 34 ermöglicht.

b) Das setzt allerdings das Bestehen einer gegenwärtigen Gefahr i.S.d. § 34 S. 1 voraus, sei es auch in Gestalt einer sog. Dauergefahr. Voraussetzung ist danach, dass die Straftat, um deren Verhinderung es dem Täter geht, konkret bevorsteht oder der Täter anhaltend und hochgradig gefährlich ist.[39] Hier hat H keine Anhaltspunkte dafür, dass weitere erhebliche Straftaten des A konkret bevorstehen. Der A ist auch nicht als solcher jederzeit für die Allgemeinheit oder Dritte gefährlich. Es fehlt daher an einer gegenwärtigen Gefahr i.S.d. § 34 S. 1, so dass H rechtswidrig handelte.

Er handelte auch schuldhaft.

---

36 *Heghmanns/Niehaus*, NStZ 2008, 57, 60.
37 MüKoStGB/*Cierniak/Niehaus*, § 203, Rn. 52.
38 MüKoStGB/*Cierniak/Niehaus*, § 203, Rn. 95.
39 MüKoStGB/*Cierniak/Niehaus*, § 203, Rn. 95.

6. Strafantrag

60 Zur Strafverfolgung bedarf es eines Strafantrags (§ 205 I).

II. Ergebnis

61 H hat sich daher wegen Verletzung von Privatgeheimnissen strafbar gemacht.

Gesamtergebnis/Konkurrenzen

62 Die von A am Samstag und am Sonntag begangenen Straftaten wurden durch unterschiedliche Handlungen verwirklicht. Sie stehen daher im Verhältnis der Tatmehrheit gem. § 53 zueinander. Gleiches gilt für die am Sonntag verwirklichten Delikte der versuchten schweren räuberischen Erpressung und des anschließenden Diebstahls an der EC-Karte. Hingegen enthält die Datenveränderung (§ 303a) gegenüber dem Diebstahl an der Urkunde keinen selbständigen Unrechtsgehalt, so dass sie im Wege der Konsumtion hinter dem Diebstahl zurücktritt.[40]

> Jedes strafrechtliche Gutachten, das zu dem Ergebnis gelangt, dass ein Beteiligter zwei oder mehr Delikte verwirklicht hat, muss Ausführungen zu den Konkurrenzen enthalten – schon weil diese Frage für die spätere praktische Entscheidung des Staatsanwalts oder Richters (die durch das Gutachten vorbereitet wird) erhebliche Bedeutung hat (vgl. § 52 I einerseits und §§ 53, 54 andererseits).[41]

A hat sich daher wegen versuchter schwerer räuberischer Erpressung in Tatmehrheit mit einem weiteren Fall der versuchten schweren räuberischen Erpressung sowie mit Diebstahl strafbar gemacht, §§ 253, 255, 250 I Nr. 2, 22, 23, 25 II; 253, 255, 250 I Nr. 1a), 2. Alt., 22, 23; 242; 53.

B hat sich wegen versuchter schwerer räuberischer Erpressung strafbar gemacht (§§ 253, 255, 250 I Nr. 2, 22, 23, 25 II).

D hat sich wegen Beihilfe zur versuchten räuberischen Erpressung gemäß den §§ 253, 255, 22, 23, 27 strafbar gemacht.

H hat sich wegen Verletzung von Privatgeheimnissen nach § 203 I Nr. 1 strafbar gemacht.

---

40 Vgl. *Heghmanns*, Strafrecht für alle Semester – Besonderer Teil, Rn. 1427, zum parallel gelagerten Verhältnis von § 274 und § 242.

41 Vgl. *Niehaus*, Konkurrenzen in der strafrechtlichen Fallbearbeitung, Ad Legendum 2014, S. 151 ff.

Anmerkungen zur Korrektur

Die Aufgabe war Gegenstand der Pflichtfachprüfung in Nordrhein-Westfalen und ist konzipiert für Studierende vor oder nach dem 3. Fachsemester. Ihr Schwierigkeitsgrad dürfte als durchschnittlich einzuordnen sein. Im Rahmen einer Hausarbeit ist mit mehreren Beteiligten und dem Auftreten etwas komplexerer Konstellationen – wie dem qualifizierten Versuch – zu rechnen. **63**

Die Bearbeiter erzielten folgende Ergebnisse:

sehr gut	gut	vollbefriedigend	befriedigend	ausreichend	nicht bestanden
–	–	2	6	8	46
–	–	3%	10%	13%	74%

Der Durchschnittwert betrug 3,7 Punkte.

Die Gründe für dieses Ergebnis waren u.a. gravierende Mängel bei der Darstellung einer etwas komplexeren Versuchsprüfung (unter Einbeziehung einer Qualifikation und von Mittäterschaft) sowie oftmals erhebliche methodische Defizite, etwa bei der Darstellung von Meinungsstreitigkeiten, aber auch bereits bei der Bildung vollständiger Obersätze (Benennung der Tathandlung). § 28 II war vielen Bearbeitern offenbar nicht bekannt. Hinzu kamen teils gravierende Mängel im formal-methodischen Bereich, etwa beim Nachweis von Fundstellen. So wurden regelmäßig Sekundärfundstellen zitiert (also etwa ein Lehrbuch als Nachweis für eine vermeintliche Auffassung „der Rechtsprechung“).

Hausarbeit 6

Rocker und Versicherungen

von Christopher Kluth

1 A, B und C sind Mitglieder desselben Charters (Ortsverband) eines Rockerclubs. A und B sind Mitte 20, auf ihren Club eingeschworen und leben ausschließlich für ihn und ihre „Brüder". Sie werden von ihrem Club mit Kost und Logis versorgt. Im Gegenzug erledigen sie als treue „Frontsoldaten" das Tagesgeschäft des Charters. Hierzu gehören Drogenhandel, Prostitution, das Fälschen von Führerscheinen und Personalausweisen, Schutzgelderpressungen und Körperverletzungen aller Art. C ist als „alter Herr" gemäßigter. Während seiner aktiven Zeit hat er es zu erheblichem Wohlstand gebracht und nun lebt er in seinem Anwesen am Stadtrand. Nach einem Bandscheibenvorfall hat er seine Harley-Davidson verkauft, weil sein Orthopäde ihm aufgegeben hat, mehr Zeit stehend zu verbringen als im Sitzen. Seitdem bewegt er sich mittels eines „Segway Personal Transporters" fort. Gelegentlich beteiligt er sich noch an ein paar Aktionen. Dabei geht es ihm ausschließlich darum, die jungen Mitglieder an seiner Erfahrung teilhaben zu lassen.

Seit einiger Zeit schon haben A, B und C mit Billigung des Präsidiums das harte Kerngeschäft des Charters um Tätigkeiten angereichert, die nach außen mehr den Anschein der Legalität wahren. Sie sind dazu übergegangen, Privatpersonen, Unternehmen und Versicherungen auf unterschiedlichste Weise zu betrügen. Eines Tages unterbreitet C dem A und dem B die Möglichkeit, eine im Eigentum des Clubs stehende schlecht laufende Gaststätte „warm zu sanieren". Der Plan sieht vor, dass C im Namen des Clubs zunächst eine Brandschutzversicherung abschließt. Anschließend sollen A und B die Gaststätte in Brand setzen und den Schaden der Versicherung melden. Die Gaststätte ist in der untersten Etage eines ansonsten zu Wohnzwecken genutzten Gebäudes gelegen, welches insgesamt dem Club gehört. Der Gaststätten- und der Wohnbereich werden durch ein gemeinsames Treppenhaus miteinander verbunden. A und B sollen sich, um keinen Verdacht zu erregen, bereits gegen 21:00 Uhr in der Gaststätte treffen und sich dort ein paar Stunden die Zeit vertreiben. Wenn alle Gäste gegangen sind, sollen sie im Thekenbereich hochprozentigen Schnaps verteilen und diesen anzünden. Der Vorstand des Clubs sei – was der Wahrheit entspricht – hiermit einverstanden. Sollte sich das neue Konzept bewähren, sei mit einem Aufstieg innerhalb der strengen Hierarchie zu rechnen, da Eigeninitiative geschätzt werde. A und B sind sofort einverstanden, weil ein Aufstieg mit zusätzlichen Vergünstigungen verbunden ist, etwa der Beteiligung an den Gewinnen. C schließt daraufhin die Versicherung für den Club ab.

Am Tatabend findet sich A bereits gegen 20:00 Uhr in der Gaststätte ein. Um von möglichen Augenzeugen nicht wegen seines Bikes mit dem Club in Verbindung gebracht zu werden, hat er sich das Segway von C geliehen. A beginnt damit, alkoholische Getränke zu sich zu nehmen. Nach ca. einer halben Stunde meldet sich B telefonisch, der A mitteilt, er werde nicht kommen. Er habe von einem Informanten gehört, dass die Polizei auf ihr Vorhaben aufmerksam geworden sei. A ist außer sich vor Wut, weil er B schlichtweg für einen Feigling hält. Er beschließt, den Plan alleine in die Tat umzusetzen. Als alle Gäste und der in das Vorhaben eingeweihte Wirt gegangen sind, verschüttet er hochprozentige Getränke auf und hinter der Theke und zündet die Lachen an. Er verlässt die Gaststätte durch den Hinterausgang und wartet, bis die Flammen von der Einrichtung auf die Mauern übergesprungen sind, sodass selbst diese von allein weiterbrennen. Sodann tritt er mit seinem Segway den Heimweg an. Nach kurzer Zeit wird er jedoch von der Polizei angehalten, die von einem Nachbarn alarmiert und auf einen Segway-Fahrer aufmerksam gemacht wurde. Die Polizei nimmt A fest. A beruft sich darauf, viel zu viel getrunken zu haben und sich an nichts mehr erinnern zu können. Jedenfalls könne ihm, wenn er etwas gemacht habe, das nicht vorgeworfen werden. Ein ordnungsgemäßer Bluttest ergibt eine Blutalkoholkonzentration zur Tatzeit von 1,4 ‰.

Aufgabe: Wie haben sich A, B und C strafbar gemacht? Straftaten nach dem siebten Abschnitt des besonderen Teils des StGB sind nicht zu prüfen.

Gliederung

Gutachten

Teil 1: Strafbarkeit des A

A. Strafbarkeit gemäß § 306 Abs. 1 Nr. 1 StGB

A könnte sich durch das Anzünden der Gaststätte wegen Brandstiftung gemäß § 306 Abs. 1 Nr. 1 StGB strafbar gemacht haben. 3

I. Tatbestandsmäßigkeit

Er müsste ein fremdes Gebäude in Brand gesetzt oder durch Brandlegung zerstört haben. Fremd ist eine Sache, wenn sie nach bürgerlichem Recht wenigstens im Miteigentum einer anderen Person steht.[1] Die Gaststätte stand im Alleineigentum des Clubs, sodass sie für A fremd war. Eine Sache wird in Brand gesetzt, wenn ein wesentlicher Bestandteil des Objekts in solcher Weise von Feuer ergriffen ist, dass es auch nach Entfernen oder Erlöschen des Zündstoffs selbstständig weiterbrennen kann.[2] Als A sich von der Gaststätte entfernte, hatten die Mauern des Gebäudes bereits Feuer gefangen und brannten von allein weiter. Damit hat er die Gaststätte in Brand gesetzt. 4

A handelte vorsätzlich, nämlich absichtlich, weil es ihm gerade darauf ankam, die Gaststätte in Brand zu setzen.

II. Rechtswidrigkeit

Zweifelhaft ist allerdings, ob A auch rechtswidrig handelte. Dem könnte die Einwilligung des Clubs entgegenstehen.[3] Er war hinsichtlich der Beschädigung des Gebäudes 5

1 BGHSt 5, 377; BGH NStZ-RR 2000, 234.
2 BGHSt 7, 38.
3 Grundlegend zur rechtfertigenden Einwilligung s. Schönke/Schröder/*Sternberg-Lieben*, Vorb. zu den §§ 32 ff., Rn. 29 ff.

als Eigentümer dispositionsbefugt. Zwar schützt § 306 StGB nicht ein einheitliches Rechtsgut, sondern eine Mischung aus Eigentum und gemeinschaftlichen Rechtsgütern.[4] Gleichwohl – und jedenfalls im Falle der Zerstörung eines fremden Gebäudes – ist die Tat einwilligungsfähig.[5] A handelte auch in Kenntnis und aufgrund der Einwilligung. Demnach war er gerechtfertigt.

III. Ergebnis

6 A hat sich nicht wegen Brandstiftung gemäß § 306 Abs. 1 Nr. 1 StGB strafbar gemacht.

B. Strafbarkeit gemäß §§ 306a Abs. 1 Nr. 1, 306b Abs. 2 Nr. 2 StGB

7 A könnte sich aber wegen besonders schwerer Brandstiftung gemäß §§ 306a Abs. 1 Nr. 1, 306b Abs. 2 Nr. 2 StGB strafbar gemacht haben.

I. Tatbestandsmäßigkeit

1. § 306a Abs. 1 StGB

8 A müsste ein Gebäude in Brand gesetzt haben, das der Wohnung von Menschen dient. Das Haus wird teilweise gewerblich und im Übrigen zu Wohnzwecken genutzt, sodass es grundsätzlich ein taugliches Tatobjekt ist. Problematisch ist, dass A das Feuer in der Gaststätte legte, also in dem Teil des Gebäudes, der dem Wohnzweck nicht dient. Wird bei einem Mischgebäude der Teil in Brand gesetzt, der nicht zur Wohnung dient, hängt die Strafbarkeit von der Frage ab, ob es sich im Ganzen um ein einheitliches Gebäude handelt.[6] Hierfür ist die bauliche Beschaffenheit von Bedeutung. Ein einheitliches Gebäude ist etwa anzunehmen, wenn es ineinander übergehende Räume hat oder ein gemeinsamer Flur oder ein gemeinsames Treppenhaus vorhanden ist.[7] Hier wird die Gaststätte mit dem Wohnbereich durch ein gemeinsames Treppenhaus verbunden. Insofern handelt es sich um ein einheitliches Gebäude. Demnach hat A ein Wohnzwecken dienendes Gebäude in Brand gesetzt.

Er handelte auch vorsätzlich. Aufgrund der Schilderung des C hatte er Kenntnis davon, dass das Gebäude überwiegend Wohnzwecken diente.

> Es besteht kein Anlass und zeugt von falscher Schwerpunktsetzung, hier die Frage nach der teleologischen Reduktion anzusprechen, die in Betracht kommt, wenn der Täter sich Gewissheit davon verschafft hat, dass tatsächlich eine Gefährdung nicht werde eintreten können.

---

4 Vgl. hierzu BGH, Urteil vom 8.9.2021, 6 StR 174/21; *Radtke*, ZStW 110, 857 (861).

5 Das Ergebnis liegt auf der Hand, wenn man in der Brandstiftung bloß eine „qualifizierte Sachbeschädigung" sieht (so etwa Schönke/Schröder/*Heine/Bosch*, § 306, Rn. 1). Doch auch die Vertreter der Auffassung, es handle sich um ein Delikt mit einem kombinierten Schutzzweck, das über den Eigentumsschutz hinaus den Schutz der Allgemeinheit vor Gefahren verfolge, die durch unkontrollierte Brände entstehen können (so BGH, Urteil vom 8.9.2021, 6 StR 174/21), halten die Brandstiftung für einwilligungsfähig (vgl. BGH, NJW 2003, 1824).

6 *Bachmann*, NStZ 2009, 667 (669).

7 BGH, StV 2002, 145.

2. § 306b Abs. 2 Nr. 2 StGB

Ferner müsste A in der Absicht gehandelt haben, eine andere Straftat zu ermöglichen. **9** Soweit in der Brandstiftung zugleich ein Versicherungsmissbrauch gemäß § 265 StGB gesehen wird, stellt dies keine andere Tat dar, weil sie nicht nachgelagert begangen werden soll, sondern mit der Brandstiftungshandlung zeitlich zusammenfällt.[8] A beabsichtigte zudem allerdings, die Zerstörung der Gaststätte der Brandschutzversicherung zu melden. Damit könnte er die Absicht gehabt haben, einen Betrug zum Nachteil der Versicherung zu begehen. Ob dieser bereits bis ins Versuchsstadium vorgedrungen ist, kann an dieser Stelle offenbleiben, weil es allein auf die Absicht des Täters ankommt.[9]

Ob der spätere Versicherungsbetrug eine taugliche Nachtat darstellt, ist allerdings umstritten. Wegen der hohen Strafandrohung des § 306b Abs. 2 Nr. 2 StGB (Freiheitsstrafe nicht unter fünf Jahren) wird teilweise gefordert, es müsse ein spezifischer Gefahrzusammenhang zwischen der Bandstiftung und der weiteren Tat bestehen.[10] Die Brandschutzversicherung solle aber gerade nicht unter dem Eindruck typischer beeindruckender psychischer Weiterungen des Brandereignisses, sondern auf der Grundlage des Versicherungsvertrages zur Leistung bewogen werden.[11] Folgt man diesem Ansatz, muss der nachträgliche Betrug gegenüber der Versicherung als weitere Tat ausscheiden, weil sich dort die Gefährlichkeit der Brandstiftung nicht fortsetzt.

Insbesondere in der Rechtsprechung wird hingegen mit Verweis auf den Wortlaut des § 306b Abs. 2 Nr. 2 StGB vertreten, es genüge jede weitere Tat, die mit der Brandstiftung zeitlich nicht zusammenfällt und nicht dasselbe Unrecht betrifft.[12] Denn der Grund für die gesteigerte Verwerflichkeit liege in der Bereitschaft des Täters, zur Durchsetzung seiner (verwerflichen) Ziele ein gefährliches Brandstiftungsdelikt zu begehen, also in der Verknüpfung von Unrecht mit weiterem Unrecht.[13] Demzufolge würde A die Voraussetzungen des § 306b Abs. 2 Nr. 2 StGB erfüllen, wenn er sich vorstellte, einen Betrug zu begehen.

> Wie man sich entscheidet, ist nebensächlich. Wer einen besonderen Gefahrenzusammenhang verlangt, muss die Ermöglichungsabsicht und infolgedessen die Strafbarkeit nach § 306b Abs. 2 StGB ablehnen. Hier wird davon ausgegangen, ein anschließender Betrug genüge den Anforderungen an eine „andere Straftat", um die Fortsetzung der Prüfung aufzeigen zu können.

---

8 Vgl. BGHSt 51, 236 (238); zustimmend *Radtke*, NStZ 2007, 642 f.; anders Sch/Sch-*Heine/Bosch*, § 306b, Rn. 11 m.w.N.

9 *Fischer*, § 306b, Rn. 10b; NK/-*Kargl*, § 306b, Rn. 6.

10 NK/-*Kargl*, § 306b, Rn. 8 („sehr naher sachlicher und räumlicher Zusammenhang"); Lackner/Kühl/*Heger*, § 306b, Rn. 4; *Hecker*, GA 1999, 332 (338 f.); Schönke/Schröder/*Heine/Bosch*, § 306b, Rn. 13 m.w.N.

11 Schönke/Schröder/*Heine/Bosch*, § 306b, Rn. 13 m.w.N.

12 So auch BGHSt 51, 236 (238). Hier wurde § 306b Abs. 2 Nr. 2 StGB im Ergebnis gleichwohl abgelehnt, weil der Beschuldigte anschließend keinen Versicherungsbetrug begehen wollte. Die Schadensmeldung sollte seine nicht in die Tatumstände eingeweihte Schwiegermutter, die auch Versicherungsnehmerin war, vornehmen.

13 Vgl. BGHSt 45, 211 (217).

Nun ist zu prüfen, ob die Schadensmeldung nach der Vorstellung des A den Tatbestand des § 263 Abs. 1 StGB verwirklicht hätte und rechtswidrig sowie vorwerfbar gewesen wäre.

a) Tatbestandsmäßigkeit der Schadensmeldung

10 A müsste beabsichtigt haben, die Versicherung zu täuschen. Eine Täuschung ist jedes Verhalten, durch das im Wege einer Einwirkung auf das intellektuelle Vorstellungsbild eines anderen eine Fehlvorstellung über die Realität erregt werden kann.[14] Hätte A entsprechend seinem Plan den Schadensfall der Versicherung gemeldet, hätte er konkludent erklärt, der Versicherungsfall sei nicht im Einvernehmen mit dem Versicherungsnehmer, dem Club, herbeigeführt worden. Wird nämlich der Brand durch einen Repräsentanten des Versicherungsnehmers verursacht, wird der Versicherer von seiner Leistungspflicht nach § 81 Abs. 1 VVG befreit.[15] Damit hätte A die Versicherung konkludent getäuscht. Durch diese Täuschung hätte es zu einem Irrtum auf Seiten der Versicherung kommen müssen. Unter einem Irrtum ist jeder Widerspruch zwischen der Vorstellung des Getäuschten und der Wirklichkeit zu verstehen.[16] Nach der Vorstellung des A sollte der Sachbearbeiter der Versicherung aufgrund der Schadensmeldung annehmen, es sei ein vom Club nicht verursachter oder gebilligter Brand eingetreten, also ein solcher, der die Leistungspflicht auslösen würde. Es kam A also gerade darauf an, einen Irrtum zu erregen. Durch den Irrtum hätte eine Vermögensverfügung[17] stattfinden und infolgedessen ein Vermögensschaden bei der Versicherung eintreten müssen. Ein Vermögensschaden ist jeder negative Saldo zwischen dem Wert des Vermögens vor und nach der irrtumsbedingten Vermögensverfügung des Getäuschten.[18] Nach der Vorstellung des A hätte die Versicherung die Versicherungssumme auszahlen sollen, ohne hierzu verpflichtet zu sein. Damit wäre ein Schaden bei ihr eingetreten.

A hätte auch vorsätzlich gehandelt, da es ihm im Falle der Schadensmeldung gerade auf die Schädigung der Versicherung angekommen wäre. Zudem hätte er in der Absicht gehandelt, dem Club, also einem Dritten, einen rechtswidrigen Vermögensvorteil zu verschaffen.

> Dass der getäuschte Sachbearbeiter nicht mit der geschädigten Versicherung identisch ist, sollte nicht zum Anlass genommen werden, den Dreiecksbetrug ausführlich zu erörtern.[19] Dies ist nur erforderlich, wenn zweifelhaft ist, ob die Verfügung dem Geschädigten zuzurechnen ist. Hier ist die Lage eindeutig.

b) Rechtswidrigkeit der Schadensmeldung und Schuld

11 Die Schadensmeldung wäre rechtswidrig und schuldhaft erfolgt.

---

14 Schönke/Schröder/*Perron*, § 263, Rn. 6.
15 Vgl. hierzu auch BGH, NJW 2007, 2037 (2038).
16 *Fischer*, § 263, Rn. 54.
17 Zur Definition der Vermögensverfügung vgl. BGHSt 14, 170; Lackner/*Kühl*, § 263, Rn. 22.
18 BVerfG, NStZ 1998, 506; BGHSt 16, 221; 30, 388.
19 S. hierzu *Heghmanns*, BT, Rn. 1241 ff.

c) Zwischenergebnis bezüglich des avisierten Betrugs

A beging die Brandstiftung, um eine andere Straftat zu ermöglichen. 12

II. Rechtswidrigkeit und Schuld

Er handelte auch rechtswidrig und schuldhaft. Insbesondere scheidet hier eine Einwilligung als Rechtfertigungsgrund aus. Denn die Einwilligung ist nur beachtlich, wenn der Einwilligende auch Träger des verletzten Rechtsguts ist. Damit kommt sie nur in Betracht bei Taten, die gegen Individualrechtsgüter gerichtet sind. Unbeachtlich ist sie hingegen bei Delikten gegen Gemeinschaftswerte.[20] § 306a StGB ist ein solches Delikt.[21] 13

> Dass § 306a StGB im Gegensatz zu § 306 StGB nicht den Eigentumsschutz im Blick hat, wird schon daran deutlich, dass das Tatobjekt keine *fremde* Sache sein muss.

III. Ergebnis

Damit ist A der besonders schweren Brandstiftung schuldig. 14

C. Strafbarkeit gemäß § 265 StGB

Unproblematisch hat sich A auch wegen Versicherungsmissbrauchs strafbar gemacht. Zu erörtern ist insoweit allein das Konkurrenzverhältnis zu den Brandstiftungsdelikten. Die Delikte dürften zueinander in Tateinheit stehen.[22] 15

D. Strafbarkeit gemäß §§ 303 Abs. 1, 305 Abs. 1 StGB

Die Strafbarkeit wegen Sach- und Gebäudebeschädigung scheidet wegen der Einwilligung des Clubs aus. 16

E. Strafbarkeit gemäß §§ 263 Abs. 1, 5, 30 Abs. 2 StGB

A könnte sich wegen des Versuchs der Beteiligung an einem Verbrechen gemäß §§ 263 Abs. 1, 5, 30 Abs. 2 StGB strafbar gemacht haben, indem er erklärte, die Gaststätte in Brand zu setzen, um anschließend den Brandfall zu melden. 17

I. Vorprüfung

Eine Strafbarkeit gemäß § 30 StGB kommt in Betracht, weil A sich weder wegen der Vollendung des § 263 Abs. 1, 5 StGB noch wegen ihres Versuchs strafbar gemacht hat. Denn zum Betrug zum Nachteil der Versicherung hat er nicht unmittelbar angesetzt. 18

---

20 Vgl. Schönke/Schröder/*Sternberg-Lieben*, Vorb. zu den §§ 32 ff., Rn. 36.
21 Vgl. NK-*Kargl*, § 306a, Rn. 1.
22 Vgl. BGHSt 45, 238.

Zum Aufbau: Die amtliche Überschrift des § 30 StGB lautet zwar „Versuch der Beteiligung“, deshalb können jedoch nicht alle Begehungsmodalitäten nach dem Versuchs-Schema geprüft werden. Denn die Begehungsweisen des Absatzes 2 werden nicht versucht, sondern vollendet. Sie sind mit denen des Absatzes 1 nur deshalb zusammengefasst, weil jeweils ein der eigentlichen Tat vorgelagertes Vorfeldverhalten unter Strafe gestellt wird.

II. Bereiterklären, ein Verbrechen zu begehen

19 A müsste sich bereit erklärt haben, ein Verbrechen zu begehen. Er war hier im Sinne eines reaktiven Bereiterklärens[23] damit einverstanden, den Brand der Gaststätte der Brandschutzversicherung zu melden. Fraglich ist, ob dies ein Verbrechen dargestellt hätte. Ein Verbrechen ist gemäß § 12 Abs. 1 StGB eine Tat, die im Mindestmaß mit einer Freiheitsstrafe von einem Jahr bedroht ist. Als ein solches Verbrechen käme hier der gewerbsmäßige Bandenbetrug gemäß § 263 Abs. 5 StGB in Betracht. Zwar stellt das Grunddelikt des Betrugs gemäß §§ 263 Abs. 1, 12 Abs. 2 StGB ein Vergehen dar und nach § 12 Abs. 3 StGB bleibt diese Einteilung durch Strafmilderungen oder -schärfungen unberührt. Dies gilt jedoch nicht für selbständige Qualifikationen, wie § 263 Abs. 5 StGB sie darstellt.[24]

1. Beabsichtigte Strafbarkeit gemäß § 263 Abs. 1 StGB

20 A müsste sich zur Begehung eines Betrugs bereiterklärt haben. Er wollte der Versicherung gegenüber einen Brandfall melden und damit konkludent erklären, den Brand nicht im Einvernehmen mit dem Club selbst verursacht zu haben, weil dies keinen Versicherungsfall darstellen würde. Damit sollte die Versicherung getäuscht werden. Sie sollte sich hierüber irren und aufgrund dessen die Versicherungsleistungen an den Club erbringen. Der bei der Versicherung eintretende Schaden sollte auch mit der erzielten Bereicherung stoffgleich sein.

2. Beabsichtigte Strafbarkeit gemäß § 263 Abs. 5 StGB

a) als Mitglied einer Bande

21 A müsste vorgehabt haben, die Tat als Mitglied einer Bande zu begehen. Eine Bande ist ein auf ausdrücklicher oder stillschweigender Vereinbarung beruhender Zusammenschluss von mindestens drei Personen mit dem ernsthaften Willen, künftig für eine gewisse Dauer mehrere selbstständige, im Einzelnen noch unbestimmte[25] Straftaten des im Gesetz genannten Deliktstyps zu begehen.[26] Diese Voraussetzungen treffen auf den Rockerclub, dessen Mitglied A ist, ohne Weiteres zu.

Die Bande müsste sich allerdings zur fortgesetzten Begehung von Straftaten nach den §§ 263 bis 264 oder §§ 267 bis 269 StGB verbunden haben. Hier liegt jedenfalls ein Verbund auch zur fortgesetzten Begehung von Urkundenfälschungen gemäß § 267 StGB

23 Zu diesem Begriff s. NK-*Zaczyk*, § 30, Rn. 33 ff.
24 Zur Deliktsnatur des § 263 Abs. 5 StGB vgl. NK-*Kindhäuser*, § 263, Rn. 406.
25 Zur Erforderlichkeit einer offenen Abrede vgl. BGH, NStZ-RR 2019, 310 (311).
26 BGHSt 46, 321 (325); instruktiv zum Begriff der Bande und des bandenmäßigen Handelns *Wengenroth*, JA 2015, 185 ff.

vor. Denn zum Tagesgeschäft des Clubs gehört das Fälschen von Personalausweisen und Führerscheinen. Diese Dokumente stellen Urkunden im Sinne des § 267 StGB dar, da es sich um verkörperte Gedankenerklärungen handelt, die ihren Aussteller erkennen lassen und zum Beweis einer rechtlich erheblichen Tatsache geeignet und bestimmt sind.[27] Der Führerschein ist eine Urkunde, die zu öffentlichem Glauben beweist, dass der darin genannte Berechtigte mit der Person identisch ist, der die Verwaltungsbehörde die Fahrerlaubnis erteilt hat, und dass sie dieser die Erlaubnis erteilt hat.[28] Auch die Fälschung von Personalausweisen stellt eine Urkundenfälschung im Sinne des § 267 StGB dar.[29] Der Begriff des Fälschens kann hier wohl untechnisch im Sinne eines Herstellens unechter und Fälschens echter Urkunden verstanden werden. Jedenfalls ist das Fälschen echter Urkunden umfasst. Darüber hinaus begehen A, B und C seit einiger Zeit Betrügereien und haben sich auch insoweit zu einer Bande zusammengeschlossen.

b) gewerbsmäßig

Schließlich müsste A vorgehabt haben, die Tat gewerbsmäßig zu begehen. Gewerbsmä- **22**
ßig handelt, wer sich aus wiederholter Begehung eine fortlaufende Haupt- oder auch nur Nebeneinnahmequelle von nicht unerheblicher Dauer und einigem Umfang schaffen will.[30] Problematisch ist hier, dass A die Versicherungsleistung nicht für sich behalten, sondern an den Club auszahlen lassen wollte. Es reicht allerdings aus, dass sich der Täter mittelbare Vorteile aus der Tat verspricht.[31] A erhält von dem Club Verpflegung und Unterkunft. Dabei handelt es sich um eine Gegenleistung für seine Tätigkeit. Durch den Betrug gegenüber der Versicherung wollte er sich die Gegenleistung des Vereins sichern und zudem seinen Aufstieg erreichen, der ihm zusätzliche Vergünstigungen, insbesondere eine Gewinnbeteiligung einbringen sollte. Mithin handelte A, um sich aus der Bereicherung mittelbar eine Einnahmequelle zu verschaffen. Daher handelte er gewerbsmäßig.

> Auf die (verwirklichten) Regelbeispiele des § 263 Abs. 3 Nr. 1 und 5 StGB kommt es an dieser Stelle nicht an. Es mag darüber nachgedacht werden, ob § 263 Abs. 3 Nr. 5 StGB aus Klarstellungsgründen mitzitiert wird.

3. Rechtswidrigkeit und Schuld in Bezug auf die beabsichtigte Tat

Der Betrug sollte rechtswidrig und schuldhaft begangen werden. **23**

4. Ergebnis

A hat sich also bereit erklärt, ein Verbrechen in Form des gewerbsmäßigen Bandenbe- **24**
trugs zu begehen.

27 BGHSt 4, 284; *Lackner/Kühl/Heger*, § 267, Rn. 2.
28 Vgl. BGHSt 34, 299 (301); OLG Düsseldorf, NZV 2000, 177 (178).
29 So auch BGH, NStZ-RR 2011, 213 (214).
30 BGH, NStZ-RR 2006, 106 (107).
31 BGH, NStZ-RR 2011, 374.

III. Rechtswidrigkeit und Schuld

25 A handelte rechtswidrig und schuldhaft.

IV. Ergebnis

26 Damit hat sich A wegen des Versuchs der Beteiligung an einem Verbrechen strafbar gemacht.

F. Strafbarkeit gemäß § 316 Abs. 2 StGB

27 A könnte sich gemäß § 316 Abs. 2 StGB wegen fahrlässiger Trunkenheit im Verkehr strafbar gemacht haben.

> Da sich aus dem Sachverhalt keine Angaben bezüglich eines Vorsatzes ergeben, A aber jedenfalls ein Sorgfaltspflichtverstoß vorzuwerfen ist, kommt nur eine Strafbarkeit gemäß § 316 Abs. 2 StGB in Betracht.
>
> Insbesondere kann aus der Schutzbehauptung des A nicht auf einen Vorsatz geschlossen werden. Dass er Kenntnis bezüglich seiner Fahrunsicherheit hat, ist nach dem Sachverhalt durch nichts belegt.

Problematisch ist hier allein, ob er objektiv nicht in der Lage war, das Fahrzeug sicher zu führen. Dem Sachverhalt lässt sich das nicht entnehmen. Allerdings steht fest, dass A zur Tatzeit eine BAK von 1,4 ‰ hatte. Möglicherweise kann hieraus ein Rückschluss auf seine Fahrunsicherheit gezogen werden.

A könnte relativ fahrunsicher gewesen sein. Dies wird ab einer BAK von 0,3 ‰ angenommen, wenn zusätzliche alkoholtypische Ausfallerscheinungen hinzutreten.[32] Mangels Sachverhaltsangaben zu solchen Ausfallerscheinungen kann eine relative Fahrunsicherheit nicht angenommen werden. Ohne solche Ausfallerscheinungen würde die Fahrunsicherheit unwiderleglich vermutet, wenn A den für die absolute Fahrunsicherheit maßgeblichen Grenzwert überschritten hätte. Dieser liegt bei herkömmlichen Kraftfahrzeugen (PKW und LKW) bei einer BAK von 1,1 ‰. Bei Fahrrädern liegt er hingegen bei 1,6 ‰. Fraglich ist nun, ob das von A gefahrene Segway eher einem Kraftfahrzeug gleichsteht[33] oder einem Fahrrad, bzw. ob überhaupt ohne wissenschaftliche Untersuchungen der eine oder andere Grenzwert übertragen werden kann[34].

Hält man die Grenzwerte grundsätzlich für übertragbar, spricht für die Vergleichbarkeit eines Segways mit einem Fahrrad die geringe Masse des Fahrzeugs. Als besonderer Risikofaktor ist allerdings zu berücksichtigen, dass das Segway allein durch die Körperbalance gesteuert wird, die bei übermäßigem Alkoholkonsum regelmäßig stark beeinträchtigt ist. Hiergegen lässt sich wiederum ins Feld führen, dass das Fahrrad auch von der Balance abhängt. Jedenfalls würde sich die Sturzgefahr nur dann auswirken, wenn

32 Schönke/Schröder/*Hecker*, § 316, Rn. 12.
33 So wohl *Blum*, SVR 2011, 173 (176); *Janker*, SVR 2012, 101 (103).
34 Hierzu mit beachtlichen Argumenten *Wegerich/Scheibenpflug*, NZV 2012, 414.

dies nicht nur den alkoholisierten Fahrer, sondern den allgemeinen Straßenverkehr beeinträchtigte. Das ergibt sich aus der Natur des § 316 StGB als abstraktes Gefährdungsdelikt. Beim Sturz von einem Segway kommt dieses aber sogleich zum Stillstand. Eine gesteigerte Gefahr für den Verkehr geht hiervon nicht aus. Allein auf die Motorkraft abzustellen, um die Vergleichbarkeit mit einem Kraftfahrzeug zu begründen, greift zu kurz. Das gilt insbesondere dann, wenn man mit der h.M. die – wie auch das Segway – mit einem Elektromotor betriebenen Rollstühle und E-Bikes als mit dem Fahrrad vergleichbar ansieht.[35] Im Ergebnis spricht hier einiges dafür, den für Fahrräder geltenden Grenzwert anzunehmen. Damit hat A sich nicht wegen Trunkenheit im Verkehr strafbar gemacht.

Die gegenteilige Auffassung ist hier ebenso vertretbar wie der Ansatz, ein Grenzwert könne überhaupt nicht übertragen werden, ohne dass es hierzu gesicherte Erhebungen gebe. Die zu würdigende Leistung liegt darin, das Problem zu erkennen und eine nachvollziehbare und gut begründete Lösung zu finden. Die bloße Feststellung, das Segway sei ein Kraftfahrzeug und deshalb sei die Grenze von 1,1 ‰ maßgeblich, genügt indes nicht.

Teil 2: Strafbarkeit des B

A. Strafbarkeit gemäß §§ 306, 25 Abs. 2 StGB

Eine Strafbarkeit gemäß §§ 306, 25 Abs. 2 StGB wegen der ursprünglichen Absicht, die Gaststätte anzuzünden, scheitert schon an der Einwilligung des Clubs in die Brandstiftung. 28

B. Strafbarkeit gemäß §§ 306a, 306b Abs. 2 Nr. 2, 25 Abs. 2 StGB

B könnte sich wegen besonders schwerer Brandstiftung in Mittäterschaft strafbar gemacht haben. Er hat die Gaststätte nicht selbst in Brand gesetzt. Fraglich ist, ob ihm die Tat des A im Wege der Mittäterschaft zugerechnet werden kann. 29

I. Gemeinsamer Tatplan

Hierfür wäre zunächst erforderlich, dass A entsprechend eines gemeinsamen Tatplans vorgegangen ist. Ursprünglich hatten A und B den von C vermittelten gemeinsamen Tatplan, an den A sich bei der Tatausführung auch gehalten hat. Problematisch ist allerdings, dass B bereits gegen 20:30 Uhr dem A mitgeteilt hat, er werde sich an der Tatausführung nicht beteiligen. Wer sich von dem gemeinsamen Tatplan distanziert, haftet ab diesem Zeitpunkt nicht mehr für die Tatbeiträge des avisierten Mittäters.[36] Etwas anderes mag zwar gelten, wenn der Abstandnehmende schon im Vorfeld einen überragenden Organisationsbeitrag geleistet hat.[37] A und B haben jedoch den vorgefertigten Plan nur 30

35 Zu E-Bikes s. Schönke/Schröder/*Hecker*, § 316 Rn. 11; zu Rollstühlen s. AG Löbau, NJW 2008, 530.

36 Vgl. Schönke/Schröder/*Heine/Weißer*, § 25, Rn. 74. Die umstrittene Frage, ob diese Distanzierung nach außen kundgetan werden muss, bedarf hier keiner Beantwortung, weil B den A von seiner Abstandnahme von dem Vorhaben unterrichtet hat.

37 *Puppe*, NStZ 1991, 571 (572).

entgegengenommen. B hat bei der Planung keinen überragenden Beitrag geleistet. Da B sich schon vor dem unmittelbaren Ansetzen zur Tat von dem gemeinsamen Tatplan losgesagt hat, lag bei Tatbegehung kein gemeinsamer Tatplan mehr vor, sodass B die Handlungen des A nicht zugerechnet werden können.

II. Ergebnis

31 B hat sich nicht wegen mittäterschaftlicher besonders schwerer Brandstiftung gemäß §§ 306a, 306b Abs. 2 Nr. 2, 25 Abs. 2 StGB strafbar gemacht.

C. Strafbarkeit gemäß §§ 306a, 306b Abs. 2 Nr. 2, 30 Abs. 2 StGB

32 Allerdings könnte er sich wegen der Abrede eines Verbrechens strafbar gemacht haben, indem er sich bereit erklärte, die schließlich von A begangene Tat zu begehen. Zweifellos hat er sich zunächst bereit erklärt, eine besonders schwere Brandstiftung zu begehen. Die Strafbarkeit des B könnte aber gemäß § 31 StGB ausgeschlossen sein, wenn er von dem Vorhaben zurückgetreten wäre.

Gemäß § 31 Abs. 1 Nr. 2 StGB wird nach § 30 StGB nicht bestraft, wer sich zur Begehung eines Verbrechens bereit erklärt, dann aber von seinem Vorhaben abrückt. Wegen des Bereiterklärens, die Gaststätte in Brand zu setzen, wäre B also nicht zu bestrafen. Hinzu kommt jedoch, dass er mit A die Begehung eines Verbrechens verabredet hat. In diesem Fall fordert § 31 Abs. 1 Nr. 3 StGB zur Straflosigkeit die Verhinderung der Tat. Wird die Tat auch ohne den vorherigen Beitrag des Täters begangen, ist nach § 31 Abs. 2 StGB sein ernstliches Bemühen, die Tat zu verhindern, erforderlich. Daran fehlt es hier. B hat lediglich mitgeteilt, die Tat nicht selbst begehen zu wollen. Weitere Maßnahmen hat er nicht ergriffen. Da er wusste, dass A noch geraume Zeit warten würde, bis er zur Tat schritt, wäre es ihm etwa möglich gewesen, die Polizei zu informieren. Zwar ging er davon aus, die Polizei sei bereits informiert. Zu einem ernstlichen Bemühen hätte es aber gehört, vorsichtshalber der Polizei selbst noch einen Hinweis zu geben, zumal er über die konkreteste Detailkenntnis neben A verfügte. Jedenfalls hätte er versuchen müssen, A die Brandstiftung auszureden. Da er all dies nicht versucht hat, hat er sich nicht ernstlich um die Verhinderung der Tat bemüht und sich mithin gemäß §§ 306a, 306b Abs. 2 Nr. 2, 30 Abs. 2 StGB strafbar gemacht.

D. Strafbarkeit gemäß §§ 263 Abs. 1, 3, Nr. 1, 5, Abs. 5, 30 Abs. 2 StGB

33 Schließlich hat sich B auch wegen der Abrede zu einem gewerbsmäßigen Bandenbetrug strafbar gemacht. Zwar wurde die Tat nicht vollendet. In diesem Fall ist für den Rücktritt gemäß § 31 Abs. 2 StGB aber ebenfalls das ernstliche Bemühen erforderlich, die Tat zu verhindern. Die bloße Abstandnahme des B genügt nicht.

> Vertretbar ist auch die Annahme, ausnahmsweise genüge die bloße Untätigkeit, weil ohne das Handeln des B der Erfolg dauerhaft ausbleiben werde.

Teil 3: Strafbarkeit des C

A. Strafbarkeit gemäß § 263 StGB durch das Abschließen des Versicherungsvertrags

C könnte sich durch den Abschluss des Versicherungsvertrags des Betrugs schuldig **34**
gemacht haben. Der BGH hat in einem vergleichbaren Fall, in dem Lebensversicherungen abgeschlossen wurden, um später Todesfälle vorspiegeln zu können, angenommen, bereits der Vertragsabschluss genüge.[38] Allerdings hat das Bundesverfassungsgericht die Entscheidung mit der Begründung aufgehoben, beim Eingehungsbetrug seien die Feststellungen nur ausreichend, wenn der Schaden – jedenfalls ein Mindestschaden – konkret beziffert werden könne und werde.[39] Dasselbe gilt für den versuchten Betrug.[40] Maßgeblich ist, ob die beiderseitigen Vertragsverpflichtungen sich angemessen gegenüberstehen.[41] Zu bewerten sind einerseits der wirtschaftliche Wert des Anspruchs auf Zahlung der Versicherungsprämien, andererseits der wirtschaftliche Wert der Risikoabsicherung.[42] Aus dem Sachverhalt ergibt sich weder ein konkreter tatsächlicher Schaden, noch lässt sich erkennen, welchen Schaden C sich vorstellte. Die Angaben genügen auch nicht für die Feststellung eines Mindestschadens. Deshalb dürfte C sich durch den Abschluss des Versicherungsvertrags nicht wegen (versuchten) Betrugs strafbar gemacht haben.

In der Klausur oder Hausarbeit muss eine Strafzumessung üblicherweise nicht vorgenommen werden. Gefordert ist allein die Begutachtung des Schuldspruchs. Hierfür ist es entgegen der Auffassung des Bundesverfassungsgerichts aber gerade nicht erforderlich, die Höhe des Schadens zu beziffern, solange nur feststeht, dass überhaupt irgendein Schaden entstanden ist. Wer nun mit dem BGH den Schaden von Kategorien wie der „Leistungswahrscheinlichkeit“ oder der „Dichte des Tatplans“ abhängig machen will, kann hier mit entsprechender Begründung zu dem Ergebnis gelangen, die Eintrittswahrscheinlichkeit sei derart hoch, dass ein Schaden anzunehmen sei.

Dafür spricht, dass der Eintritt des schadenstiftenden Ereignisses nur noch von A und B abhängen sollte. Dagegen könnte allerdings ins Feld geführt werden, dass die erfolgreiche Durchführung des Betrugs von einem reibungslosen Ablauf der Brandstiftung abhing. Die eventuelle polizeiliche Überwachung konnte den Erfolg ebenso gefährden wie eine spontane Tatplanaufgabe (hier durch B). Wenn die Leistungspflicht der Versicherung von mehreren ungewissen Faktoren abhängt, ist zweifelhaft, ob bereits ein Schaden dadurch eingetreten ist, dass der Verpflichtung, durch Brand erlittene Schäden zu ersetzen, eine dem Vertrag nicht zugrunde liegende Absicht gegenübersteht, diese Schäden vorsätzlich herbeizuführen.

Wer sich dazu entschließt, einen Gefährdungsschaden anzunehmen, sollte vorsichtshalber formulieren, dass C sich strafbar gemacht hat, soweit der Schaden konkret beziffert werden kann. Dies sollte den Vorgaben des BVerfG genügen.

38 BGH, NJW 2009, 3448 (3464 f.).
39 BVerfGE 130, 1, 47 f.
40 Vgl. BVerfGE 130, 1, 47 f.
41 BVerfGE 130, 1, 47 f.
42 BGH, wistra 2022, 108.

B. Strafbarkeit gemäß §§ 306a, 306b Abs. 2 Nr. 2, 26 StGB bezgl. A

35 C hat eine Anstiftung zum besonders schweren Fall der Brandstiftung begangen, weil er den Tatentschluss des A hervorgerufen hat.

> In Bezug auf die Brandstiftung ist das Verhalten des C klassisches Anstifterverhalten. Wegen des Abschlusses der Versicherung, die insbesondere für die Verwirklichung des § 306b Abs. 2 Nr. 2 StGB erforderlich ist, kann aber mit entsprechender Begründung auch Mittäterschaft angenommen werden.

C. Strafbarkeit gemäß §§ 306a, 306b Abs. 2 Nr. 2, 30 Abs. 1 StGB bezgl. B

36 Bezüglich B ist C eine versuchte Anstiftung zur besonders schweren Brandstiftung vorzuwerfen, weil der Anstiftungserfolg bei B nicht eingetreten ist.

D. Strafbarkeit gemäß §§ 263 Abs. 1, 5, 30 Abs. 1 StGB bzgl. A und B

37 C könnte sich wegen versuchter Anstiftung zu einem gewerbsmäßigen Bandenbetrug gemäß §§ 263 Abs. 1, 5, 30 Abs. 1 StGB strafbar gemacht haben. Zwar hat er den Tatentschluss bei A und B erfolgreich hervorgerufen. Nach h.M. greift § 30 Abs. 1 StGB aber in allen Fällen, in denen der Angestiftete nicht wenigstens ins Versuchsstadium vordringt, aus welchen Gründen auch immer.[43]

I. Anstiftung zu einem Verbrechen

38 Problematisch ist hier allein, ob C zu einem Verbrechen angestiftet hat. Der gewerbsmäßige Bandenbetrug ist ein Verbrechen im Sinne des § 12 Abs. 1 StGB. Fraglich ist jedoch, wie es sich auswirkt, dass C selbst nicht gewerbsmäßig handelte. Denn die Gewerbsmäßigkeit ist ein strafschärfendes, besonderes persönliches Merkmal im Sinne des § 28 Abs. 2 StGB.[44] Deshalb gilt es nur für den Beteiligten, bei dem es vorliegt, sodass sich die Tat für C nur als Vergehen gemäß § 263 Abs. 1, 3 Nr. 1 und 5 StGB darstellt. Es ist umstritten, ob in diesen Fällen eine Strafbarkeit gemäß § 30 Abs. 1 StGB in Betracht kommt.

1. Präsumtive Tat maßgeblich

39 Überwiegend wird vertreten, es komme nur auf die präsumtive Tat, also die avisierte Haupttat an.[45] Diese Auffassung wird dem Wortlaut der Vorschrift gerecht, der nur auf

---

43 Vgl. NK-*Zaczyk*, § 30, Rn. 11.
44 BGH, NStZ 2009, 95; Schönke/Schröder/*Heine/Weißer*, § 28, Rn. 14.
45 BGH, NJW 2009, 1221; *Frister*, AT, 29/33; *Rogall*, FS-Puppe, 883 f.

die Anstiftung zu einem Verbrechen abstellt. Strafgrund ist nach dieser Ansicht nicht die Gefährlichkeit des Täters, sondern der präsumtiven Tat. Allerdings kann diese Auffassung nicht erklären, warum der Anstifter nach den Vorschriften über den Versuch des Verbrechens zu bestrafen ist. Insofern konsequent will die Rechtsprechung den Strafrahmen auch nur dem Grunddelikt entnehmen.[46]

2. Person des Anstifters maßgeblich

Die gegenläufige Auffassung meint, die Tat müsse sich für den Anstifter als Verbrechen darstellen.[47] Anderenfalls würde § 28 Abs. 2 StGB zwar bei der Vollendung berücksichtigt, nicht aber bei der versuchten Beteiligung. Das sei ein inkonsistentes Ergebnis.[48] **40**

3. Kombinierende Auffassung

Eine kombinierende Auffassung meint, die Bestrafung wegen des Verbrechens sei nur sachgerecht, wenn sich die Tat sowohl für den präsumtiven Haupttäter als auch für den Täter des § 30 StGB als Verbrechen darstelle.[49] Nur so werde gewährleistet, dass einerseits die von der präsumtiven Haupttat ausgehende Gefahr und andererseits die Schuld des Täters angemessen berücksichtigt werden. **41**

Welcher Auffassung man sich anschließt, ist zweitranging, solange eine überzeugende Streitdarstellung erfolgt. Die weiteren Prüfungspunkte sind unproblematisch erfüllt.

II. Ergebnis

Folgt man der Auffassung des BGH, hat C sich wegen versuchter Anstiftung zu einem gewerbsmäßigen Bandenbetrug strafbar gemacht. Im Übrigen bliebe er straffrei. **42**

E. Strafbarkeit gemäß §§ 265, 26 StGB

C hat sich schließlich wegen Anstiftung des A zum Versicherungsmissbrauch strafbar gemacht. **43**

Hier kann auch angenommen werden, er habe mittäterschaftlich gehandelt, da er die Versicherung abschloss, die für § 265 StGB erforderlich ist, und damit einen erheblichen Beitrag leistete.

---

46 Vgl. BGH, NJW 2009, 1221.

47 Vgl. *Fischer*, § 30, Rn. 8; *Lackner/Kühl*, § 30, Rn. 2; Schönke/Sch*röder/Heine/Weißer*, § 30, Rn. 13 f. jeweils m.w.N.

48 Vgl. *Fischer*, § 30, Rn. 9; Schönke/Schröder/*Heine/Weißer*, § 30, Rn. 13.

49 So NK-*Zaczyk*, § 30, Rn. 29.

Anmerkungen zur Korrektur

44 Die Hausarbeit wurde im Anschluss an das Wintersemester 2014/2015 an der Universität Münster gestellt. Die Durchfallquote lag bei 65 %, die Durchschnittsnote bei 3,1 Punkten. Im Einzelnen waren die Noten wie folgt verteilt:

Ungenügend: 1 Teilnehmer (5 %)
Mangelhaft: 12 Teilnehmer (60 %)
Ausreichend: 7 Teilnehmer (35 %)

Keine der abgegebenen Arbeiten war als befriedigend oder besser zu bewerten.

Die hohe Durchfallquote spiegelt die Schwierigkeit der Arbeit nur unzureichend wider. Die Brandstiftungsdelikte wurden häufig zutreffend geprüft, weil vergleichbare Konstellationen in vielen Lernbeiträgen und Fallsammlungen enthalten sind. Dementsprechend waren in diesem Bereich auch nicht die meisten Punkte zu holen. Eine gelungene Arbeit hätte erfordert, Problembewusstsein hinsichtlich der Trunkenheitsfahrt zu haben und § 263 StGB, über die Absätze 1 – 3 hinaus, vollständig zu lesen. Mit Ausnahme eines Bearbeiters hat keiner § 263 Abs. 5 StGB erkannt. Dementsprechend wurde die gesamte Problematik um § 30 StGB nicht bearbeitet, weil eine Verabredung zu einem sonstigen Verbrechen nicht in Betracht kam. Das führte überdies zu einer misslungenen Schwerpunktsetzung, da die Brandstiftungsdelikte viel zu ausführlich erörtert wurden. Auch die Möglichkeit eines Eingehungsbetrugs zum Nachteil der Versicherung wurde nur von einem Bearbeiter überhaupt gesehen.

Die Aussage des A, ihm sei sein Verhalten wegen seiner Alkoholisierung nicht vorwerfbar, wurde häufig so verstanden, dass die Schuldunfähigkeit zu prüfen sei. Bei 1,4 Promille liegt allerdings nicht einmal eine Einschränkung der Schuldfähigkeit nahe. Diesbezüglich wäre also ein Satz ausreichend gewesen. Wenn die Bearbeiter sich dann Gedanken zur Einschränkung der Schuldfähigkeit gemacht haben, geschah dies durchgehend im Rahmen der Schuld. Das ist systematisch nicht überzeugend, weil die Einschränkung der Schuldfähigkeit die Schuld in ihrer strafbarkeitsbegründenden Funktion nicht berührt, sondern sich nur auf die Rechtsfolge auswirkt. Richtigerweise hätte § 21 StGB also nach der Schuld angesprochen werden müssen.

Tatsächlich wurde der Promillewert nur wegen der Fahrunsicherheit im Rahmen des § 316 StGB ins Feld geführt. Das Delikt wurde häufig überhaupt nicht erkannt. Im Übrigen wurde fast immer ausgeführt, das Segway sei ein Kraftfahrzeug, weshalb der Grenzwert von 1,1 ‰ zu gelten habe. Die Frage der Übertragbarkeit stellte sich nur eine Bearbeiterin.

Hausarbeit 7

Scheidung auf Westfälisch

von Gunnar Herrmann

Anna trennte sich nach siebenjähriger Ehe von ihrem Ehemann Bertram. Bertram zog aus der Ehewohnung, Scharnhorststraße in Münster, aus und gab seinen Wohnungsschlüssel ab, jedoch erst, nachdem er sich heimlich einen Nachschlüssel besorgt hatte. Er hatte sich eine eigene kleine Wohnung (Grüner Grund) genommen. Bertram konnte mit der Trennung nicht umgehen. Er vermutete, Anna habe einen „Liebhaber", was aber nicht stimmte. Etwa zwei Monate nach der Trennung entschloss sich Bertram, Anna zu töten. Er meinte, wenn er sie nicht haben könne, dürfe auch kein anderer Mann seine Anna haben. Außerdem sah er nicht ein, der Anna auch noch weiterhin Unterhalt in Höhe von 320 € monatlich, wozu ihn das Amtsgericht Münster verurteilt hatte, zahlen zu müssen. 1

Deswegen begab er sich zum Hauptbahnhof, um sich dort von Zoran, den er flüchtig kannte, einen „scharfen" Revolver zu besorgen. Zoran wusste, dass Bertram unter der Trennung von Anna sehr litt, und fragte ihn deswegen, was er mit der Waffe vorhabe. Wahrheitsgemäß antwortete Bertram, er wolle seine Frau töten. Deswegen verkaufte Zoran, der sich das Geschäft nicht entgehen lassen wollte, dem Bertram für 1.200 € einen Revolver, steckte in die Trommel jedoch nur sechs Platzpatronen, um zu verhindern, dass Bertram mit der Waffe „Dummheiten" macht. Der tatsächlich ausgehändigte Schreckschuss-Revolver hätte mit den Platzpatronen üblicherweise nicht mehr als 180 € gekostet. Bertram glaubte, eine voll funktionsfähige, mit „scharfer" Munition geladene Waffe erworben zu haben.

Am 11.7.2009 aß Bertram wie gewohnt gegen 20:00 Uhr zu Abend und begann um 22:00 Uhr, sich für sein Vorhaben Mut anzutrinken. Er trank im Zeitraum bis 23:00 Uhr drei Flaschen Bier à 0,5 Liter (4,9 Volumenprozent Alkohol[1]) und zudem drei Kräuterliköre (jeweils 10 ml mit 35 Volumenprozent Alkohol[2]). Bertram, ein 40-jähriger, 179 Zentimeter großer und 83 Kilogramm schwerer gesunder Mann, fühlte sich entspannt und enthemmt, jedoch durchaus noch fahrtüchtig. Bertram hatte sich für das gesamte Wochenende das neue Auto seines Nachbarn Norbert geliehen, weil sein Wagen, den er verschlossen auf dem Parkplatz vor dem Haus ordnungsgemäß geparkt hatte, einen Motorschaden hatte. Gegen 23:30 Uhr fuhr Bertram mit Norberts Auto zu Annas Wohnung. Er wusste jedoch nicht, dass Anna an diesem Abend mit Freundinnen ihren Frauenabend beging und auswärtig schlief. Stattdessen hatte sich Tanja, Annas 13-jährige Tochter aus erster Ehe, im Bett ihrer Mutter schlafen gelegt, weil sie es dort bequemer fand. Bertram öffnete die Wohnungstür mit dem von ihm heimlich besorgten Nachschlüssel. Sodann schlich er in das abgedunkelte Schlafzimmer, sah dort Tanja im Bett liegen, die er für Anna hielt, und zog seinen Revolver aus der Tasche. Er zielte auf Tanjas Kopf und schoss. Tanja erwachte sofort von dem lauten Knall und schaltete das Licht ein. Jetzt erkannte Bertram, dass nicht Anna, sondern Tanja im Bett lag. Er erschrak

1 0,5 Liter Bier mit 4,9 Volumenprozent enthalten 19,6 g reinen Alkohol.
2 0,01 Liter Kräuterlikör mit 35 Volumenprozent enthalten 2,8 g reinen Alkohol.

sehr, weil er Tanja sehr gern hatte und ihr niemals etwas hätte antun wollen. Er glaubte, mit einer scharfen Waffe geschossen und Tanja lediglich verfehlt zu haben. Bertram warf die Waffe weg und floh aus der Wohnung.

Bertram fuhr nach seiner Flucht aus der Wohnung gegen 00:15 Uhr mit Norberts PKW zu seiner Wohnung zurück. Aufgrund seiner Alkoholisierung und auch deswegen, weil er aufgrund des Geschehens völlig aufgelöst war, übersah er eine schon längere Zeit Rotlicht zeigende Lichtzeichenanlage und fuhr deswegen mit gleichbleibender Geschwindigkeit in eine Kreuzung ein. In diese Kreuzung war ebenfalls Kurt bei grünem Licht von rechts kommend eingefahren. Kurt, ein sehr besonnener Fahrer, erkannte gleich, dass Bertram nicht anhalten würde, und konnte deswegen einen Zusammenstoß mit Bertram durch rechtzeitiges Abbremsen verhindern: Er blieb etwa 2,5 Meter vor dem von Bertram gesteuerten Wagen im Kreuzungsbereich stehen. Bertram erschrak, als er Kurts bereits fast stehendes Auto aufgrund des alkoholbedingten Tunnelblicks sehr spät wahrnahm, machte deswegen einen heftigen Schlenker nach links und touchierte mit dem vorderen linken Kotflügel einen Ampelmast, an dem in Folge dessen ein Schaden in Höhe von 250 € entstand. Der Ampelmast hatte einen Wert von 700 €. Norberts Auto wurde erheblich beschädigt (Schaden: 1.700 €). Bertram versicherte sich durch einen Blick in den zerbrochenen Außenspiegel, dass Kurt ihm nicht folgte, und er fuhr – ohne anzuhalten – schleunigst nach Hause, begab sich in seine Wohnung und legte sich schlafen.

In dieser Nacht brachen unbekannte Täter Bertrams Auto auf und entwendeten dessen Autoradio der Marke *Synio*. Das Radio hatte Bertram erst vor wenigen Wochen zu einem Preis von 279 € neu gekauft und mit EC-Karte bezahlt. Die Quittung hatte er versehentlich mit dem Altpapier entsorgt. Bertram ärgerte sich über den Diebstahl derart, dass er aus Wut wuchtig gegen einen im Einmündungsbereich der Straße aufgestellten Rohrmast trat, an dem das Straßenschild „Grüner Grund" mittels einer Rohrschelle befestigt war. Das Straßenschild drehte sich um etwa 90 Grad in Richtung der Straße „Inselbogen". Bertram freute sich über diesen „gelungenen Tritt". Die später von der Stadtverwaltung mit der Reparatur beauftragte Firma stellte ihren Einsatz der Stadt mit 39 € in Rechnung. Sodann erstattete Bertram Strafanzeige wegen des Diebstahls, ohne seinen nächtlichen Unfall und den Vorfall mit dem Straßenschild zu erwähnen, und er wollte den Diebstahlschaden von seiner Kasko-Versicherung („Kaskoversicherung ohne Selbstbeteiligung") ersetzt bekommen. Nachdem er der Versicherung den Diebstahl angezeigt hatte, erhielt er von dieser einen Brief, in dem er unter Bezugnahme auf die Versicherungsbedingungen aufgefordert wurde, den Originalkaufbeleg für das Radio vorzulegen. In den Versicherungsbedingungen, die Bertram kannte, findet sich folgende Passage: „E.1 Welche Pflichten (Obliegenheiten) haben Sie im Schadensfall? | E.1.1 Sie sind verpflichtet, alles zu tun, was zur Aufklärung des Schadensereignisses und zur Feststellung unserer Leistungspflicht dienlich sein kann. (…) | E.1.2 Sie haben uns jede zumutbare Untersuchung über Ursache und Höhe des Schadens und über den Umfang unserer Entschädigungspflicht zu gestatten sowie Originalbelege zum Nachweis der Schadenshöhe vorzulegen. | E.2 Verletzen Sie vorsätzlich oder grob fahrlässig eine Ihrer in E.1 geregelten Pflichten, haben Sie keinen Versicherungsschutz. Die Leistungspflicht bleibt im Falle grober Fahrlässigkeit bestehen, wenn die Obliegenheitsverletzung keinen Einfluss auf die Feststellung und den Umfang der uns obliegenden Leistung hat." Um der Versicherung eine Rechnung vorlegen zu können, begab sich Bertram zu seinem Bruder Ernst, der in einem HiFi-Geschäft als Angestellter arbeitete, und berichtete ihm von seinem Problem. Da der Laden Radios der Marke *Synio* nicht führte, stellte Ernst eine Rechnung über den Kauf eines Radios der Marke *BlaueWelle* aus, das jedoch 299 € kostet. Diese Rechnung reichte Bertram bei seiner Kasko-Versicherung ein, die Bertram sodann umgehend 299 € überwies. Wie von Anfang an verabredet gab Bertram seinem Bruder für den Freundschaftsdienst eine „Dürüm-Tasche“ und ein Glas „Ayran“ aus; schließlich hatte er 20 € „Gewinn“ gemacht.

Aufgabe: Wie haben sich Bertram, Ernst und Zoran strafbar gemacht?

Bearbeitervermerk: Straftatbestände außerhalb des StGB sind nicht zu prüfen. Strafanträge wurden, soweit erforderlich, rechtzeitig und wirksam gestellt; die Kasko-Versicherung verzichtete jedoch auf Stellung eines Strafantrags.

Gliederung

Gutachten

1. Handlungsabschnitt: Der Waffenkauf

– Strafbarkeit des Zoran –

I. Betrug, § 263 StGB

Z kann sich wegen Betrugs gemäß § 263 Abs. 1 StGB zum Nachteil des B strafbar ge- 3
macht haben, indem er dem B einen mit Platzpatronen geladenen Schreckschussrevolver aushändigte.

1. Täuschung über Tatsachen

Z könnte B dadurch getäuscht haben, dass er ihm einen mit Platzpatronen geladenen 4
Schreckschussrevolver aushändigte, als B einen „scharfen" Revolver erwerben wollte. Tatsachen sind konkrete Vorgänge oder Zustände der Vergangenheit oder Gegenwart, die dem Beweis zugänglich sind. Hierüber wird getäuscht, wenn der Inhalt einer Äußerung mit der Wirklichkeit nicht übereinstimmt, wobei es nicht darauf ankommt, ob dies ausdrücklich geäußert oder lediglich durch schlüssiges Verhalten erklärt wird. Z hat über die Beschaffenheit des ausgehändigten Revolvers ausdrücklich nichts erklärt. Jedoch hat er dem B auf dessen ausdrücklich erklärten Wunsch, einen „scharfen" Revolver zu erwerben, den mit Platzpatronen geladenen Schreckschussrevolver ausgehändigt und

hierfür einen Kaufpreis verlangt, der für eine „scharfe" Waffe als angemessen gelten mag, jedoch für eine Schreckschusswaffe unangemessen hoch gewesen wäre. Hierdurch hat Z dem B zu verstehen gegeben, dass es sich um eine „scharfe" Waffe handelt, und dass er auch bereit sei, dem B eine solche Waffe auszuhändigen. Somit hat Z den B getäuscht.

2. Irrtum

5 B hat sich vorgestellt, eine „scharfe" Waffe vom leistungsbereiten Z erhalten zu haben, während er tatsächlich nur einen Schreckschussrevolver bekommen hat. Er hat sich somit geirrt.

3. Vermögensverfügung

6 Durch die Zahlung von 1.200 € an Z könnte B über sein Vermögen verfügt haben. Unter einer Vermögensverfügung ist ein Verhalten des Geschädigten zu verstehen, das sich unmittelbar vermögensmindernd auswirkt. Durch die Übereignung der 1.200 € an Z hat B sein Vermögen um diesen Betrag vermindert und folglich über sein Vermögen verfügt. Er hat bewusst verfügt, so dass es nicht darauf ankommt, ob ein Verfügungsbewusstsein erforderlich ist.

4. Vermögensschaden

7 B müsste hierdurch sein Vermögen beschädigt haben. Das ist der Fall, wenn nach einem Vergleich der Opfersituation vor und nach der Verfügung im Wege einer Gesamtsaldierung aller betroffenen Vermögenspositionen unter Berücksichtigung einer etwaigen Schadenskompensation eine nachteilige Vermögensdifferenz eingetreten ist. Hierfür ist zunächst der Vermögensstand vor und nach der Verfügung festzustellen. Was dem strafrechtlich geschützten Vermögen zuzuordnen ist, ist umstritten.[3]

Die Problematik, wie der Vermögensschaden im Sinne der §§ 263, 266 StGB zu ermitteln ist, hat sich durch die grundlegenden Entscheidungen des BVerfG (NJW 2010, 3209; NJW 2012, 907) nicht erledigt.[4] Selbst in der Rechtsprechung des BGH finden sich (trotz verbalem Bekenntnis zu einem grundsätzlich wirtschaftlichen Schadensbegriff und zur Rechtsprechung des BVerfG) nach wie vor Beispiele, die erhebliche Zweifel daran wecken, ob die Forderung nach einer wirtschaftlichen Bestimmung des Vermögensschadens nachvollzogen wurde.[5]

a) Juristische bzw. juristisch-ökonomische Sichtweise

8 aa) Nach dem juristischen Vermögensbegriff bildet sich das Vermögen aus der Summe aller von der Rechtsordnung anerkannten und durchsetzbaren Vermögensrechte und Ver-

---

3 Vgl. BVerfG, NJW 2010, 3209; vgl. *Heghmanns*, Strafrecht für alle Semester (BT), Rn. 1223.

4 Vgl. Schönke/Schröder/*Perron*, StGB, 30. Aufl. 2019, § 263 Rn. 78b.

5 Vgl. BGH, NJW 2014, 3170 (Abrechnungsbetrug der Betreiberin eines ambulanten Pflegedienstes soll vorliegen, obwohl die vermeintlich geschädigte Krankenkasse durch die Leistung des Pflegedienstes von ihrer Leistungspflicht gegenüber dem Patienten befreit wurde). Vgl. auch BGH, NStZ 2019, 614, mit Anmerkung von *Bittmann/Peschen*.

mögenspflichten einer Person ohne Rücksicht auf ihren wirtschaftlichen Wert.[6] Die kaufrechtlichen Ansprüche aus dem Waffengeschäft gehörten nicht dazu, so dass es nach dieser Auffassung an einem Schaden fehlen würde.

Nach dem juristisch-ökonomischen Vermögensbegriff besteht das Vermögen aus der Gesamtheit aller wirtschaftlich relevanten Positionen. Ausgeschlossen sollen aber Vermögenspositionen sein, die das „Opfer" nicht mit Billigung der Rechtsordnung innehat.[7]

b) Wirtschaftlicher Vermögensbegriff

Zum Vermögen im Sinne des wirtschaftlichen Vermögensbegriffs gehören alle geldwerten, auf dem freien Markt handelbaren Güter einer Person, und zwar einschließlich nichtiger Ansprüche aus verbotenen und unsittlichen Geschäften, so dass auch Werte eingeschlossen sind, die man – wie im vorliegenden Fall – widerrechtlich oder sonst in missbilligenswerter Weise erlangt hat.[8] B hat (unabhängig von der rechtlichen Bewertung des Verpflichtungsgeschäfts) einen Kaufvertrag über eine „scharfe" Waffe abgeschlossen, hat den vereinbarten Kaufpreis gezahlt, und er hat im Gegenzug eine dies nicht ausreichend kompensierende Gegenleistung bekommen, nämlich einen Schreckschussrevolver mit Platzpatronen mit geringerem Wert. Demnach war er nach der Verfügung ärmer als vor der Verfügung. 9

c) Stellungnahme

Für die juristischen und juristisch-ökonomischen Vermögenslehren wird der Grundsatz der „Einheit der Rechtsordnung" angeführt.[9] Von einem Konflikt mit der Einheit der Rechtsordnung könnte allerdings nur gesprochen werden, wenn das Strafrecht etwas verbieten würde, was das Zivilrecht erlaubt. Das ist hier nicht der Fall.[10] 10

Es sollte – gerade in einer Hausarbeit, in deren Rahmen das „Zeitnot"-Argument nicht eingreift – nicht vorschnell auf Schlagworte wie hier auf dasjenige der „Einheit der Rechtsordnung" zurückgegriffen werden, sondern derartige Aussagen sollten stets hinterfragt werden: Stellte es wirklich einen Widerspruch zu den Aussagen des Zivilrechts dar, wenn das Strafrecht den betrügerischen Entzug von rechtlich missbilligten Positionen mit Sanktionen bedrohen würde?

Es könnte allenfalls ein gewisser Wertungswiderspruch darin gesehen werden, dass Positionen, die zivilrechtlich nicht einklagbar wären, strafrechtlicher Vermögensschutz zuteilwürde. Auch insoweit lässt sich allerdings aus der zivilrechtlichen Nicht-Einklagbarkeit von Ansprüchen nicht herleiten, dass derartige Rechte nicht Gegenstand einer

6 Vgl. den Anfrageschluss des 2. Strafsenats des BGH v. 1.6.2016 – 2 StR 335/15 sowie die hierauf ergangene Entscheidung des BGH, NStZ-RR 2017, 244, wonach auch Betäubungsmittel taugliche Objekte von Vermögenswerten sind; weitere Nachweise bei Schönke/Schröder/*Perron*, StGB, 30. Aufl. 2019, § 263 Rn. 79.

7 Vgl. MüKoStGB/*Hefendehl*, § 263 Rn. 492.

8 Vgl. die Nachweise bei Schönke/Schröder/*Perron*, StGB, 30. Aufl. 2019, § 263 Rn. 80.

9 Vgl. Schönke/Schröder/*Perron*, StGB, 30. Aufl. 2019, § 263 Rn. 80; vgl. auch die Begründung in dem Anfrageschluss des 2. Strafsenats des BGH v. 1.6.2016 – 2 StR 335/15.

10 Vgl. *Heghmanns*, Strafrecht für alle Semester, Rn. 1230.

Vermögensstraftat sein könnten. Vielmehr erscheint es als sachgerecht, keinen straffreien Raum im „Kriminellenumfeld" zu schaffen.[11] Es ist daher dem wirtschaftlichen Vermögensbegriff zu folgen, so dass B einen Vermögensschaden erlitten hat.

5. Subjektiver Tatbestand

11 Z handelte vorsätzlich und auch mit der Absicht rechtswidriger Bereicherung.

6. Rechtswidrigkeit/Schuld

12 Z müsste rechtswidrig gehandelt haben. Als Rechtfertigungsgrund kommt der rechtfertigende Notstand gemäß § 34 StGB in Betracht. Mit der Gefahr für das Leben der A bestand eine Notstandslage, die bereits im Zeitpunkt des Waffengeschäfts gegenwärtig gewesen sein könnte. Darüber hinaus müsste die Notstandshandlung – der Verkauf einer Schreckschusspistole anstatt einer „scharfen" Waffe – aber auch erforderlich gewesen sein. Das ist der Fall, wenn keine milderen, gleich wirksamen Mittel zur Gefahrenabwehr zur Verfügung standen. Z hätte das Geschäft ablehnen oder die Polizei verständigen können, so dass der Verkauf der Schreckschusspistole nicht erforderlich war.

> Aufbau: Es ist legitim (auch wenn von dieser Möglichkeit nicht im Übermaß Gebrauch gemacht werden sollte), auf ein – an sich im üblichen Prüfungsaufbau später zu prüfendes – Merkmal zu „springen" (hier: Erforderlichkeit), wenn dieses Merkmal eindeutig zu verneinen ist, vorherige Merkmale hingegen Schwierigkeiten aufwerfen könnten (hier: Gegenwärtigkeit der Gefahr).

Auch die Voraussetzungen eines entschuldigenden Notstands (§ 35 StGB) lagen nicht vor: Die Gefahr wäre anders abwendbar gewesen und die A ist keine für Z nahestehende Person.

7. Ergebnis

13 Folglich hat sich Z wegen Betruges strafbar gemacht.

> Anhaltspunkte dafür, dass B sich in einer Zwangslage befunden hat, dass er unerfahren war, es bei ihm an Urteilsvermögen mangelte oder er erheblich willensschwach war, liegen nicht vor, weswegen Z sich nicht wegen Wuchers gemäß § 291 Abs. 1 Nr. 3 StGB strafbar gemacht hat.

II. § 138 I Nr. 5 StGB

14 Z könnte sich wegen Nichtanzeige geplanter Straftaten gem. § 138 I Nr. 5 StGB strafbar gemacht haben, indem er es unterließ, den Behörden oder der Bedrohten die Straftat der Tötung der A anzuzeigen.

---

11 Vgl. *Heghmanns*, Strafrecht für alle Semester, Rn. 1229 m.w.N.

B hat dem Z mitgeteilt, er werde seine Frau töten. Diese Ankündigung dürfte auch als ausreichend konkret anzusehen sein. Fraglich ist, ob Z gemäß § 139 Abs. 4 S. 1 StGB straffrei ist. Weil Z dem B einen Schreckschussrevolver verkauft hat, wurde T, auf die B schoss, weder getötet noch verletzt. Also hat Z den Erfolgseintritt eines vorsätzlichen Tötungsdelikts verhindert und ist daher im Ergebnis nicht gem. § 138 I Nr. 5 StGB strafbar.

2. Handlungsabschnitt: Der Schuss auf Tanja

A. Strafbarkeit des Bertram

I. Versuchter Mord, §§ 211, 212, 22, 23 StGB

B könnte sich wegen versuchten Mordes zum Nachteil der T gemäß §§ 211, 212, 22, 23 StGB strafbar gemacht haben, indem er auf sie schoss. **15**

> Auch ein versuchtes Delikt hat eine „Tathandlung", die im Obersatz zu benennen ist – nämlich dasjenige Verhalten, welches das unmittelbare Ansetzen i.S.d. § 22 StGB darstellen könnte.

1. Tatentschluss

B müsste Tatentschluss zur Begehung eines Mordes gehabt haben. Das setzt voraus, dass er Vorsatz bezüglich aller objektiven Tatbestandsmerkmale hatte und auch sonstige erforderliche subjektive Tatbestandsmerkmale vorlagen. **16**

a) Tötungsvorsatz

Das wiederum setzt voraus, dass B in Kenntnis aller maßgeblichen Umstände des objektiven Tatbestands einschließlich tat- oder täterbezogener Mordmerkmale handeln wollte. B hatte die Absicht, A zu töten, und er stellte sich, als er den Abzug betätigte, vor, bei A eine tödliche Kopfverletzung herbeizuführen. Fraglich ist, wie es sich auswirkt, dass nicht A, sondern deren Tochter T, die B keinesfalls töten wollte, im Bett lag. Aufgrund der tatbestandlichen Gleichwertigkeit handelt es sich hierbei um einen unbeachtlichen error in persona. **17**

> Dass in den Konstellationen des „error in persona" bei tatbestandlicher Gleichwertigkeit ein Versuch am anvisierten Opfer vorliegt, dürfte unproblematisch und unstreitig sein. Längere Ausführungen dazu sind daher nicht veranlasst und stehen einer zutreffenden Schwerpunktbildung eher im Wege.

b) Vorsatz zu einer heimtückischen Begehung

Weiterhin könnte B Vorsatz hinsichtlich einer heimtückischen Begehung gehabt haben. Heimtücke meint das bewusste Ausnutzen der auf Arglosigkeit beruhenden Wehrlosigkeit in feindlicher Willensrichtung. Arglos ist, wer sich eines Angriffs nicht versieht. B stellte sich vor, auf eine schlafende Person zu schießen. Schlafende Personen sind sich **18** äußeren Geschehens nicht bewusst und können deswegen grundsätzlich keinen Argwohn bilden. Fraglich ist aber, ob insoweit auf den Zeitpunkt vor dem Einschlafen dergestalt abzustellen ist, dass zu prüfen ist, ob die Person ihre Arglosigkeit „mit in den Schlaf genommen" hat. Der Wortlaut des § 211 StGB spricht nicht gegen eine solche Auslegung. Für sie spricht hingegen, dass der Sinn und Zweck des Mordmerkmals der „Heimtücke" darin besteht, Handlungen schwerer zu bestrafen, die deshalb als besonders verwerflich angesehen werden, weil ein Täter gerade eine Situation für die Tötung ausnutzt, in der ein Opfer nicht mit Angriffen rechnet und sich deswegen nicht zur Wehr setzen kann. Hierbei kommt es nicht darauf an, in welchem Zeitpunkt die Arglosigkeit mit der Folge einer sich anschließenden Wehrlosigkeit eingetreten ist. Nimmt ein Mensch seine Arglosigkeit mit in den Schlaf und ist deswegen wehrlos, ist es sogar als besonders verwerflich anzusehen, ihn in dieser Situation anzugreifen. Somit stellte sich B vor, eine arglose Person anzugreifen. Hierauf müsste Ts Wehrlosigkeit beruhen. Wehrlos ist, wessen natürliche Abwehrbereitschaft und Abwehrfähigkeit fehlt oder stark eingeschränkt ist. Das ist bei Schlafenden der Fall. B wollte auch die Arg- und Wehrlosigkeit der schlafenden Person bewusst ausnutzen. Mit Blick darauf, dass B die A töten wollte, damit kein anderer Mann sie mehr „bekommt" und um sich von einer Unterhaltsschuld zu befreien, handelte er auch in feindlicher Willensrichtung. Im nächtlichen Eindringen in eine Wohnung ist zudem ein besonderer Vertrauensbruch zu sehen, der als besonders verwerflich anzusehen ist, weshalb es nicht darauf ankommt, ob die Heimtücke weitergehend restriktiv auszulegen ist.[12]

Im Gutachten ist eine nähere Auseinandersetzung mit streitigen Auslegungsfragen und eine Stellungnahme zu den Argumenten, die für oder gegen einzelne Ansichten sprechen, nur veranlasst, wenn diese im konkreten Fall zu unterschiedlichen Ergebnissen führen. Das ist hier nicht der Fall.

c) Habgier

19 Zudem könnte B aus Habgier gehandelt haben. Dies meint ein tatbeherrschendes, noch über die Gewinnsucht hinaus gesteigertes abstoßendes Gewinnstreben um jeden Preis, sogar um den Preis eines Menschenlebens. Hierbei kommt es nicht darauf an, ob der Täter einen tatsächlichen Gewinn erzielen oder nur Aufwendungen vermeiden will. Denn in beiden Fällen ist sein Wille in gleich rücksichts- und gewissenloser Weise darauf gerichtet, seine Vermögenslage zu mehren. B wollte den von ihm geschuldeten Unterhalt nicht mehr zahlen. Zugleich wollte er A jedoch auch töten, „damit kein anderer seine Anna bekommt". Somit ist fraglich, ob sein Motiv, sich von einer lästigen Unterhaltspflicht zu befreien, tatbeherrschend war. Im Falle einer „Motivbündelung" muss das Motiv der Gewinnerzielung im Vordergrund stehen: Die Gesamtbetrachtung der verschiedenen Motive muss ergeben, dass dieses Gewinnstreben tatbeherrschend und damit bewusstseinsdominant war.[13] B wollte die A vornehmlich („Außerdem…") aus Eifersucht und zur Kompensation seines Trennungsschmerzes („Rache") töten. Sein

---

12 Vgl. zu den verschiedenen Auffassungen zu einer Einschränkung des Heimtücke-Begriffs *Mrosk*, Ad Legendum 2008, 189.

13 BGH, NStZ 2006, 289 und NStZ-RR 2021, 172; Schönke/Schröder/*Eser-Sternberg-Lieben*, StGB, 30. Aufl. 2019, § 211 Rn. 18b.

Motiv, Unterhalt einzusparen, war dabei nicht bewusstseinsdominant und folglich nicht tatbeherrschend. Somit handelte B nicht aus Habgier.

d) Niedrige Beweggründe

B könnte aus niedrigen Beweggründen gehandelt haben. Niedrige Beweggründe sind alle Tatantriebe, die nach allgemeiner rechtlich-sittlicher Wertung auf tiefster Stufe stehen, durch hemmungslose Eigensucht bestimmt und deshalb verachtenswert sind, was nach einer Gesamtwürdigung aller inneren und äußeren Faktoren, die für die Handlungsantriebe des Täters maßgebend waren, zu beurteilen ist.[14] B war nicht in der Lage, die Trennung von A zu verarbeiten. Er stellte sich irrig vor, A sei eine neue intime Beziehung eingegangen, wozu sie nicht berechtigt sei: B meinte, dass er allein berechtigt sei, eine intime Beziehung zu A zu unterhalten. Da A das nicht mehr wollte, sprach er ihr das Lebensrecht ab. Zudem wollte B die A auch töten, um sich von einer lästigen Unterhaltsverpflichtung zu befreien. Mithin handelte B aus Eifersucht und aus Rache, aus einer übersteigerten Selbstsucht im Sinne eines Besitzanspruchs an einem anderen Menschen und auch aus einem übersteigerten Gewinnstreben heraus. Hinweise darauf, dass B verzweifelt gewesen ist und aus einem Gefühl der Ausweglosigkeit heraus gehandelt hat, sind dem Sachverhalt nicht zu entnehmen. Mithin war B dazu entschlossen, aus niedrigen Beweggründen zu handeln. 20

2. Unmittelbares Ansetzen

B hat mit der Schussabgabe zur Tatbestandsverwirklichung unmittelbar angesetzt (§ 22 StGB). Dass er hierbei irrig annahm, auf A zu schießen, ändert daran nichts. 21

3. Rechtswidrigkeit und Schuld

B handelte auch rechtswidrig. Er könnte aber im Zustand der Schuldunfähigkeit (§ 20 StGB) gehandelt haben. Dies wäre der Fall, wenn eine durch Alkohol verursachte tiefgreifende Bewusstseinsstörung vorgelegen hat. Anhaltspunkte hierfür können sich aus einer Blutalkoholkonzentration (BAK) ergeben. Die BAK kann nach der sogenannten Widmark-Formel berechnet werden, wobei zu beachten ist, dass im Zusammenhang mit einer etwaigen Schuldunfähigkeit ein möglichst hoher BAK-Wert für den Täter günstig ist. Für die Berechnung nach der Widmark-Formel gilt Folgendes[15]: 22

$$\frac{\text{Alkoholmenge in Gramm}}{\text{Körpergewicht} \times \text{Reduktionsfaktor}} - \text{Resorptionsdefizit} - \text{Abbau}$$

konkret: 0,5 Liter Bier mit 4,9 %: 19,6 g; 0,01 Liter Kräuterlikör mit 35 %: 2,8 g

$\Rightarrow 3 \times 19{,}6\,g + 3 \times 2{,}8\,g = 67{,}2$ Gramm Alkohol.

Alkoholmenge (67,2) geteilt durch Körpergewicht (83 kg) × Reduktionsfaktor (0,7) abzüglich Resorptionsdefizit (10 %) abzüglich Abbau (0,10 Promille pro Stunde seit Trinkbeginn) => maximal zur Tatzeit um 24.00 Uhr: (67,2 / [83 × 0,7]) – 10 %) – 0,1 Promille × 2 Std.) = 0,8 Promille.

14 BGH, NStZ-RR 2006, 140; Schönke/Schröder/*Eser-Sternberg-Lieben*, StGB, 29. Aufl. 2014, § 211 Rn. 18a.

15 Vgl. Schönke/Schröder/*Perron/Weißer*, StGB, 30. Aufl. 2019, § 20 Rn. 16f m.w.N.

Mithin ergeben sich aus der BAK keine Anhaltspunkte dafür, dass B im Zustand der Schuldunfähigkeit oder erheblich verminderter Schuldfähigkeit gehandelt hat.

4. Rücktritt vom Versuch, § 24 Abs. 1 S. 1, 1. Alt. StGB

23 B könnte gemäß § 24 Abs. 1 S. 1, 1. Alt. StGB strafbefreiend vom Versuch zurückgetreten sein, als er T erkannte und davon absah, erneut zu schießen. Fraglich ist, ob ein strafbefreiender Rücktritt aufgrund eines Fehlschlags ausgeschlossen war. Hierbei kann es dahinstehen, ob im Fehlschlag eine eigenständige, die Anwendbarkeit des § 24 StGB ausschließende Fallgruppe oder aber ein unfreiwilliger Rücktritt vom Versuch zu sehen ist: Jedenfalls scheidet eine Strafbefreiung nach § 24 StGB aus. Ein Versuch ist fehlgeschlagen, wenn die zu ihrer Ausführung vorgenommenen Handlungen ihr Ziel nicht erreicht haben und der Täter erkannt hat, dass er mit den ihm zur Verfügung stehenden Mitteln den tatbestandlichen Erfolg nicht mehr oder zumindest nicht ohne zeitlich relevante Zäsur herbeiführen kann.[16] B hatte erkannt, dass er die anvisierte Person nicht tödlich verletzt hat. Er hielt es weiterhin für möglich, weitere Schüsse mit tödlicher Folge abzugeben. Unmittelbar nach dem Schuss hat er jedoch erkannt, dass er nicht auf A, sondern auf T geschossen hat. Mithin hat er erkannt, dass er seinen Plan, die A zu töten, nicht mehr verwirklichen kann. Deswegen ist sein Tötungsversuch als fehlgeschlagen anzusehen und ein strafbefreiender Rücktritt vom Versuch scheidet aus.

> Mit entsprechender Begründung wäre eine andere Auffassung gut vertretbar. Dann wäre von einem beendeten Versuch auszugehen; B hätte die weitere Tatausführung aufgegeben. Auf die Freiwilligkeit wäre vor dem Hintergrund des Vorstehenden dann besonders einzugehen.

5. Ergebnis

24 B hat sich daher wegen versuchten Mordes strafbar gemacht.

II. Hausfriedensbruch, § 123 StGB

25 Weiterhin hat sich B wegen Hausfriedensbruchs strafbar gemacht.

B. Strafbarkeit des Zoran

Beihilfe zum versuchten Mord, §§ 211, 22, 23, 27 StGB

26 Mit dem von B begangenen versuchten Mord liegt eine vorsätzlich rechtswidrige Haupttat vor. Durch die Übergabe der Schreckschusswaffe hat Z hierzu Hilfe geleistet. Z müsste aber auch vorsätzlich gehandelt haben. Aus dem Strafgrund der Teilnahme folgt, dass der Teilnehmer zusätzlich zum Bewusstsein, dass es zum Versuch kommen wird, den Vorsatz haben muss, dass das geschützte Rechtsgut verletzt oder gefährdet wird (sog. Vollendungswille).[17] Z wusste, dass B das Opfer mit der Schreckschusswaffe

16 BGH, NStZ 2014, 634 und 2020, 82.
17 MüKoStGB/*Joecks/Scheinfeld*, 4. Aufl. 2020, § 27 Rn. 111.

nicht verletzen konnte. Er handelte daher ohne den erforderlichen Verletzungsvorsatz und hat sich somit nicht wegen Beihilfe zum versuchten Mord strafbar gemacht.

C. Strafbarkeit des B

I. Trunkenheit im Verkehr, § 316 StGB

B könnte sich wegen Trunkenheit im Verkehr gem. § 316 StGB strafbar gemacht haben, indem er zur Wohnung der A fuhr. Er müsste ein Fahrzeug im Straßenverkehr geführt haben, obwohl er infolge des Genusses alkoholischer Getränke nicht in der Lage war, das Fahrzeug sicher zu führen („Fahruntüchtigkeit"). Eine Person ist fahruntüchtig, wenn die Gesamtleistungsfähigkeit so weit herabgesetzt ist, dass der Täter sein Fahrzeug eine längere Strecke, und zwar auch bei plötzlichem Auftreten schwieriger Verkehrslagen, nicht mehr sicher zu steuern vermag. Ab einer Blutalkoholkonzentration von 1,6 ‰ wird die Fahruntüchtigkeit unwiderlegbar vermutet (absolute Fahruntüchtigkeit). 27

> Die BAK-Grenze für die absolute Fahruntüchtigkeit ist kein Tatbestandsmerkmal des § 316 StGB, sondern eine im Strafrecht ausnahmsweise anerkannte Beweisregel für den Nachweis des Tatbestandsmerkmals „alkoholbedingte Fahruntüchtigkeit".

Für die Berechnung der BAK gilt nach der Widmark-Formel Folgendes, wobei die Berechnung für den Beschuldigten günstig ist, die zu einem möglichst geringen Wert kommt: (67,2 / [83 × 0,7]) – 10 %) – 0,20 ‰ × 1,5 Std. (seit Trinkbeginn) – Sicherheitszuschlag in Höhe von 0,2 Promille = 0,5 ‰.

Mithin war B nicht absolut fahruntüchtig. Es müssten daher weitere Umstände, die auf eine Fahruntüchtigkeit schließen lassen (insbesondere alkoholbedingte „Ausfallerscheinungen"), festgestellt werden (relative Fahruntüchtigkeit). Solche sind für die Fahrt zum Tatort aber nicht ersichtlich.

II. Ergebnis

Folglich hat sich B nicht wegen Trunkenheit im Verkehr strafbar gemacht. 28

3. Handlungsabschnitt: Auf der Flucht

– Strafbarkeit des Bertram –

I. Straßenverkehrsgefährdung, § 315c Abs. 1 Nr. 1a, Abs. 3 Nr. 2 StGB

B könnte sich wegen Straßenverkehrsgefährdung gem. § 315c Abs. 1 Nr. 1a, Abs. 3 Nr. 2 StGB strafbar gemacht haben, indem er mit dem PKW vom Tatort wegfuhr. 29

B müsste ein Fahrzeug im Straßenverkehr geführt haben, obwohl er infolge des Genusses alkoholischer Getränke nicht in der Lage war, das Fahrzeug sicher zu führen („Fahruntüchtigkeit"). Für die Berechnung der Fahruntüchtigkeit zur Tatzeit gilt Folgendes:

(67,2 / [83 × 0,7]) – 10 %) – 0,20 ‰ × 2,25 Std. (seit Trinkbeginn) – Sicherheitszuschlag in Höhe von 0,2 ‰ = 0,391 ‰.

Mithin müssten weitere Umstände, die auf eine Fahruntüchtigkeit schließen lassen (insbesondere „Ausfallerscheinungen"), festgestellt werden (relative Fahruntüchtigkeit). Abweichend von der Hinfahrt ist für die Rückfahrt im Sachverhalt angegeben, dass das Sehvermögen des B aufgrund des Alkoholkonsums eingeschränkt war („Tunnelblick") und er ein nicht sachgerechtes Fahrmanöver (übertriebenes Ausweichen) ausgeführt hat. Dabei handelt es sich um typische alkoholbedingte Ausfallerscheinungen. Folglich hat B ein Fahrzeug im Zustand der (relativen) Fahruntüchtigkeit im Straßenverkehr geführt.

Darüber hinaus müsste B dadurch Leib und Leben eines anderen Menschen oder fremde Sachen von bedeutendem Wert (konkret) gefährdet haben. Kurt und sein Auto wurden nicht konkret gefährdet. Bei dem Ampelmast handelt es sich nicht um eine Sache von bedeutendem Wert.

Die Grenze des bedeutenden Wertes wird bei 750 € gezogen.[18]

Die Gefährdung von Norberts Pkw reicht nicht aus: Das vom Täter geführte (ihm nicht gehörende) Fahrzeug fällt aus dem Schutzbereich des § 315c StGB heraus. Das Fahrzeug ist Tatwerkzeug; § 315c StGB soll die Allgemeinheit vor Gefahren schützen (Sinn und Zweck der Norm). § 315c StGB dient nicht dem Eigentumsschutz.

B hat sich somit nicht gem. § 315c StGB strafbar gemacht.

II. Fahrlässige Trunkenheitsfahrt, § 316 Abs. 2 StGB

30 Er könnte sich aber wegen Trunkenheit im Verkehr gem. § 316 Abs. 2 StGB strafbar gemacht haben, indem er mit dem Pkw vom Tatort wegfuhr.

B hätte seine Fahruntüchtigkeit erkennen können und müssen und hat insofern fahrlässig i.S.d. § 316 Abs. 2 StGB gehandelt und sich wegen fahrlässiger Trunkenheit im Verkehr strafbar gemacht.

III. Unerlaubtes Entfernen vom Unfallort, § 142 Abs. 1 StGB

31 B hat als Unfallbeteiligter (§ 142 Abs. 5 StGB) nach einem Unfall im Straßenverkehr vom Unfallort entfernt, bevor er zugunsten der geschädigten Stadt Münster die Feststellung seiner Person, seines Fahrzeugs und der Art seiner Beteiligung durch seine Anwesenheit und durch Angabe, dass er an dem Unfall beteiligt ist, ermöglicht hat. Dass er den Unfall bemerkt hatte, ergibt sich neben der lebensnahen Bewertung des Sachverhalts insbesondere aus dem Umstand, dass er sich durch einen Blick in den Rückspiegel versicherte, nicht verfolgt zu werden.

Dafür, dass die fahrlässige Trunkenheit im Verkehr und die Unfallflucht tateinheitlich (§ 52 StGB) verwirklicht wurden, spricht der enge räumliche und zeitliche Zusammen-

18 Vgl. *Fischer*, StGB, 69. Aufl. 2022, § 315 Rn. 16a.

hang zwischen den Einzelakten. Zudem könnte das gesamte Geschehen durch die fortdauernde Trunkenheitsfahrt zur Tateinheit verklammert werden. Andererseits könnte durch den Unfall eine Zäsurwirkung eingetreten sein. Gegen eine Zäsurwirkung im vorliegenden Fall spricht, dass B ohne anzuhalten weiterfährt und dass sich die Fahrt als ein zusammenhängendes Geschehen darstellt. Für den Eintritt einer Zäsurwirkung könnte streiten, dass B sich nach dem Unfall bewusst dazu entschlossen hat, weiterzufahren: Er hat dann einen neuen Tatentschluss für die Weiterfahrt gefasst.

Hinsichtlich der Konkurrenzen ist daher sowohl Tateinheit (§ 52 StGB) als auch Tatmehrheit (§ 53 StGB) vertretbar. Für die Qualität der Bearbeitung bestimmend ist es aber, ob zumindest eine kurze Begründung dafür gegeben wird, weshalb nach der Auffassung des Verf. das eine oder das andere vorliegt.

4. Handlungsabschnitt: Tritt gegen das Straßenschild

– Strafbarkeit des Bertram –

I. (Gemeinschädliche) Sachbeschädigung, §§ 303, 304 StGB

B könnte durch den Tritt gegen das Schild eine gemeinschädliche Sachbeschädigung gem. den §§ 303, 304 StGB begangen haben. 32

Dann müsste B eine fremde Sache beschädigt haben. Eine Beschädigung liegt jedenfalls dann vor, wenn die Substanz der Sache nicht unerheblich verletzt wurde. Eine Substanzverletzung ist in Folge des Trittes nicht eingetreten. Zwar genügt nach § 303 Abs. 2 StGB auch das unbefugte, nicht nur unerhebliche und nicht nur vorübergehende Verändern des Erscheinungsbildes der Sache. Insoweit ist umstritten, ob unter der Veränderung des äußeren Erscheinungsbildes auch die Beziehung einer Sache zur Umwelt zu verstehen ist. Hierauf kommt es jedoch im Ergebnis nicht an, da jedenfalls unerhebliche und nur vorübergehende Veränderungen – wozu es im vorliegenden Fall allein gekommen ist – nicht ausreichen. B hat sich deswegen nicht wegen Sachbeschädigung strafbar gemacht.

Allein die Beeinträchtigung der Funktion einer Sache (hier: Wegweiser) begründet noch nicht den Tatbestand des § 303 StGB, vgl. Art. 103 Abs. 2 GG.

II. Urkundenfälschung, § 267 Abs. 1 StGB

B hat sich nicht wegen Urkundenfälschung strafbar gemacht. Bei dem Straßenschild handelt es sich nicht um eine dauerhaft verkörperte Gedankenerklärung, die zum Beweis im Rechtsverkehr bestimmt und geeignet ist – mithin nicht um eine Urkunde im Sinne des § 267 Abs. 1 StGB. 33

III. Unerlaubtes Entfernen vom Unfallort, § 142 StGB

34 B könnte sich wegen unerlaubten Entfernens vom Unfallort gem. § 142 Abs. 1 StGB strafbar gemacht haben, indem er sich nach dem Tritt gegen das Straßenschild vom Ort des Geschehens entfernte.

Fraglich ist, ob in dem Tritt gegen das Straßenschild ein Unfall im Straßenverkehr zu sehen ist. Unter einem Verkehrsunfall ist jedes für zumindest einen Beteiligten plötzliches, mit dem Straßenverkehr und seinen Gefahren ursächlich zusammenhängendes Ereignis zu verstehen, das einen nicht völlig belanglosen Personen- oder Sachschaden zur Folge hat. Dazu gehören auch verkehrsbezogene Vorkommnisse im ruhenden Verkehr. Verkehr mit Fahrzeugen ist nicht vorausgesetzt – auch Fußgänger nehmen am Straßenverkehr teil. Dass ein Beteiligter den Schadensfall vorsätzlich herbeiführt, schließt nach einer Auffassung die Annahme eines Unfalls im Straßenverkehr aus oder ist nach anderer Auffassung unschädlich, soweit der Schadenseintritt in unmittelbarem Zusammenhang mit dem im Straßenverkehr typischen Gefahren steht und es sich zumindest für den anderen Beteiligten als Unfall darstellt. Gemessen hieran liegt kein Unfall im Straßenverkehr vor: B hat vorsätzlich gegen den Mast getreten, um sich abzureagieren, was mit dem Straßenverkehr in keinem Zusammenhang steht.

5. Handlungsabschnitt: Die Erklärung gegenüber der Versicherung

A. Strafbarkeit des Bertram

I. Betrug, § 263 StGB

35 B könnte sich wegen Betruges gem. § 263 Abs. 1 StGB strafbar gemacht haben, indem er die Rechnung mit dem vermeintlichen Kaufpreis 299 € bei der Versicherung einreichte.

36 1. Durch das Einreichen der Rechnung für das „Radio *BlaueWelle*“ mit dem Kaufpreis von 299 € hat B die Versicherung getäuscht und bei dem Schadensachbearbeiter einen Irrtum hervorgerufen. In Folge dessen wurde die Versicherungssumme ausgezahlt und mithin über das Vermögen der Versicherung verfügt.

37 2. Fraglich ist, ob durch die Auszahlung der 299 € ein Vermögensschaden in dieser Höhe oder lediglich in Höhe von 20 € (Differenz zwischen 299 € für Radio *BlaueWelle* und 279 € für Radio *Synio*) eingetreten ist, worauf es mit Blick auf den Strafantragsverzicht und die Regelung des § 248a StGB in Verbindung mit § 263 Abs. 4 StGB ankommt. Ein Vermögensschaden in Höhe von 299 € ist eingetreten, wenn die Versicherung zum Schadenausgleich nicht verpflichtet war. Prinzipiell hatte B mit Eintritt des Versicherungsfalles (Einbruch in das Auto und Diebstahl des Radios) einen Anspruch auf Erstattung des Schadens gegenüber der Versicherung. Fraglich ist jedoch, ob dieser Anspruch wegen einer Obliegenheitsverletzung wieder untergegangen ist („Leistungsfreiheit bei Obliegenheitsverletzung“). Die Leistungsfreiheit der Versicherung könnte sich daraus ergeben, dass B die Originalrechnung für das entwendete Radio nicht vorlegen konnte. Gemäß der Regelung „E.2“ der Versicherungsbedingungen entfiele die Leistungspflicht dann, wenn B die Obliegenheitspflicht vorsätzlich oder grob fahrlässig ver-

letzt hätte. Darauf, ob das Wegwerfen einer Rechnung mit dem Altpapier als grob fahrlässig anzusehen ist, dürfte es jedoch nicht angekommen. Nach den Versicherungsbedingungen bleibt die Leistungspflicht auch im Falle grober Fahrlässigkeit bestehen, wenn die Obliegenheitsverletzung keinen Einfluss auf die Feststellung und den Umfang der der Versicherung obliegenden Leistung hat. So liegt der Fall hier: Der Schadensumfang der Versicherung könnte auch anders nachgewiesen werden (z.B. durch die Abbuchung des Kaufpreises vom Girokonto und die Vorlage des Kontoauszugs sowie die Ausstellung einer Zweitrechnung durch den Verkäufer). Folglich ist ein Vermögensschaden lediglich in Höhe von 20 € eingetreten.

3. An vorsätzlichem Handeln, der Absicht rechtswidriger Bereicherung sowie an der **38**
Rechtswidrigkeit und Schuld bestehen keine Zweifel.

II. Strafantragserfordernis/Ergebnis

Da die Versicherung auf Stellung eines Strafantrags verzichtet hat, kann die Tat nur ver- **39**
folgt werden, wenn die Staatsanwaltschaft das besondere öffentliche Interesse an der Strafverfolgung bejaht (§ 263 Abs. 4 i.V.m. § 248a StGB).

B. Strafbarkeit des Ernst

I. Betrug, §§ 263 Abs. 1, 25 Abs. 2 StGB

E könnte sich wegen Betruges gem. §§ 263, 25 II StGB strafbar gemacht haben, indem **40**
er die falsche Rechnung ausstellte.

Obersatzbildung: Bei Mittäterschaft ist auf den Tatbeitrag und damit auf die Handlung des zu prüfenden Mittäters (hier: E) abzustellen. Ohne Tatbeitrag ist keine Strafbarkeit denkbar.

Die Art der Täterschaft (hier: Mittäterschaft) wird nicht in die Deliktsbezeichnung (und später in der Praxis: nicht in den Urteilstenor) aufgenommen (also nicht: „wegen Betruges in Mittäterschaft" oder „wegen mittäterschaftlichen Betruges").

E hat die Versicherung selbst nicht getäuscht. Ihm könnte jedoch die Täuschungshandlung des B gemäß § 25 Abs. 2 StGB zuzurechnen sein. Dann müsste E Bs Mittäter sein. Zwar dürfte von einem gemeinsamen Tatplan auszugehen sein. Jedoch liegt ein Tatbeitrag mit Täterqualität nicht vor. E hielt den Geschehensablauf (die Tathandlung des Betruges) nicht in den Händen und verfügte somit nicht über Tatherrschaft. Das Einreichen der Rechnung bei der Versicherung und die Geltendmachung der Versicherungssumme obliegt allein dem B und wird auch allein von diesem betrieben. Besondere Bedeutung im Zusammenhang mit der Tatplanung kommt E ebenfalls nicht zu: B spricht den E an, der sich lediglich zur Mithilfe bereit erklärt. Auch will E lediglich die Tat des B fördern und erhält hierfür eine (geringwertige) Belohnung. Auf die Versicherungsleistung kommt es ihm nicht an – er leistet seinem Bruder einen Freundschaftsdienst. Somit ist dem E die Täuschung Bs nicht zuzurechnen. Folglich hat er sich nicht wegen Betrugs strafbar gemacht.

II. Beihilfe zum Betrug, §§ 263 Abs. 1, 27 StGB

41 Das Zurverfügungstellen der Rechnung stellt jedoch eine vorsätzliche Beihilfehandlung dar, weswegen E sich wegen Beihilfe zum Betrug strafbar gemacht hat, §§ 263, 27 StGB. Auch insoweit müsste die Staatsanwaltschaft das besondere öffentliche Interesse an der Strafverfolgung bejahen.

III. Urkundenfälschung, § 267 StGB

42 Da die Urkunde von der Person stammt, die als Aussteller der Urkunde auch angegeben ist, handelt es sich nicht um eine unechte Urkunde, sondern lediglich um eine „schriftliche Lüge". E hat sich nicht wegen Urkundenfälschung strafbar gemacht.

Ob dieser Aspekt – da offensichtlich – weggelassen oder kurz gewürdigt wird, liegt im Ermessen des jeweiligen Bearbeiters.

Gesamtergebnis/Konkurrenzen

43 I. Bertram hat sich im 2. Handlungsabschnitt wegen versuchten Mordes und Hausfriedensbruch strafbar gemacht. Der Hausfriedensbruch ist ein Dauerdelikt, so dass sich seine Tathandlung teilweise mit dem während der Tat begangenen versuchten Mord überschneidet. Die Taten stehen daher in Tateinheit (§ 52 StGB). Im 3. Handlungsabschnitt hat B sich gem. den §§ 316 Abs. 2, 142 Abs. 1, 52 StGB strafbar gemacht und im 5. Handlungsabschnitt wegen Betruges, § 263 StGB. Die in den jeweiligen Handlungsabschnitten verwirklichten Delikte stehen untereinander jeweils im Verhältnis der Tatmehrheit (§ 53 StGB), weil sie jeweils durch unterschiedliche Handlungen begangen wurden.

II. Ernst hat sich wegen Beihilfe zum Betrug strafbar gemacht.

III. Zoran hat sich wegen Betruges strafbar gemacht, § 263 Abs. 1 StGB.

Anmerkungen zur Korrektur

44 Die Hausarbeit wurde als Teil der Zwischenprüfung an der Universität Münster gestellt. Der Schwierigkeitsgrad der Hausarbeit ist allenfalls als durchschnittlich anzusehen. Die Bearbeiter erzielten folgende Ergebnisse:

sehr gut	gut	vollbefriedigend	befriedigend	ausreichend	mangelhaft
1	3	2	11	19	14
2%	6%	4%	22%	38%	28%

50 Teilnehmer; durchschnittliche Punktzahl: 6.

Hausarbeit 8

Gesetzlose Fernstraßen

von Holger Niehaus

A ist LKW-Fahrer und ein erfahrener Hobby-Pistolenschütze, der sich selbst für sehr treffsicher hält. Seit Jahren ärgerte er sich über die endlosen Staus auf den Autobahnen. Dafür macht er vor allem andere LKW aus Osteuropa verantwortlich – insbesondere die seiner Meinung nach überlangen PKW-Transporter. Schließlich besorgte er sich eine Pistole, die er bei seinen Fahrten mit sich führte. Wenn seine Wut wieder einmal mit ihm durchging, zog er seine Pistole, zielte auf die Ladefläche mit den aufgeladenen PKW und feuerte. In den ersten zehn dieser Fälle, sie sich jeweils an unterschiedlichen Tagen ereigneten, traf er jeweils das anvisierte Ziel (die aufgeladenen PKW). Die Kugeln schlugen jeweils in das Fahrzeuginnere ein, wo sie später gefunden wurden. Die jeweiligen Fahrer hatten die Schüsse in neun Fällen nicht bemerkt. Dass sie beschossen worden waren, wurde ihnen erst klar, als sie auf die Beschädigung ihrer Ladung aufmerksam wurden. Im 10. Fall, der sich am 23. Januar 2023 ereignete, schlug die Kugel knapp hinter dem Führerhaus des von M geführten LKW ein und verursachte dort einen so lauten Knall, dass M sehr erschrak. Er brachte den LKW daraufhin kontrolliert auf dem Standstreifen zum Stehen, um zu überprüfen, ob mit dem LKW alles in Ordnung war. 1

In fünf der Fälle befand sich der anvisierte LKW im – von A aus gesehen – Gegenverkehr, so dass A auf der Autobahn über vier Fahrspuren hinweg auf das Ziel schoss. In den anderen fünf Fällen feuerte A auf die Ladefläche von vorausfahrenden LKW, die sich in derselben Fahrtrichtung wie A bewegten. Die Autobahnen waren in allen Fällen dicht befahren.

Als A am 15. März 2023 wiederum auf die Ladefläche eines PKW-Transporters, der sich im Gegenverkehr befand, schoss, überholte in diesem Moment die X in ihrem PKW Opel, den A nicht bemerkt hatte, den PKW-Transporter. Die Kugel trat durch die Windschutzscheibe ins Fahrzeuginnere ein. Sie verfehlte X nur um wenige cm und trat auf der gegenüberliegenden Seite aus dem PKW wieder aus. X erschrak durch das Splittern der Windschutzscheibe sehr. Sie erlitt ein sog. Knalltrauma und verletzte sich erheblich an den umherfliegenden Splittern. Sie konnte das Fahrzeug jedoch kontrolliert auf dem Standstreifen zum Stehen bringen, so dass kein weiterer Schaden eintrat. A hatte weder X bemerkt, noch, dass sein Schuss sein Ziel verfehlt hatte. Als er später aus der Zeitung erfuhr, dass er einen Menschen verletzt hatte, stellte er diese Taten sofort ein.

Da A dringend Geld benötigte, beriet er sich mit seinem Freund F und kam mit ihm überein, den Z zu überfallen, um dessen wertvollen PKW Aston Martin und vielleicht Geld oder Kreditkarten zu erbeuten. Sie beabsichtigten, den Z mit einer vorgehaltenen, ungeladenen Pistole, über die F verfügte, zu bedrohen. Sodann wollten sie ihn in einen Klein-LKW verbringen, den sie mit zum Tatort bringen wollten. Dort wollten sie ihn zur Herausgabe der Autoschlüssel und zur Preisgabe der Kombination eines Safes zwingen, von dem sie wussten, dass er sich im Haus des Z befand. Nach Erlangung der Beute wollten sie den Z gefesselt und mit einem Heftpflaster über dem Mund in dem Klein-LKW auf einem Waldweg zurücklassen. Über weitere Gewaltanwendung oder eine (weitere) Knebelung des Opfers wurde nicht gesprochen.

Zunächst verlief alles nach Plan. Während F den Z mit der Pistole in Schach hielt, fesselte A ihm Arme und Beine. Als die beiden den Z jedoch auf die Ladefläche des Klein-LKW werfen wollten, leistete Z heftige Gegenwehr und schrie um Hilfe. Deshalb hielt F ihm den Mund zu, woraufhin Z ihm kräftig in die Hand biss. Darüber geriet F so in Wut, dass er Z zweimal mit voller Wucht mit der Pistole auf den Hinterkopf schlug. Dabei wurde das Schädeldach des Z eingeschlagen. Außerdem stopfte F dem Z Tempotaschentücher in den Mund und klebte anschließend ein Pflaster über den Mund des Z. A stand während des Geschehens unmittelbar neben F.

Nunmehr entwendeten A und F gemeinsam die Autoschlüssel aus der Hosentasche des Z und begaben sich ins Haus, wo sie 2000 Euro Bargeld fanden, die sie ebenfalls mitnahmen und fuhren mit dem Aston Martin des Z davon. Den Z ließen sie zurück. Er starb wenig später nach den Feststellungen des gerichtlichen Sachverständigen an den Verletzungen infolge der Schläge mit der Pistole, an Ersticken infolge der eingeführten Taschentücher oder infolge einer Kombinationswirkung aus beidem. Weiterhin führt der Sachverständige aus, dass bei sofortiger Verständigung eines Notarztes nach den Schlägen mit der Pistole das Leben des Z höchstwahrscheinlich hätte gerettet werden können. A und F hatten den Z aufgrund der Pistolenschläge lediglich für benommen, aber nicht durch die Kopfverletzungen für tödlich verwundet gehalten.

Aufgabe: Haben sich A und F nach dem StGB strafbar gemacht?

Gliederung

Gutachten

1. Handlungsabschnitt: Die Schüsse auf der Autobahn

A. Strafbarkeit des A

I. §§ 211, 22, 23 zum Nachteil der X

3 A könnte sich wegen versuchten Mordes zum Nachteil der X strafbar gemacht haben, indem er am 15. März auf den LKW im Gegenverkehr schoss.

1. Tatentschluss

Dann müsste er Tatentschluss zum Mord gehabt haben. Das setzt zunächst Vorsatz zur Tötung der X voraus. 4

a) In kognitiver Hinsicht müsste A die drohende Gefahr der Rechtsgutbeeinträchtigung erkannt haben, also den Tod eines Menschen für möglich gehalten haben. Dem A war bewusst, dass ein Schuss aus einer Pistole tödlich wirken kann, wenn ein Mensch von der Kugel getroffen wird. Auch liegt bei einem Schuss aus einem fahrenden Fahrzeug auf ein anderes fahrendes Fahrzeug über mehrere Fahrbahnen hinweg auf einer dicht befahrenen Autobahn die Gefahr nahe, dass ein Schuss fehlgehen und einen Menschen treffen könnte. Dass A dies nicht bewusst gewesen sein könnte, kann ausgeschlossen werden. Er rechnete daher mit der Möglichkeit des Todeserfolges.

b) Darüber hinaus setzt aber der erforderliche, mindestens bedingte Vorsatz voraus, dass der Täter den Erfolg billigend in Kauf nimmt (voluntatives Element). Die Abgrenzung zur – nicht ausreichenden – bewussten Fahrlässigkeit erfolgt danach, ob der Täter die erkannte Gefahr ernst genommen und sich schließlich trotzdem mit dem Risiko der Tatbestandsverwirklichung abgefunden hat oder ob er ernsthaft (und nicht nur vage) auf das Ausbleiben des Todeserfolges vertraut hat.[1]

Nach diesen Kriterien ist ein Vertrauen auf das Ausbleiben des Erfolges regelmäßig zu verneinen, wenn der vorgestellte Ablauf einem tödlichen Geschehen so nahe kommt, dass nur noch ein glücklicher Zufall diesen verhindern kann.[2]

Im vorliegenden Fall hat A nicht auf einen Menschen geschossen, sondern auf die Ladefläche eines LKW. Nicht schon jede Abgabe eines Pistolenschusses auf eine Sache in der Nähe von (sich fortbewegenden) Menschen ist jedoch durch die immer bestehende abstrakte Möglichkeit unvorhergesehener Verläufe für diese Personen bereits so evident lebensgefährlich, dass der Schluss gerechtfertigt wäre, dass der Täter den Todeserfolg billigend in Kauf genommen hätte. In den vorangegangenen mindestens zehn Fällen war dem A der beabsichtigte Schuss auf die Ladefläche der LKW auch gelungen und er hielt sich für einen treffsicheren Schützen. Nach dem ihm bewussten Sachverhalt blieb es daher gerade nicht dem Zufall überlassen, ob ein Todeserfolg eintritt, sondern er vertraute ernsthaft darauf, dass sein Schuss die anvisierte LKW-Ladefläche nicht verfehlen würde. Er handelte daher nicht mit dem erforderlichen voluntativen Element des Vorsatzes (sondern allenfalls bewusst fahrlässig).

> Das LG Würzburg hat in dem Fall, dem der Sachverhalt nachgebildet ist, den Täter wegen versuchten Mordes verurteilt, also den Tatentschluss zur Tötung bejaht. Der BGH (NStZ 2016, 407) hat dies akzeptiert und die Revision des Angeklagten insoweit verworfen. Die Annahme des Tötungsvorsatzes durch das Landgericht erscheint allerdings vor dem dargelegten Hintergrund als schwer begründbar.[3] Es ist insoweit im Gutachten nicht nur nicht ausreichend, sich auf eine Gerichtsentscheidung in einem vermeintlich gleich gelagerten Fall zu berufen, sondern dies kann gerade auch in die Irre führen. Gefordert ist vielmehr eine eigenständige Argumentation des Bearbeiters unter Berücksichtigung der anerkannten Auslegungsgrundsätze.

---

1 *Wessels/Beulke/Satzger*, Strafrecht AT, 52. Aufl., Rn. 329 f.
2 BGH, NStZ 2005, 92 (Schuss auf Menschen); NStZ 2009, 629 (Stich mit einer Glasscherbe in den Hals).
3 Vgl. *Niehaus*, in: Freymann/Wellner, jurisPK Straßenverkehrsrecht, 2. Aufl., § 211, Rn. 21 f.

Es handelt sich hierbei nicht um einen – als solchen darzustellenden – „Meinungsstreit", denn die vorgenannten Gerichte vertreten keinen neuen oder anderen rechtlichen Standpunkt als die bisherige Rechtsprechung zur Abgrenzung von Vorsatz und (bewusster) Fahrlässigkeit, sondern es geht hier ausschließlich um die **Subsumtion** unter die anerkannten Voraussetzungen.

Keine Veranlassung gibt der Fall auch zur Erörterung von „aberratio ictus"-Konstellationen im engeren Sinne (Zurechnung des tatsächlichen Geschehens als vorsätzlich trotz Abweichung vom vorgestellten Geschehen). Da es sich hier um einen Versuch handelt, lautet die Frage von vornherein, ob der Täter die Möglichkeit, dass Verkehrsteilnehmer (sei es durch überraschende Überholvorgänge, sei es durch ein Fehlgehen des Schusses) getötet werden, billigend in Kauf genommen hat.

2. Ergebnis

5 A hat sich mangels Tötungsvorsatzes nicht wegen versuchten Mordes zum Nachteil der X strafbar gemacht.

Gleiches gilt in den übrigen zehn Fällen.

Bearbeiter, die mit dem LG Würzburg und dem BGH vom Vorliegen des Tötungsvorsatzes ausgehen, müssen sich mit der Frage der Merkmale eines versuchten Mordes, insbesondere des Vorsatzes hinsichtlich einer **heimtückischen** Tötung, auseinandersetzen. Die Rechtsprechung verlangt insoweit über die Ausnutzung von Arg- und Wehrlosigkeit hinaus keine weiteren Voraussetzungen (denn das nach dem BGH erforderliche „Bewusstsein der Ausnutzung" ist in der Sache nichts anderes als der Vorsatz, der nach § 16 Abs. 1 ohnehin notwendig ist), aber immerhin müssen die genannten Voraussetzungen vorliegen. Erforderlich ist, dass der Täter die Arg- und Wehrlosigkeit in dem Sinne erfasst, dass er sich bewusst ist, einen **durch** seine Ahnungslosigkeit gegenüber einem Angriff schutzlosen Menschen zu überraschen. Am Vorliegen des Ausnutzungsbewusstseins kann es insbesondere dann fehlen, wenn die Arg- und Wehrlosigkeit des Opfers für die Tat überhaupt keine Rolle spielt. So dürfte der Fall hier liegen. Ob die Insassen der getroffenen PKW arglos waren, war für die Tatbegehung des A bedeutungslos. Zudem bestehen Zweifel, ob die PKW-Insassen **infolge** ihrer Arglosigkeit wehrlos waren, wie dies Voraussetzung für einen (versuchten) Heimtückemord ist.[4] Denn gegenüber den Taten des A wäre **jeder** Insasse eines Pkw auf einer **Autobahn** wehrlos – völlig unabhängig von seiner Arglosigkeit. Kontrollüberlegung: Wie hätten sich die PKW-Insassen auf der dicht befahrenen Autobahn verteidigen können („Wehr-Losigkeit"), wenn sie bemerkt hätten, dass der A aus seinem LKW mit einer Waffe auf die Gegenfahrbahn zielt?

II. § 229 StGB zum Nachteil der X

6 Durch die Abgabe des Schusses hat sich A aber wegen fahrlässiger Körperverletzung gem. § 229 StGB zum Nachteil der X strafbar gemacht.

Die Abgabe eines Pistolenschusses auf den Gegenverkehr auf einer Autobahn aus einem fahrenden LKW heraus stellt objektiv und subjektiv eine Außerachtlassung der im Verkehr erforderlichen Sorgfalt dar und dass es dadurch zur Verletzung einer Person kommen konnte, war sowohl objektiv als auch subjektiv für den A vorhersehbar.

---

4 Vgl. *Heghmanns*, Strafrecht für alle Semester, Besonderer Teil, 2. Aufl., 2021, Rn. 127 ff., der – überzeugend – die *gezielte* Ausnutzung der Arg- und Wehrlosigkeit verlangt.

Zur Strafverfolgung bedarf es eines Strafantrages gem. § 230 StGB.

Wer mit den Ausführungen zu I. zur Ablehnung des Tötungsvorsatzes gelangt ist, hat keine Veranlassung, eine vorsätzliche gefährliche Körperverletzung gemäß den §§ 223, 224 I Nr. 2, 5 zu prüfen. Wer dagegen mit dem LG Würzburg und dem BGH Tötungsvorsatz annimmt, muss auch dolus eventualis hinsichtlich des Körperverletzungserfolges annehmen. Die vollendete Körperverletzung tritt auch nicht hinter dem versuchten Tötungsdelikt im Wege der Konsumtion (mitbestrafte Begleittat) zurück. Dann stellt sich das vom BGH (NStZ 2016, 407) aufgeworfene Folgeproblem im Rahmen des § 224 I Nr. 2, 5, ob die von der Rechtsprechung geforderte unmittelbare Einwirkung des gefährlichen Tatmittels vorliegt, denn X wurde nicht vom Projektil verletzt (dem gefährlichen Werkzeug), sondern erst infolge der gesplitterten Scheibe.

III. § 315b I Nr. 3, IV StGB

A könnte sich wegen gefährlichen Eingriffs in den Straßenverkehr gem. § 315b I Nr. 3 **7**
strafbar gemacht haben, indem er am 15. März auf den LKW im Gegenverkehr schoss.

1. Tathandlung

Das Abgeben von Schüssen auf den fließenden Verkehr ist ein „ebenso gefährlicher Ein- **8**
griff" in den Straßenverkehr i.S.d. § 315b I Nr. 3.

Der Umstand, dass der Schuss aus einem fahrenden LKW abgegeben wurde, gibt keine Veranlassung zu der bekannten Problematik der Abgrenzung von Innen- und Außeneingriffen (§ 315c einerseits, § 315b andererseits), denn es geht hier nicht um Gefahren, die von der Benutzung des LKW ausgehen, sondern um die Gefahren des Schusses.

2. Gefährdung der Sicherheit des Straßenverkehrs und fremder Rechtsgüter

Dadurch müsste die Sicherheit des Straßenverkehrs (abstrakt) gefährdet worden sein, **9**
und dadurch müssten wiederum Leib oder Leben eines anderen Menschen oder fremde Sachen von bedeutendem Wert (konkret) gefährdet worden sein.

a) Der gefährliche Eingriff in den Straßenverkehr (§ 315b) ist ein Straßenverkehrsdelikt. Bei der Gefahr im Sinne des § 315b muss es sich daher um eine solche handeln, die – jedenfalls auch – auf die Wirkungsweise der für Verkehrsvorgänge typischen Fortbewegungskräfte (Dynamik des Straßenverkehrs) zurückzuführen ist.[5] Dies trifft auf die Verletzung der X und auf die Beschädigung ihres PKW durch den Schuss selbst nicht zu, denn diese Gefahr steht in keinem relevanten Zusammenhang mit der Eigendynamik der Fahrzeuge, sondern beruht allein auf der Wirkungsweise des auftreffenden Projektils.[6] Eine tatbestandliche Gefahr bzw. ein Schaden, der eine solche vorherige Gefahr impliziert, liegt somit nicht in der Verletzung der X und der Beschädigung des PKW der X.

5 BGH, NStZ 2009, 100, 101; Beschl. v. 30.8.2022 – 4 StR 215, 22; NStZ 2022, 298.
6 BGH, NStZ 2009, 100, 101.

b) Eine konkrete Gefahr könnte jedoch für Leib und Leben der X insoweit bestanden haben, als es infolge des Schusses zu einem Fahrmanöver der X (z.B. Verreißen des Steuers infolge des Schrecks oder Ohnmacht der Fahrerin infolge der Schussverletzung) hätte kommen können, das wiederum zu einem Unfall und damit zu Gefahren für die körperliche Unversehrtheit der X hätte führen können.

Eine konkrete Gefahr i.S.d. § 315b StGB liegt vor, wenn das Gefährdungsobjekt derart in den Wirkungsbereich des schadenträchtigen Geschehens gelangt, dass der Nichteintritt des Schadens nur noch von unberechenbaren Zufälligkeiten abhängt (Beinahe-Unfall).[7] Nachdem die Kugel die X beinahe getroffen hatte, die Windschutzscheibe gesplittert und durch die Splitter erheblich verletzt worden war, hing es nur noch vom Zufall ab, ob es ihr gelingen würde, den PKW kontrolliert zum Stehen zu bringen oder ob es zu einem Unfall auf der Autobahn kommen würde. Es lag daher eine konkrete Gefahr für Leib und Leben der X und für den von ihr geführten PKW als fremde Sache von bedeutendem Wert vor.

Dass der Wert des PKW die insoweit maßgebliche Wertgrenze von 750 Euro (bzw. nach anderer Auffassung von 1.000 bis 1.300 Euro) überstieg und auch die konkrete Gefahr im Einzelfall in diesem Sinne bedeutend war („zweistufige Prüfung“, vgl. BGH, BeckRS 2019, 9059, Rn. 7), dürfte nach dem Sachverhalt zu unterstellen sein.

3. Subjektiver Tatbestand

10 A müsste vorsätzlich und/oder (§ 315b IV, V) fahrlässig gehandelt haben.

11 a) A handelte hinsichtlich des Eingriffs in den Straßenverkehr durch Abgabe des Schusses auf den LKW im Gegenverkehr vorsätzlich.

b) Er hatte aber aus den oben genannten Gründen keinen mindestens bedingten Vorsatz hinsichtlich des Umstands, dass die X von seinem Schuss getroffen werden würde. Daher hatte er auch keinen Vorsatz hinsichtlich der Herbeiführung eines Beinahe-Unfalls durch einen solchen Verlauf.

Das LG Würzburg hat – von seinem Standpunkt aus, nach dem sogar Tötungsvorsatz vorlag, konsequenterweise (und vom BGH, der die Verurteilung wegen versuchten Mordes bestätigt hat, ebenso konsequent nicht beanstandet) – Vorsatz i.S.d. § 315b I angenommen. Vgl. dazu oben I.

Insoweit könnte aber Fahrlässigkeit vorliegen (§ 315b IV). Das Abgeben eines Schusses in den Gegenverkehr aus einem fahrenden Fahrzeug stellt ein Außerachtlassen der im Verkehr erforderlichen Sorgfalt dar und es ist für einen objektiven Dritten vorhersehbar, dass es dadurch zu Verletzungen von Verkehrsteilnehmern kommen kann, die wiederum zu Verkehrsunfällen führen können. A handelte daher hinsichtlich der konkreten Gefahr fahrlässig.

7 Schönke/Schröder/*Hecker*, StGB, 30. Aufl., § 315c Rn. 33; *Heghmanns*, BT, Rn. 497.

4. Rechtswidrigkeit/Schuld

Da er auch rechtswidrig und schuldhaft handelte (ihm insbesondere auch subjektiv ein Sorgfaltspflichtverstoß zur Last liegt und die Gefahr auch für ihn vorhersehbar war), hat er sich wegen gefährlichen Eingriffs in den Straßenverkehr gem. § 315b I, IV strafbar gemacht. **12**

Ein unerlaubtes Entfernen vom Unfallort (§ 142 I) liegt fern, weil A das Ereignis nicht bemerkt hat (kein Vorsatz) und es sich zudem nicht um einen „Unfall" im Straßenverkehr gehandelt haben dürfte, denn der Einschlag eines Projektils in einem PKW stellt sich schon nach seinem äußeren Erscheinungsbild nicht als Ereignis dar, das im Zusammenhang mit den Gefahren des Straßenverkehrs steht (vgl. BGH, NJW 2002, 626).

IV. §§ 315b I, II, 22, 23

In den übrigen zehn Fällen könnte sich A jeweils wegen versuchten gefährlichen Eingriffs in den Straßenverkehr gemäß den §§ 315b, 22, 23 strafbar gemacht haben. **13**

Da es in diesen Fällen ersichtlich nicht zu einem „Beinahe-Unfall" gekommen ist, kommt nur ein Versuch in Frage.

1. Der Versuch des § 315b ist gemäß dessen Abs. 2 strafbar.

Da sich gem. § 23 I die Strafbarkeit von Vergehen nicht von selbst versteht, kann die Versuchsstrafbarkeit kurz festgestellt werden.

2. A müsste Tatentschluss gehabt haben, insbesondere vorsätzlich im Hinblick auf eine i.S.d. § 315b I tatbestandsmäßige konkrete Gefahr gehandelt haben. Wie oben dargelegt, reicht dazu eine Gefahr, die nicht auf den spezifischen Gefahren des Straßenverkehrs beruht, sondern ausschließlich auf der Dynamik des abgefeuerten Projektils, nicht aus.

Dass A sich aber vorgestellt hätte, dass es in diesen Fällen dazu kommen könnte, dass die Kugel einen PKW- oder LKW-Führer verletzt und es dadurch zu einem Beinahe-Unfall kommen könnte, ist nicht ersichtlich (s.o.).[8]

V. § 303 (PKW der X)

Aus den oben genannten und im Rahmen des § 303 entsprechend heranzuziehenden Gründen fehlt es nach der hier vertretenen Auffassung am Vorsatz des A, so dass er sich durch den Schuss nicht wegen Sachbeschädigung am PKW der X strafbar gemacht hat. **14**

8 Insoweit auch BGH, NStZ 2016, 407; vgl. den insoweit anders gelagerten Fall BGH, NStZ 2009, 100, 101.

VI. §§ 303 I, III, 22, 23

15 Indem er aber am 15. März 2023 auf die aufgeladenen PKW auf dem LKW feuerte, setzte A nach seiner Vorstellung unmittelbar zur Sachbeschädigung an den aufgeladenen PKW an. Er hat somit eine versuchte Sachbeschädigung gemäß den §§ 303 I, III, 22, 23 begangen. Zur Strafverfolgung bedarf es eines Strafantrags (§ 303c).

VII. § 303 (übrige PKW)

16 A hat außerdem in den übrigen zehn Fällen jeweils eine Sachbeschädigung an den auf den LKW aufgeladenen und von den Kugeln getroffenen PKW begangen. Auch insoweit bedarf es zur Strafverfolgung jeweils eines Strafantrags (§ 303c).

B. Ergebnis zum 1. Handlungsabschnitt

17 A hat sich wegen fahrlässiger Körperverletzung zum Nachteil der X und wegen gefährlichen Eingriffs in den Straßenverkehr sowie wegen versuchter Sachbeschädigung durch den Schuss am 15. März 2023 strafbar gemacht. Da alle Taten durch dieselbe Handlung verwirklicht wurden und sämtliche Delikte unterschiedliche Rechtsgüter schützen, so dass keines hinter dem anderen im Konkurrenzwege zurücktritt, liegt insoweit Tateinheit gem. § 52 vor. Die weiteren zehn Fälle der Sachbeschädigung wurden jeweils durch eine selbständige Handlung verwirklicht und stehen daher untereinander sowie zu dem Deliktskomplex, der durch den Schuss auf X verwirklicht wurde, in Tatmehrheit (§ 53).

A sich daher im 1. Handlungsabschnitt gemäß den §§ 229; 315b I, IV; §§ 303 I, III, 22, 23; 52; 303; 53 strafbar gemacht.

Jedes Gutachten, das zu dem Ergebnis gelangt, dass mehr als ein Delikt verwirklicht ist, sollte Ausführungen zu den Konkurrenzen enthalten. Der Umfang der Ausführungen hängt – wie stets im Gutachten – davon ab, ob die zu entscheidenden Rechtsfragen problematisch sind oder nicht. Ist, wie hier, die Konkurrenzsituation weitgehend unproblematisch, kann ein Satz genügen (der aber auch – s.o. – erforderlich ist).[9]

2. Handlungsabschnitt: Die Geschehnisse um den Tod des Z

A. Strafbarkeit des F

18 Ein gemeinsamer Aufbau hinsichtlich der möglichen Mittäter A und F empfiehlt sich hier nicht, weil gerade fraglich ist, ob und in welchem Umfang die Handlungen des F dem A zugerechnet werden können. Bei getrenntem Aufbau wird mit dem Tatnächsten (hier F) begonnen.

9 *Niehaus*, Ad Legendum 2014, 151.

I. § 211

F könnte sich wegen Mordes gem. § 211 strafbar gemacht haben, indem er Z mit der Pistole auf den Hinterkopf schlug und ihn mit den Taschentüchern knebelte. 19

Dann müsste er vorsätzlich hinsichtlich der Tötung des Z gehandelt haben. Nach dem Sachverhalt haben A und F den Z auch nach der Tat nicht für tödlich verletzt gehalten. Dass F bei der Tatausführung mit einem tödlichen Ausgang rechnete, ist nicht ersichtlich. Dies ergibt sich auch nicht aus der Tatausführung. Schläge mit einem stumpfen Gegenstand auf den Hinterkopf sind nicht ohne Weiteres so lebensbedrohlich, dass die Annahme des Tötungsvorsatzes allein aus dieser Tatbegehung hergeleitet werden könnte. Gleiches gilt für das Knebeln mit Taschentüchern.

F hat sich daher nicht wegen Mordes strafbar gemacht.

II. § 239a I, III

F könnte sich durch das Vorhalten der Pistole und die Schläge auf den Hinterkopf sowie durch die Knebelung des Z wegen erpresserischen Menschenraubes mit Todesfolge gem. § 239a I, III strafbar gemacht haben. 20

Dann müsste er zunächst das Grunddelikt des § 239a verwirklicht haben. F hat zwar durch Vorhalten der Pistole die physische Herrschaft über Z erlangt. Im Zwei-Personen-Verhältnis setzt die Anwendung des § 239a aber zusätzlich voraus, dass die Bemächtigungssituation, die ausgenutzt werden soll, eine eigenständige Bedeutung für die Tat und eine gewisse Stabilisierung erlangt hat.[10] Daran fehlt es, wenn die Bemächtigung unmittelbar in die Nötigung des Opfers münden soll.[11] Hier wollten A und F, unmittelbar nachdem sie den Z in ihre Gewalt gebracht hatten, diesen zur Herausgabe der Schlüssel und der Safe-Kombination nötigen. Die Bemächtigungslage hatte daher für ihren Tatplan keine eigenständige Bedeutung.

Auf die Frage, ob bei Gewaltausbrüchen während der Bemächtigungslage – z.B. aus Wut, weil das Opfer Gegenwehr leistet – der erforderliche qualifikationsspezifische Gefahrzusammenhang vorliegt (vgl. § 239a III: „durch die Tat“) kommt es daher hier nicht mehr an (vgl. dazu BGH, NStZ 2016, 211, 214 m.w.N.).

F hat sich daher nicht wegen erpresserischen Menschenraubes mit Todesfolge strafbar gemacht.

III. §§ 249, 251

F könnte sich durch dieselben Handlungen wegen Raubes mit Todesfolge gemäß den §§ 249, 251 strafbar gemacht haben. 21

10 BGHSt 40, 359; vgl. *Heghmanns*, BT, Rn. 1533.
11 BGH, NStZ-RR 2015, 336.

Aufbau: Da das erfolgsqualifizierte Delikt des § 251 (mit seiner Strafdrohung von nicht unter zehn Jahren) die Qualifikationen des § 250 im Wege der Gesetzeskonkurrenz verdrängt, liegt es nahe, sofort mit der schwereren Qualifikation des § 251 zu beginnen, zumal § 250 im Rahmen der Strafbarkeit des A zu erörtern sein wird (vgl. unten B.) und dort ansonsten auf Ausführungen im Rahmen der Strafbarkeit des F verwiesen werden müsste, obwohl die Norm des § 250 bei F gar nicht zum Tragen kommt. Gleichwohl ist es nicht „falsch", vor § 251 auch die Qualifikation des § 250 zu erörtern. Der Verfasser sollte aber auf eine richtige Schwerpunktsetzung achten.

1. Grunddelikt, § 249

22 Dann müsste F zunächst einen Raub begangen haben.

a) Wegnahme

23 Er müsste eine fremde bewegliche Sache weggenommen haben. Indem er die Autoschlüssel und das Bargeld an sich nahm, begründete er neuen Gewahrsam. Z war zu diesem Zeitpunkt noch nicht tot. Dass er infolge seiner Verletzungen nichts mehr gegen die Entwendung unternehmen konnte, ändert nichts an seinem fortbestehenden Sachherrschaftswillen, selbst wenn er bewusstlos war und das Bewusstsein bis zu seinem Tod nicht wiedererlangte.[12] Z war daher noch immer Gewahrsamsinhaber. Da er mit dem Gewahrsamswechsel nicht einverstanden war, hat F ihm Autoschlüssel und Bargeld weggenommen.

b) Qualifizierte Nötigungshandlung

24 Dies müsste mit Gewalt gegen eine Person oder mit Drohungen mit gegenwärtiger Gefahr für Leib oder Leben erfolgt sein. Das Vorhalten der Pistole und die anschließende Fesselung des Z erfüllen beide Voraussetzungen.

c) Subjektiver Tatbestand

25 F handelte in Kenntnis aller Umstände, somit vorsätzlich, und in der Absicht rechtswidriger Zueignung.

2. Schwere Folge

26 F ist tot. Die von § 251 vorausgesetzte schwere Folge ist daher eingetreten.

3. Qualifikationsspezifischer Gefahrzusammenhang

27 F müsste den Tod durch den Raub i.S.d. § 251 herbeigeführt haben. Die zum Tod des Z führenden Handlungen des F (Schläge mit der Pistole, Knebelung) erfolgten vor der Wegnahme und aus Wut über den Widerstand des Tatopfers. Daher liegt auch der erforderliche spezifische Zusammenhang zwischen Grunddelikt und schwerer Folge vor.

---

12 BGH, NJW 1985, 1911.

4. wenigstens leichtfertig

F müsste den Tod des Z wenigstens leichtfertig herbeigeführt haben. Leichtfertigkeit ist eine Fahrlässigkeit besonders großen Ausmaßes. Schlägen auf den Hinterkopf mit einem schweren Gegenstand wie einer Pistole haftet in besonderem Maße die Gefahr eines tödlichen Ausgangs an. Gleiches gilt für das Verstopfen der Atemwege mit Taschentüchern. Dieses Vorgehen des F war daher leichtfertig im Hinblick auf den Tod des Z. 28

5. Ergebnis

F hat sich daher wegen Raubes mit Todesfolge gemäß den §§ 249, 251 strafbar gemacht. 29

IV. § 227

Die Körperverletzung mit Todesfolge tritt im Wege der Gesetzeskonkurrenz hinter dem Raub mit Todesfolge zurück.[13] 30

V. § 224 I Nr. 2, 5

F könnte sich durch die Schläge mit der Pistole und das Knebeln mit den Taschentüchern und dem Pflaster wegen gefährlicher Körperverletzung gem. § 224 I Nr. 2, 5 strafbar gemacht haben. 31

1. Körperverletzung, § 223

Das Knebeln und anschließende Zurücklassen des Opfers stellt eine üble und unangemessene Behandlung dar, die geeignet ist, das körperliche Wohlbefinden erheblich zu beeinträchtigen, und ist somit eine Körperverletzung.[14] Gleiches gilt für die Schläge mit der Pistole. Letztere haben zudem einen pathologischen Zustand hervorgerufen (Fraktur des Schädeldachs), stellen also auch eine Gesundheitsschädigung dar. 32

2. mittels eines gefährlichen Werkzeugs, § 224 I Nr. 2

Die Pistole ist nach der von F gewählten Verwendungsart geeignet, erhebliche Verletzungen hervorzurufen, so dass die Körperverletzung mittels eines gefährlichen Werkzeugs begangen wurde. 33

3. mittels einer das Leben gefährdenden Behandlung, § 224 I Nr. 5

Sowohl die Schläge auf den Kopf als auch das Knebeln und Zurücklassen in einer Lage, in der sich Z nicht selbst helfen konnte, stellten Behandlungen dar, die nach den Umständen des Einzelfalls generell geeignet waren, das Leben des Opfers zu gefährden. Daher liegt auch die Qualifikation nach § 224 I Nr. 5 vor. 34

13 Schönke/Schröder/*Bosch*, StGB, 30. Aufl., § 251 Rn. 9.
14 BGH, NStZ 2007, 404.

4. Vorsatz

35 A müsste vorsätzlich gehandelt haben. Er kannte alle Umstände, die die Voraussetzungen der §§ 223, 224 I Nr. 2 begründen. Im Rahmen des § 224 I Nr. 5 muss der Täter die Umstände kennen, aus denen sich die Gefährlichkeit des Tuns in der konkreten Situation für das Leben des Opfers ergibt. Ob der Täter diese Umstände auch als lebensgefährlich bewertet, ist unerheblich.[15] Daher kommt es nicht darauf an, ob F die Knebelung und das anschließende Zurücklassen des erheblich verletzten Z als lebensgefährlich bewertet hat. Er kannte alle Umstände, aus denen sich die Lebensgefahr in diesem Fall ergab, so dass er auch insoweit vorsätzlich handelte.

Eine andere Auffassung ist hier vertretbar, vgl. *Heghmanns*, BT, Rn. 418 und die Nachweise bei *Fischer*, StGB, 70. Aufl., § 224 Rn. 13.

5. Rechtswidrigkeit/Schuld

36 F handelte auch rechtswidrig und schuldhaft und hat sich daher wegen gefährlicher Körperverletzung gemäß den §§ 223, 224 I Nr. 2, 5 strafbar gemacht.

VI. §§ 212, 13

37 F könnte sich wegen Totschlags durch Unterlassen strafbar gemacht haben, indem er den Z schwer verletzt, gefesselt und geknebelt am Tatort zurückließ.

1. Erfolg, hypothetische Kausalität

38 Die Vornahme der gebotenen Handlung – das Rufen eines Notarztes nach den Schlägen mit der Pistole – hätte das Leben des Z höchstwahrscheinlich gerettet. Die erforderliche hypothetische Kausalität des Unterlassens für den Todeserfolg liegt daher vor.

2. Garantenstellung

39 F müsste auch eine Garantenstellung für das Leben des Z innegehabt haben. In Betracht kommt eine Garantenstellung aus Ingerenz, also aus schadensnahem und pflichtwidrigem Vorverhalten. Durch die (pflichtwidrigen) Schläge mit der Pistole auf den Hinterkopf des Z hat F die nahe liegende Gefahr des Todeseintritts geschaffen. Da F dabei nicht mit Tötungsvorsatz handelte, kommt es nicht auf die Frage an, ob auch derjenige aus dem Gesichtspunkt der Ingerenz zur Erfolgsabwendung verpflichtet ist, der eine Handlung vorgenommen hat, die auf die vorsätzliche Herbeiführung des Erfolges ausgerichtet war.[16]

3. Vorsatz

40 F müsste vorsätzlich gehandelt haben. Zwar glaubte er beim Verlassen des Tatortes nicht, dass Z durch die Schläge tödlich verletzt war. Das weitere Verhalten – das Zurücklassen

15 BGHSt 36, 15.
16 Vgl. *Wessels/Beulke/Satzger*, AT, Rn. 1022.

des erkennbar schwer verletzten Z, dessen Atmung durch die Taschentücher im Mund erkennbar stark eingeschränkt war – war aber evident lebensbedrohlich, so dass davon auszugehen ist, dass F die Möglichkeit eines tödlichen Verlaufs erkannt hatte. Da er durch das Verlassen des Tatorts den Kausalverlauf aus der Hand gegeben und dem Zufall überlassen hatte, konnte er auch nicht ernsthaft (nämlich tatsachengestützt) auf das Ausbleiben des Erfolges vertrauen, sondern dies allenfalls hoffen.[17] Er hat daher den Todeserfolg beim Verlassen des Tatorts billigend in Kauf genommen und handelte somit vorsätzlich.

4. Rechtswidrigkeit/Schuld

F handelte auch rechtswidrig und schuldhaft und hat sich daher wegen Totschlags durch Unterlassen gemäß den §§ 212, 13 strafbar gemacht. 41

Für das Vorliegen von Mordmerkmalen bestehen keine Anhaltspunkte. Hinsichtlich des Merkmals der Verdeckungsabsicht geht aus dem Sachverhalt nicht hervor, dass F das Rufen von Hilfe unterließ, um den vorangegangenen Raub zu verdecken. Wenn der Täter einen zeitlichen Vorsprung erhalten will, um fliehen zu können, reicht dies etwa für die Verdeckungsabsicht nicht aus.[18] Eine Ermöglichung des Raubes erstrebte F durch die Zurücklassung des Z in verletztem und gefesseltem Zustand nicht – selbst wenn man auf die Beendigung der Tat durch Sicherung der Beute abstellte[19] –, denn von dem schwer verletzten Z ging nicht die Gefahr einer Beuteentziehung aus.

VII. § 221

Eine Aussetzung gem. § 221 als Lebensgefährdungsdelikt würde jedenfalls im Wege der Gesetzeskonkurrenz hinter dem vorsätzlichen Verletzungsdelikt der §§ 212, 13 zurücktreten.[20] 42

B. Strafbarkeit des A

I. §§ 249, 251, 25 II

A könnte sich wegen Raubes mit Todesfolge gemäß den §§ 249, 251, 25 II strafbar gemacht haben, indem er gemeinsam mit F den Z überfiel und ihn fesselte. 43

1. Wegnahme

A hat gemeinsam mit F das Bargeld und den PKW des Z weggenommen. 44

17 Vgl. BGH, NStZ 1989, 114.
18 BGH, NStZ 1985, 166.
19 BGH, NStZ 1984, 453, 454.
20 Vgl. *Heghmanns*, BT, Rn. 311 (§ 221 tritt auch hinter der vorsätzlichen Tötung durch Unterlassen zurück); *Fischer*, StGB, 70. Aufl., § 221 Rn. 20.

2. mittels qualifizierter Nötigungsmittel

45 Durch das Fesseln des Z hat A selbst Gewalt gegen die Person des Opfers verübt. Außerdem könnte ihm die von F begangene Drohung gemäß § 25 II zuzurechnen sein.

Die Rechtsfolge der Mittäterschaft ist die Zurechnung einer fremden Tathandlung. Daher sind die Voraussetzungen der Mittäterschaft auch im Rahmen der Erörterung dieses Gesichtspunkts zu erörtern.

A und F hatten einen gemeinsamen Tatplan gefasst, der die Bedrohung des Z mit der Pistole umfasste. Durch die Fesselung des Z hat A auch einen eigenen Beitrag zur Verwirklichung des Tatbestandes geleistet. Da der am Tatort anwesende A das Geschehen ebenso in Händen hielt wie der F, hatte A auch (Mit-)Tatherrschaft. Daher liegen die Voraussetzungen der Mittäterschaft vor, so dass ihm die Bedrohungshandlung des F zuzurechnen ist.

3. Subjektiver Tatbestand

46 A handelte hinsichtlich der vorgenannten Umstände vorsätzlich und er handelte in der Absicht rechtswidriger Zueignung.

4. Eintritt des qualifizierenden Erfolges

47 Die schwere Folge des § 251 ist in Gestalt des Todes des Z eingetreten.

Fraglich ist, ob dem A der Eintritt dieses Todeserfolges im Rahmen des § 251 zugerechnet werden kann. § 251 ist ein erfolgsqualifiziertes Delikt. Die Legitimation für den – drastisch – erhöhten Strafrahmen (nicht unter zehn Jahren oder lebenslange Freiheitsstrafe[21]) besteht darin, dass der Täter vorsätzlich Handlungen vornimmt, denen nach der Wertung des Gesetzes das spezifische Risiko eines tödlichen Ausgangs anhaftet. Realisiert sich dieses Risiko und trifft den Täter hinsichtlich des Eintritts des Todeserfolges ein Leichtfertigkeitsvorwurf, so wird er aus dem hohen Strafrahmen des § 251 bestraft.

Die Frage, ob dem Mittäter A die Verursachung des Todes des F im Rahmen des § 251 zugerechnet werden kann, bildet einen der rechtlichen Schwerpunkte der Aufgabe.

Ob der Täter sich nach § 251 oder nach den §§ 249, 250 strafbar gemacht hat, ist aber auch eine praktisch bedeutsame Frage und nicht etwa ein Detailproblem im Rahmen abgestufter Qualifikationen. Vgl. die Strafrahmen:

- §§ 249, 250 I: nicht unter drei Jahren bis zu 15 Jahren.
- § 251: nicht unter zehn Jahren bis zu lebenslanger Freiheitsstrafe.

21 Vgl. den – niedrigeren – Strafrahmen für die vorsätzliche Tötung: § 212.

a) Vorsatz hinsichtlich der zum Tod führenden Handlungen erforderlich

Daraus folgt, dass nur hinsichtlich des Eintritts des Todeserfolges Leichtfertigkeit ausreicht. Im Übrigen ist Vorsatz erforderlich. Dem Täter können deshalb nach § 251 nur die Folgen derjenigen Handlungen zugerechnet werden, die er zumindest mit bedingtem Vorsatz gewollt hat.[22] **48**

Nach dem Sachverhalt hatten A und F die Bedrohung des Z mit der Pistole, seine Fesselung sowie das Aufkleben eines Pflasters auf den Mund verabredet. Somit war zwar ein gewisses Maß an Gewalt von beiden eingeplant. Die Handlungen, die zum Tod des Z geführt haben und die ausschließlich der F ausgeführt hat (die Schläge mit der Pistole, das Knebeln mit Taschentüchern, die in den Mund eingeführt wurden), weisen indes eine ganz andere Qualität und Gewalt-Intensität auf als das von beiden vorab geplante Verhalten.[23] Somit handelt es sich bei diesen Handlungen des F nicht um solche, die sich als bloße Tatausführungsvarianten noch im Rahmen des vom ursprünglichen Vorsatz des A umfassten Verhaltens gehalten hätten.

b) Nachträgliche Erweiterung des gemeinschaftlichen Tatplans

Ausreichend für einen gemeinsamen Tatplan im Rahmen des § 25 II und damit für eine Zurechnung der Handlungen des F zu A wäre es allerdings, wenn A und F – sei es auch nicht ausdrücklich, sondern konkludent – ihren Tatplan auf die Anwendung auch gravierender Gewalthandlungen wie die von F vorgenommenen erweitert hätten. Dafür ist allerdings nichts ersichtlich. Insbesondere reicht der bloße Umstand, dass A am Tatort anwesend war, er nicht gegen die Schläge des F intervenierte und er sich auch nicht anschließend entfernte, sondern den Raub weiter mit F ausführte, nicht aus, um ihn zum Mittäter dieses Verhaltens zu machen – zumal nicht ersichtlich ist, wie A die für ihn überraschend ausgeführten zwei Schläge des F hätte verhindern können.[24] Vielmehr ändert auch die Anwesenheit am Tatort nichts daran, dass es sich insoweit um Exzesshandlungen des Mittäters F handelte, die nicht vom Vorsatz des A gedeckt waren. **49**

c) Sukzessive Mittäterschaft

Die Zurechnung von Handlungen, die zum Eintritt eines qualifizierenden Erfolgs geführt haben, soll sich nach teilweise vertretener Auffassung allerdings auch aus den Grundsätzen über eine sukzessive Mittäterschaft ergeben können.[25] Sukzessive Mittäterschaft kommt in Betracht, wenn ein Täter in Kenntnis und mit Billigung des bisher Geschehenen – selbst bei Abweichungen vom ursprünglichen Tatplan in wesentlichen Punkten – in eine bereits begonnene Ausführungshandlung eintritt.[26] Sein Einverständnis bezieht sich dann auf die Gesamttat mit der Folge, dass ihm die gesamte Tat zugerechnet werden kann.[27] Auch insoweit bildet jedoch der bloße Umstand, dass A am Tatort anwesend war, als F die vom ursprünglichen Tatplan nicht gedeckten Gewalthandlungen beging, und er anschließend die Raubtat weiter durch Entwendung der Beute **50**

22 BGH, NStZ 2016, 211; BGHR StGB § 251 Todesfolge 2 (Beschluss vom 16.4.1993 – 3 StR 14/93).
23 Vgl. BGHR StGB § 251 Todesfolge 2 (Beschluss vom 16.4.1993 – 3 StR 14/93).
24 Vgl. BGHR StGB § 251 Todesfolge 2 (Beschluss vom 16.4.1993 – 3 StR 14/93).
25 Vgl. BGH, NStZ 2016, 211 m.w.N.
26 Vgl. auch BGH, NStZ 2011, 699, Rn. 38.
27 Vgl. BGH, NStZ 2008, 280.

ausführte, keine tragfähige Grundlage für eine Zurechnung der vorausgegangenen Gewalttaten des F. A hat durch die Wegnahme der Beutegegenstände gerade nicht an die Gewalthandlungen des F angeknüpft und diese vertieft. Er hat insoweit nicht einmal seine Billigung der vorangegangenen Taten zum Ausdruck gebracht.

Wenn man dies anders sehen wollte (vgl. dazu BGH, NStZ 2016, 211), müsste der Bearbeiter sich mit der Frage auseinandersetzen, ob die o.g. Konstruktion der Rechtsprechung (Zurechnung der todesursächlichen Handlungen durch nachträgliche konkludente „Billigung" des Geschehens) tragfähig ist. Dies dürfte zu verneinen sein – jedenfalls soweit dazu die bloße konkludente Billigung durch weitere Tatausführung ausreichen soll, denn zum einen lässt sich dieser weiteren Tatausführung nicht die Billigung eines vorangegangenen Exzesses entnehmen (s.o.), zum anderen verwischt die Rechtsprechung die Grenzen zwischen (Mit-)Täterschaft (Voraussetzungen u.a.: eigener Tatbeitrag, Tatherrschaft) und bloßem nachträglichen Gutheißen bzw. Akzeptieren fremder Handlungen.

5. Ergebnis

51 A hat sich nicht wegen Raubes mit Todesfolge gemäß den §§ 249, 251, 25 II strafbar gemacht.

II. §§ 212, 13

52 A könnte sich wegen Totschlags durch Unterlassen strafbar gemacht haben, indem er nach den Schlägen des F nicht den Notarzt rief, sondern den schwer verletzten, gefesselten und geknebelten F am Tatort zurückließ.

Dann müsste A eine Garantenstellung gehabt haben. In Frage kommt wiederum Ingerenz. Als Verhalten, an das angeknüpft werden könnte, kommt nur die Planung des Raubes und die Beteiligung an der Ausführung durch Fesselung des Z in Betracht, denn die Schläge und die Knebelung durch F sind dem A nicht zurechenbar (s.o.).

Ingerenz setzt die Schaffung einer nahen Gefahr für das betreffende Rechtsgut – hier das Leben des Z – voraus. Die gemeinschaftliche Planung und (Teil-)Ausführung eines Raubes mit Fesselung und Knebelung des Opfers ist insoweit sicherlich mit einer Risikoerhöhung für das Opfer verbunden. Eine nahe Gefahr, die es rechtfertigen würde, den Mittäter eines Raubes zum Garanten für das Leben des Opfers zu machen, ist jedoch mit der bloßen Planung und Ausführung eines Raubes noch nicht verbunden.[28]

A hatte deshalb keine Garantenstellung und hat sich nicht wegen Totschlags durch Unterlassen gemäß den §§ 212, 13 strafbar gemacht.

Aus demselben Grund ist eine Strafbarkeit wegen Aussetzung gem. § 221 I Nr. 2 nicht gegeben.

28 BGH NStZ 2012, 379; vgl. auch *Fischer*, StGB, 70. Aufl., § 13, Rn. 49.

III. §§ 249, 250 I, II, 25 II

A könnte sich wegen (besonders[29]) schweren Raubes gemäß den §§ 249, 250 I, II, 25 II strafbar gemacht haben, indem er gemeinsam mit F den Z überfiel und ihn fesselte. **53**

1. Voraussetzungen des § 249

Die objektiven und subjektiven Voraussetzungen des § 249 liegen vor (vgl. oben). **54**

2. Qualifizierende Merkmale des § 250 I

F könnte die qualifizierenden Merkmale des § 250 I Nr. 1a) oder b) verwirklicht haben, was dem A über § 25 II zuzurechnen wäre. **55**

a) Das Beisichführen einer Waffe gem. § 250 I Nr. 1a) setzt im Fall einer Schusswaffe deren Einsatzbereitschaft voraus.[30] Sie muss also geladen oder zumindest schnell durch mitgeführte Munition zu laden sein. Diese Voraussetzungen sind im vorliegenden Fall nicht erfüllt.

b) F führte aber die ungeladene Schusswaffe – und damit ein Werkzeug i.S.d. § 250 I Nr. 1b) – um den Widerstand des Z mittels Drohung mit Gewalt zu verhindern oder zu überwinden. Sein Verhalten, das dem A gem. § 25 II zuzurechnen ist, erfüllte daher die Voraussetzungen des § 250 I Nr. 1b).

c) A und F könnten zudem i.S.d. § 250 I Nr. 1c) den Z durch die Tat in die Gefahr einer schweren Gesundheitsschädigung gebracht haben. Die Verursachung der Gefahr gem. § 250 I Nr. 1c) setzt Vorsatz hinsichtlich dieser Gefährdung voraus.[31]

aa) Hinsichtlich der Schläge auf den Kopf, die nicht vom Vorsatz des A umfasst waren, scheidet daher eine Zurechnung zu A aus.

bb) In Betracht kommt eine Anknüpfung an das Zurücklassen des schwer verletzten Z am Tatort in gefesseltem und geknebeltem Zustand. Die konkrete Gefahr i.S.d. § 250 I Nr. 1c) muss aber „durch die Tat" herbeigeführt worden sein, also durch eine Handlung, die Bestandteil der Tatbestandsverwirklichung ist. Das trifft auf das bloße Verlassen des Tatorts nicht zu.

> Ein Bandenraub i.S.d. § 250 I Nr. 2 liegt nicht vor, weil eine Bande den Zusammenschluss von mehr als zwei Personen voraussetzt.

3. Qualifizierende Merkmale des § 250 II

a) § 250 II Nr. 1

Darüber hinaus könnte die Qualifikation gem. § 250 II Nr. 1 vorliegen. Dann müsste F eine Waffe oder ein anderes gefährliches Werkzeug verwendet haben. Zum Verwenden **56**

29 Zur Deliktszeichnung als „besonders" schwerer Raub im Fall des § 250 II vgl. BGH, NStZ-RR 2015, 164, Nr. 40 (bei *Cierniak/Niehaus*).
30 *Heghmanns*, BT, Rn. 1108 m.w.N.
31 *Heghmanns*, BT, Rn. 1498: § 18 findet keine Anwendung.

reicht zwar der Einsatz als Drohmittel aus. Es muss sich aber bei dem Drohmittel um eine Waffe oder ein gefährliches Werkzeug handeln. Das trifft auf eine ungeladene Schusswaffe nicht zu.[32]

> Der Meinungsstreit über die unterschiedliche Auslegung des Werkzeugbegriffs in § 250 II Nr. 1 und § 250 I Nr. 1a) betrifft nur die Schusswaffe, die durch mitgeführte Munition schnell geladen werden kann. Dies trifft auf den vorliegenden Fall nicht zu.

b) § 250 II Nr. 3a), 3b)

57 A und F könnten bei der Tat den Z körperlich schwer misshandelt oder ihn durch die Tat in die Gefahr des Todes gebracht haben (§ 250 II Nr. 3a), b)).

a) Unter schwerer Misshandlung ist die Zufügung schwerer körperlicher Schäden oder massiver Schmerzen zu verstehen.[33] Die von A vorgenommene Fesselung erfüllt diese Voraussetzungen nicht. Die von F ausgeführten Schläge auf den Kopf sind dem A wiederum nicht zuzurechnen (s.o.). A kann daher nicht gem. § 250 II Nr. 3a) bestraft werden.

b) Die Verursachung der Todesgefahr gem. § 250 II Nr. 3b) setzt wiederum Vorsatz hinsichtlich dieser Gefährdung voraus.[34] Die Ausführungen zu § 250 I Nr. 1c) gelten insoweit entsprechend (s.o.). A hat sich daher nicht gem. § 250 II strafbar gemacht.

4. Ergebnis

58 Im Ergebnis hat sich A daher wegen schweren Raubes gemäß den §§ 249, 250 I Nr. 1b) strafbar gemacht.

> Die mitverwirklichten Delikte der Nötigung (§ 240) und der Freiheitsberaubung (§ 239) treten hinter den §§ 249, 250 zurück, weil sie durch das beim Raub eingesetzte Nötigungsmittel (u.a. Fesselung) verwirklicht worden sind.

IV. § 223

59 A könnte sich wegen Körperverletzung strafbar gemacht haben, indem er Z fesselte. Die Fesselung stellte zwar eine üble und unangemessene Behandlung dar. Diese müsste jedoch auch zu einer mehr als nur unerheblichen Beeinträchtigung des körperlichen Wohlbefindens geführt haben. Dies kann bei einer Fesselung der Fall sein, wenn etwa das Fesselungsmittel in die Haut einschneidet oder – bei längerer Fesselung – Durchblutungsstörungen eintreten o.ä. Aus dem Sachverhalt ergeben sich keine Anhaltspunkte für derartige Folgen, so dass A sich nicht wegen Körperverletzung gem. § 223 strafbar gemacht hat.

---

32 BGHSt 45, 251.
33 *Heghmanns*, BT, Rn. 1502 m.w.N.
34 *Heghmanns*, BT, Rn. 1503: § 18 findet keine Anwendung.

V. § 323c

A könnte sich wegen unterlassener Hilfeleistung gem. § 323c strafbar gemacht haben, indem er den schwer verletzten Z gefesselt und geknebelt am Tatort zurückließ, ohne Hilfe zu leisten. 60

1. Unglücksfall

Dann müsste zunächst ein Unglücksfall vorgelegen haben. Das ist ein plötzlich eintretendes Ereignis, das erhebliche Gefahr für Individualrechtsgüter mit sich bringt.[35] Dies trifft auf den Zustand des Z – spätestens als F und A ihn zurückließen – zu, wie sich bereits aus dem Umstand ergibt, dass wenig später der Tod eingetreten ist. 61

2. Erforderlichkeit der Hilfeleistung

Erforderlich ist die Hilfe, die aus der ex-ante-Sicht eines verständigen Beobachters zur erfolgreichen Schadensabwendung möglich und notwendig ist.[36] Danach war hier für einen verständigen Beobachter erkennbar möglich und notwendig, einen Notarzt zu rufen. 62

3. Zumutbarkeit der Hilfeleistung

Die Hilfe muss auch zumutbar sein. Eine etwaige Gefahr der Strafverfolgung ist dabei zwar zu berücksichtigen, macht aber für sich allein die Hilfeleistung noch nicht unzumutbar.[37] Setzt sich der Täter durch die Hilfeleistung der *Gefahr einer Strafverfolgung* aus, so kann er sich auf Unzumutbarkeit **nur berufen, wenn seine Straftat in keinem Zusammenhang mit dem Unglücksfall steht**. Zudem wird regelmäßig **Hilfeleistung in Form einer anonymen Unterrichtung Dritter zumutbar** sein.[38] Hier stand zum einen der Unglücksfall in Zusammenhang mit dem auch von A verübten Raubüberfall. Zum anderen hätte er den Notarzt auch anonym verständigen können. Somit war dem A die Hilfeleistung zumutbar. 63

4. Vorsatz

A müsste mindestens bedingt vorsätzlich gehandelt haben. Er glaubte zwar, dass Z noch nicht tödlich durch die Schläge verletzt war. Dass diesem jedoch erhebliche Schäden für die körperliche Unversehrtheit drohten, wenn er keine Hilfe erhielt, ist dem A nicht verborgen geblieben. Er handelte daher vorsätzlich. 64

5. Rechtswidrigkeit/Schuld

A handelte rechtswidrig und schuldhaft und hat sich somit wegen unterlassener Hilfeleistung strafbar gemacht. 65

---

35 *Fischer*, StGB, 70. Aufl., § 323c Rn. 2a.
36 BGHSt 14, 213, 216.
37 *Kindhäuser/Hilgendorf*, LPK-StGB, 9. Aufl., § 323c Rn. 17.
38 Schönke/Schröder/*Hecker*, StGB, 30. Aufl., § 323c Rn. 20.

Gesamtergebnis/Konkurrenzen

I. Strafbarkeit des A

66 1. A sich daher im 1. Handlungsabschnitt gemäß den §§ 229; 315b I, IV; 303 I, III, 22, 23; 52; 303; 53 strafbar gemacht.

2. Die im 2. Handlungsabschnitt verwirklichte unterlassene Hilfeleistung könnte hinter einem Begehungsdelikt, an dem A beteiligt war, zurücktreten.[39] Diese Rechtsfolge tritt aber nicht ein, wenn ein über die Begehungstat hinausgehender weiterer Erfolg droht.[40] Dem Z drohten aufgrund seiner Verletzung und der hilflosen Situation, in der er sich befand, schwere körperliche Schäden oder der Tod. Somit führt die Beteiligung des A am Raub nicht dazu, dass die unterlassene Hilfeleistung dahinter zurücktritt.

Als A den Tatort verließ, war der Raub soeben beendet worden. Es liegt daher zwar keine Überschneidung des Ausführungsverhaltens mehr vor, aber jedenfalls eine natürliche Handlungseinheit, so dass der schwere Raub und die unterlassene Hilfeleistung im Verhältnis der Tateinheit zueinander stehen (§ 52).

A hat sich daher im 2. Handlungskomplex wegen schweren Raubes in Tateinheit mit unterlassener Hilfeleistung strafbar gemacht, §§ 249, 250 I Nr. 1b); 323c; 52.

3. Die im 1. und im 2. Handlungskomplex verwirklichten Delikte sind durch unterschiedliche Handlungen verwirklicht worden und stehen zueinander im Verhältnis der Tatmehrheit (§ 53).

II. Strafbarkeit des F

67 Die von F verwirklichte gefährliche Körperverletzung würde an sich im Wege der Gesetzeskonkurrenz hinter der Körperverletzung mit Todesfolge als der schwereren Qualifikation zurücktreten. Da jedoch § 227 seinerseits hinter § 251 zurücktritt und es die Klarstellungsfunktion der Idealkonkurrenz verlangt, dass im Urteil zum Ausdruck kommt, dass F den Z vorsätzlich verletzt hat, lebt die gefährliche Körperverletzung wieder auf und tritt in Idealkonkurrenz mit dem Raub mit Todesfolge, da beide Delikte durch dieselbe Handlung verwirklicht wurden (§ 52).

F hat sich daher wegen Raubes mit Todesfolge in Tateinheit mit gefährlicher Körperverletzung und Totschlags durch Unterlassen strafbar gemacht, §§ 249, 251; 223, 224 I Nr. 2, 5; 212, 13; 52.

---

39 Vgl. *Kindhäuser/Hilgendorf*, LPK-StGB, 9. Aufl., § 323c Rn. 20.
40 *Kindhäuser/Hilgendorf*, LPK-StGB, 9. Aufl., § 323c Rn. 20.

Anmerkungen

Die Aufgabe behandelt praktisch relevante Fragestellungen (Abgrenzung von Vorsatz und Fahrlässigkeit bei Vorgängen im Straßenverkehr, Zurechnung der Verursachung qualifizierender Erfolge bei Mittäterschaft), die in ähnlicher Sachverhaltsgestaltung auch bereits Gegenstand der höchstrichterlichen Rechtsprechung waren. Der Schwerpunkt liegt jeweils nicht in der Reproduktion bekannter Meinungsstreitigkeiten, sondern in der sorgfältigen Subsumtion unter die gesetzlichen Voraussetzungen bzw. in deren Auslegung. **68**

Ist ein Sachverhalt (vermeintlich oder tatsächlich) an eine oder mehrere gerichtliche Entscheidungen angelehnt, so sollte der Bearbeiter dies regelmäßig dahin verstehen, dass der Fall aus Sicht des Aufgabenstellers interessante Probleme aufwirft, die gerade auch einer anderen Lösung zugänglich gewesen wären, und nicht dahin, dass eine Reproduktion der Entscheidung gefordert wäre.

Aufgabe eines Gutachtens ist daher selbstverständlich nicht die unkritische Übernahme des Ergebnisses oder der Begründung vermeintlich ähnlich oder gleich gelagerter Entscheidungen, sondern die Herleitung des Ergebnisses durch eigene Auslegung und Argumentation. Wenn dabei die besseren Argumente für ein anderes Ergebnis als das in einer gerichtlichen Entscheidung oder im Schrifttum vertretene sprechen, sollte der Bearbeiter keine Scheu haben, die eigene Lösung auch zu vertreten, wobei selbstverständlich alle Ergebnisse bei der Korrektur zu akzeptieren sind, wenn sie überzeugend (und unter Auseinandersetzung auch mit möglichen, nahe liegenden Gegenargumenten) begründet werden. Das letztere ist das entscheidende Kriterium für den Hausarbeitserfolg.

Stößt der Bearbeiter bei der Recherche auf vermeintlich gleich gelagerte Revisionsentscheidungen (also des BGH oder der OLGe), sollte ihm zudem bewusst sein, dass Prüfungsmaßstab der Revisionsgerichte nicht ist, ob ein bestimmtes Ergebnis durch den Senat für richtig gehalten wird, sondern ausschließlich, ob die Entscheidung des Tatrichters (des Landgerichts) Rechtsfehler aufweist oder nicht (§ 337 StPO). Da die Revisionsgerichte dem Tatgericht zudem in vielen Fällen einen „Beurteilungsspielraum" zubilligen, bedeutet der Umstand, dass ein Revisionsgericht ein landgerichtliches Urteil in der Revision nicht beanstandet hat, nicht, dass nicht auch ein anderes Ergebnis ebenso gut oder sogar besser vertretbar gewesen wäre und dieses ebenfalls der revisionsgerichtlichen Kontrolle standgehalten hätte. Dass der BGH oder ein OLG eine Revision verworfen hat, bedeutet daher – ganz unabhängig davon, dass der Bearbeiter eines Gutachtens ohnehin nicht an eine Rechtsprechung gebunden ist – nicht, dass nur dieses Ergebnis nach der Rechtsprechung „richtig" gewesen wäre.

Anhang

„Technische Anleitung" zur Anfertigung von Hausarbeiten

von Thomas Bode

1 Im Folgenden finden Sie weiterführende Hinweise zur Anfertigung einer Hausarbeit, die wegen ihrer Formalität oder Grundsätzlichkeit keinen Platz in der Einleitung unseres Buches gefunden haben; einige Studenten werden sich aber gerade für diese Fragen interessieren. Insbesondere Anfänger können diesen Anhang als fast vollständige „technische Anleitung" zur Lösung einer Hausarbeit lesen.

A. Was ist eine Hausarbeit?

2 Die Hausarbeit ist im Kontext des Jurastudiums eine umfangreiche Falllösearbeit als Prüfungsarbeit im juristischen Studium. Damit weicht sie vor allem quantitativ von Klausuren[1] ab. Die grundsätzliche Technik der Falllösung ändert sich im Vergleich zur Lösung von Klausuren zwar wenig,[2] denn auch die Hausarbeit ist ein Rechtsgutachten, kein Urteil.

Es wird aber zu zeigen sein, dass insbesondere wegen der Einbeziehung von Rechtsprechung und Literatur durch Fußnotennachweise eine praktisch ganz andere Arbeitsweise notwendig ist.

I. Unterschied zwischen Hausarbeit und Klausur

1. Quellen und wissenschaftliche Praxis

3 In Hausarbeiten spielen Meinungsstreitigkeiten eine noch größere Rolle als Klausuren. Während man eine Klausur mit relativ geringem Problembewusstsein, aber guter Kenntnis der herrschenden Meinung (h.M.) bzw. Rechtsprechung (Rspr.) bestehen kann, ist eine solche „Schmalspurlösung" in einer Hausarbeit nicht mehr ausreichend. Bei der Darstellung eines jeden Meinungsstreits ist wichtig, dass unmittelbar nach der Darstellung einer Ansicht der konkrete Fall unter diese subsumiert wird. Ich korrigiere immer wieder Hausarbeiten, bei denen diese wichtige Subsumtionsarbeit fehlt. Dieser Teil des Gutachtens ist dann unbrauchbar, weil völlig unklar bleibt, was die dargestellten wissenschaftlichen Ansichten für den konkreten Fall zu bedeuten haben. Die Falllösung wird insoweit mit der Widergabe eines Lehrbuchs verwechselt. Als Korrekturanmerkung findet sich dann auch die Rüge, die Darstellung sei „lehrbuchartig". Das Unterlassen der Subsumtion wiegt dermaßen schwer, dass eine solche Arbeit nicht mehr bestehen kann.

1 Vgl. *Niehaus*, in: Schlüter/Niehaus/Schröder (Hrsg.), Examensklausurenkurs im Zivil-, Straf- und Öffentlichen Recht, 2. Aufl. 2015, 1

2 Vgl. dazu *Beulke*, Klausurenkurs im Strafrecht I, 8. Aufl. 2020, Rn. 1-102; *Niehaus*, in: Schlüter/Niehaus/Schröder (Hrsg.), Examensklausurenkurs im Zivil-, Straf- und Öffentlichen Recht, 2. Aufl. 2015, 1-14.

So kann die Herausstellung einer besonderen Literaturansicht oder eines Urteils der Rechtsprechung in der Klausur zu Schwierigkeiten führen, weil in der Hitze des Gefechts der Klausursituation die entsprechende Ansicht eventuell falsch wiedergegeben wird oder nicht sicher belegt werden kann. Auch kann es passieren, dass in der Klausur eine Bezugnahme auf den BGH oder die herrschende Meinung als fehlerhaft angestrichen wird, wenn diese Bezugnahme als reines Argument aus der Autorität dieser Institutionen erscheint. Im Zweifel bietet sich an, in der Klausur die inhaltlichen Argumente ohne jede Zuordnung zu bestimmten Akteuren zu präsentieren.

In Hausarbeiten ist die Kennzeichnung „wer was zu welchem Thema gesagt hat“ wesentlich wichtiger und sogar notwendig. Da es sich wenigstens ansatzweise um eine wissenschaftliche Arbeit handeln sollte, sind die Anforderungen an gute wissenschaftliche Praxis – die primär für Abschluss- und Qualifikationsarbeiten gelten[3] – auch Maßstab für die Arbeit an Ihrer Hausarbeit. Und dazu gehört es unbedingt, fremde Gedanken von eigenen zu trennen und erstere als solche zu kennzeichnen.[4]

2. Formenzwang

4 Für die Hausarbeit herrscht zudem quasi „Formenzwang“. Wer die einschlägigen Formen nicht beachtet, läuft Gefahr, die Arbeit aus diesen leicht zu vermeidenden Nachlässigkeiten in den Sand zu setzen. Formale Mängel behindern die Korrektur. Wenn man nicht verstehen kann, was Sie schreiben, gilt nicht der Grundsatz *„in dubio pro reo“*!

II. Die unterschiedlichen Gattungen

5 Es gibt unterschiedliche Arten oder Gattungen von Hausarbeiten, die sich vornehmlich im Stoff und teilweise in den gestellten Anforderungen unterscheiden. Wir stellen in diesem Buch zu den wesentlichen Hausarbeitsarten jeweils einige Beispielarbeiten vor.

1. Anfängerhausarbeit

6 Die Anfängerhausarbeit ist nicht beliebig oft wiederholbar, weil die Anforderungen an die Zwischenprüfung eine zeitliche bzw. an der Zahl der Wiederholungen orientierte Grenze setzen. Die Anfängerhausarbeit ist an vielen Universitäten entsprechend dem Lehrprogramm eine Aufgabe, bei der die Hauptprobleme im Allgemeinen Teil des Strafrechts liegen. An anderen Universitäten kommen auch bereits hier Probleme des Besonderen Teils vor, doch ist das Schwierigkeitsniveau der Fragestellungen dann in der Regel nicht so hoch, wie bei einer Fortgeschrittenenhausarbeit.

2. Hausarbeit für Fortgeschrittene

7 Die Fortgeschrittenenhausarbeit nimmt in der Regel die Probleme des Besonderen Teils stärker in den Blick. Auch methodische und formale Fehler, die in Anfängerhausarbeiten noch mit Nachsicht behandelt wurden, werden nun strenger geahndet.

---

3 DFG, Vorschläge zur Sicherung guter wissenschaftlicher Praxis, 2013, http://www.dfg.de/download/pdf/dfg_im_profil/reden_stellungnahmen/download/empfehlung_wiss_praxis_1310.pdf, abgerufen am: 16.4.2016, (alle Internetfundstellen Stand: 26. 4.2016); *Gockel*, Form der wissenschaftlichen Ausarbeitung, 2010, 18 f.

4 Deutscher Hochschulverband, http://www.hochschulverband.de/cms1/fileadmin/redaktion/download/pdf/resolutionen/Gute_wiss._Praxis_Fakultaetentage.pdf, 3 ff.

3. Examenshausarbeit

Examenshausarbeiten im universitären Schwerpunktbereich sind meist Themenarbeiten. 8
Zu diesen Aufgaben sei auf das Buch „Juristische Themenarbeiten" verwiesen.[5] Soweit es sich um eine Falllösearbeit handelt, gibt es keine Besonderheiten zu den Arbeiten nach a) und b). Eine Falllösungsarbeit als Examenshausarbeit kombiniert dann konsequent den Stoff der AT- und BT-Probleme,[6] ist schwieriger zu lösen und länger als die Hausarbeit in der Fortgeschrittenenübung.

B. Der Korrektor als Adressat der Hausarbeit

Ein Rechtsgutachten wird außerhalb von Prüfungssituationen, etwa zur Vorbereitung 9
von Gerichtsentscheidungen oder Anwaltsschriftsätzen angefertigt. Die Darstellung unterschiedlicher Lösungswege dient dem Gutachter in der Praxis dazu, sich einem der von Ihnen aufgezeigten Lösungswege anschließen zu können. Das Gutachten soll einen Überblick über die möglichen Lösungswege und eine Empfehlung für den Ihrer Ansicht nach überzeugenden Weg geben. Ersteres bedeutet aber nicht, dass Sie Alternativgutachten für jede abweichende Lösung bis zum Ende der Arbeit fertigen sollen. Das ist weder leistbar noch verlangt. Sie zeigen lediglich an einzelnen Weggabelungen welche Richtung man noch gehen könnte und durch Subsumtion die unmittelbare Konsequenz. Ist das Ergebnis der Lösungsalternative ein anderes als das von der von Ihnen favorisierten Lösung, lehnen Sie die Alternative begründet ab und beschäftigen sich dann nicht mehr mit den weiteren Konsequenzen, sondern verfolgen nur „Ihren" Lösungsstrang bis zur nächsten Verästelung weiter.[7]

Sie schreiben, zwar nur für einen virtuellen Richter – der wirkliche Adressat Ihres Gutachtens sind die Korrektoren der Arbeit –, dies ändert aber nichts an den Anforderungen. Da Hausarbeiten universitäre Arbeiten sind, fließt neben der praktischen Verwertbarkeit auch zu einem Großteil wissenschaftliche Arbeitsweise mit ein. Sie können daher – mit entsprechend überzeugender Begründung – Meinungen vertreten, die in der Praxis mangels Akzeptanz bei der Rechtsprechung nicht relevant wären. Insoweit wirkt sich der Unterschied eines Universitäts- zu einem Fachhochschulstudium aus.

Der Korrektor verfügt in aller Regel über eine ausführliche Lösungsskizze – die Arbeiten, die Sie im „Besonderen Teil" dieses Buches finden, sind solche Original-Lösungsskizzen. Ein pflichtbewusster Korrektor lässt aber auch Lösungen, die neben der Musterlösung liegen, gelten, soweit sie vertretbar sind.

Hausarbeiten werden oft nicht von Professoren persönlich korrigiert. Diese bedienen sich vielmehr wissenschaftlicher Mitarbeiter, diese werden wiederum durch eine Vorkorrektur externer Korrekturassistenten unterstützt. Diese Korrekturassistenten werden in

---

5 *Schimmel/Weinert/Basak*, Juristische Themenarbeiten, 2. Aufl. 2011; vgl. auch *Beaucamp/Treder*, Methoden und Technik der Rechtsanwendung, 2015, 134 ff.; *Herzberg/Scheinfeld*, JuS 2002, 649 ff.

6 Eine Sammlung dieser Themenkomplexe hat Hillenkamp zusammengestellt: *Hillenkamp*, 32 Probleme aus dem Strafrecht AT, 15. Aufl. 2016; *ders.*, 40 Probleme aus dem Strafrecht BT, 13. Aufl. 2020. Hier besteht oft die Versuchung „den" Hillenkamp einfach abzuschreiben bzw. umzuformulieren. Die Hausarbeitssteller stellen den Fall aber oft so, dass er haarscharf neben dem Standardproblem liegt, bzw. der Streit nicht entschieden werden muss (vgl. auch die Hausarbeiten in diesem Buch).

7 Vgl. dazu im Einzelnen die Darstellung von Meinungsstreitigkeiten unter Rn. 120 ff.

der Regel mit einer Lösungsskizze instruiert und auf die besonderen Schwierigkeiten des Falles sowie einen Bewertungsmaßstab hingewiesen. Es kommt trotzdem vor, dass einzelne Korrekturassistenten – meist Referendare oder außerhalb der Universität tätige Praktiker – unsorgfältig korrigieren oder stur nach der Lösungsskizze vorgehen, weil sie sich nicht in den Fall einarbeiten oder selbst überfordert sind. Dies ist nach meiner Erfahrung aber eine Ausnahme. In den meisten Fällen ist die Hausarbeit tatsächlich misslungen, was nicht „Schuld" der Korrektur ist.[8]

C. Zeit und Zeiteinteilung

I. Zeitvorgaben

10 Für die normalen Studienhausarbeiten stehen in der Regel die gesamten Semesterferien zur Verfügung.[9] Teilweise sind die Prüfungszeiträume so eng getaktet, dass man zwei Hausarbeiten in einem Semester schreiben muss, um in der Regelstudienzeit zu bleiben. Diese „Hausarbeitsfrequenz" hängt aber von den einzelnen Prüfungsordnungen der Universitäten ab. In anderen Fällen wird zum Beispiel nur noch eine kleine Hausarbeit für das Bestehen der Zwischenprüfung verlangt, sodass im Grundstudium die Probleme entschärft sind. Wegen der relativ offenen Zeitvorgabe ist die Zeiteinteilung umso wichtiger.

II. Psychische Probleme

11 Der Ozean an Zeit in den Semesterferien verleitet oft dazu, die Hausarbeit aufzuschieben. Sie setzen sich dann künstlich in Zugzwang. Diesen Druck gilt es zu vermeiden und möglichst früh mit der Hausarbeit zu beginnen. Auch lernpsychologisch hat sich die Reihung „erst die Arbeit, dann das Vergnügen", so abgedroschen sie klingen mag, lange bewährt.[10] Dieser Ratschlag ist freilich zynisch, wenn ernsthafte Prokrastinationsprobleme vorliegen. Insoweit rate ich wenigstens die Angebote ihrer Universität – Schreibzentren, Workshops etc. – im Hinblick auf Hilfe bei der Bearbeitung dieses Grundsatzproblems wahrzunehmen, Ratgeberliteratur zu konsultieren[11] oder in schwerwiegenden Fällen einen Psychologen aufzusuchen.

---

8 Vgl. dazu auch die Ausführungen zur Bekämpfung der Diskrepanz zwischen Selbstwahrnehmung und Außenwirkung Rn. 19.

9 Für Examenshausarbeiten (6 Wochen), Bachelor- und Seminararbeiten (8 Wochen) sind kürzere Fristen vorgesehen, bei diesen Arbeiten handelt es sich jedoch oft um Themenarbeiten, die besonderen Regeln unterliegen, vgl. die Literatur dazu oben unter Fn. 5. Soweit Sie unter chronischen Krankheiten oder Behinderungen leiden, informieren Sie sich insoweit vorzeitig über mögliche längere Fristen.

10 *Holstein/Premack*, On the Different Effects of Random Reinforcement and Presolution Reversal on Human Concept-Identification, Journal of Experimental Psychology, 1965, 70 (3), 335 ff.; *Morgenroth*, Zeit und Handeln, Psychologie der Zeitbewältigung, 2008, 63; *Dollase/Koch/Schraven*, in: Dollase/u.a. (Hrsg.), Temporale Muster, 2013 S. 95; *Fromm/Paschelke*, Wissenschaftliches Denken und Arbeiten, S. 118 ff. Dass Vergnügen nicht unmittelbar im Anschluss an Lerneinheiten sinnvoll ist, steht auf einem anderen Blatt der Lernpsychologie, spielt aber nicht für Hausarbeiten, sondern eher für Klausuren einen Rolle, vgl. dazu http://www.updatenet.net/images/7/7a/Konsolidierung_Sosic_2008.pdf, diese und alle weiteren Internetfundstellen abgerufen am: 25.4.2016.

11 *Birkenbihl*, Trotzdem LERNEN, 6. Aufl. 2015; besondere Empfehlung: *Münchhausen/Püschel*, Lernprofi Jura, 2002, S. 137 ff. Technische Anleitung für das Erstellen von Zeitplänen etc.: *Lange*, Jurastudium erfolgreich, 8. Aufl. 2015, S. 5 ff.; *Loewenmuth*, Akademisches Aufschiebeverhalten (Prokrastination): Stand der Forschung und Interventionsmöglichkeiten, 2010; http://ebner.bwl.uni-mannheim.de/fileadmin/files/ebner/files/DA_Abstracts/ Loewenmuth_Vanessa__2010.pdf; *Höcker/Engberding/Rist*, Prokrastination: Ein Manual zur Behandlung des pathologischen Aufschiebens, 2013, S. 10 ff.; Erfahrungsbericht (kein wissenschaftliches Werk): *Aden*, Mein Leben mit der Prokrastination, 2016.

III. Zeiteinteilung

1. Wann Beginnen?

Beginnen Sie so früh wie möglich am eigentlichen Dokument zu arbeiten. Langes Einlesen – vor allem, ohne einen Satz zu schreiben – führt zum Aufschieben der eigentlichen Arbeit. Das Niederschreiben der Arbeit baut sich wie eine anwachsende Welle auf, die in der letzten Woche vor Abgabe über sie hereinbricht. **12**

2. Einzuplanende Bearbeitungsdauer

Die Bearbeitung einer Hausarbeit, die zum Bestehen ausreicht, ist unter zwei Wochen nur mit viel Glück zu schaffen. Individuelle Fähigkeiten und Befindlichkeiten beeinflussen den Zeitplan, so dass zwei Wochen das untere Minimum bei täglicher Vollzeitarbeit (7 Stunden) und einem Sonntag Pause darstellen. Ich gehe dabei von einem durchschnittlich begabten Jurastudenten aus. Am Ende stehen dann mit größtem Glück 4 oder 5 Punkte unter der Arbeit. **13**

Ich rate jedenfalls dazu – wenn irgend möglich – in den Semesterferien jeweils nur eine Hausarbeit zu schreiben und diese rechtzeitig zu beginnen.

Eine Hausarbeit sollte sich dann relativ entspannt innerhalb von 4-6 Wochen schreiben lassen. Dieser Rat ist leicht erteilt, wenn Sie kein Naturtalent der Arbeitsorganisation sind, kann die Arbeit auch ohne psychische Probleme an dieser Stelle, die keine intellektuelle Höchstleistung, sondern nur logistisches Geschick erfordert, scheitern.

3. Frist für die Endredaktion

Setzen Sie sich ein ***unverhandelbares*** Zeitlimit mindestens zwei Tage vor Fristende. Diese zwei Tage nutzen Sie, um Ihre Arbeit nochmals auf inhaltliche und am letzten Tag nur auf orthographische und formale Fehler durchzusehen. Drucken Sie die Arbeit am Tag vor der Abgabe aus. Es sind schon viele Nerven gerissen und Arbeiten nicht abgegeben worden, weil ohne weiteres Verschulden eine Drucker- oder Computerpanne einen rechtzeitigen Ausdruck der Arbeit verhindert hat. **14**

D. Zerlegung in Arbeitsschritte

Teilen Sie sich die Zeit für die Anfertigung des Gutachtens sinnvoll ein. Verschiedene Wege führen insoweit zum Ziel. **15**

Sie müssen – wie auch immer Sie das im Einzelnen sortieren – folgende Punkte (**Recherche, Gliederung, Sacharbeit und Einteilung der Arbeitsschritte**) erledigen:

I. Recherche

Fundgruben sind die Unibibliotheken und immer häufiger das Internet, insbesondere mit seinen speziellen juristischen Suchmaschinen. Diese sind teilweise aber für Privatanwender sehr teuer und darum wiederum nur innerhalb des Unicampus (kostenlos) nutzbar. **16**

In Ihrer Arbeit müssen Sie sich in jedem Fall mit der Rechtsprechung auseinandersetzen. Wenn Sie keine Entscheidung finden, die zu Ihrem Fall passt, haben Sie schlecht recherchiert.

Sie sollten für Ihre Hausarbeit neben den bekannten Lehrbüchern auch Festschriften, andere Sammelbände und Monographien (Dissertationsschriften, Habilitationsschriften, etc.) auswerten. Auch Zeitschriften müssen Sie zurate ziehen.

- Oft werden Hausarbeiten abgegeben, die weder einen Aufsatz aus einer rechtswissenschaftlichen Zeitschrift, noch aus einem speziellen thematisch passenden Buch enthalten. Diese Arbeiten genügen dann eigentlich schon wegen der geringen Durchdringungstiefe der Literatur nicht den Anforderungen. Kontrollieren Sie also, ob Sie in Ihrer Arbeit alle Literaturgattungen verwerten. Festschriften und Zeitschriften finden Sie in der Regel gesammelt an bestimmten Orten ihrer Unibibliothek. Einige Zeitschriften sind zudem über Universitätslizenzen online über den Unicampus oder Bibliothekscomputer verfügbar.
  Bei den privaten juristischen Suchmaschinen ist *www.beck-online.de* Marktführer[12]. Sie können also gefahrlos damit Ihre Recherche beginnen. Der Vorteil ist, dass beck-online auch Content bereithält, den Sie direkt und zeitsparend aufrufen können. Hier erhalten Sie jedoch je nach Lizenz nicht zu allen Beiträgen Zugriff und außerdem nur selektiv auf die Produkte aus dem Beck-Verlag oder mit ihm verbundener Verlage. Eine Hausarbeit nur mit beck-online im „copy&paste"-Stil „zusammenzukleistern", ist daher ein hochriskantes Unterfangen.
  Kuselit[13] ist eine Rechtsbibliographie mit mehr als 3.200.000 Nachweisen für umfassende Literaturrecherche. Der Vorteil ist, dass hier nicht nur Werke aus dem Beck-Verlag oder assoziierten Verlagen angegeben werden, sondern Sie einen Gesamtüberblick erhalten. Sie können in *Kuselit* allerdings nicht direkt auf Inhalte zugreifen.
- *Juris*[14] ist eine sehr umfangreiche staatliche Datenbank, die Gerichtsentscheidungen und auch Nachweise zu Aufsätzen in Zeitschriften enthält. Zu letzteren sind aber in *Juris* selbst nur maximal kleine Zusammenfassungen zu finden. Bezüglich der Rspr. ist *Juris* aber über jeden Zweifel erhaben, da dort sehr viele, sonst in keiner Zeitschrift veröffentlichte Entscheidungen von Untergerichten – teilweise im Volltext – zu finden sind. Sie können sich von anderen Bearbeitern der Hausarbeit positiv abheben, wenn Sie eine zur Aufgabe passende Entscheidung über *Juris* finden, die evtl. nicht einmal der Aufgabensteller berücksichtigt hat. Die Rechtsprechung des Reichsgerichts ist dort inzwischen ebenfalls digitalisiert abrufbar.
- Falls Sie keinen Zugang zu *Juris* (etwa zu Hause) haben, finden Sie die damalige amtliche Sammlung zur Rechtsprechung des Reichsgerichts hier: RGSt (und RGZ) komplett unter: *http://www.nationallizenzen.de/angebote/nlproduct.2007-02-23.9444846153* (Sie müssen sich nur anmelden und erhalten dann die Anmeldedaten per Briefpost).

---

12 Weiter sind die Angebote von Wolters Kluwer (https://www.wolterskluwer.com/de-de/solutions/wolters-kluwer-online) sowie des Springer Verlags für Wissenschaft (https://link.springer.com) zu nennen.
13 http://www.kuselit.de/cms/index.php.
14 https://www.juris.de/jportal/index.jsp.

- *Lexetius*[15] ist eine Datenbank für Gerichtsentscheidungen. Schön ist hier, dass man sich auch Gesetze und vorherige Gesetzesfassungen anzeigen lassen kann. Einen ähnlichen Funktionsumfang – allerdings nur für Gesetze – hat *dejure.org*[16].
- *HRRS*[17] ist eine Mischung aus Rechtsprechungsdatenbank und Zeitschrift. Da es sich um ein speziell strafrechtliches Angebot handelt, lohnt auch hier eine Suche.
- Daneben gibt es die hochwertigen online-Zeitschriften *ZJS*[18] und *ZIS*[19].
- Schließlich ist noch auf viele Angebote auf den Internetseiten der juristischen Fakultäten hinzuweisen, beispielsweise der legendäre „Fall des Monats" von *Marxen/Reinbacher* (https://famos.hura.uni-wuerzburg.de/) oder die Übersichten von *Heinrich* (https://uni-tuebingen.de/fakultaet/juristische-fakultaet/lehrstuehle-und-personen/lehrstuehle/lehrstuehle-strafrecht/heinrich/arbeitsblaetter-zu-den-vorlesungen/#c941877).

Gerade in schlecht ausgestatteten Bibliotheken können Sie auf die Fernleihfunktion zurückgreifen. Mit *googlebooks*[20] können Sie meist nur einige wenige Seiten der entscheidenden Bücher ansehen, sodass Sie allein mit *googlebooks* oft Gefahr laufen, Fundstellen aus dem Zusammenhang zu reißen. Bestellen Sie sich das entsprechende Buch per Fernleihe oder unternehmen Sie einen Ausflug in Nachbarbibliotheken, die das Buch vorrätig haben. Letzterer Hinweis sei auch für Fälle gegeben, in denen eine Bibliothek geradezu überrannt wird, weil eine große Horde Anfänger „Ihre" Hausarbeit mitschreibt. Das führt dann oft zu chaotischen Zuständen. Wichtige Bücher sind den ganzen Tag von Frühaufstehern besetzt, werden versteckt oder der entscheidende Aufsatz wird gar aus einer Zeitschrift herausgerissen. Am Nachbar- oder Heimatort können Sie antizyklisch in Ruhe recherchieren. Eine Nebenwirkung ist dabei allerdings, dass Sie von Tipps und Hinweisen des „Bibliothekssenats" abgeschnitten werden.[21] Es bietet sich also an, sich nicht ganz aus der Bibliothek der eigenen Universität zurückzuziehen, sondern den Ort nur zeitweise zu wechseln.

II. Gliederung

Sie können Ihre Arbeit je nach Sachverhalt thematisch untergliedern. Dazu bilden Sie **17**
entweder Tatkomplexe oder/und teilen nach Personen ein.[22]

III. Sacharbeit

Die eigentliche Sacharbeit besteht in der Zuordnung der Sachverhaltsteile zu bestimm- **18**
ten Gesetzen, der Auslegung dieser Gesetze unter Zuhilfenahme von rechtsprechender Literatur und der Subsumtion. Gerade der Auslegungsschritt muss in Hausarbeiten sehr akribisch vorgenommen werden. Auch das ist dann aber eine inhaltliche Frage.

15 http://lexetius.com.
16 http://dejure.org.
17 http://www.hrr-strafrecht.de/hrr/.
18 http://www.zjs-online.com/.
19 http://www.zis-online.com/.
20 https://books.google.de/
21 Zur Grenze der Zusammenarbeit, vgl. Rn. 24.
22 Vgl. dazu Rn. 55 f. und HA 5 Rn. 3.

IV. Niederschrift

19 Die Sacharbeit bzw. inhaltliche Lösung der Aufgabe erfolgt gedanklich. Es ist ein Missverständnis, was oft zu Enttäuschung führt, wenn Sie meinen, dass gerade diese gedankliche Arbeit auch bewertet wird. Grundlage der Bewertung kann nur die von Ihnen abgegebene niedergeschriebene Arbeit sein. Mehr steht dem Korrektor nicht zur Verfügung. Sorgen Sie daher dafür, dass eine möglichst geringe Diskrepanz zwischen ihren Gedanken und der Niederschrift besteht. Das Richtige gedacht zu haben, ist im Wortsinn in Bezug auf die Notenstufen nicht ausreichend. Üben Sie sich darin, das von Ihnen gedachte mit eigenen Worten aufzuschreiben. Es kann helfen, Ihren Text einer unabhängigen Person vorzulesen und diese zu fragen, was sie verstanden hat. Insoweit erhalten Sie ein gewisses Feedback darüber, ob Sie es schaffen, das, was Sie denken, aufzuschreiben. Wenn Sie diese Methode aus Angst oder Scham vor persönlicher Schande scheuen, können Sie die betreffenden Teile Ihrer Arbeit vorlesen und sich dabei selbst aufnehmen. Jedes Handy verfügt über eine Aufnahmefunktion. So diktieren Sie die entsprechenden Teile der Arbeit und spielen diese Aufnahme dann nach einigen Tagen ab, um zu hören, was Sie gesagt haben. Wenn Sie Probleme im schriftlichen Ausdruck haben, werden Sie zu Anfang wahrscheinlich erschrocken bis verblüfft sein, wie schlecht Sie sich selbst verstehen. Im Laufe des Lernprozesses gleichen sich diese beiden Ebenen aber immer stärker an, sodass Sie am Ende authentisch schreiben können.

1. Kontrolle

20 Kontrollieren Sie ab und an, was Sie bisher geschrieben haben. Das kann etwa nach dem Abschluss eines Tatkomplexes oder der Behandlung einer bestimmten Person geschehen. Lassen Sie eine gewisse Zeit zwischen der Niederschrift und der Kontrolle. Es ist unsinnig bzw. relativ ineffektiv, sofort nach dem Niederschreiben Kontrolle zu lesen. Ihr Gehirn ist noch mit dem gerade geschriebenen Inhalt gefüllt und korrigiert Fehler oder ergänzt automatisch, ohne Ihrem Bewusstsein zu melden, dass der Fehler auch in der Niederschrift korrigiert werden muss. Für eine effektive Selbstkontrolle müssen wir also Abstand zum eigenen Text gewinnen. Lassen Sie die zu kontrollierende Stelle einige Zeit ruhen und lesen Sie diese dann noch einmal wie einen fremden Text. Lesen Sie zum Ende der gesamten Arbeit Ihr Gutachten und die formalen Teile der Arbeit ebenfalls auf diese Weise. Wenn Sie verstanden haben, wie Ihr Gehirn arbeitet, verstehen Sie nun auch die Wichtigkeit der oben erwähnten Anweisung, sich auf jeden Fall vor der Abgabe der Arbeit einen zeitlichen Puffer einzubauen. Im Übrigen verstößt es nicht gegen das Gebot der selbständigen Abfassung, wenn Sie Ihre Arbeit von einer anderen Person noch einmal rein auf Rechtschreibfehler durchsehen lassen.

2. Druck und Einreichung

21 Nun müssen Sie die Arbeit drucken und heften (lassen). Mir sind Fälle bekannt, in denen eine Arbeit tatsächlich an der Drucklegung gescheitert ist. Vom Absturz des heimischen Computers bis zu Problemen im Copyshop ist schon alles vorgekommen. Lassen Sie die Arbeit zu Ihrer Sicherheit in irgendeiner Form festheften, wenn der Aufgabensteller nicht ausdrücklich eine lose Klemmheftung verlangt. In seltenen, aber umso ärgerlicheren Fällen gehen bei lose verbundenen Arbeiten Seiten verloren und es

beginnt ein nervenaufreibendes „Schwarzer-Peter-Spiel" um die Verantwortungszuschreibung zwischen Lehrstuhl und Bearbeiter. Verwenden Sie einen professionellen Laserdruck, Tinte kann verschmieren.

Zu guter Letzt müssen Sie die Arbeit am aufgabenstellenden Lehrstuhl persönlich oder per Post einreichen. Planen Sie auch hierfür geräumig Zeit ein. Wenn Sie zu den Personen gehören, die kein Ende finden können, organisieren Sie einen Freund, der Sie gleichsam unter „Androhung von Zwangsmitteln" zu Ausdruck und Abgabe „nötigt" und Sie ggf. auf dem Weg begleitet. Bitte beachten Sie, dass Sie unter keinen Umständen eine Verlängerung der Bearbeitungsfrist durch den aufgabenstellenden Lehrstuhl bekommen. Selbst Krankheit führt in der Regel höchstens dazu, dass Sie einen neuen Versuch im nächsten Semester und keine Fristverlängerung erhalten.

An fast allen Universitäten ist zudem eine elektronische Einreichung Pflicht. Diese dient der Plagiatsüberprüfung. Die Programme sind inzwischen auf einem relativ guten technischen Entwicklungsstand, sodass Sie damit rechnen müssen, dass man auf ein Plagiat aufmerksam wird.

Teilweise müssen Studenten die Arbeit selbst über eine Schnittstelle hochladen. Unterlassen Sie schlechte Tricks wie das Hochladen von Leerdateien oder Kochrezepten. Eine Übereinstimmung Ihrer Arbeit von 0 % mit anderen Quellen wird ebenso stutzig machen wie eine von 20 %.

V. Einteilung der Arbeitsschritte – seriell oder parallel?

Es kommt nun darauf an, die eben genannten – Rn. 16–21 – Schritte angemessen in **22** Ihrer Arbeitszeit zu verteilen. Sie können etwa versuchen, die Recherche „in einem Rutsch" zu erledigen, d.h. Sie kopieren, scannen und suchen sich in einer Fachdatenbank (*https://beck-online.beck.de*, etc.) die entsprechenden Fundstellen für Ihre Aufgabe zusammen, erstellen eine Gliederung unter Rückgriff auf die klausurmäßige Lösung und schreiben dann Stück für Stück die inhaltliche Kopfarbeit nieder.

Nach meiner Erfahrung ist eine einzige „Hau-Ruck-Recherche" aber i.d.R. nicht zielführend. Sie werden im Verlauf der Arbeit noch auf Probleme stoßen, die Ihnen anfangs nicht auffielen und bei der Lektüre der gehorteten Literatur Verweise auf andere Fundstelle finden. Mehrmalige Recherche ist daher praktisch unabwendbar.

VI. Langsam und gründlich oder mehrere Durchgänge?

Weiter stellt sich die Frage, ob Sie eher schnell und zunächst oberflächlich oder gleich **23** gründlich vorgehen wollen. Auch insoweit ist das sicher eine Frage des Arbeitstyps.

Gerade Anfänger haben aber oft das Problem, sich am Anfang der Arbeit regelrecht festzubeißen. Am Ende entsteht dann eine kopflastige Arbeit, weil Zeit, Kraft und Raum für Probleme am Ende der Gliederung fehlen. Ich empfehle daher einen Kompromiss aus Gründlichkeit und Geschwindigkeit. Sie werden die Arbeit so zwar mehrfach durchgehen müssen, vermeiden aber wesentliche Probleme erst in einer zusammengedrängten Endphase der Arbeit zu finden bzw. substantiell inhaltlich zu bearbeiten.

Die Variante, sich langsam, aber gründlich vorzuarbeiten, kann ich nur erfahrenen und/oder talentierten Studenten empfehlen, die sich schnell eine sehr gute Übersicht über die Probleme der Arbeit verschaffen können. Sie müssen am Ende eine abgabefähige Version Ihrer Arbeit ausdrucken können. Es nutzt nichts, wenn Sie eine einwandfreie Lösung des ersten Tatkomplexes abgeben, aber Tatkomplex 2 und 3 fehlen. Die dermaßen unvollständige Arbeit wird nicht bestehen können.

E. Zusammenarbeit mit anderen und Plagiate

24 Al Capone ist letztlich über irgendeinen Steuerbetrug gestolpert, nicht über schwere Verbrechen, die er mutmaßlich begangen hat.[23] Wenn anhand einfacher und klarer Kriterien Entscheidungen getroffen werden können, muss sich der Korrektor nicht auf das schwierige Feld der Abwägungen fachlicher Fehler gegenüber vorhandenen richtigen Ansätzen begeben. Die Formalien kann der Korrektor einfach feststellen. Sie haben falsch zitiert, nicht sauber recherchiert. Auch wenn Sie viel gearbeitet und kluge Gedanken zu Papier gebracht haben, ist in diesem Fall die Mühe umsonst gewesen.

Plagiatsjäger müssen nicht Rechtswissenschaften studieren. Letztlich kann jede Sekretärin die formal schlechte Hausarbeit erkennen. Geben Sie sich diese Blöße nicht. Das sind einfach zu gewinnende Punkte.

I. Erlaubter wissenschaftlicher Austausch

25 Die Zusammenarbeit mit anderen, die ebenfalls die gleiche Hausarbeit schreiben, erleichtert die Arbeit und spart Zeit. Ich halte es keineswegs für verboten, mit Kommilitonen über die Probleme der Hausarbeit zu diskutieren. Auch für die juristische Praxis ist davon abzuraten, gleichsam „im eigenen Saft" zu schmoren und sich äußeren Einflüssen zu verschließen. Der fachliche Austausch hat jedoch strenge Grenzen. Wer von einem anderen das Recherchematerial übernimmt oder sich die Gliederung diktieren lässt, kann schwerlich noch eine eigenständige Leistung abliefern, auch wenn er ansonsten allein arbeitet.

II. Verbotene „Mittäterschaft"

26 Hüten Sie sich also davor, die Arbeit tatsächlich gemeinschaftlich, also gleichsam in Mittäterschaft *zu schreiben*. Die streitige Diskussion in der Cafeteria über einen Aufsatz von Herzberg zur Auswirkung des Irrtums eines Haupttäters auf den Anstiftervorsatz ist etwas Anderes (quasi sozial adäquate Beihilfe) als die Aufteilung der Recherchearbeit nach dem Motto: *„Du kopierst alle relevanten Aufsätze aus der JuS und ich die aus der JA; Du bearbeitest Tatkomplex eins und ich Tatkomplex zwei."*

Insoweit sei allerdings auch kritisch angemerkt, dass einige Prüfer über das erlaubte Maß hinausgehende Zusammenarbeit geradezu fördern, indem eine möglichst stromlinienförmige Lösung als Maß der Dinge hingestellt wird. Eine durchschnittliche Lösung, die eigentlich unübersehbar durch Schwarmintelligenz zustande gekommen ist, ist

23 Vgl. https://de.wikipedia.org/wiki/Al_Capone.

gerade *keine* außergewöhnliche Leistung. Eine eigenständige, überdurchschnittliche Leistung kann sich gerade dadurch auszeichnen, dass der vertretbare Lösungsweg nicht falsch ist, aber neben der herrschenden Meinung des „Bibliothekssenats" liegt.

III. Stumpfe Plagiate und der Einsatz künstlicher Intelligenz ChatGPT

Verführerisch ist, zumindest Teile einer Hausarbeit durch Kopien aus dem Internet zusammenzustellen. So gibt es ganz brauchbare Aufbereitungen zu diversen Standardstreitständen des Strafrechts. Hier findet man bereits eine Gliederung in mehrere Meinungen mit entsprechenden Begründungen. Letztlich sind die bekannten und beliebten Problembücher nichts anderes als eine solche Form von Streit Aufbereitungen. Es handelt sich bei einer wörtlichen Übernahme in jedem Fall um ein Plagiat, das verboten ist. Man könnte natürlich ehrlich sein und entsprechende wörtliche Zitate kennzeichnen. Das Zitat einer von anderen Studierenden oder nicht professionell arbeitenden Person angelegten Internetseite wird wissenschaftlich nicht überzeugen. Schon daher ist dringend davon abzuraten. Auch bei einem Problembuch handelt es sich letztlich um ein Tertiärzitat, soweit der Autor der die Probleme zusammenstellt nicht doch noch Ausnahmsweise selbst Stellung zum Problem nimmt. Hier muss man also die zugrundeliegenden Quellen erforschen und kann es nicht bei der Zitation des Problembuchs belassen. 27

Natürlich kann man solche Seiten und Bücher nutzen, um in das Thema der Arbeit hineinzufinden und seine Gliederung damit zu vergleichen. Stellt man solche Gliederungen einfach um und paraphrasiert mit eigenen Worten ist der Nachweis eines Plagiats nicht einfach. Fraglich ist aber, ob der Zeitgewinn wirklich so erheblich ist, dass ich eine solches Vorgehen lohnt. Von der Unehrenhaftigkeit der folgenden Blindzitate gar nicht zu reden.

Eine neue Dimension hat das Problem durch den Einsatz künstlicher Intelligenz erreicht. An der Entwicklung der Technik Beteiligte sind natürlich nicht davon überrascht, dass inzwischen Programme bestehen, die quasi Marktreife erreicht haben. Teilweise wird Chat GPT bereits als Co-Autor bei wissenschaftlichen Arbeiten genannt. Die juristische Community ist dennoch recht überrascht.[24] Verschiedene juristische Fakultäten und Fachbereiche sind eifrig dabei, entsprechend auf den Einsatz dieser Programme zu reagieren. Prüfungsrechtlich ist der Einsatz von Künstlicher Intelligenz momentan noch in einem Graubereich.

Künstliche Intelligenz ist kein anderer Mensch, der bei der Abfassung der Arbeit hilft, aber auch keine klassische gedruckte Quelle, von der man abschreibt. In absehbarer Zukunft werden zudem einfache juristische Vorarbeiten durch KI-Unterstützung stark vereinfacht. KI wird also zu einem normalen juristischen Arbeitswerkzeug werden. Die juristischen Fakultäten können darauf mit Sanktionen und zunächst mit verschärften Eigenständigkeitserklärungen reagieren. Aber schon nach den heutigen Erklärungen wäre Chat GPT ein nicht in der Arbeit erwähntes Hilfsmittel und damit illegal.

24 Vgl. aber hierzu auch *Hoeren*, MMR 2023, 81 und *Schwartmann*, MMR-Aktuell 2023, 455536; *Johannisbauer*, MMR-Aktuell 2023, 455537, beck-online.

Insbesondere das Erstellen einer Gliederung einer juristischen Hausarbeit kann bald durch KI vorbereitet werden. Dies nachzuweisen ist fast unmöglich, da die KI tatsächlich individuelle Lösungsvorschläge erstellt. Mittelfristig werden sich Hausarbeitssteller und juristische Fakultäten mit dem Einsatz der KI arrangieren müssen.[25]

Die Subsumtionstechnik und die Erarbeitung von Streitständen hängt dem noch hinterher, wir werden insoweit in absehbarer Zukunft aber ebenfalls ein ansehnliches Niveau erreichen.

Letztlich steht die Prüfungsform der Hausarbeit insgesamt zur Debatte.

F. Vorgaben zur Form der Hausarbeit

28 Es sind grundsätzlich folgende Formalia zu beachten:

I. Schrift, Layout und Fußnoten

29
- Zeilenabstand von 1,5,
- Schriftgröße 12 bei Schriftart Times New Roman[26] für den Haupttext,
- Schriftgröße 10 bei Schriftart Times New Roman für die Fußnoten, dort einfacher Zeilenabstand,
- Abschließen des jeweiligen Fußnotentextes mit einem Punkt und
- Formatieren der Haupt- und Fußnotentexte als Blocksatz.

II. Seitenzahlen

30 Auch bei den Seitenzahlen gibt es übliche Formatierungen, von denen Sie nicht abweichen sollten. Das Deckblatt wird nicht mit nummeriert. Klicken Sie auf der Registerkarte *Seitenlayout* auf das Startprogramm für das Dialogfeld *Seite einrichten*, und klicken Sie dann auf Layout. Aktivieren Sie unter *Kopf- und Fußzeilen* das Kontrollkästchen *Erste Seite anders*, und klicken Sie dann auf *OK*. Vom Deckblatt bis zum Beginn des Gutachtens stellen Sie das *Zahlenformat* auf römische Ziffern ein. Die Nummerierung beginnt dann mit dem Sachverhalt und der römischen II.[27] Dazu müssen Sie in *Word* unter dem Reiter *Einfügen* den kleinen Pfeil nach unten neben dem Feld *Seitenzahl* aufrufen. Im sich öffnenden Menü wählen Sie *Seitenzahlen formatieren*. Mit Beginn des eigentlichen Gutachtens nummerieren Sie neu beginnend und mit arabischen Ziffern. Um den Neubeginn der Seitenzählung zu erreichen, werden oft Umgehungen benutzt, etwa eine ganz neue Datei anlegen. Das ist jedoch umständlich. *Word* „denkt“ in Abschnitten. Jedem Abschnitt kann eine eigene Seitenzahlenfolge, eigene Schriftarten und sonstige Formatierungen zugewiesen werden, die nicht das ganze Dokument betref-

25 Vgl. schon diese Meldung: „Nordrhein-Westfalen erlaubt Arbeit mit Text-KIs an Schulen“, becklink 2026253, beck-online.

26 Im juristischen Bereich ist Times New Roman immer noch die Standardschrift. Allerdings setzen sich im sonstigen Publikationsbetrieb nach derzeitiger Mode serifenlose Schriften durch, obwohl um die Beantwortung der Frage der Lesbarkeit eher ein Glaubenskrieg tobt, als das eine ernsthafte wissenschaftliche Forschung stattfindet, http://www.designtagebuch.de/wiki/die-gefuehlte-lesbarkeit/; umfassend *Filek/Uebele*, Read/ability. Typografie und Lesbarkeit, 2013. Schriften mit jeweils gleicher Buchstabenbreite (z.B. *courier*) sind allerdings deutlich schlechter lesbar, vgl. *Bollwage*, Typographie Kompakt, 2013, S. 77.

27 *Putzke*, Juristische Arbeiten erfolgreich schreiben, 7. Aufl. 2021, Rn 91.

fen.[28] Weisen Sie also dem ersten (rein formalen) Teil Ihrer Arbeit einen anderen Abschnitt zu als dem Gutachten. Wählen Sie im Text nach dem letzten Wort Ihres formalen Teiles unter der Registerkarte *Seitenlayout* das Feld *Umbrüche*. Dort wählen Sie im Menü *Abschnittsumbrüche Nächste Seite*.

III. Platz

In der Regel gibt es eine Seitenbegrenzung. Diese Begrenzung liegt zwischen 20 und 30 Seiten. Je nach Gepflogenheiten an Universität, Fakultät, Lehrstuhl ist die Begrenzung als Sollvorschrift ausgestaltet, so dass eine geringe Überschreitung dieser Grenze nicht übel genommen wird. In anderen Fällen handelt es sich um ein „hartes Limit". Oft wird dann von Korrektoren nach der letzten erlaubten Seite nicht mehr weiter korrigiert und Ihre eventuell guten Ausführungen nicht mehr berücksichtigt. Fehlen Angaben des Hausarbeitsstellers, sollte das Gutachten einen Umfang von ca. 30 Seiten nicht überschreiten. Das gilt nicht für Examenshauarbeiten, für die es in den Prüfungsordnungen teils andere Empfehlungen für bis zu 40 Seiten gibt. **31**

IV. Ränder

Regelmäßig ist ein Rand von 7 cm (links!) einzuhalten. **32**

In Bezug auf den Platz wird teilweise versucht, die Ränder zu manipulieren. Ich rate dazu, die Vorgaben streng einzuhalten. Es erscheint mir besser, die Arbeit nochmals auf Redundanz durchzugehen, anstatt nur einen halben Zentimeter Rand zu lassen, was den Korrektoren oft unangenehm ins Auge springt.

G. Software

I. Warnung vor exzentrischen Lösungen

Ohne Schleichwerbung: Wählen Sie ein verbreitetes Programm, mit dem Sie umgehen können. Im Weiteren orientiere ich mich an *MS-Word*, dem Programm, welches am weitesten verbreitet ist. **33**

II. Technik der Literaturverwaltung

Im Literaturverzeichnis dürfen nur solche Bücher genannt werden, die auch in der Arbeit verwendet werden und mit einer Fußnote im Text der Arbeit genannt werden. Nehmen Sie eine Literaturstelle, die Sie verwendet haben, sofort in das Literaturverzeichnis auf. Sie können dazu die Literaturverwaltungssoftware *Citavi*[29] verwenden. In Citavi können Sie einen juristischen Zitationsstil wählen.[30] **34**

---

28 Sie können oft wählen, ob die jeweilige Formatierung nur für den Abschnitt oder für das ganze Dokument gelten soll.

29 http://www.citavi.de/de/download.html. Die meisten Universitäten haben Campuslizenzen http://www.citavi.com/de/campuslizenzen.html.

30 Ich folge in der Bearbeitung der Hausarbeiten *Schröder/Bergmann u.a.*, Richtiges Zitieren, 2010; vgl. auch *Byrd/Lehmann*, Zitierfibel für Juristen, 2007.

Das mächtige Tool, das als „addin" für Word verwendet wird, hat noch diverse andere Features wie etwa eine online Recherche. Am besten ist es, sich ggf. schon vor Beginn der Hausarbeit mit dem Funktionsumfang von *Citavi* vertraut zu machen, um keine wertvolle Zeit zu verlieren.

Die Erfahrung lehrt, dass es zu großer Mehrarbeit führt, wenn man die Arbeit erst am Ende auf die verwendete Literatur durchsieht und dann das Literaturverzeichnis erstellt. Eine Endkontrolle sollte allerdings auch selbstverständlich sein, um auf gelöschte Fußnoten zu kontrollieren. Die entsprechenden Werke müssen dann eventuell aus dem Literaturverzeichnis entfernt werden. Größere Sicherheit schafft hier die Verwendung entsprechender Funktionen des Textverarbeitungsprogramms.

III. Automatische Erstellung der Gliederung

35 Wie bereits oben erwähnt, können Sie mit den meisten Textverarbeitungsprogrammen automatische Gliederungen erstellen. Bei Word finden Sie die Funktion unter dem Reiter „Verweise" und der Schaltfläche Inhaltsverzeichnis. Das Standardinhaltsverzeichnis berücksichtigt allerdings nur drei Ebenen. In einer Hausarbeit sind aber meist bis zu fünf (selten sechs) Ebenen vorhanden, die auch alle im Inhaltsverzeichnis dargestellt werden müssen. Wenn Sie die Schaltfläche „Inhaltsverzeichnis" angeklickt haben, öffnet sich ein neues Fenster. Am unteren Ende dieses Fensters finden Sie die Schaltfläche benutzerdefiniertes Inhaltsverzeichnis. Dort können Sie die anzuzeigenden Ebenen ändern.

IV. Formatvorlagen

36 Eine Formatvorlage vereinfacht die Eingabe von Daten und führt zu einer einheitlichen übersichtlichen und strukturierten Darstellung. D.h. Ihre Überschriften und Absätze haben immer das gleiche Format und müssen nicht mühsam per Hand angepasst werden. Insoweit greift das Markieren des entsprechenden Textes und das Anklicken der gewünschten Formatvorlage aus dem Formatvorlagenkatalog. Sie sollen am Anfang ihrer Arbeit den Formatvorlagenkatalog auf Ihre Bedürfnisse abstimmen. Dazu ist es in der Regel notwendig zusätzlich eine Liste mit mehreren Ebenen zu erstellen oder einen „neuen Listentyp" zu definieren und diese Ebenen mit den Überschriften aus dem Formatkatalog zu verbinden.

Eine standardisierte Formatvorlage ist in der im Internet zugänglichen Musterhausarbeit unter **cfmueller.de/hausarbeit_im_strafrecht.htm** enthalten.

Wenn Sie keine Formatvorlage oder Liste mit mehreren Ebenen vorbereiten, wird die Gliederung der Arbeit äußerst schwierig. Per Hand ein einheitliches Format zu erzeugen ist sehr aufwändig. Ab der fünften Gliederungsebene ist *Word* zudem oft überfordert, so dass hier häufig Probleme auftreten, insbesondere, wenn Sie aus einem Dokument mit mehreren Ebenen in ein anderes Dokument mit mehreren Ebenen kopieren. Das Auftreten von solchen Fehlern können Sie minimieren, wenn Sie die alte Formatierung beim Einfügen in Ihr Arbeitsdokument entfernen.

H. Der richtige Umgang mit Literatur und Rechtsprechung

I. Primär-, Sekundär- und Tertiärliteratur

Die in der Überschrift genannten Gattungen sind nach ihrem Abstand zu einer „idealen Ursprungsidee" – zum Beispiel der *actio libera in causa* oder der Lehre von der objektiven Zurechnung – gegliedert. **37**

1. Primärliteratur – eine Altersfrage?

Primärliteratur wird so genannt, weil in ihr die erste, primäre Idee geboren wird. Juristische Sekundärliteratur diskutiert diese Idee und entwickelt sie weiter. Tertiärliteratur bereitet den Stand der Sekundärliteratur für Lehrzwecke auf. Geht man davon aus, dass die Lehre von der objektiven Zurechnung von *Honig*, Kausalität und objektive Zurechnung, 1930 angestoßen und von *Roxin*, AT I, § 11 Rn. 56; [...] und anderen (vgl. die Nachweise bei *Eisele/Lenckner*, in: Schönke/Schröder, Vorbem. §§ 13 ff. Rn. 91a.) weiterentwickelt wurde, sind diese Beiträge – einfach, weil sie zuerst veröffentlicht wurden – Primärliteratur. **38**

Oft findet man in Anleitungsbüchern den Hinweis, nur aktuelle Literatur zu verwenden. Dies ist vielen Korrektoren bereits in Fleisch und Blut übergegangen, sodass selbst eine inhaltlich unveränderte Vorauflage als „veraltet" angestrichen wird. In einigen Anleitungsbüchern findet sich auch der Hinweis, dass eine Meinung nur dann Wert habe, wenn sie noch heute oder in jüngerer Vergangenheit vertreten werde.[31] Finde sich kein aktueller Vertreter einer früher begründeten Meinung, sei dies bereits ein Beleg dafür, dass sie nicht – gleichsam wie ein ausgestorbener Dinosaurier – überlebt habe. In dieser Ansicht ist sicher ein Körnchen Wahrheit, ich halte sie aber für viel zu pauschal. Natürlich kann es sein, dass eine Ansicht wegen einer Gesetzesänderung oder eines politischen Systemwechsels schlicht gegenstandslos wird. Eine Meinung kann aber auch nur deswegen nicht neu aufgelegt worden sein, weil man den Streit bereits irrtümlich für entschieden hielt oder das Problem in Vergessenheit geraten ist. Dann besteht kein Grund, diese Meinung zu unterschlagen. Außerdem ist es nicht möglich anhand des Zeitablaufs abzugrenzen, wann eine Meinung veraltet ist. Jede Grenzziehung (10 Jahre? 30 Jahre? 50 Jahre?) wäre willkürlich.

Des Weiteren ist es gerade gute wissenschaftliche Praxis, dem Primärzitat nachzugehen und sich nicht nur auf die Wiedergabe eines ursprünglich originellen Einfalls durch die Lehrbuchliteratur zu stützen. Ist also eine bedeutende Meinung in einer Monographie oder einem Festschriftbeitrag entwickelt worden, reicht es gerade nicht, nur ein aktuelles Lehrbuch oder einen Kommentar zu zitieren, der sich diese Ansicht – ohne weitere Begründung – zu eigen macht. Dies gilt auch dann, wenn die Ansicht etwa vor 50 Jahren gegründet wurde. *Möllers* positioniert sich ähnlich und fordert, dass eine Sekundärquelle, die bloß zustimmt oder wiederholt, nicht allein ohne die Primärquelle zitiert werden darf.[32] Dies gelte auch, wenn ein Gericht sich einer Literaturmeinung anschließe. Um die Reihenfolge deutlich zu machen, sei die Literaturansicht auch in der Fußnote

31 *Hurek/Wolff*, Studienleitfaden Jura, 1997, 62.
32 *Möllers*, Juristische Arbeitstechnik und wissenschaftliches Arbeiten, 10. Aufl. 2021, § 7 Rn. 21.

voranzustellen.[33] Wenn tatsächlich klar ist, wer sich wem angeschlossen hat, ist eine solche Reihung durchaus sinnvoll, ich halte es aber – an die Adresse der Korrektoren gerichtet – für deutlich überspannt einen Verstoß gegen diese informellen formalen Regeln zu sanktionieren. Eine Einigkeit über ein derartiges Reglement besteht zudem nicht und es gibt auch gute Gründe zu einer anderen Reihenfolge, z.B. die Rspr. immer an den Anfang zu stellen.

2. Sekundärliteratur – Autoren, die eine Meinung kommentieren bzw. erweitern

39 Geben Sie ein Lehrbuch oder einen Kommentar einer Lehre aus der Primärliteratur wieder, handelt es sich um Sekundärliteratur – dabei kommen allerdings häufig Mischformen vor, wenn das Lehrbuch neue Aspekte zur Problemlösung beiträgt oder zumindest Stellung bezieht.

Lehrbücher und Kommentare bekennen zumeist wenigstens ansatzweise eine eigene Meinung und sind insoweit auch zitierfähig. Bei der Korrektur von Hausarbeiten wird Sekundärliteratur zudem faktisch ungeprüft als zitierfähig angesehen, wenn diese aus dem Kreis der anerkannten Wissenschaftscommunity stammt. Dass hier oft nach dem Muster „bekannt und bewährt" verfahren wird, kann ich nur als statistische Wahrscheinlichkeit feststellen. Ein besonderer Zwist entspinnt sich derzeit an den Büchern aus dem *Rolf Schmidt* Verlag. Strittig ist, ob es sich dabei um zitierfähige Sekundärliteratur oder bloße Skripten handelt.[34] Dazu sogleich.

3. Tertiärliteratur – scripted reality?

40 Neben den Lehrbüchern gibt es auch Skripte (Hefte) und Bücher, die den Stoff der Lehrbücher noch weiter herunterbrechen und didaktisch gleichsam mundgerecht und aufbauschemaorientiert aufbereiten.[35] Der Stoff wird nochmals komprimiert bzw. vereinfacht. Das dritte „Wiederkäuen" der Ursprungsideen ist Tertiärliteratur, weil hier keine neue sachlich-inhaltliche Idee bzw. Weiterentwicklung hinzukommt und in aller Regel nicht einmal ein eigener Standpunkt vertreten wird, sondern nur beschrieben wird, was in Lehrbüchern gefunden wurde, die wiederum auf der Vorarbeit von Monographien und Aufsätzen beruhen.

Die gesamte Literaturgattung der Skripte wird teilweise als nicht zitierfähig angesehen. Dies ist meiner Ansicht nach dann richtig, wenn diese Skripten im Gegensatz zu Lehrbüchern und Kommentaren keinen eigenständigen Beitrag zur wissenschaftlichen Debatte leisten. Verzichten Sie daher bitte auf die Aufnahme in Ihr Literaturverzeichnis. Dass diese Bücher oder Hefte teilweise beachtliche Lernhilfen sind oder auch Gliederungsschemata aufzeigen, ist eine ganz andere Frage.

---

33 *Möllers*, a.a.O.

34 Wir wollen uns dazu kein Urteil anmaßen. Da diese Bücher in ständig neuer Auflage erscheinen, kommt es unserer Ansicht darauf an, ob der jeweilige Autor nur wiedergeben will, was er gelesen hat – ohne sich zu positionieren – oder ob er eine eigene Meinung vertritt.

35 Dazu gehören vor allem die Skripte der Repetitorien *Alpmann und Schmidt*; *Hemmer*; Skripten aus dem *Richter Verlag*; dem *AchSo! Verlag*; die Zitierfähigkeit der Lehrbücher von *Rolf Schmidt* ist strittig. Fragen Sie dazu im Zweifel Ihren Prüfer.

Weil der Aufbau einer Deliktsprüfung nicht begründet werden soll, sondern sich wie die Grammatik einer Sprache von selbst erschließen muss, ist es grundsätzlich falsch, den Prüfungsaufbau zu begründen. Die Gliederung ist die Struktur, die Leser gerade durch den Inhalt führen soll. Über die didaktische Qualität dieser Literatur gebe ich hier kein Urteil ab.

II. Rechtsprechung

Sie müssen sich in der Hausarbeit nicht nur mit der Literatur, sondern auch mit Gerichtsurteilen befassen. Nach dem einschlägigen Prüfungsrecht ist es so, dass eine Lösung, die mit der höchstrichterlichen Rechtsprechung vereinbar ist, nicht als falsch gewertet werden darf.[36] Eine sehr verwegene eigene Lösung, die sich auf vereinzelt in der Literatur vertretene Ansichten stützt oder gar selbst kreiert wurde, ist nicht so einfach zu verteidigen. Insbesondere ist es nicht gestattet, die Rechtsprechung einfach zu negieren, wenn man eine abweichende Lösung vertreten will. Nach unserer Ansicht ist eine Lösung im Sinne der Rechtsprechung nicht besser, als die angemerkte Mindermeinung. Strategisch gesehen ist es jedoch weniger mühsam, sich der Rechtsprechung anzuschließen, denn selbst wenn Sie die Rechtsprechung ablehnen, ist es unbedingt notwendig, dass Sie sich mit entsprechenden Entscheidungen (Urteilen oder Beschlüssen) auseinandersetzen, so die Rechtsprechung ähnliche Präzedenzfälle entschieden hat. Oft entzünden sich Meinungsstreitigkeiten anhand von Gerichtsurteilen. Damit ist besonderes Augenmerk darauf zu legen, ob es nicht doch einschlägige Entscheidungen zu Ihrem Fall gibt. Übertrieben streng ist die Ansicht *Möllers*, dass der Rspr. immer ein größeres Gewicht zukomme als der Literatur, weil sie nicht nur vorschlage, sondern tatsächlich entscheide und eine Fehlgewichtung auch ein Fehler sei.[37] Im wissenschaftlichen Diskurs ist das Argument aus der Autorität gerade nicht so wichtig, wie in der Praxis. Im Übrigen gilt das zur Primärliteratur gesagte für andere Quellen entsprechend. Ist die Rspr. die Primärquelle, sollten Sie diese zitieren und nur nachrangig den bloß wiederholenden oder hinweisenden Kommentar. Die strikte Reihenfolge der Zitate nach der Nähe zur Primärquelle hält nicht einmal *Möllers* selbst durch, wenn er die untergerichtliche Rspr. immer der mit höherer Autorität ausgestatteten obergerichtlichen unterordnet.[38] 41

III. H.M., h. L. und m.M.

Die „Herrschende Meinung“ (h.M.) ist die Mehrheit der Stimmen aus der Literatur gemeinsam mit der Rechtsprechung. Die „herrschende Lehre“ beschränkt sich auf die Literatur (als die Wissenschaft und Lehre). Die Minder- bzw. Minderheitenmeinung (m.M.) sind Stimmen aus der Literatur, die im Großteil der Literatur keine Resonanz gefunden haben. Es kann aber sein, dass eine solche Minderheitenmeinung mit der Rspr. konform ist. Kennzeichnen Sie die Meinungen in der beschriebenen Weise. Argumentieren Sie aber bitte nicht mit der Autorität der Obergerichte oder der Literaturmehrheit. 42

36 Vgl. dazu der lesenswerte Beschluss des OVG Saarlouis NVwZ 2001, 942.
37 *Möllers*, Juristische Arbeitstechnik und wissenschaftliches Arbeiten, 10. Aufl. 2021, Rn. 23.
38 *Möllers*, Juristische Arbeitstechnik und wissenschaftliches Arbeiten, 10. Aufl. 2021, Rn. 23.

Eine solche Argumentation wäre ein logischer Fehlschluss.[39] Man kann – im Feld allgemeiner Logik – nur sagen, dass etwa wenn die überwältigende Mehrheit der Experten in einem Bereich eine bestimmte wissenschaftliche Ansicht vertritt, eine signifikant höhere Wahrscheinlichkeit für die Richtigkeit dieser Ansicht spricht, als wenn nur wenige Experten dieser Ansicht zustimmen. Über die Richtigkeit der Ansicht ist damit unmittelbar nichts ausgesagt. Wir werden aber nachher sehen, dass sich diese statistische Häufigkeit in Ihrer Argumentationsführung jedenfalls wiederfinden sollte: Weithin vertretene Ansichten dürfen Sie nicht unterschlagen und müssen sich im Fall der Ablehnung trotzdem mit diesen Ansichten auseinandersetzen.

Andererseits ist es nicht falsch eine Mindermeinung zu vertreten, bei vielen Professoren trifft dies sogar auf Sympathie, immerhin zeigen Sie eigenständiges Denken. Auch Korrektoren müssen sich in einen von Ihnen vertretenen Lösungsweg „eindenken" und ihn nachvollziehen. Eine vertretbare und mit gewichtigen Argumenten folgerichtig begründete Lösung darf prüfungsrechtlich gesehen nicht als „falsch" gewertet werden.[40]

IV. Richtiges Zitieren

1. Genauigkeit

43 Ein Zitierfehler ist es, wenn sie nur global auf die Literaturfundstelle oder die Entscheidung hinweisen, ohne die Kernseite anzugeben oder beim Wiederholen einer Fundstelle die Seitenzahl nicht angeben.

a) Wörtliche Zitate

44 Wörtliche Zitate müssen in Anführungszeichen gesetzt werden. In der Rechtswissenschaft wird spärlich mit wörtlichen Zitaten gearbeitet.[41] Diese sind jedoch keineswegs verboten. Zitierfehler lassen sich sogar vermeiden, wenn man öfter wörtlich zitiert, anstatt durch die eigene schlechte Umschreibung den ursprünglichen Sinn zu entstellen. Eine Einrückung des wörtlichen Zitats ist Geschmackssache.

„Der Rausch ist seit je, bei allen Völkern, als Quelle von Gewalttaten, Sittlichkeitsverbrechen und anderen Rechtsbrüchen bekannt."[42]

b) Entsprechung

45 Im Text wird erwähnt, dass die „h.M." eine bestimmte Meinung vertritt. In der Fußnote dazu findet sich aber nur ein Verweis auf einen relativ unbekannten Aufsatz. Hier sollten mindestens eine Entscheidung der höchstrichterlichen Rechtsprechung, ein Lehr-

39 Vgl. *Walton*, Appeal to Expert Opinion: Arguments from Authority, 1997, 52 ff. So auch der Titel eines instruktiven Aufsatzes: *Pilniok*, „h.M." ist kein Argument — Überlegungen zum rechtswissenschaftlichen Argumentieren für Studierende in den Anfangssemestern, JuS 2009, 394 ff.; vgl. auch *Schuhr*, Rechtsdogmatik als Wissenschaft, 2006.

40 BVerfGE 84, 34 (50 ff.); *Bull/Mehde*, Allgemeines Verwaltungsrecht mit Verwaltungslehre, § 16 Rn. 574 ff.

41 *Möllers*, Juristische Arbeitstechnik und wissenschaftliches Arbeiten, 10. Aufl. 2021, § 7, Rn. 32 hält das wörtliche Zitieren für so unüblich, dass er möglichst zum Verzicht rät, außer dass das Zitat so gelungen und bedeutend ist, dass auf eine Umschreibung verzichtet werden kann.

42 BGHSt 16, 124 (125).

buch und ein Kommentar zitiert werden. In wirklich eindeutigen Fällen genügt ein Verweis auf ein Standardwerk mit dem Zusatz „m.w.N." (mit weiteren Nachweisen).

„Nach h.M. ist der […]".[43]

2. Wiederholte Zitate

Nur, wenn Sie die unmittelbar vorhergehende Fußnote wiederholen, dann können Sie dieses mit „a.a.O." (am angegeben Ort), „*ebenda*" oder „*ibidem*" verkürzen. Teilweise wird es als Zitierfehler angesehen, wenn zu viele der Sache nach gleiche Quellennachweise für eine Aussage angegeben werden, welche nichts Neues beitragen, sondern lediglich Repetitionen der Primärquelle sind.[44] Das ist aber meiner Ansicht nach kein Fehler, der zu Punktabzügen führen kann und erst Recht kein Problem bei Hausarbeiten im Studium. Die größte Gefahr voluminöser Nachweisketten liegt darin, dass sie Blindzitate einbauen. **46**

Positivbeispiel:

[10] *Rengier*, AT, 3. Aufl. 2011, Rn. 12.

[11] *Rengier*, a.a.O.

Negativbeispiel (Fn. 12):

[9] *Rengier*, BT I, 12. Aufl. 2010, Rn. 30.

[10] *Rengier*, AT, 3. Aufl. 2011, Rn. 12.

[11] BGHSt 16, 124 (125).

[12] *Rengier*, Rn. 13.

3. Blindzitate

Eine eigene Kategorie hat das so genannte „Blindzitat" verdient. Ein „Blindzitat" kommt entweder aus Faulheit, böswillig oder gutwillig vor. **47**

Oben habe ich dazu aufgerufen, Primärliteratur zu verwenden. Nun kann man sich die Arbeit einfach machen und entsprechende Fundstellen aus der Sekundär- oder Tertiärliteratur übernehmen, ohne das Originalwerk aus dem Magazin kommen zu lassen oder mühsam in der Bibliothek zu suchen. So entsteht ein Blindzitat. Dies hat den Nachteil, dass man die nur mittelbar zitierte Ansicht oft nicht wirklich verstanden hat und sich so auch inhaltliche Fehler ergeben können. Teilweise schleppen sich Blindzitate durch die Literatur und sind bereits falsch, bevor sie der Bearbeiter übernimmt. Es kann sich ein Zahlendreher bei der Seitenbezeichnung eingebürgert haben oder der inhaltliche Bezug stimmt einfach nicht. Bei den zitierten veränderlichen Werken wie Kommentaren oder Lehrbüchern können sich auch durch inzwischen erschienene, neuere Auflagen wesentliche Änderung ergeben. Gehen Sie Zitaten immer bis zur Originalquelle nach und überprüfen Sie diese.

---

43 BGHSt, […]; *Wessels/Beulke/Satzger*, AT […].

44 Anders *Möllers*, Juristische Arbeitstechnik und wissenschaftliches Arbeiten, 10. Aufl. 2021, § 7, Rn. 24.

4. Neben der Sache liegende Zitate

48 Wenn sich der Satz, den Sie schreiben auch nicht sinngemäß aus der zitierten Quelle ergibt, können Sie ihn auch nicht ohne Weiteres mit einer Fußnote versehen. Schreibt Ihre Quelle zum Beispiel etwas zur Anstiftung, das Sie aber wegen der vergleichbaren Problematik auf die beiden übertragen wollen, sollten Sie dies zunächst im Text deutlich machen und an der Quelle in der Fußnote ein („Vgl.“) voranstellen.[45]

5. Fußnotengräber

49 Nicht angebracht ist es in Hausarbeiten neben der Quellenangabe weiteren längeren Text hinzuzufügen. Statt sich mit der Quelle in einer so genannten „sprechenden Fußnote“ auseinander zu setzen,[46] sollten Sie dies vielmehr im Text tun. In vielen Monographien finden sich regelrechte „Fußnotengräber“ in denen der Autor Nebenkriegsschauplätze in der Fußnote aufmacht oder auf umfangreiche Streitigkeiten verweist, die für den Leser auch von Interesse sein könnten.[47] Eine solche Monographie hat aber die Aufgabe ein komplexes Thema zu erörtern und dieses in größere Gesamtzusammenhänge einzuordnen. Eine Hausarbeit hat einen anderen Zweck und das ist allein die Falllösung.

Alles, was nicht zur Lösung des Falles beiträgt, ist *überflüssig und damit falsch.*

6. Eigene und fremde Gedanken trennen

50 Grundsätzlich gilt, dass jeder fremde Gedanken auch als solcher zu belegen ist. Wenn man es ganz genau nimmt, sind aber die wenigsten Gedanken wirklich originär solche des Verfassers einer juristischen Hausarbeit. Sie müssen trotzdem nicht jede „Binsenweisheit“, etwa das eine Gesundheitsschädigung einen pathologischen Zustand als Erfolg voraussetzt, mit einer Fußnote versehen.[48] Insoweit ist es aber nicht möglich eine feste Grenze anzugeben. Als Hilfskriterium kann die Kontrollfrage dienen, ob sich die Erläuterung ohne Weiteres aus dem Wortlaut ergibt. Im Zweifel sollten Sie aber lieber zu viel als zu wenig zitieren. So halten es einige Korrektoren durchaus für angebracht, den klassischen Satz, dass Vorsatz „Wissen und Wollen“ der Tatumstandsverwirklichung ist, mit einer Fußnote zu belegen. Ich halte das allerdings für übertrieben. Soweit es tatsächlich um Probleme im Zusammenhang mit Standarddefinitionen geht, werden Sie ohnehin in der weiteren Problemdarstellung darauf eingehen müssen: Etwa wenn es Grenzfälle zwischen Vorsatz und Fahrlässigkeit geht, wird – um beim eben genannten Beispiel zu bleiben – das voluntative Vorsatzelement durchaus bestritten.

Ein typischer Fehler entsteht, wenn Sie aus einem umfangreichen Absatz, der aus einem oder mehreren fremden Werken übernommen wird, wahllos einen Satz herausgreifen, der mit einer Fußnote versehen wird.

45 Kritisch zu solcher Art Konjunktionen als „Belegverbindungen“ *Ries*, in: Prolegomena zu einer Theorie der Fußnote, 1 (24 f.).

46 Bei wissenschaftlichen Arbeiten – und auch in dieser Anleitung – wird viel großzügiger verfahren. *Bergmann/Schröder/Sturm*, Richtiges Zitieren, 2010, Rn. 212, halten das für eine bloße Frage der persönlichen Vorliebe; vgl. auch *Vormbaum,* in: Jahrbuch Marginalistik, 21 (28 ff.).

47 *Harnack*, Über Anmerkungen in Büchern, in: Harnack, Aus Wissenschaft und Leben, Bd. 1, 1911, 148 (161); *Möllers*, Juristische Arbeitstechnik und wissenschaftliches Arbeiten, 10. Aufl. 2021, § 7, Rn. 20.

48 *Theisen*, Wissenschaftliches Arbeiten, 15. Aufl. 2011, 141; *Möllers*, Juristische Arbeitstechnik und wissenschaftliches Arbeiten, 10. Aufl. 2021, § 7 Rn. 24.

Selbst wenn der Absatz einen umfangreichen Gedanken enthält, der durch die Fußnote am Ende des Absatzes belegt werden soll, müssen Sie in der Fn. oder im Text kenntlich machen, dass der gesamte Gedanke (also der ganze Absatz) und nicht nur der Satz mit einer Fußnote versehen wird.

In jedem Fall werden Gesetze selbst nicht mit einer Fußnote belegt.

Auch eigene Ideen dürfen *nicht* mit einer Fußnote belegt werden, Sie entwickeln den Gedanken in Ihrer Arbeit und können nicht auf frühere Werke verweisen – in aller Regel haben Sie noch nichts veröffentlicht. Dies gilt nicht nur für Meinungsstreitigkeiten; dort werden Sie auch selten in die Verlegenheit kommen, wirklich originär eigene Ideen zu finden.[49] Problematischer ist die Subsumtion des konkreten Sachverhalts unter das Gesetz, bzw. einen von Ihnen – mit Hilfe der Rspr. und Literatur – belegt herausgearbeiteten Untersatz. Das betreffende Gericht oder der zitierte Autor hat den Ihnen vorliegenden Sachverhalt nicht behandelt, sie können die Schlussfolgerung nicht damit belegen, das ist vielmehr Ihre eigene Leistung. Der konkrete Fall ist auch weder von der h.M. noch von einem Gericht entschieden worden, so dass Begründungen wie: *„M hat sich nach der h.M. strafbar gemacht“* oder *„As Handlung ist nach dem BGH rechtswidrig“* schlicht falsch sind. Fehler werden hier zu Recht übelgenommen und oft mit ärgerlichen Kommentaren wie: *„Der BGH hat diesen Fall nicht entschieden!“* oder *„Roxin kennt die Tat des T mit Sicherheit nicht!“* abgekanzelt.

Anders kann es unter Umständen nur sein, wenn sich der Autor eines Lehrbuchs zu einem ähnlichen Fall – erfunden oder aus der Rspr. – äußert. Dann ist dies aber in der Fußnote kenntlich zu machen, so dass diese ausnahmsweise einen kleinen Text zusätzlich zum Zitat enthält:[50] „So für einen ähnlichen Fall *Roxin,* AT II, § 19 Rn. 85 (Fall 8).“

7. Formatierung der Fußnote

Bitte achten Sie darauf jede Fußnote mit einem Punkt abzuschließen. Dieser formale **51**
Mangel ist für den Korrektor leicht zu finden und daher schon vom Verfasser unbedingt zu vermeiden. Der Fußnotenapparat wird von Korrektoren häufig gerügt.

I. Formale Struktur der Hausarbeit

Die folgenden Hinweise gelten – es sei nochmals darauf hingewiesen – nur, soweit keine **52**
speziellen Vorgaben gegeben werden.

Eine Musterhausarbeit finden Sie unter folgendem Link:
https://www.cfmueller.de/hausarbeit_im_strafrecht.htm

49 Ich ermutige allerdings ausdrücklich dazu, sich eigene Gedanken zu machen.
50 *Bergmann/Schröder/Sturm*, Richtiges Zitieren, 2010, Rn. 212.

I. Deckblatt

53 Das Deckblatt soll folgende Angaben enthalten:

- den eigenen Namen sowie die Matrikelnummer
- das Datum des Abgabetages
- die Bezeichnung der Lehrveranstaltung einschließlich des Dozenten

Ein Musterdeckblatt finden Sie unter **cfmueller.de/hausarbeit_im_strafrecht.htm**

II. Inhaltsverzeichnis (Gliederung)

54 Das Inhaltsverzeichnis Ihrer Arbeit bildet die inhaltliche Gliederung Ihres Gutachtens ab. Sinnvoll ist, das Inhaltsverzeichnis automatisch von Ihrem Textverarbeitungsprogramm erstellen zu lassen. Eine manuelle Anfertigung des Inhaltsverzeichnisses ist zwar nicht falsch, aber sehr fehleranfällig, insbesondere bei Änderungen „letzter Hand" unterbleibt oft die mühsame Aktualisierung des Inhaltsverzeichnisses. Wenn Sie das Inhaltsverzeichnis automatisch generieren, ist das mit zwei Mausklicks erledigt.

III. Überschriften und automatische Erstellung

55 Die einzelnen Deliktsprüfungen müssen unbedingt durch aussagekräftige Überschriften voneinander getrennt werden. Das hat zwei Gründe:

Sie können nur dann eine automatische Gliederung erstellen, wenn Sie in *Word* Überschriften verwenden, die Sie Gliederungsziffern und entsprechenden Gliederungsebenen zugewiesen haben. Beachten Sie dazu die Anleitung im Einzelnen unter Rn. 35.

Eine Darstellung im ununterbrochenen Fließtext erschwert Ihnen und dem Adressaten des Gutachtens, die Übersicht zu behalten. Sie müssen die Arbeit mindestens nach Delikten mit Zwischenüberschriften untergliedern. Gibt es klar voneinander abgegrenzte Tatkomplexe, sind diese auch durch Überschriften zu trennen, dies sollte in die Gliederung aufgenommen werden.[51]

IV. Nummerierungssystem

56 Das Nummerierungssystem der Gliederung – also die Frage, ob Sie Zahlen oder Buchstaben verwenden und wie sie diese reihen – ist letztlich Geschmackssache. Allerdings hat sich anders als in Natur- und anderen Geisteswissenschaften bei juristischen Arbeiten ein bestimmtes Gliederungsformat durchgesetzt[52]:

A. Gliederungsebene 1
I. Ebene 2
1. Ebene 3
a) Ebene 4
aa) Ebene 5

51 Vgl. dazu gleich Rn. 56.

52 Andere Systeme können Sie ebenfalls verwenden, vgl. *Putzke*, Juristische Arbeiten erfolgreich schreiben, Rn. 102. Ich neige inzwischen dem systematischeren naturwissenschaftlichen System „1.1.1. usw." zu.

Ebene 6 wird uneinheitlich behandelt. Teilweise werden griechische Buchstaben verwendet, teilweise werden drei gleiche lateinische Buchstaben verwendet. In Hausarbeiten ist eine solche Ebene aber unnötig. Probleme entstehen eigentlich nur, wenn die Strafbarkeit verschiedener Personen jeweils mit einer Überschrift versehen wird oder Tatkomplexüberschriften gebildet werden. Dann verschiebt sich die obige Gliederung einfach nach unten und die erste Gliederungsebene beginnt z.B. mit *„Tatkomplex 1" (oder „1. Tatkomplex"), „Strafbarkeit des A"*. In der einschlägigen Ratgeberliteratur wird davon abgeraten, mehr als fünf Ebenen zu verwenden.[53] Dann fehlt aber in der Regel eine Ebene für die Einteilung in Tatkomplexe oder nach Personen, die wiederum oft hilfreich ist. Wir empfehlen daher jedenfalls nicht tiefer als sechs Ebenen zu staffeln, die Arbeit wird sonst für Sie selbst und den Leser unübersichtlich.

Es ist ein beliebter, aber auch schwerwiegender Anfängerfehler, auf einer Gliederungsebene nur einen vereinsamten Unterpunkt zu präsentieren. Oft wird das durch folgende Eselsbrücke ausgedrückt: „Wer A sagt, muss auch B sagen." Unterpunkte können allein nicht sinnvoll existieren. Kontrollieren Sie am Ende unbedingt Ihre Gliederung, ob sich durch eine abschließende Änderung eventuell doch noch ein „partnerloser" Unterpunkt verschoben hat oder weggefallen ist und Sie die entsprechende Gliederungsebene somit um eine Stufe anheben müssen.

Anfänger stolpern auch deswegen über diesen Gliederungsfehler, weil sie zu schematisch vorgehen und gelernt haben, dass z.B. der objektive Tatbestand immer eine Untergliederung des Tatbestandes sein muss (I.1.). Das ist aber nicht richtig. Wenn nur der objektive Tatbestand geprüft wird, heben Sie die Gliederungsstufe an und reduzieren so die Gliederung, d.h. unter dem Punkt „I. Tatbestand", behandeln sie nichts weiter als den objektiven Tatbestand, der dann im Ergebnis auch verneint wird. Nun ist zwar das Problem der Untergliederungen auf der 3. Ebene gelöst, aber taucht auf der 2. Ebene entsprechend wieder auf. Es gibt weder Anlass Rechtswidrigkeit noch Schuld zu prüfen, wenn der Tatbestand verneint wurde. Aus der Verneinung der Tatbestandsmäßigkeit ergibt sich jedoch zwangsläufig, dass sich der mögliche Täter doch nicht strafbar gemacht hat. Zum Punkt auf der zweiten Ebene „I. Tatbestand" gesellt sich damit automatisch auf dieser Ebene „II. Ergebnis".

Beispiel: *A. § 242 I des A durch Mitnahme der DVD zu Lasten des B*

A könnte […]

I. Tatbestand

[…] A hat zwar die DVD mitgenommen, doch war B als Gewahrsamsinhaber damit einverstanden. Es fehlt also am Erfordernis des Gewahrsamsburchs. Mithin fehlt es an der Wegnahme.

II. Ergebnis

Mangels objektiven Tatbestandes scheidet Diebstahl aus.

B. § 267 I StGB […]

53 *Schimmel*, Juristische Hausarbeiten und Klausuren richtig formulieren, 15. Aufl. 2022, Rn. 494.

V. Literaturverzeichnis

57 Im Literaturverzeichnis Ihrer Arbeit führen Sie *alle*, aber auch *nur die* Bücher und Beiträge auf, die Sie in den Fußnoten Ihrer Arbeit zitieren.

Die aufgeführten Werke werden alphabetisch nach den Nachnamen der Autoren sortiert. Es ist nicht zulässig, nach Literaturgattungen zu gliedern. Stellen Sie Aufsätze, Monographien in Festschriftenbeiträge usw. also bitte *nicht* in gesonderten Kategorien zusammen. Rechtsprechung gehört allerdings nicht zur Literatur und wird darum nicht im Literaturverzeichnis aufgeführt.

Noch nicht ganz ausgemacht ist die Behandlung von Internetfundstellen im Literaturverzeichnis.[54] Wichtig ist insoweit, dass Sie einen funktionierenden Hyperlink und das Datum eintragen, an dem die Fundstelle im Internet aufgerufen werden konnte. Ich rate dazu, Internetfundstellen ebenfalls ins Literaturverzeichnis aufzunehmen. Diese werden aber besonders behandelt: Sie müssen deutlich machen, an welchem Tag die Fundstellen abrufbar waren. Das können Sie für die gesamte Hausarbeit einheitlich vornehmen, indem Sie kennzeichnen, dass alle Fundstellen am gleichen Tag aktuell waren.

Rechtsprechung gehört ebenso wenig wie Gesetzestexte in das Literaturverzeichnis. Eine Urteilsanmerkung ist allerdings gesondert (unter dem Namen des Autors) aufzuführen. Hat diese keinen besonderen Titel, nennen Sie diese Anmerkung zu dem entsprechenden Urteil.

Ein Musterliteraturverzeichnis finden Sie in der im Internet zugänglichen Musterhausarbeit unter **cfmueller.de/hausarbeit_im_strafrecht.htm**.

VI. Abkürzungsverzeichnis

58 Sollten Sie Abkürzungen verwenden, wird teilweise verlangt ein entsprechendes Verzeichnis anzufertigen. Ein bekanntes und probates Mittel, um der Erstellung eines Abkürzungsverzeichnisses zu entgehen, ist der Verweis auf Kirchners Abkürzungsverzeichnis der Rechtssprache.[55] Sie sollten sich dann aber auch an die Abkürzungen aus dem Kirchner halten. Ein eigenes Abkürzungsverzeichnis ist in der Regel also nicht notwendig. Falls Sie das doch unbedingt wollen, sollten Sie dann aber in jedem Fall ungewöhnliche Abkürzungen bekannter Begriffe vermeiden.

Beispiel: „Raub mit Todesfolge" sollten Sie nicht als *„RmTf"* abkürzen.

VII. Sachverhalt

59 Sie müssen den Sachverhalt dem Gutachten Ihrer Hausarbeit unmittelbar voranstellen. In der Regel stellt der Aufgabensteller den Sachverhalt auf seiner Internetseite ein. Von dort können Sie den Sachverhalt dann einfach in Ihre Arbeit kopieren. Im Vergleich zu Klausursachverhalten ist ein Hausarbeitssachverhalt in der Regel länger und komplizierter. Hier lohnt es sich wirklich den Sachverhalt intensiv durchzuarbeiten und mithilfe von Skizzen das Ganze noch einmal graphisch zu durchdringen, mit Textmarkern oder

54 *Bergmann/Schröder/Sturm*, 2010, Rn. 184.
55 *Kirchner*, Abkürzungsverzeichnis der Rechtssprache, 8. Aufl. 2015.

farbigen Unterstreichung zu arbeiten. Ärgerlich ist es, wenn man eine Feinheit im Sachverhalt übersieht, unter Umständen wochenlang an einem falschen Problem arbeitet oder auf ein Standardproblem eingeht, das im konkreten Fall gar nicht gefragt ist.

1. Zwischen „lebensnaher Sachverhaltsauslegung“ und „Sachverhaltsquetsche“

Teilweise ist wie bei Klausuren auch, eine lebensnahe Ausdehnung des Sachverhalts **60**
notwendig. Diesen Lückenschluss bzw. Ergänzung des Sachverhalts ist jedoch Vorsicht angezeigt. Man befindet sich hier immer in der Gefahr der so genannten Sachverhaltsquetsche. D.h. der Sachverhalt wird so abgeändert, das er zur eigenen Lösung passt. Dafür gibt es keine Punkte. Stattdessen wird die spekulative Ergänzung des Sachverhalts in der Regel als besonders schwerer Fehler gewertet.[56]

2. Keine Angaben zur subjektiven Tatseite

Besonders problematisch für den Bearbeiter ist, wenn der Aufgabensteller keine Anga- **61**
ben zur subjektiven Tatseite macht. In diesen Sonderfällen muss lebensnah ergänzt werden, was sich der Täter gedacht haben mag. Insoweit wird man teilweise aus der Wahrscheinlichkeit und Erkennbarkeit des Erfolgseintritts auf die tatsächliche Einstellung des Täters schließen können und müssen.[57] Schießt etwa A dem B mit einer aufgesetzten Pistole in den Kopf, kann in der Regel ohne Weiteres von Vorsatz ausgegangen werden. Anderes kann sich aus den Umständen ergeben, wenn die Tat zum Beispiel während einer Theatervorführung stattfindet, Requisiten verwendet werden und dem unmittelbar Handelnden eine echte Pistole untergeschoben wurde.

Wenn Aussagen zur subjektiven Tatseite fehlen, können Sie nicht ohne Weiteres annehmen, dass der Täter das objektiv Verwirklichte weiß. Andererseits ist auch Vorsicht angebracht, überall Irrtümer zu sehen. Um die Balance zwischen dem Übersehen von Problemen und der Überinterpretation des Sachverhalts zu wahren, raten *Wohlers/Schuhr/Kudlich* zutreffend, dass man ohne weitere Hinweise von einer normalen Durchschnittsperson ausgehen solle.[58] Ähnlich verfährt man materiell-rechtlich bei der Bestimmung objektiver Sorgfaltspflichten bei Fahrlässigkeitsdelikten.

3. Beweisfragen und in *dubio pro reo*

Die Sachverhalte bis zum ersten Examen sind feststehend, fangen Sie bitte nicht an, sich **62**
über Beweisfragen den Kopf zu zerbrechen. Zweifeln Sie den Sachverhalt nicht an. Ergänzen Sie ihn auch nicht spekulativ. Kommt es tatsächlich zu einem *non liquet*, also einer Situation, in der sich Argumente für und gegen eine bestimmte Sachverhaltsauslegung die

---

56 Wir teilen diese Auffassung nicht unbedingt. Es kann im Ausnahmefall sein, dass ein Sachverhalt Ungenauigkeiten enthält oder missverständlich formuliert ist. Dass ein solches Missverständnis dann schwerer wiegen soll, als ein Rechtsanwendungsfehler, ist nicht verhältnismäßig.

57 Auch wenn die Rspr. dieses Vorgehen grundsätzlich ablehnt, vgl. BGH, 16.10.2008 – 5 StR 348/08, http://juris.bundesgerichtshof.de/cgi-bin/rechtsprechung/document.py?Gericht=bgh&Art=en&nr=45776&pos=0&anz=1, wird besonders krassen Situationen doch unternommen; vgl. BGHR StGB § 212 Abs. 1 Vorsatz, bedingter 8; BGH, 15.1.2003 – 1 StR 496/02, http://www.hrr-strafrecht.de/hrr/1/02/1-496-02.php3.

58 *Wohlers/Schuhr/Kudlich*, Klausuren und Hausarbeiten im Strafrecht, 6. Aufl. 2020, 30 ff.

Waage halten, können Sie quasi in *dubio pro reo* von einer dem möglichen Täter günstigeren Alternative ausgehen. Der in *dubio pro reo* Grundsatz besagt, dass bei Zweifeln an der Schuld des Angeklagten dieser freizusprechen ist. Der Richter überzeugt sich dabei (oder gerade nicht) nach dem Grundsatz der freien Beweiswürdigung (§ 261 StPO) von der Schuld oder Unschuld des Angeklagten. Der Grundsatz sagt also nur, was zu tun ist, wenn Zweifel bleiben, nicht jedoch wann sie bestehen sollen. Da nie unmittelbar auf die subjektive Tatseite des Täters zugegriffen werden kann (Gedanken im Gehirn), kann es eigentlich auch nur für den subjektiven Tatbestand zu Problemen in der Hausarbeit kommen. Die objektiven Tatsachen sind meist eindeutig geschildert. Lücken lassen sich ggf. aus einen angenommen Normalverlauf der Dinge schließen.

J. Der Inhalt des Gutachtens

63 Das Idealgutachten ist im Grundsatz wie eine Straßenkarte oder ein Routenplaner aufgebaut. Es liefert dem Adressaten eine empfohlene Hauptroute und stellt auch alternative Straßen dar. Während der Routenplaner ein Ziel angibt, ist in der Hausarbeitslösung kein festes Ziel vorgegeben. Die alternative Strecke kann zu einer anderen Lösung führen. Gerade dann und – nur dann – ist eine Empfehlung für eine der Alternativen auszusprechen und die andere nicht weiter zu verfolgen.[59]

I. Grundsätze

64 Ihre Arbeit sollte sich an einigen Grundsätzen oder Prinzipien orientieren.

1. Gutachtenklarheit

65 Schreiben Sie Ihr Gutachten verständlich und strukturiert.

Verlieren Sie in Ihren Prüfungen nicht den „roten Faden". Ein sehr schwerwiegender Fehler besteht darin, dass nicht Schritt für Schritt die Ergebnisse abgeleitet, sondern sprunghaft und damit letztlich zusammenhanglos Sätze aneinandergereiht werden. Dieser Fehler geht oft mit dem Fehlen geeigneter Obersätze Hand in Hand.

Bleiben Sie konsequent. Oft verstricken sich Bearbeiter in inneren Widersprüchlichkeiten. Wenn Sie erst etwas verneinen, können Sie nicht ein paar Schritte später so tun, als hätten Sie jenen Punkt bejaht. Die Gesetze der Logik sind zwingend. In der Regel ist das ein schwerer Fehler. Korrektoren können ohne weitere inhaltliche Auseinandersetzung feststellen, dass eine solche Lösung, die sich selbst widerspricht, nicht überzeugend sein kann. Arbeiten Sie an Ihrer gedanklichen Disziplin und der Selbstkontrolle.[60]

2. Gutachtensparsamkeit

66 Prüfen Sie nur solche Delikte, die ernsthaft in Betracht kommen. Spulen Sie kein überflüssiges Lehrbuchwissen ohne Bezug zum konkreten Fall ab. Einfache Lösungen sind auch angemessen kurz zu präsentieren. Vor allem: Wiederholen Sie sich nicht.[61]

---

59 Siehe schon oben Rn. 9.

60 Lesen Sie ihre Arbeit öfter (wie ein Fremder) durch.

61 Probleme gibt es insbesondere bei der Frage, ob Obersätze Sinn machen, wenn sie im Wesentlichen nur die Überschrift wiederholen vgl. Fn. 161 und bei Definitionen, die Sie keinesfalls wiederholen sollten.

3. Gutachtenvollständigkeit

Für das Gutachten gilt: So wenig wie möglich, aber auch so viel wie nötig. Problematische Stellen des Gutachtens müssen länger als einfache Teile ausgeführt werden. Nur weil Sie z.B. bestimmte in der Wissenschaft diskutierte Ansichten absurd finden oder ablehnen, müssen Sie sich dennoch mit diesen auseinandersetzen. Psychologisch gesehen tendieren Studenten oft dazu, gerade die Stellen, an denen Sie Zweifel haben und nicht recht weiterwissen, zu unterschlagen und kurz abzuhandeln, schreiben jedoch – verständlicherweise – viel zu den Dingen, die sie gut kennen und folglich sicher beherrschen. Sie müssen aber genau gegen den ersten Vermeidungsimpuls ihres Gehirns handeln und dahingehen „wo es weh tut", d.h.: Setzen Sie sich mit den Problemen auseinander und fassen Sie Ihre eigenen zweifelnden Gedanken – z.B. im Streitentscheid – in Worte. **67**

Während im Eifer der Klausur auch das ein oder andere Delikt vergessen werden kann, ohne dass dies zum Nichtbestehen führt, wird in Hausarbeiten mehr Wert auf eine Vollständigkeit der Arbeit gelegt. Im ersten Arbeitsschritt haben Sie eine klausurmäßige Lösung angefertigt, überprüfen Sie nach der Hälfte der von Ihnen insgesamt geplanten Dauer, ob Sie die Gliederung umstellen müssen, weil noch neue Delikte oder Normen in Ihr Blickfeld geraten sind und passen Sie ggf. Ihre Gliederung an. Wiederholen Sie diesen Schritt eine Woche vor Abgabe. Achten Sie auch auf die Konkurrenzen und ein Endergebnis.[62]

II. Schwerpunktsetzung

Ein oft vernichtendes Urteil über eine Arbeit ist der Vorwurf, falsche Schwerpunkte gesetzt zu haben. Dabei hat die gedankliche Arbeit – metaphorisch gesprochen – Ähnlichkeit mit einer „Ostereiersuche". Der Steller der Aufgabe hat den Sachverhalt so angelegt, dass die Lösung zur Erörterung von mehreren strafrechtlichen Problemen Anlass bietet. Eine Arbeit, bei der ohne Probleme durchsubsumiert werden kann, ist in universitären Aufgaben nicht zu erwarten. **68**

Häufig besteht Unsicherheit darüber, was kurz abzuhandeln und was im Detail begründet werden muss. Verlassen Sie sich insoweit auf Ihren „gesunden Menschenverstand" und überlegen Sie, ob Ihnen als Leser die knappe Feststellung eines Ergebnisses ausreicht oder ob Sie eine Begründung erwarten. Wenn Sie selbst lange über das richtige Ergebnis nachdenken müssen, sollten Sie diese widerstreitenden Gedanken auch in Worte fassen und niederschreiben, anstatt an unproblematischen Stellen auswendig gelernte Definitionen abzuspulen. Kausalität und Zurechnung sind beispielsweise nur im Ausnahmefall ein Problem. Wenn der Täter die direkt wirksame Letztursache setzt, ist jede Ausführung zu Kausalität und Zurechnung überflüssig und damit falsch. Es reicht, wenn Sie feststellen, dass der Erfolg „durch" die Handlung verursacht wurde. Mit diesem kleinen Wort ist bereits alles zu Kausalität und Zurechnung gesagt.

---

62 Siehe unten Rn. 126.

III. Entscheidungserheblichkeit

69 Ein Streit, der sich im Ergebnis nicht auswirkt, ist nur darzustellen, wenn die Subsumtion unter die einzelnen Ansichten wenigstens sachlich schwierig ist. Wenn Sie die Lösung selbst für schwierig *und* entscheidungserheblich halten, lohnt sich im Zweifel eine längere Behandlung des Punktes. Halten Sie trotz vollständiger thematischer Kenntnis den Punkt für unerheblich, erwähnen Sie den Streit nicht einmal. Handelt der Täter eindeutig mit echter Absicht, gehen Sie nicht auf den Streit um die Definition des *dolus eventualis* in Abgrenzung zur Fahrlässigkeit ein.

1. Welchen Raum für Prüfungen, bei denen im Ergebnis ein Deliktsmerkmal abgelehnt wird?

70 Immer wieder sorgt bei Anfängern für Verwirrung, was denn geprüft werden muss, obwohl es im Ergebnis abgelehnt wird. In einem Fall, in dem nur „jemand erschossen" wird, wird natürlich kein Diebstahl geprüft, andererseits wird verlangt, dass Delikte „angeprüft" werden, die dann auch im Ergebnis abgelehnt werden. Prüfen Sie Delikte an, bei denen eine Tatbestandsverwirklichung in Frage kommt. Wenn beispielsweise niemand gestorben ist, ist jede Ausführung zum vollendeten Totschlag überflüssig und damit falsch.

a) Nur eines von mehreren Tatbestandsmerkmalen fehlt

71 Delikte, bei denen nur eines von mehreren Tatbestandsmerkmalen fehlt, sollten Sie *im Zweifel* prüfen. Zweifel sollten Sie in folgenden Fallgestaltungen haben:

- Das Merkmal ist nach einer Ihnen bekannten Ansicht zu bejahen, aber im Ergebnis von Ihnen bzw. der h.M. vertretenen Ansicht zu verneinen. Prüfen Sie in solchen Fällen das Merkmal.
- Ist das Merkmal nach allen Ansichten *einfach, für jeden offensichtlich* (evident)[63] zu verneinen, prüfen Sie schriftlich gar nichts. Fehlt etwa für den Raub der Einsatz von Nötigungsmitteln, weil die Sache heimlich weggenommen wurde, liegt nur ein Diebstahl vor und Sie müssen Raub nicht prüfen.
- Anders ist aber etwa der Fall des „Handtaschenraubes" zu behandeln, in dem die Tasche „nur" entrissen wird. Man muss dann überlegen, ob der Täter Personengewalt anwendet. Im Ergebnis kommt man aber auf Grundlage von Auslegung (Gewalt ist nicht gegeben, wenn List und Schnelligkeit statt Kraft prägend sind) und Subsumtion zur Verneinung. Hier wäre es trotz Verneinung notwendig, auf den Raub einzugehen.
- Ein Deliktsmerkmal liegt nach naivem Verständnis in der Umgangssprache der rechtsunkundigen Bevölkerung vor. Beispiel: Urkundenfälschung. A unterschreibt mit der Einwilligung des B einen Kaufvertrag in dessen Namen, ohne die Vertretung jedoch offen zu legen. Für viele Menschen wäre dies eine „Fälschung der Unterschrift bzw. Urkunde".
- Wegen des Bestimmtheitsgrundsatzes aus Artt. 103 II, 104 I GG kommt es seltener vor, dass ein Merkmal nach dem Durchschnittsverständnis der Bevölkerung nicht vorliegt, dies aber rechtlich doch der Fall ist. Ein Beispiel dafür ist die Absicht im Rahmen der Urkundenfälschung, die auch bereits bei sicherem Wissen vorliegen soll.

63 Zur Evidenz näher *Lange*, Jurastudium erfolgreich, 8. Aufl. 2015, S. 274.

Bei alledem können Sie weder ad hoc eine Meinungsumfrage veranstalten noch sich später darauf mit Aussicht auf Erfolg gegenüber dem Korrektor berufen.[64] Im Gegensatz zur Klausur, sind Sie nicht allein auf sich, Ihr Sprachverständnis und nur punktuell vorhandenes Sonderwissen beschränkt. Nutzen Sie bei der Auslegung von Rechtsbegriffen in der Hausarbeit auch Wörterbücher,[65] diese Fundstellen können Sie durchaus auch als Einstieg in die grammatische Auslegungsmethode verwenden.[66]

b) Die im Ergebnis nur wegen Rechtfertigung, fehlender Schuld oder Rücktritts ausscheiden

Entsprechend dem Tatbestand sollten Sie im Zweifel, wenn Rechtfertigung bzw. der **72**
Schuldausschluss nur wegen des Fehlens eines von mehreren Merkmalen, trotzdem prüfen, ob die Rechtswidrigkeit bzw. Schuld gegeben ist. Hinsichtlich dieser beiden Gliederungspunkte müssen Sie aber keine wirkliche Prüfung durchführen, wenn der Sachverhalte keine Anhaltspunkte liefert. Es gilt, dass in der Regel Rechtswidrigkeit und Schuld mit dem Tatbestand gegeben sind. Verzichten Sie aber auf den sattsam bekannten Spruch „die Rechtswidrigkeit wird durch den Tatbestand indiziert".

2. Vorsatz

Besonders schwierig ist die Entscheidung, ob ein Delikt vorgestellt werden muss, das **73**
am Vorsatz scheitert. Hier kommt es darauf an, ob der Vorsatz ganz eindeutig zu verneinen ist. Gibt der Sachverhalt Anlass, an der Vorsatzlosigkeit zu zweifeln, weil der Täter etwa „trotz der gefährlichen Kurve überholt"[67], ist eine Auseinandersetzung mit dem subjektiven Tatbestand geboten. Ist Vorsatz eindeutig *nicht* gegeben – etwa weil der Sachverhalt klarstellt, dass der Täter das Opfer nicht wahrgenommen hat bzw. allgemein nicht einmal die Erfolgsmöglichkeit (Gefahr) bemerkt hat –, kann man sich (so vorhanden)[68] gleich dem Fahrlässigkeitsdelikt zuwenden.

3. Versuchsdelikte

Eine Besonderheit gilt ferner bei Versuchsdelikten. Hier stellt sich die Frage, ob das **74**
abgelehnte Erfolgsdelikt noch gesondert angeprüft oder nur in der Vorprüfung des Versuchs behandelt werden soll. Falls der objektive Tatbestand erst nach längerer Diskussion – etwa hinsichtlich Kausalität und objektiver Zurechnung – abgelehnt wird, sollte man aus Gründen der Übersichtlichkeit zuerst getrennt anprüfen, ob ein vollendetes Delikt vorliegt. Andernfalls können Sie sich besser für die platzsparende Möglichkeit der Vorprüfung innerhalb des Versuchsaufbaus entscheiden.

---

64 Siehe zur Remonstrationsmöglichkeit Einleitung Rn. 28.

65 Duden, http://www.duden.de/; Wörterbuch der deutschen Gegenwartssprache http://www.dwds.de/ und die neue Betaversion http://zwei.dwds.de/; das Deutsche Wörterbuch von Jacob Grimm und Wilhelm Grimm und seine Neubearbeitung, http://woerterbuchnetz.de/DWB/; sowie *Pfeifer*, Etymologische Wörterbuch des Deutschen, 1997.

66 Bitte aber keine „Eulenspiegeleien". Zitieren sie nicht immer zuerst den Duden, sondern nur, wenn die Wortbedeutung nicht auf der Hand liegt und die etymologische Analyse so für den Leser interessant sein kann.

67 Vgl. dazu die Hausarbeiten in diesem Buch.

68 Für einfache Sachbeschädigung, Hausfriedensbruch etc. bestehen keine Entsprechungen.

4. Rechtfertigungsgründe

75 Beachten Sie, dass es mehr als einen Rechtfertigungsgrund gibt. Jedenfalls wenn der erste angeprüfte Rechtfertigungsgrund nicht zur Rechtfertigung führt, können noch andere Gründe vorliegen, die die Tat rechtfertigen. Teilweise wird auch vertreten, trotz Bejahung eines Rechtfertigungsgrundes weitere in Betracht kommende zu prüfen, das erscheint uns aber ineffektiv und daher ein Verstoß gegen den Grundsatz der Gutachtensparsamkeit.

IV. Definitionen

1. Entstehung und Sinn einer Definition

76 Eine Definition kann auf zwei Weisen entstehen:

Sie schaffen sich eine eigene Definition, indem Sie das Gesetz auslegen. Dazu nutzen Sie die klassischen Auslegungsmethoden. Die Definition – die Sie selbst gewonnen haben – ist dann nichts anderes als ein neuer Obersatz, unter den Sie subsumieren müssen.

In den meisten Fällen können Sie aber auf die Auslegungsarbeit anderer zurückgreifen, die sich bereits – teilweise Generationen – vor Ihnen mit der Erläuterung der entsprechenden Vorschrift bzw. des gesetzlichen Merkmals befasst haben. Diese Definitionen ergeben sich dann als Schlusspunkte der Ansichten, die Sie in der Rspr., Kommentaren, Lehrbüchern und anderen Literaturbeiträgen finden.

Teilweise gibt es nur eine sinnvolle Definition und Sie können diese dann ohne Weiteres übernehmen, etwa die der Fremdheit einer Sache.

Häufig gibt es aber unterschiedliche Interpretationen eines Merkmals. Der beliebte Terminus „Meinungsstreit" macht nur Sinn, wenn an dessen Ende auch unterschiedliche (Sub-)Definitionen stehen. Wie sie dann eine Definition auswählen, behandeln wir gesondert im Gliederungspunkt „Meinungsstreit".

2. Unsinniger Einsatz einer Definition

77 Oft werden unproblematisch erfüllte Tatbestandsmerkmale langatmig definiert.

Eine Definition ist nur dann angebracht, wenn das Vorliegen eines Merkmals im Einzelfall zweifelhaft ist, und die Definition folglich die benötigten Argumente liefert, warum das Merkmal hier zu bejahen oder zu verneinen ist.

Wenn ein Begriff definiert wird, muss die Definition im Folgenden auf den Fall bezogen angewandt werden. Soweit einzelne Tatbestandsmerkmale definiert werden, müssen Sie die Tatumstände (also die konkreten Umstände aus dem Sachverhalt) unter die jeweilige Definition auch subsumieren.

Die pauschale Feststellung, dass alle Definitionsmerkmale vorliegen, reicht nicht aus. Sie bringen sich in einfachen Fällen durch eine Definition völlig überflüssigerweise in die Verlegenheit, feststellen zu müssen, dass z.B. ein Auto eine „körperliche" Sache nach § 90 BGB ist, weil es räumlich abgegrenzt und dreidimensional ist. Überlegen Sie vor dem Niederschreiben, ob wirklich eine weitere Erklärung des Gesetzeswortlauts für die

Begründung notwendig ist. Die Hausarbeit ist keine „willkommene Gelegenheit", gelerntes Wissen abzuladen, sondern eine Übung die Gesetze mit Verständnis anzuwenden.

3. Keine Wiederholung von Definitionen!

Auch für Definitionen gilt der Grundsatz der Gutachtensparsamkeit. Wenn Sie eine **78** Definition bereits einmal zu Anfang der Arbeit innerhalb einer Deliktsprüfung angeführt haben, müssen Sie diese nicht wiederholen, auch wenn Sie die Definition gegen Ende der Arbeit in einem ganz anderen Tatkomplex noch einmal benötigen. In diesem Fall können Sie wieder nach oben verweisen.

K. Strafrechtlicher Prüfungsaufbau

I. Richtige Handlungsreihenfolge bzw. Deliktsreihenfolge

1. Grundsatz: Keine Schachtelprüfungen

Die Prüfungsreihenfolge ist nicht gesetzlich festgelegt. Wie bei der sprachlich-stilisti- **79** schen Vermeidung von Schachtelsätzen[69] ist aber eine Prüfung, die in richtiger Reihenfolge vorgeht, verständlicher als eine verschachtelte Prüfung. Sämtliche Regeln zur Prüfungsreihenfolge dienen daher nur der Vermeidung von Schachtelprüfungen, was wiederum den Grundsätzen der Gutachtenklarheit- und Sparsamkeit geschuldet ist.

2. Chronologische Reihenfolge

Insbesondere, wenn Rechtfertigungsgründe in Rede stehen, sollten Sie die zeitlich am **80** weitesten zurückliegende Handlung immer zuerst prüfen. So vermeiden Sie, dass bei Rechtfertigungsgründen (z.B. rechtswidriger Angriff bei Notwehr) auf ein noch nicht geprüftes Delikt inzident vorgegriffen werden muss (Schachtelprüfung).

3. Das schwerste Delikt zuerst?

Die Theorie „das schwerste Delikt zuerst!" gilt nur, wenn eine Handlung mehrere **81** Delikte verwirklicht, nicht aber wenn mehrere Handlungen mehrere Delikte verwirklichen. Wenn der Täter „zwei Fliegen mit einer Klappe schlägt" verdrängt in vielen Fällen das schwerere Delikt das leichtere, so dass letzteres unter Verweis auf das zuvor geprüfte schwerere Delikt kurz abgehandelt werden kann.[70]

4. Vollendung vor Versuch

Zunächst ist das vollendete Delikt zu prüfen. Liegt ein vollendetes Delikt vor, bleibt **82** kein Raum für den Versuch. Wer etwas vollendet, versucht es nicht nur. Der mitverwirklichte Versuch wird zwar genau besehen nur als mitbestrafte Vortat im Wege der Gesetzeseinheit (Gesetzeskonkurrenz) verdrängt, doch das ist auch in einer Anfängerhausar-

69 Vgl. dazu Rn. 19.

70 Das ist aber nur eine grobe Richtschnur und soll keine inhaltliche Behandlung des Themas Konkurrenzen sein. Zu den Konkurrenzen und zur Gesetzeseinheit lesen Sie *Geppert*, Jura 2000, 598 ff. und weitere Hinweise unten Rn. 126.

beit nicht von Ihnen zu beschreiben, das entsprechende Hintergrundwissen müssen Sie sich aber aneignen.[71] Dies heißt jedoch nicht, dass Sie zunächst umfangreich die Vollendung prüfen, wenn diese offenkundig nicht gegeben ist. Liegt erkennbarerweise lediglich ein Versuch vor, erfolgt in der Vorprüfung im Rahmen des Versuchs eine kurze Feststellung, dass die Tat nicht vollendet ist.

5. Vorsatz vor Fahrlässigkeit

83 Prüfen Sie Vorsatzdelikte immer vor Fahrlässigkeitsdelikten. Ist etwa eine Körperverletzung vorsätzlich verwirklicht, wird nicht noch wegen Fahrlässigkeit bestraft. Auch dies ist eigentlich wieder ein Thema der Gesetzeskonkurrenzen – das fahrlässige Delikt ist zwar auch verwirklicht, doch ist es notwendig in der Vorsatztat enthalten.[72]

Anders ist es allerdings, wenn das Vorsatzdelikt im Versuch stecken geblieben ist. Dann verdrängt der Versuch das fahrlässig begangene Delikt nicht, weil das Erfolgsunrecht im Versuch gerade nicht enthalten ist, aber in der fahrlässigen Begehungsweise.

II. Tatnächster

84 Bei mehreren möglichen Beteiligten prüfen Sie den Tatnächsten zuerst und gehen nicht chronologisch vor. § 26 StGB zeigt warum: Die Teilnahme setzt eine Haupttat voraus, die Sie anderenfalls inzident prüfen müssten (Schachtelprüfung).

III. Auseinanderhalten der Strukturelemente

85 Das Gerüst bzw. Gerippe Ihrer Hausarbeit ist der dreistufige Deliktsaufbau. Innerhalb dieses Aufbaus müssen die wesentlichen Strukturelemente (Tabestandsmäßigkeit, Rechtswidrigkeit, Schuld etc. und Unterkategorien) durch Überschriften klar voneinander getrennt werden, es sei denn, Sie machen deutlich, dass Sie der Lehre von den negativen Tatbestandsmerkmalen folgen. Außerdem müssen Sie Delikte untereinander und auch die geprüften Rechtfertigungs- und Entschuldigungsgründe untereinander trennen. Ein rechtswidriges Delikt kann schuldlos begangen werden aber nicht umgekehrt. Einen Entschuldigungsgrund dürfen Sie nicht als Rechtfertigungsgrund bezeichnen. Wiederholen Sie die grundlegenden Bausteine der Delikte, wenn Sie hier noch unsicher sind. Allgemeine Erwägungen, ohne unter eine konkrete gesetzliche Vorschrift zu subsumieren, sind auf jeder Deliktsaufbaustufe völlig unzureichend.

IV. Prüfungsreihenfolge innerhalb der Stufen

86 Achten Sie darauf, dass Sie zuerst die „Subjekte“ des Tatbestandes prüfen, sonst fehlen Ihrer Prüfung die Bezugsobjekte und Sie drohen entgegen den Grundsätzen der Gutachtenklarheit und Gutachtensparsamkeit in verschachtelte Prüfungen abzugleiten.

Objektive Tatbestandsmerkmale müssen daher vor den subjektiven Merkmalen geprüft werden. Es macht keinen Sinn, zu prüfen, ob jemand etwas gewollt hat, wenn man nicht vorher festgestellt hat, ob dieses „etwas“ stattgefunden hat.

---

71 BGBSt 10, 230; *Jäger*, AT, 14. Aufl. 2022, Rn. 389.
72 *Tofahrn*, Strafrecht AT I, 5. Aufl. 2021, Rn. 284.

Beim Versuch geht es umgekehrt um die Frage, ob der Täter zu dem ansetzt, was er will. Hier kann das Ansetzen wiederum nur sinnvoll bestimmt werden, wenn man weiß, was der Täter erreichen will.

Dies gilt auch für alle weiteren Strukturelemente. Es ist ein Fehler, wenn die Gegenwärtigkeit des Angriffs besprochen wird, bevor überhaupt ein Angriff benannt, geschweige denn geprüft wird.

L. Die generelle Technik der strafrechtlichen Falllösung

Generell kann ich auf die Methode der Falllösung verweisen, die Sie bereits für Klausuren kennengelernt haben[73] und die wir in der Einleitung für die Erläuterung von Subsumtion und Auslegung kurz vorgeführt haben. **87**

Es reicht nicht, dass Sie ein vertretbares Ergebnis kennen, erraten oder emotional gut finden. Sie sollen ein Ergebnis anhand des Gesetzeswortlautes, der Gesetzessystematik und anerkannter juristischer Prinzipien erarbeiten. Auch die bloße Bezugnahme auf die Rechtsprechung oder die beliebte h.M. kann diese ganz zentrale Prüfungsleistung nicht ersetzen.

I. Subsumtion

Subsumtion[74] ist die geistige Klassifikation eines Begriffs unter einen Oberbegriff. In der Rechtswissenschaft wird der Begriff als Anwendung einer Rechtsnorm auf einen Lebenssachverhalt („Fall"), das heißt als Unterordnung des Sachverhaltes unter die Voraussetzungen der Norm verstanden (Subsumtion im weitesten Sinne). Aus der Subsumtion wird schon durch die lateinische Bezeichnung Subsumtion und Syllogismus (Syllogismus ist der Name für die logische Technik der Subsumtion) ein Geheimnis gemacht.[75] Subsumieren ist aber im Grunde denkbar einfach. Bildlich gesprochen haben Sie eine Schablone und müssen prüfen, ob die Bauklötze, die Ihnen vorgelegt werden, in die Schablone des Gesetzes passen. Oder stellen Sie sich vor, Sie haben einen alten Strumpf ihres Bruders gefunden (konkreter Umstand, Gegenstand) und sollen entscheiden, ob diese zur Klasse der roten Socken gehört (Klasse von Gegenständen). **88**

73 *Otto/Bosch*, Übungen im Strafrecht, 7. Aufl. 2010, 3-29; *Wessels/Beulke/Satzger*, AT, 52. Aufl. 2022, § 23; *Beulke*, Klausurenkurs im Strafrecht I, 8. Aufl. 2020, 1-34; *Murmann*, Grundkurs Strafrecht, § 19; *Rengier*, AT, 14. Aufl. 2022, § 11; *Hilgendorf*, Fälle zum Strafrecht für Anfänger – Klausurenkurs I, 4. Aufl. 2020, 1. Teil; *Valerius*, Einführung in den Gutachtenstil, 4. Aufl. 2017, §§ 2, 3; *Schimmel*, Juristische Klausuren und Hausarbeiten richtig formulieren, 15. Aufl. 2022; *Kleinbauer/Schröder/Voigt*, Standardfälle Strafrecht für Anfänger Bd. 1, 5. Aufl. 2015; *Rudolphi*, Fälle zum Strafrecht AT, 5. Aufl. 2000; *Tiedemann*, Die Anfängerübung im Strafrecht, 4. Aufl. 1999; S. 1 ff. (Fallbearbeitung), S. 21 ff. (Klausurfehler); *Putzke*, Juristische Arbeiten erfolgreich schreiben, 7. Aufl. 2021; *Wohlers/Schuhr/Kudlich*, Klausuren und Hausarbeiten im Strafrecht, Methodik und Formalien des Gutachtens, 6. Aufl. 2020, S. 33 ff.; *F.-C. Schroeder*, Anleitung für strafrechtliche Übungsarbeiten, in: JuS-Studienführer, 4. Aufl. 1997; allgemein *Lange*, Jurastudium erfolgreich, 243 ff.

74 Von lat. *sub*, unter, und *sumere*, nehmen, Partizip II *sumptum*.

75 So auch *Lange*, Jurastudium erfolgreich, 9. Aufl. 2023, 259, Fn. 616.

1. Das einfache Grundkonzept

89 Die Subsumtion ist *im Grunde* nichts weiter als eine solche Klassierung.[76] Sie folgt einem einfachen vierschrittigen Schema:

Ist Hugo ein Affe? (Frage)[77]

Alle Paviane sind Affen. (Obersatz/Definition)

Hugo ist ein Pavian. (Untersatz)

Also ist Hugo ein Affe. (Schlusssatz)

Allerdings können auch beide Prämissen richtig sein, während die folgende Konklusion trotz Richtigkeit im Sinne formaler Logik sachlich falsch ist:

Kann Emma fliegen? (Frage)

Alle Drachen können fliegen. (Obersatz/Definition)

Tante Emma ist ein Drache. (Untersatz)

Also kann Tante Emma fliegen. (Schlusssatz)

Das Problem im Beispiel liegt in der Doppeldeutigkeit des Wortes *„Drache“*, dass im Kontext *„fliegen“* eine andere Bedeutung als im Zusammenhang *„Tante Emma“* hat.[78] Es reicht also nicht aus, dass Sie eine formale Zuordnung von Unter- zu Obersatz produzieren. Die Zuordnung muss auch inhaltlich stimmen.

Sie subsumieren im strafrechtlichen Gutachten unter das Gesetz (Subsumtion im weitesten Sinne). Sie müssen dazu aber meist den Tatbestand in einzelne Merkmale zerlegen und so eine Reihe von Obersätzen bilden, unter diese schrittweise subsumieren (Subsumtion im weiteren Sinne). Die reine Zuordnung oder Klassifikation eines Sachverhaltsteils (Tatumstandes) zu einem Tatbestandsmerkmal ist dann Subsumtion im engeren Sinne.[79]

Leider findet man in der Anleitungsliteratur oft sehr einfache Beispiele für die Subsumtionstechnik bei denen zwar eine geistig intuitive, aber eine schriftliche in der Schrittfolge „ausbuchstabierte“ Subsumtion eigentlich in der Hausarbeit nicht notwendig ist.

Beispiel:

1. Schritt (Einleitung/Hypothese/Frage): *Das Fahrrad des R könnte eine Sache im Sinne des § 242 I sein.*

2. Schritt (Obersatz, Definition): *Sachen sind gem. § 90 BGB und § 242 I StGB körperliche Gegenstände.*

3. Schritt (Untersatz): *Das Fahrrad des R ist ein körperlicher Gegenstand.*

4. Schritt (Schlusssatz): *Somit ist das Fahrrad des R eine Sache.*

---

76 Im Detail ist das Schlussfolgern nicht so einfach. Es gibt sehr viele ungültige und 19 gültige Schlussformen der Syllogistik, vgl. zur Vertiefung unbedingt: *Joerden*, Logik im Recht, 3. Aufl., 2018, 311 ff.

77 Bzw. Hypothese: *Hugo könnte ein Affe sein.*

78 Dieses Beispiel findet sich als Einwand gegen die juristische Logik bei *Neumann*, in: Kaufmann/Hassemer (Hrsg.), Einführung in Rechtsphilosophie und Rechtstheorie der Gegenwart, 8. Aufl. 2010.

79 So auch *Lange*, Jurastudium erfolgreich, 9. Aufl. 2023, S. 258 f.

Die Subsumtionstechnik funktioniert nach einem einfachen *„Wenn A, dann B."* Schema.[80]

„Wenn A eine Sache beschädigt, hat er den Tatbestand des § 303 I Var. 1 StGB erfüllt."

„Er hat eine Sache beschädigt, wenn er [...]."

Dieses Vorgehen gleicht einem einfachen in der Sprache Basic geschriebenen Computerprogramm. Das Programm verarbeitet die Daten so lange bis a) keine passende Variabel mehr gefunden wird, also bis ein für die Strafbarkeit konstitutives Merkmal fehlt. Dann bricht das Programm mit dem Ergebnis *„nicht strafbar"* ab. Sind alle vom Programm verlangten Merkmale hingegen erfüllt, *„berechnet"* dieses Programm das Ergebnis, *„strafbar"*.[81]

Im Hausarbeitsgutachten kommen diese einfachen Fälle aber kaum vor.

2. Die verschachtelte Subsumtion als Standardfall der Hausarbeitslösung

Das penible Aufschreiben aller Schritte als Subsumtionsformalismus ist unwichtiger als die Auslegungsmethoden, mit der Sie die Bestandteile ihrer Subsumtion[82] entwickeln.[83] **90**

Ich folge hier *Zippelius* und trenne Subsumtion relativ klar von Auslegung,[84] so dass sich die Subsumtion nur im letzten Schritt der juristischen Arbeitsweise, der Klassierung durch Evidenzfeststellung bzw. Behauptung erschöpft. Dies gesetzt ist Subsumtion – also formal gesehen die Abfassung des Schlusssatzes – tatsächlich fast immer so einfach, wie im obigen Beispiel dargestellt. Die Hauptarbeit liegt stattdessen in der Gewinnung geeigneter Hypothesen und der zugehörigen Obersätze durch Auslegung des Gesetzes. Die Subsumtion vollzieht sich dann aber nicht mehr nur in vier Schritten, sondern wird durch diverse Zwischensubsumtionen verschachtelt. Gerade Anfänger sehen dann kaum noch einen Zusammenhang zur gelernten Subsumtionstechnik und können diese Schachtelsubsumtionen erst recht nicht selber anwenden. Wenn Sie genau hinschauen, entdecken Sie aber innerhalb einer komplexen Prüfung immer wieder das gleiche vierschrittige Subsumtionsmuster.

Beispiel (Der „oberste" Obersatz ist das Gesetz, in diesem Fall § 242 I StGB, der zuerst nur auf den Fall konkretisiert wird):

A wird nach § 242 I bestraft, wenn er die entsprechenden Tatumstände verwirklicht hat und keine Ausnahmen aus anderen Vorschriften vorliegen.

1. Schritt (Frage/Hypothese): *Ist der Hund E des J eine Sache im Sinne von § 242 I StGB?*

Der Hund ist jedenfalls dann eine Sache, wenn er eine Sache i.S.d. BGB ist und die Vorschriften des BGB für § 242 I StGB gelten.

2. Schritt (Obersatz, Definition): *Sachen sind gem. § 90 BGB nur körperliche Gegenstände.*

3. Schritt (Untersatz): *Der Hund ist ein körperlicher Gegenstand.*

80 Konsequent für den Gutachtenstil ausgeführt wird das bei *Wolf*, JuS 1996, 30 ff. Eine Technik die dann aber auf die Spitze getrieben, zu einer ungewohnten Obersatzbildung führen kann, die man nicht mitmachen muss.

81 Über die (Un-)Möglichkeit einer „Algorithmisierung" der Rechtserzeugung, *Kotsoglou*, JZ 2014, 451 ff.

82 Näher zur Subsumtion: *Zippelius*, Juristische Methodenlehre, 2012, § 16 I, II; *Gabriel/Gröschner* (Hrsg.), Subsumtion, 2012.

83 Unter Subsumtion sei dabei die Unterordnung des Sachverhalts unter das Gesetz und auch die Unterordnung des Sachverhalts unter untergesetzliche Merkmale verstanden, vgl. dazu Lange, 8. Aufl., 258 ff.

84 *Zippelius*, Juristische Methodenlehre, 2012, § 16 I, II.

Nicht jeder Obersatz ist von einer einfachen „immer wenn A, dann immer auch B" Struktur. „Körperliche Gegenstände" im ersten Obersatz ist eine Mindestbedingung, aber keine hinreichende Bedingung für die Erfüllung des Sachbegriffs. Das wissen Sie, weil Sie § 90 BGB bereits mit § 90a S. 1 BGB in Beziehung gesetzt haben. Darum können Sie jetzt nicht den normalen Schluss bringen: *Also ist der Hund eine Sache.* Sie können höchstens sagen: *Damit ist der Hund eine Sache, es sei denn es liegt eine Ausnahme vor.* Oder kurz:

4. Schritt (Obersatz, Ausnahmedefinition): *Nach 90a S. 1 BGB sind Tiere aber keine Sachen.*

5. Schritt (Untersatz): *Der Hund E ist ein Tier.*

6. Schritt (Schlusssatz zu 4): *Der Hund ist also keine Sache i.S.d. § 90 BGB.*

Sie müssen jetzt einen neuen Obersatz bilden, für den ersten ist die Subsumtion gescheitert:

7. Schritt (Hypothese 2): *Der Hund könnte aber trotzdem eine Sache i.S.d. § 242 I StGB sein, wenn die Regelung des § 90a S. 3 BGB auch für das StGB gilt.*

8. Schritt (Problemaufriss): *Das BGB (und auch das StGB) verhält sich dazu nicht eindeutig [...] Darüber besteht Streit [...].*

9. Schritt (Zerlegung des Problems in unterschiedliche Ansichten, Obersatzfindung)

a) (Pro Ansicht)

Das Strafrecht bildet seine Begriffe eigenständig und unabhängig vom Zivilrecht. Deshalb ist § 90a BGB für das Strafrecht unbeachtlich. Tiere waren schon immer Sachen; daran hat sich im Strafrecht trotz § 90a BGB nichts geändert.[85]

b) (Subsumtion unter diese Ansicht)

Danach wäre der Hund E eine Sache i.S.d. § 242 I StGB.

c) (Contra Ansicht)

§ 90a BGB gilt auch für das Strafrecht. Nach dessen Satz 1 sind Tiere keine Sachen.[...]. Als Variante könnte zum Tatbestand des § 242 I i.V.m. § 90a S. 3 BGB auch die Wegnahme eines Tieres gehören, wenn die Regelung des § 90a S. 3 BGB auch für das StGB gilt.

d) (Subsumtion unter diese Ansicht)

Danach wäre E zwar keine Sache, aber die Regelung des § 242 I StGB wäre i.V.m. § 90a S. 3 BGB auf Tiere anwendbar. Da E ein Tier ist, würde das auch für E gelten.

10. Schritt (Problemlösung)

a) (neue Hypothese)

Die letzte Ansicht überzeugt, wenn es sich bei der Anwendung des § 90a BGB auf den Sachbegriff des StGB nicht um eine gegen Art. 103 II GG verstoßende Analogie handelt.

b) (Untersatzfindung)

Der Wortlaut des § 90a BGB ist nicht auf das BGB beschränkt. Der Gesetzgeber hat die Regelung des § 90a BGB auch nicht nur für das BGB, sondern auch für das StGB gelten lassen wollen.[86] *Damit handelt es sich um keine ungeschriebene Ausdehnung der Vorschrift, sondern um eine gesetzliche Anordnung ihrer allgemeinen Geltung. Die Anwendung auf den Sachbegriff des § 242 I StGB verstößt also nicht gegen das Analogieverbot.*

---

85 *Küper*, Jura 1996, 205 (206); *Zopfs*, ZJS 2009, 506.
86 BT-Drs. 11/7369, 6 f.; anders *Braun*, JuS 1992, 761.

c) (Schlussfolgerung zu 10 a)

§ 90a S. 1 BGB gilt daher zwar für das StGB, so dass E keine Sache ist. Jedoch gilt auch § 90a S. 3 BGB, wonach die für Sachen geltenden Vorschriften auch auf Tiere angewendet werden, solange nichts anderes bestimmt ist.[87]

10. Schritt (Schlusssatz zu 1): *Somit ist jedenfalls § 242 I StGB i.V.m. § 90a S. 3 BGB auf die Entwendung des Hundes E anwendbar.*

Sie sehen hier also, dass die Bildung und Zuordnung von Untersatz und Schlusssatz in der Regel einfach sind. Dass der Hund ein Tier ist, liegt auf der Hand. Dies Offenkundigkeit heißt Evidenz.

Nach *Schmalz* liegt sie vor, wenn ein unbefangener Leser die Übereinstimmung zwischen (meist durch Auslegung konkretisierter) Voraussetzung und Sachverhaltsumständen nicht anzweifeln würde, wenn man nur diesen einen Satz schreiben würde. Benötigt man weitere Begründungssätze, fehlt es an der Evidenz und man muss weiter prüfen.[88] Wenn Sie unsicher sind, was ein unbefangener Leser denkt, machen Sie den „Oma-Test“. Fragen Sie sich, ob ein beliebiger Nichtjurist – etwa Ihre Oma (aber nur falls diese nicht gerade Juristin ist) – die Evidenzbehauptung unterschreiben würde oder kritische Nachfragen hätte. Führen Sie solche Befragungen einmal tatsächlich durch, um ein Gefühl für Evidenz und Abstand zu ihrem Text zu bekommen.

Auch die eigentliche Subsumtion, also die Schlussfolgerung, dass der Hund darum keine Sache nach § 90 BGB oder dem StGB ist, fällt nicht schwer, wenn man einen entsprechenden Obersatz erstellt hat. Gerade das ist aber schwierig. Untergeordnete Hypothesen und entsprechende neue Obersätze zu bilden, ist der eigentlich intellektuell herausfordernde Arbeitsbereich, an dem Sie sich beweisen müssen. Lesen Sie dazu die Ausführungen zur Auslegung. Die Subsumtion als letzter Schlussfolgerungsschritt erfordert nur Akkuratesse.

II. Auslegung

Um subsumieren zu können, müssen Sie in vielen Fällen eine Definition (einen weiteren Obersatz) gewinnen, der das Gesetz näher erläutert und etwas stärker konkretisiert, als es der reine Gesetzeswortlaut vermag.[89] **91**

Für die Auslegung haben sich einige hermeneutische Techniken herausgebildet, die auf *v. Savigny* zurückgehen und in Reminiszenz an Latein als damalige Gelehrtensprache „canones nach *v. Savigny*“ genannt werden.[90] Dieser Kanon besteht aus vier Teilen, die aber nach *v. Savigny* und seinen Nachfolgern nicht als verschiedene Auslegungsarten, sondern als unselbstständige Teile (Elemente) eines (nur) vereint wirkenden Systems verstanden werden.[91] Bei der Auslegung von Rechtssätzen ergänzen sich die jeweiligen

87 *Eser/Bosch*, in: Schönke/Schröder, 30. Aufl. 2019 § 242 Rn. 9.
88 *Schmalz*, Methodenlehre für das juristische Studium, 1998, Rn. 26; *Lange*, Jurastudium erfolgreich, 8. Aufl. 2015, S. 274.
89 Vgl. zur Auslegung *Rengier*, AT, 14. Aufl., 2022, §§ 4, 5; *Hecker*, in: Schönke/Schröder, StGB, 30. Aufl., 2019, § 1 Rn. 1-56.
90 *v. Savigny*, System des heutigen Römischen Rechts, Bd. 1., 1840; *Meder*, Missverstehen und Verstehen, 2004, 155.
91 *v. Savigny*, System des heutigen Römischen Rechts, Bd. 1., 1840, 215; *Klatt*, Theorie der Wortlautgrenze, 2004, 43.

Methoden. Kann ein Rechtssatz also mit mehreren Methoden ausgelegt werden, so schließt eine Methode nicht die andere aus, sondern die einzelnen Methoden greifen ineinander, um ein Auslegungsergebnis zu erzielen.

V. Savigny teilte die Auslegung in das grammatische, das logische, das historische und das systematische Element. In der modernen Methodenlehre kommt das (objektiv) teleologische Element hinzu und das logische Element wird nicht mehr extra im Kanon aufgeführt.[92]

1. Wortlaut (grammatisches Element)

92 Beginnen Sie jede Auslegung mit einer Analyse des Wortlauts.[93] Scheuen Sie hier auch nicht den Gebrauch von allgemeinen (und etymologischen) Wörterbüchern, um einen eigenen – zunächst nicht spezifisch juristischen – Zugriff zu bekommen. Damit können Sie oft einen gut nachvollziehbaren Problemaufriss gestalten.

Außerdem stecken Sie so bereits die Wortlautgrenze ab. Der Bestimmtheitsgrundsatz aus Art. 103 II, 104 I GG und § 1 StGB garantiert, dass nur dann bestraft werden darf, wenn es eine entsprechende gesetzliche Bestimmung zur Tatzeit gab. Dabei dient dieser Grundsatz einerseits der Rechtssicherheit der Bevölkerung und andererseits der Gewaltenteilung, so dass die wesentlichen Entscheidungen über das abstrakte „Ob und Wie" der Strafe der Gesetzgeber trifft und die Gerichte[94] diese nur konkretisieren.

Ein Beispiel in dem das BVerfG die Wortlautgrenze als verletzt ansah, war in jüngerer Vergangenheit die Entscheidung des BVerfG zur Klassifikation eines Autos als Waffe i.S.d. § 113 II 2 Nr. 1 StGB a. F.,[95] woraufhin der Gesetzgeber 2011 das Gesetz änderte und auch „ein anderes gefährliches Werkzeug" in den Tatbestand aufnahm. In der Praxis wird der Wortlaut dennoch oft sehr weit verstanden. Ein beliebtes – aber im Hinblick auf den Sinn der Art. 103 II, 104 I GG dem Rechtsunterworfenen Klarheit über die Grenzen strafbaren Verhaltens zu schaffen, bedenkliches – Argument ist insoweit, dass Fachsprache von der Umgangssprache abweichen kann und so einen weiten Bedeutungsbereich abdeckt. Nimmt man hier auch die rechtliche Fachsprache hinzu, kann man den Wortlaut sehr weit dehnen.[96]

Puppe teilt die zu subsumierenden Fallkonstellationen in drei Kategorien ein: Positive Kandidaten, die eindeutig vom Wortlaut erfasst sind, negative Kandidaten, die unzweifelhaft nicht mehr in den Grenzen des Wortlauts zu fassen sind und neutrale Kandidaten, deren Subsumtion unklar bzw. problematisch ist.[97] Gerade diese neutralen Kandidaten machen weitere Auslegungsschritte notwendig, die nachfolgend dargestellt werden (Rn. 93 ff.).

---

92 *Larenz*, Methodenlehre, 6. Aufl. 199, 320 ff.; *Bydlinski*, Juristische Methodenlehre und Rechtsbegriff, 2. Aufl. 1991, 455.

93 St. Rspr. BGHSt 3, 262; 52, 89; OLG Düsseldorf NJW 2000, 1129, *Wessels/Beulke/Satzger*, AT, 52. Aufl. 2022, § 2 Rn. 76, *Dannecker*, LK 294, 300, 353.

94 Zur Rolle der Verwaltung in der Strafgesetzgebung vgl. *Bode/Seiterle*, ZIS 2016.

95 BVerfG NStZ 2009, 83. Vgl. auch *Klat*, Theorie der Wortlautgrenze – Semantische Normativität in der juristischen Argumentation, 2004.

96 Vgl. dazu *Busse*: „Juristische Fachsprache und öffentlicher Sprachgebrauch. Richterlich Bedeutungsdefinitionen und ihr Einfluss auf die Semantik politischer Begriffe.", in: Liedke/Wengeler/Böke (Hrsg.): Begriffe besetzen. Strategien des Sprachgebrauchs in der Politik, 1991, 160 ff.

97 *Puppe*, Kleine Schule des juristischen Denkens, 3. Aufl. 2014, 64.

Beispiel einer Subsumtion unter „Mensch“ als Merkmal des § 212 I StGB: *Ein erwachsener Mann von 63 Jahren ist unproblematisch ein Mensch. Ein Wolf ist – ebenfalls unzweifelhaft – kein Mensch. Ein noch ungeborenes, knapp 9 Monate altes Kind im Mutterleib, ein Herz- aber noch nicht Hirntoter oder ein bereits vor zwei Tagen gestorbener Mann sind – vom reinen Wortlaut her – neutrale Kandidaten.*

2. Systematik (systematisches Element)

Mit dem systematischen Element untersuchen Sie, was das textliche Umfeld Ihrer untersuchten Wortkombination zum Verständnis beisteuern kann. Zu diesem Umfeld gehört das Gesetz, in dem sich Ihr Textteil befindet (das StGB), aber auch alle anderen Gesetze, die das StGB beeinflussen können und sei es nur durch einen Vergleich. Die systematische Auslegung ist oft unabdingbares Hilfsmittel,[98] da der Textkontext Mehrdeutigkeiten aus dem reinen Wortlaut klären kann. Auch in die systematische Auslegung können Sie noch ohne Konsultation von Rspr. und Literatur einsteigen. **93**

Beispiel: Im Subsumtionsbeispiel oben wurde gezeigt, dass das Wort *„Sache“* in § 242 I StGB – wegen des unterschiedlichen Zusammenhangs – eine andere Bedeutung haben kann als in §§ 90, 90a BGB.[99] Das Wort *„fremd“* hat in § 242 I StGB eine andere Bedeutung (zumindest auch einem anderen gehörend) als in § 19 II SGB X (Sprache, die nicht Amtssprache ist).

a) Widerspruchsfreiheit

Das wesentliche Kriterium systematischer (bzw. systematisch-logischer) Auslegung ist die Widerspruchsfreiheit. Grundsätzlich können Sie aus der Systematik folgern, dass der Gesetzgeber im Zweifel mit dem nämlichen Wort auch die gleiche Bedeutung verwendet, dies gilt aber nicht strikt, sondern umso weniger, je weiter die andere Norm, zeitlich, inhaltlich oder (gesetzes-)örtlich von der durch Sie untersuchten entfernt ist. **94**

b) Normkonflikte

Oft kommt es dazu, dass Vorschriften miteinander unvereinbar erscheinen. Eine solche Normkollision lässt sich oft durch eine Rangfolge der Vorschriften auflösen. Rechtfertigungsgründe sind etwa Ausnahmevorschriften zu den Tatbestandregelungen des besonderen Teils des StGB. Dieses Regelausnahmesystem ist so einleuchtend, dass Sie es in der Hausarbeit nicht begründen müssen. Auch die gesetzlichen Regeln und die Dogmatik zu den Konkurrenzen ist letztlich die Lösung eines Normkonflikts über eine Normenhierarchie, wenn sich der Anwendungsbereich der Vorschriften bzw. deren Rechtsfolgen zu überlagern scheinen. **95**

c) Verfassungskonforme Auslegung

Zur systematischen Auslegung gehört auch die verfassungskonforme Auslegung.[100] Das ranghöhere Verfassungsrecht kann mit seiner besonderen Bedeutung das einfache (Straf-) Recht dominieren. Unter der verfassungskonformen Auslegung ist eine Negativauslese der Interpretationsmöglichkeiten zu verstehen. Gibt es etwa drei mögliche Aus- **96**

98 BVerfGE 64, 394 f.; BGHSt 3, 245; 43, 346, *Bruns*, JR 1984, 133 ff.
99 Vgl. *Bode*, Auslegungsmethodik im Strafrecht an dem Beispielsfall „Emy von der Zirbelnuss“, 2009.
100 *Kuhlen*, Verfassungskonforme Auslegung von Strafgesetzen, 5 (90 ff.).

legungsvarianten, davon eine verfassungswidrig, ist diese Variante zu verwerfen.[101] Das Gesetz selbst darf aber nicht so berichtigt werden, so dass ihm unter Verstoß gegen den Normtext und den Zweck des ursprünglichen Gesetzes eine neue Bedeutung geben wird, nur damit es vor der Verfassung bestehen kann.[102]

Auch die verfassungskonforme Interpretation von Generalklauseln gehört zu dieser Auslegungsvariante. Die Generalklauseln stellen insoweit Einfallstore für die Wertungen des Grundgesetzes im einfachen Strafrecht dar und sind im „Lichte der Verfassung“ auszulegen. Hüten Sie sich aber davor, allzu leichtfertig mit lyrischen Begriffen aus dem Verfassungsrecht zu hantieren. Auch bei der Auslegung von Generalklauseln – etwa der guten Sitten in § 228 StGB[103] – geht es nur darum solche Auslegungsvarianten auszuscheiden, die gegen das Grundwertesystem der Verfassung verstoßen. Es ist aber nicht Ihre Aufgabe dieser Auslegungsmethode die gesellschaftspolitische Feinsteuerung in die Hände der Gerichte oder der anderen Rechtsanwender zu legen. Gerade Anfänger gehen oft sehr spendabel mit dem Einsatz der Verfassung im einfachen Strafrecht um. Das ist gefährlich, weil die Rechte und Prinzipien der Verfassung oft sehr blumig und unklar sind, Sie müssen meist einen erheblichen verfassungsrechtlichen Auslegungsaufwand betreiben, um diese Begriffe für eine strafrechtliche Konkretisierung handhabbar zu machen. An dieser Doppelaufgabe scheitern naturgemäß viele Anfänger. Der Aufgabensteller Ihrer strafrechtlichen Hausarbeit wird solche Probleme in der Regel nicht als Schwerpunkt vorgesehen haben, wenn es nicht ausnahmsweise um prominent diskutierte Standardprobleme geht. Üben Sie also Zurückhaltung beim Einsatz dieser Auslegungsmethode und wenden Sie diese nur an, wenn die anderen Methoden versagen und tatsächlich ein Konflikt einer sich eigentlich aufdrängenden Auslegungsvariante mit den Grundwerten der Verfassung zu lösen ist.

Die methodisch unstrittige verfassungskonforme Auslegung im eben erläuterten Sinne ist zudem nicht mit einer unkanonischen „verfassungsnächsten“ Auslegung zu verwechseln. Eine solche Auslegung würde von drei verfassungskonformen Auslegungsvarianten diejenige wählen, welche die jeweilige Verfassungsbestimmung „am besten“ erfüllt. Eine solche Entscheidung ist jedoch als gesellschaftspolitische Beliebigkeit nicht Aufgabe des Rechtsanwenders, sondern höchstens des Gesetzgebers.

d) Europarechtkonforme bzw. völkerrechtskonforme Auslegung

97 Die gemeinschaftskonforme Auslegung fußt auf einem ähnlichen Prinzip wie die verfassungskonforme Auslegung. Dem Europarecht wird ein Anwendungsvorrang vor dem nationalen Recht gewährt.[104] Noch spielen diese Probleme aber im Strafrecht zumindest

---

101 Die amtliche Verwerfungskompetenz dafür liegt auch beim BVerfG, siehe § 79 I Var. 2 BVerfGG. Trotzdem sollten die Rechtanwender (sollten die anderen Gerichte) diese Wertung vorziehen, denn sie ändern das Gesetz gerade nicht und sind also selbst auslegungskompetent, um eine verfassungswidrige Anwendung zu verhindern, vgl. *Dollinger*, in: Umbach/Dollinger (Hrsg.): BVerfGG, § 80 Rn. 78.

102 *Krey*, JR 1995, 221 (222 f.); *Lüdemann*, JuS 2004, 27 (29). Dafür, dass diese Auslegung die Wortlautgrenze im Sinne einer verfassungskonformen Reduktion nicht einhalten muss: *Sauer*, Wortlautgrenze der verfassungskonformen Auslegung?, 2006, 12 ff.; ähnlich auch *Goerlich/Zabel*, verfassungskonforme Reduktion des § 223 StGB im Falle der religiös motivierten Knabenbeschneidung (vor Inkraftreten des § 1631d I BGB).

103 BGHSt 49, 34 (41); *Meden*, HRRS 2013 Nr. 342, 158 (159); vgl. auch *Gropp*, ZJS 2012, 602.

104 *Ossenbühl*, Handbuch des Staatsrechts, Bd. 5, 2007, § 100 Rn. 87 ff.

in den universitären Übungen des Pflichtfachs meist noch keine entscheidende Rolle.[105] Die Bedeutung dieser Rechtsmaterien ist aber im Vordringen begriffen.[106]

Beispiel: Art. 2 I EMRK verbietet die absichtliche Tötung eines Menschen. Art. 2 II a EMRK gestattet das Töten lediglich, falls sie zur Verteidigung eines Menschen gegen rechtswidrige Gewalt unbedingt notwendig ist.

A erschlägt Dieb T, als dieser das Auto des A aufbricht. Einige folgern aus der Bedeutung der EMRK, dass Tötungshandlungen zur Verteidigung von Sachwerten nicht gerechtfertigt seien.[107]

e) Rhetorische und logische Argumente (logisches Element)

Alle Argumente, die Sie in Ihrer Hausarbeit verwenden, müssten sich eigentlich den bekannten Auslegungsschritten zuordnen lassen. Im Sinne der Gutachtenklarheit wäre es auch angezeigt, die Wahl der Methoden anzugeben. Sowohl in Hausarbeiten als auch in wissenschaftlichen Beiträgen entsteht aber schnell eine Eigendynamik, die jeden Gedanken an Methodenehrlichkeit vergessen lässt. Gerade die logischen Argumente werden oft intuitiv und wenig reflektiert verwendet. **98**

Man kann die klassischen logisch-juristischen[108] bzw. rhetorischen Schlussfolgerungen, mit denen Sie in Ihrer Arbeit argumentieren können, zum systematischen Auslegungselement zählen. Sie setzen damit nämlich Verständnismöglichkeiten über logische (oder bloß rhetorische) Zusammenhänge mit anderen Gesetzesteilen oder anderen Verständnismöglichkeiten in Beziehung. Widerspruchsfreiheit wäre dann ein Unterpunkt der systematischen Auslegung.

Von Savigny selbst hat das logische Element gesondert – als zweites Element der Auslegung – behandelt.[109] Eine solche Sonderbehandlung wird dem Stellenwert der Denkgesetze auch heute noch gerecht, eine klare Grenze lässt sich jedoch nicht ziehen.

- Der Umkehrschluss *(argumentum e contrario)*
  Im Fall des Umkehrschlusses kehren Sie die Aussage des Gesetzes so um, dass sie einen nicht ausdrücklich geregelten Fall erfasst.
  So kann man beispielsweise im Hinblick auf die Irrtumsregelung des § 16 I S. 1 StGB verfahren:
  „Wer bei Begehung der Tat einen Umstand nicht kennt, der zum gesetzlichen Tatbestand gehört, handelt nicht vorsätzlich." Wird im Umkehrschluss zur positiven Teildefinition des Vorsatzes:
  „Notwendige (aber evtl. nicht hinreichende) Bedingung für den Vorsatz ist, dass der Täter bei der Tat alle Umstände kennt, die zum gesetzlichen Tatbestand gehören."

---

105 Vgl. dazu aber *Eisele*, BT I, 2008, Rn. 18.

106 Vgl. zum ganzen *Wessels/Beulke/Satzger*, AT, 52. Aufl. 2022, § 2 Rn. 108 ff.; *Hecker*, Europäisches Strafrecht, 5. Aufl. 2015, 10.1, 331 ff.

107 *Frister*, GA 1985, 553; *Roxin*, AT I, 4. Aufl. 2006, § 15 Rn. 87; Die h.M., BGH StV 1982, 219; *Rengier*, AT, 14. Aufl. 2022, § 18 Rn. 60; *Fischer*, StGB § 32 Rn. 40, schränkt die Notwehr allerdings nicht mittels Art. 2 II a EMRK ein.

108 Vgl. *Joerden*, Logik im Recht, 3. Aufl. 2018, 5 ff.

109 *v. Savigny*, Römisches Recht, 1840, 214.

- Der Größenschluss (auch: Erst-Recht-Schluss, *argumentum a fortiori*)
  Dieser Schluss kommt häufig als Schluss vom größeren zum kleineren vor (*argumentum a maiore ad minus)*:
  Wenn schon der Einsatz von *vis compulsiva* Nötigung ist, muss erst recht der Einsatz von *vis absoluta* Gewalt i.S.d. § 240 I StGB sein.[110]
  Auch andersherum vom kleineren zum größeren *(argumentum a minore ad maius)*:
  Wenn schon der (leichtere) grob unverständige Versuch nach § 23 III StGB den Tatbestand des Versuchs erfüllt, gilt das erst recht für den (schwereren) untauglichen Versuch, bei dem der Täter die Erfolgseignung nicht aus grobem Unverstand verkennt.

- Der Schluss zum Absurden *(argumentum ad absurdum)*
  Bei diesem Argument wird mit unhaltbaren Konsequenzen argumentiert. Man löst die Ansicht aus ihrem Problemkontext und zeigt, welche schwerwiegenden Nebenwirkungen sie konsequent angewendet anderswo hätte:
  Diese Argumentation zielt also auf das Rechtsgefühl und nicht auf logische Probleme ab. Sie bedient sich aber dazu des Konsequenzenzwangs (als Element gedanklicher Klarheit).

  Beispiel: *„Ein Versuch von Unternehmensdelikten ist, auch wenn es sich um Verbrechen handelt (§ 23 Abs. 1 StGB), stets straffrei. Das ergibt sich aus folgendem argumentum ad absurdum: Die Definition des Unternehmensbegriffs (§ 11 Abs. 1 Nr. 6 StGB) bezieht sich auf die Versuchsbestimmung. Beim Versuch würde also versucht, was seinerseits durch den Versuch bestimmt wird, so dass sich die Versuchsregelung auf sich selbst bezöge. Könnte sich aber die Versuchsregelung auf sich selbst beziehen, so wären bei allen Versuchen nicht nur der Versuch der Verwirklichung des im BT beschriebenen Tatbestands, sondern auch der Versuch des Versuchs, wiederum dessen Versuch etc. strafbar, bis hin zur letzten Vorbereitungshandlung. Zudem wäre die Tatbestandsbestimmtheit dahin."*[111]

  Nicht immer ist das Ergebnis, vor dem gewarnt wird, absurd, es kann auch schlicht ein „Dammbruchargument" sein.[112] Etwa: *„Lässt man den überpositiven Notstand als ungeschriebenen Entschuldigungsgrund zu, besteht die Gefahr, dass auch andere neue Entschuldigungsgründe außerhalb des Gesetzes geschaffen werden und so die Rechtssicherheit leidet."*[113]

- Analogieschluss
  Analogien sind Schlüsse von einem geregelten auf einen eigentlich ungeregelten Fall. Wegen Artt. 103 II, 104 I GG sind Analogien zu Lasten des Täters im Strafrecht verboten. Dabei kann man weiter zwischen der Analogie zu einer Einzelvorschrift (Gesetzesanalogie) und der Analogie zu einem ganzen Bündel von Vorschriften (Rechtsanalogie) unterscheiden. Eine Analogie setzt eine planwidrige Regelungslücke und eine ähnliche Interessenlage (ähnliche Gesetzeszwecke) voraus.

---

110 Das ist nicht für alle überzeugend, vgl. *Heghmanns*, Strafrecht für alle Semester: BT, 2009, Rn. 602.

111 *Jakobs*, AT, 2. Aufl. 1991, Abschn. 25 Rn. 6.

112 Vergleiche zu diesem Risiko, dass immer weitere Schritte folgen und die Ausnahme zur Regel wird für die Sterbehilfe, *Murmann*, Die Selbstverantwortung des Opfers im Strafrecht, 2005, 280 m.w.N.

113 Dammbruchargumente können immer verwendet werden, wenn eine Regel durch eine Ausnahme gebrochen werden soll.

Beispiel für eine Gesetzesanalogie: *Die h.L. wendet die Abwägungsklausel des § 228 BGB bei der Interessenabwägung im Rahmen des § 34 StGB analog an, wenn der Geschädigte für die Gefahrschaffung verantwortlich ist.*[114]

Beispiel für eine Rechtsanalogie: Eine Mindermeinung dehnt den Rechtsgedanken der Einzelvorschriften zur tätigen Reue auch auf gesetzlich nicht geregelte Fallkonstellationen aus.[115]

- Rechtsvergleich
  Letztlich kann auch der Vergleich der untersuchten Vorschrift mit einer Parallelnorm aus einer fremden Rechtsordnung – wenn es nicht nur um Folgerungen de *lege ferenda* geht – eine Variation systematischer Auslegung sein.

Beispiel: So kann man etwa aus der Regelung der Verleitung und Beihilfe zum Selbstmord in Art. 115 Schweizer StGB im Vergleich mit dem Fehlen dieser Regelung in Deutschland bei einer gleichzeitigen Existenz eines Tatstandes der Tötung auf Verlangen in beiden Gesetzbüchern schließen, dass eine solche Verleitung in Deutschland nicht strafbar ist.

- Konsequenzen
  Setzt man den Tatbestand mit seiner Rechtsfolge in Beziehung, kann man beispielsweise von der angedrohten Strafe auf den Tatbestand rückschließen.[116]

Beispiel: *Dass die Körperverletzungsdefinition „nicht nur unerheblich" sein muss, ist im Hinblick auf die Strafdrohung des § 223 I zu erklären. Sonst wären auch ganz geringfügige körperliche Interaktionen des Alltags (gedrängtes Einsteigen in eine Straßenbahn) strafbar. Diese Folge wäre nicht verhältnismäßig (es kommt also eine verfassungskonforme Auslegung hinzu).*

Ebenfalls mit dem Schrecken der Rechtsfolge argumentiert man beim Einsatz der „Notwehrprobe".[117] Dabei prüfen Sie, ob ein Rechtssatz ein Verhalten rechtfertigt und damit mangels rechtswidrigen Angriffs eine Notwehr gegen dieses Verhalten ausschließt.[118]

Beispiel: *Im Bergsteigerfall wählen A und B auf Rat des A hin den gefährlichen Abstieg vom Steinfalk über die „grüne Rinne". Beide stürzen ab und hängen an einem Seil über dem Abgrund. Der oben hängende A kann das Seil durchschneiden und sich nach oben ziehen, wenn B ihn weiter unten nicht mehr „belastet". Weil B hier eine Notwehrmöglichkeit gegen diese Tat des A zustehen soll, scheidet eine Rechtfertigung nach § 34 StGB oder anderen Gründen aus.*[119]

Aus der zum Beispiel dabei verwendeten Formulierung *„Eine aus § 34 resultierende Duldungspflicht mit ihren vor allem für § 32 bedeutsamen Konsequenzen wäre unerträglich."*[120] können Sie erkennen, dass die Argumentation mit den Konsequenzen oft

---

114 Vgl. dazu *Krey*, AT 1, 3. Aufl. 2008, Rn. 579 m.w.N.

115 *Jescheck/Weigend*, 5. Aufl. 1996, § 51 V2; *Rengier*, AT, 14. Aufl. 2022, § 39 Rn. 4. Beispiel mit m.w.N zur Gegenansicht bei *Beulke*, Klausurenkurs III, 5. Aufl. 2017, Rn. 169.

116 Vgl. *Schmidthäuser*, AT, 2. Aufl. 1984, § 2 Rn. 5, Tatbestand und Rechtsfolge stehen in einem „dialektischen" Zusammenhang und können nur zusammen voll erfasst werden.

117 *Wessels/Beulke/Satzger*, AT, 52. Aufl. 2022, Rn. 466.

118 *Gropp*, AT, 4. Aufl. 2015, § 5, Rn. 136 ff. als Argument im Rahmen des Streits um den Erlaubnistatumstandsirrtum.

119 *Wessels/Beulke/Satzger*, AT, 52. Aufl. 2022, Rn. 466.

120 So in einem ähnlichen Fall, *Mitsch*, FS-Weber, 49 (66).

direkt auf die Gefühlsebene bzw. das Judiz oder den kriminalpolitischen Standpunkt durchzugreifen droht. Versuchen Sie bei der Argumentation mit Konsequenzen immer objektiv zu begründen, warum diese Folgen abzulehnen sind. [121]

- Neben diesen anerkannten Schlussfolgerungstechniken gibt es auch weitere gern verwendete, aber eigentlich unredliche „Tricks", mit denen etwa eine Aussage entwertet wird, weil sie „unmodern" ist oder weil sie von einem unbeliebten Verfasser stammt. Umgekehrt kann eine Aussage aufpoliert werden, wenn ihr die Autorität eines angesehenen Verfassers zugeschrieben wird *(argumentum ad verecundiam)*. Auch Mitleid mit dem Opfer oder dem Täter kann ins Feld geführt werden *(argumentum ad misericordiam)* usw. Teilweise werden diese psychologisch wirksamen Argumente eher subtil eingesetzt, so dürften viele vermittelnde Meinungen ihre Überzeugungskraft aus dem Argument der goldenen Mitte ziehen. Auch Dammbruchargumente sind zu einem Gutteil Angstargumente *(argumentum ad metum)*. Schließlich gibt es Argumente die überhaupt nur scheinbar welche sind, etwa den Zirkelschluss oder andere Fehlschlüsse. Studieren Sie auch diese verbotenen Schlüsse, um solche zu vermeiden![122]

3. Historie

99 Die historische Auslegung[123] stellt einen Zusammenhang der Norm, bzw. der möglichen Auslegungsvariante, zur Entstehungsgeschichte der Vorschrift her.[124]

a) Genetische Auslegung

100 Bei dieser Unterart der historischen Auslegung geht es um die Erforschung der Materialien zur Gesetzesentstehung. Dazu gehören vor allem die Gesetzesentwurfsbegründungen, Protokolle zu Gesetzgebungsverhandlungen.[125]

Gesetzentwurfsbegründungen (als Drucksachen) der Bundesrepublik finden sie inzwischen im Internet. Drucksachen und Plenarprotokolle des Bundestages von der 1. bis zur 13. Wahlperiode sind eingescannt und digitalisiert verfügbar.[126] Besonders wichtig sind hier die Entwurfsbegründungen, die Entwürfe, die die Strafrechtsreformgesetze von 1969 bis 1974 vorbereiteten,[127] und zum 6. Strafrechtsreformgesetz.[128]

---

121 Man kann zum Beispiel mit objektiven Wertentscheidungen der Verfassung (Recht auf Leben, Menschenwürde) u.ä. die zunächst nur gefühlte Wertung objektivieren, aus der dann wieder folgt, was wörtlich genommen nicht stimmt: „Kein Mensch muss sterben müssen.", so aber *Bott*, In dubio pro Straffreiheit?, 66 f. m.w.N. zum Thema der Notwehrprobe in Fällen des Lebensnotstands.

122 Knappe Zusammenstellung von Schlüssen und Fehlschlüssen bei Wikipedia https://de.wikipedia.org/wiki/Typen_von_Argumenten.

123 Näher dazu *Horn*, Einführung in die Rechtswissenschaft und Rechtsphilosophie, 6. Aufl. 2016, Rn. 179.

124 Andere unterscheiden weiter zwischen Vorgeschichte, der Entstehungsgeschichte im engeren Sinne und der Entwicklungsgeschichte, vgl. *Wank*, Die Auslegung von Gesetzen, 5. Aufl. 2011, 74 ff. Die Entwicklungsgeschichte ist dann die Geschichte seit Erlass des Gesetzes, die durch Gesetzesänderungen und richterliche Rechtsfortbildung bestimmt sein kann. Die Gesetzesänderungen gehören m.E. zur genetischen Auslegung und das „Richterrecht" lässt sich seinerseits auf die anderen Methodenteile zurückführen – die Richter mussten ihre Ansichten auch entwickeln.

125 Der Referentenentwurf des Ministeriums, falls vorhanden; der Regierungsentwurf, einschließlich amtlicher Begründung oder der Entwurf aus der Mitte des Bundestags oder Bundesrates; die Bundestagsdebatte und die Bundesratsdebatte; die Ausschussprotokolle.

126 https://www.bundestag.de/drs.

127 Entwurf aus dem Jahr 1962 (E 1962), Btdrs. IV/650 http://dipbt.bundestag.de/doc/btd/04/006/0400650.pdf; Bibliographie zum Alternativentwurf (AE): https://www2.hhu.de/alternativentwurf/?page_id=32; BMJ, Niederschriften über die Sitzungen der Großen Strafrechtskommission, Bd. 1–14. 1956–1960.

128 BT-Drs. 13/8587.

Beispiel: *In § 244 I Nr. 1b StGB geht es um den Diebstahl mit (sonstigen) Werkzeugen oder Mitteln.*

A hat einen Labello-Stift dabei, den durch seine Manteltasche getarnt und an den Rücken des Opfers gedrückt, als Lauf einer Pistole erscheinen lassen will. Handelt es sich um ein Werkzeug oder Mittel i.S.d. § 244 I Nr. 1b)?

Der Gesetzgeber wollte zwar, dass Nr. 1b (angepasst an die Regelung des schweren Raubes) eine Auffangfunktion hat. Die Fälle, in denen der eingesetzte Gegenstand jedoch nicht einmal nach der Verwendungsabsicht des Täters objektiv gefährlich werden kann und einer Waffe auch nicht ohne weitere Täuschungshandlung schon dem objektiven Erscheinungsbild nach zum Verwechseln ähnlich ist, sollen jedoch nicht erfasst sein (BT-Drs. 13/9064 S. 18).[129]

Die anderen Materialien – etwa ältere Protokolle zu Ausschusssitzungen des Bundes- oder Reichstages – finden Sie teilweise auch bereits im Netz[130] oder in Ihrer Bibliothek.

b) Allgemeines historisches Umfeld und Vorgeschichte

Zur Historie gehört der geschichtliche Kontext, in dem die Vorschrift entstanden ist. **101** Dazu zählt die Rechtstradition, dazu kann aber auch das allgemeine politische Umfeld (etwa. nationalsozialistische Herrschaft[131] oder Kaiserzeit[132]) und vor allem ein Vergleich mit den damals vorhanden Vorläufer- oder Vorbildvorschriften zu heutigen Regelungen zählen. So war etwa die Vorgängerregelung des heutigen § 223 I StGB tendenziell enger als dieser gefasst, so dass er eine unmittelbar körperlich vermittelte Verletzungshandlung nahelegte:

§ 187 Preussisches StGB

„Wer vorsätzlich einen Anderen stößt oder schlägt, oder demselben eine andere Misshandlung oder Verletzung des Körpers zufügt, wird mit Gefängnis bis zu zwei Jahren bestraft."

Aus dieser überkommenen Vorschrift kann man folgern, dass der Gesetzgeber mit der neuen allgemeineren Fassung den Kreis der Tathandlungen auf jeden Fall nicht auf bestimmte Handlungen einschränken, sondern jede Art der zurechenbaren Erfolgsverursachung als Misshandlung ansieht.

Historische Auslegung und systematische Auslegung bilden den sprachlichen Kontext, in dem die jeweilige Einzelnorm oder das jeweilige einzelne gesetzliche Merkmal stehen. Stehen gesetzessystematische und gesetzgebungshistorische Auslegungsergebnisse in einem Widerspruch, ist die Norm unbestimmt und sie müssen sehen, ob Sie anderweitig eine Klärung herbeiführen können.

4. Telos der Norm – Gesetzeszweck (Sinn und Zweck)

Über den Kanon der „herkömmlichen juristischen Methoden" besteht nur im Wesentli- **102** chen Einigkeit.[133] Das BVerfG nimmt im Grundsatz eine weitgehende Beliebigkeit hin-

129 Vgl. dazu *Eser/Bosch*, in: Schönke/Schröder, 30. Aufl. 2019, § 244, Rn. 14.

130 http://www.reichstagsprotokolle.de/index.html.

131 Vgl. Beispiele für die Übernahme nationalsozialistischer Gesetze im Strafrecht, *Wolf*, HFR 1996, 52 (57 ff.).

132 Etwa: *Goltdammer*, Materialien zum Strafgesetzbuche für die preußischen Staaten, 1851.

133 Vgl. Rn. 91.

sichtlich der Auslegungsmethoden an. Nach h.M. gibt es keine absolute Rangfolge der Auslegungselemente.[134] Gestritten wird der Sache nach aber um die Bedeutung von subjektiv-historischer und objektiv-teleologischer Auslegung.[135]

Normalerweise wird diese Art der Auslegung auch als solche nach dem Sinn und Zweck des Gesetzes bezeichnet. Das ist jedenfalls zum Teil irreführend, denn der Zweck jeder Auslegung ist es, den Sinn der Worte des Gesetzes zu ermitteln – das gilt auch für die grammatische, systematische und historische Auslegung. Es bleibt also als Besonderheit die Auslegung nach dem Zweck.

Dabei werden zwei Varianten unterschieden:

Nach der subjektive-historischen Auslegung kommt es darauf an, welchen (Sinn und) Zweck der Gesetzgeber mit dem Gesetz verfolgt hat. Nach der objektiv-teleologischen Auslegung ist im Zweifel entscheidend, welchen Zweck das Gesetz im aktuellen gesellschaftlichen Kontext entfalten soll, ohne dass es dabei maßgeblich auf den ursprünglichen Gedanken des historischen Gesetzgebers ankäme. Man kann das mit einer Bildinterpretation oder einer Gedichtsinterpretation oder auch der Bibelauslegung vergleichen. Einmal kann man erforschen was der Werkautor zu seiner Zeit mit seinem Werk erreichen wollte. Ein anderes Mal kann man ermitteln, welchen Zweck das Werk Generation später in der heutigen Gesellschaft – unter völlig anderen Bedingungen – noch haben kann. Gerade für Anfänger ist diese Terminologie verwirrend, denn eigentlich ist die objektiv-teleologische Auslegung dazu geeignet die subjektive Meinung des Rechtsanwenders durchzusetzen. Er bezeichnet diese aber als den Zweck des Gesetzes. Gesetze als solche können aber strenggenommen keine Zwecke setzen, das ist nur Menschen möglich. Objektiv ist diese Ansicht aber in dem Sinne, als sie den Zweck vom Subjekt (dem Gesetzgeber) löst und so ähnlich wie in § 157 BGB die Worte nach der aktuellen Sitte bzw. dem Zeitgeist interpretiert.

Die subjektiv-historische Auslegung ist hingegen u.U., weit von der eigenen Ansicht des Rechtsanwenders entfernt, da er in teilweiser Parallele zu § 133 BGB den wirklichen Willen des ursprünglichen Gesetzgebers erforscht. Sieht man diesen aber als Subjekt, passen die Bezeichnungen.

Diese Zwecke können deckungsgleich sein, müssen es aber nicht. (Nur) In letzterem Fall kommt es zum Streit.

a) Ansicht 1: Vorrang der objektiven Auslegung

103 Trotz der Gleichrangigkeit der einzelnen Auslegungsmethoden kommt der (objektiv) teleologischen Auslegung nach h.M. die größte Bedeutung zu („Krone der Ausle-

---

134 v. *Savigny*, Römisches Recht, 1840, 215; *Esser*, Vorverständnis, 1970, 122; *Larenz*, Methodenlehre, 1991, 319. Vgl. aber *Gern*, Die Rangfolge der Auslegungsmethoden von Rechtsnormen, VerwArch 80 (1989), 415.

135 Der Sache nach ist oft nicht erkennbar, ob es um einen Streit im Ringen um die Frage nach der Zweckbestimmung oder ob es um einen Vorrang der objektiv-teleologischen Auslegung gegenüber allen anderen Auslegungselementen, insbesondere der historischen Auslegung – unabhängig von Zweckbestimmungen – geht. Meist ist wohl Letzteres der Fall.

gung").[136] Selbst die Vertreter dieser Ansicht räumen aber ein, dass die rechtsichere Ermittlung des Gegenwartssinns des Gesetzes ein ungelöstes Problem bleibt.[137]

Beispiel: Der BGH befasste sich mit der Frage, ob auch ein Hund „gefährliches Werkzeug" im Sinne des Tatbestandes der gefährlichen Körperverletzung sein könne.

Das RG verstand unter einem gefährlichen Werkzeug, das in § 223a StGB (a.F.) einer Waffe gleichgestellt war, nur einen solchen Gegenstand, mittels dessen durch mechanische Einwirkung auf den Körper eines anderen eine Verletzung desselben herbeigeführt zu werden vermöge, so z.B. Stuhlbeine, Knüppel, schwere Hausschlüssel, Schlagringe usw. und bezog sich dabei auf die Gesetzgebungshistorie (Stenogr. Ber. des Reichstags 1875/76 S. 802, 803), also den historischen Willen des Gesetzgebers. Derjenige aber, welcher durch eine Anreizung auf einen Hund oder sonst ein gefährliches Tier dergestalt einwirke, dass dieses den Körper eines Menschen verletze, führe die Körperverletzung nicht durch mechanische Einwirkung herbei (RGSt. 8, 315, 316). Der BGH hat das im Hinblick auf den von ihm ausgemachten Sinn und Zweck geändert:

„Dem Zweck des § 223a StGB entspricht es aber auch, bei der Begehungsweise „mittels eines anderen gefährlichen Werkzeugs" nicht zu unterscheiden, ob der Täter den Angriff auf einen anderen Menschen mit einem toten Gegenstand durch Aufwendung eigener körperlicher Kraft ausführt oder ob er lediglich seinen Willen einsetzt, um die Verletzung eines anderen herbeizuführen, indem er ein infolge seiner Veranlagung oder Abrichtung zum Angriff auf Menschen bereites Tier veranlaßt, sein Opfer anzufallen, anstatt den Überfall selbst körperlich auszuführen. Daß das auf einen anderen Menschen gehetzte Tier von Leben erfüllt ist, kann an der Beurteilung nichts ändern, da das Tier zu eigener freier Willensentscheidung nicht fähig ist und mithin von ihm ähnlich wie von einem toten Gegenstand Gebrauch gemacht wird."[138]

Obwohl diese Auslegung ebenfalls an den subjektiv-historischen Zweck des Gesetzes (Schutz der Bürger vor Verletzungen) anknüpft, handelt es sich um eine objektiv-teleologische Auslegung, denn der ursprüngliche Zweck war nach dem Willen des Gesetzgebers auf mechanisch geführte Gegenstände beschränkt. Diese Beschränkung wurde durch den BGH aufgehoben und der Zweck somit etwas weiter definiert. Die Zweckorientierung (sei es der vom Gesetzgeber oder vom Zeitgeist gesetzte Zweck) ist dabei im Strafrecht vor allem deshalb „gefährlich", weil die Hauptzwecke des Strafrechts Vergeltung und Prävention sind. Eine zweckorientierte Auslegung strebt immer in Richtung Ausweitung der Merkmale und ist daher für den Verurteilten in der Regel ungünstig. Erst wenn man die Strafzwecke umfassender sieht und auch die Begrenzung der Strafe

136 *Jescheck/Weigend*, AT, 5. Aufl. 1996, § 17 IV 1b; BGHSt 10, 157 (159 f.); BVerfGE 110, 226 (248); *Zippelius*, Methodenlehre, 10. Aufl. 2006, 21 ff., 543 ff.; *Kudlich/Christensen*, JA 2004, 74 (82 f.); *Simon*, Gesetzesauslegung im Strafrecht 2005, 471; *Walz*, ZJS 2010, S. 489; deskriptiv *Gropp*, AT, 4. Aufl. 2016, § 3 Rn. 47.

137 *Hecker/Eser*, in: Schönke/Schröder, StGB, § 1 Rn. 52, der auf die Klärungsbemühungen von *Busse*, Juristische Semantik, 1993; *Clemens*, Strukturen juristischer Argumentation 1977; *Dopslaff*, Wortbedeutung und Normzweck, 1985; *Schünemann*, Klug-FS I, 1983, 169 ff. verweist.

138 BGH, NJW 1960, 1022 (1023).

durch die fest umrissenen Tatbestände als Zweck gelten lässt, kann man diese Ausweitungstendenz wieder einhegen. Was genau die Strafzwecke sind, ist aber hochumstritten und wird in einem eigenen rechtsphilosophischen Bereich (Straftheorie) behandelt.[139]

b) Ansicht 2: Vorrang der subjektiven Auslegung

104 Aus Art. 103 II, 104 I GG folgt das Erfordernis der gesetzlichen Bestimmtheit. Wenn man durch eine objektiv-teleologische Auslegung das Gesetz zu stark dynamisiert, wird der Bestimmtheitsgrundsatz ausgehöhlt. Man überschreitet den Wortlaut zwar nicht, aber einzig aus dem Grund, dass man die Wörter vorher entgegen ihrer ursprünglichen Bedeutung umdeutet. Daher muss die subjektiv-historische Auslegung im materiellen Strafrecht zumindest eine gewisse Priorität gegenüber der objektiv-teleologischen Methode genießen.[140] Der Sinn und Zweck des Gesetzes ist danach im Rahmen des Wortlauts in erster Linie nach dem Willen des historischen Gesetzgebers zu bestimmen.[141] Es muss also danach gefragt werden, was der Gesetzgeber ursprünglich mit dem Gesetz zum Ausdruck bringen wollte.

Eine objektiv-teleologische „Setzung" des Gesetzesziels und eine dementsprechende Auslegung kommt nur ausnahmsweise dann in Betracht, wenn sie dem Willen des historischen Gesetzgebers nicht widerspricht oder kein solcher Wille im Hinblick auf das Auslegungsproblem erkennbar ist. Dieses System hat eine gewisse Verwandtschaft nicht nur mit § 133 BGB, sondern mit einer mutmaßlichen Einwilligung oder GoA, weicht aber insofern davon ab, als der Wortlaut dem Willen des Gesetzgebers vorgeht.[142] Es kommt also entscheidend darauf an, was der Gesetzgeber objektiv erklärt hat und subsidiär (bei Unklarheiten) was er gemeint hat.

Auch wenn Sie sich mit der h.M. für die objektiv-teleologische Methode als „Krone der Auslegung" entscheiden, wenden Sie diese im Interesse der im Strafrecht grundgesetzlich besonders garantierten Rechtssicherheit nur mit Bedacht an.

Ein Beispiel dafür liefert die Entscheidung des OLG Dresden zur Frage ob eine Fahrradrikscha ein Fahrrad im Sinne des § 21 III STVO ist (dieser Beschluss betrifft zwar eine Ordnungswidrigkeit,[143] ist aber in seiner Methodenehrlichkeit didaktisch höchst instruktiv):

[...] „Auf einsitzigen Fahrrädern dürfen Radfahrer Personen nicht mitnehmen. Kinder unter sieben Jahren dürfen nur von Erwachsenen mitgenommen werden, falls für sie eine geeignete Sitzgelegenheit auf dem Fahrrad vorhanden ist und der Fahrer dadurch nicht behindert wird.

---

139 Vgl. *Gropp*, AT, 4. Aufl. 2015, § 1 Rn. 143 ff., 202 ff.; *Hörnle*, Straftheorien, 2011.

140 Allgemein gegen eine Lockerung der Gesetzesbindung durch (zu weite) Auslegung und Rechtsfortbildung: *Hillgruber*, JZ 2008, 746 ff.; *Rüthers*, Rn. 696 ff., 707 ff.; *Geis*, NVwZ 1992, 1025 (1027); *Voßkuhle*, AöR 125 (2000), 183 (185, 197).

141 Als Vertreter dieser Ansicht *Bode*, Auslegungsmethodik im Strafrecht an dem Beispielsfall Emy von der Zirbelnuss, 2009.

142 Einigermaßen treffend ist der Vergleich zur Andeutungstheorie bei der Auslegung von Testamenten. Zu dieser Theorie im Erbrecht *Michalski*, BGB-Erbrecht, 4. Aufl. 2010, Rn. 336.

143 Das Analogieverbot gilt auch im Ordnungswidrigkeitenrecht, vgl. § 3 OWiG; *Noak*, ZJS 2012, 175 ff., so dass methodisch keine Unterschiede zum eigentlichen Strafrecht bestehen.

Es kann davon ausgegangen werden, dass der Verordnungsgeber im Jahr 1937 nicht an die mehrspurige Fahrradrikscha gedacht hat. Die Motive des Verordnungsgebers für die Änderung in der Straßenverkehrsordnung 1970 bestanden in einer veränderten Ansicht über die notwendige Reife eines Fahrradfahrers, der Kinder mitnehmen will, und der Notwendigkeit einer Verschärfung der Mitnahmevoraussetzungen. Daraus kann nur der Schluss gezogen werden, dass auch 1970 nur die Personenbeförderung auf herkömmlichen einsitzigen, einspurigen Fahrrädern geregelt werden sollte und an die Personenbeförderung mit einer Fahrradrikscha nicht gedacht worden ist.

5. Diese Entstehungsgeschichte macht aber den Sinn und Zweck der Vorschrift deutlich und bietet eine tragfähige Grundlage für die teleologische Auslegung.

Danach wird die Personenbeförderung auf einer mehrspurigen Fahrradrikscha von § 21 III StVO nicht erfasst. Denn der Begründung zu § 21 III StVO lässt sich nur entnehmen, dass der Verordnungsgeber statt Erwachsenen nunmehr bereits 16-Jährigen die Einsicht zubilligte, die erforderlich ist, um die Gefahren richtig zu werten, die aus der Mitnahme von Kindern auf Fahrrädern für den Mitgenommenen und den Verkehr entstehen, und dass das Rad zu Lasten der Verkehrssicherheit überlastet wird (Kettler, NZV 2004, NZV Jahr 2004 Seite 61 [NZV Jahr 2004 Seite 63] m.w. Nachw.). Diese Gefahren bestehen nur bei einspurigen durch Muskelkraft angetriebenen Fahrrädern, nicht jedoch bei einer Fahrradrikscha […].“[144]

c) Teleologische Reduktion

Noch „einen Zacken schärfer“ als die objektiv-teleologische Auslegung gestaltet sich die von der h.M. weitgehend anerkannte teleologische Reduktion.[145] Dabei wird der Wortlaut nicht mehr ausgelegt, sondern reduziert. Es handelt sich also um das Gegenteil einer Überschreitung der Wortlautgrenze, der Wortlaut wird unterschritten. **105**

Bei der „normalen“ Auslegung findet man ein Verständnis, was nach normalem Sprachverständnis noch mit den Worten gemeint sein kann. Bei der teleologischen Reduktion oder der Analogie ist das nicht mehr der Fall. Die Worte meinen bei dieser Reduktion objektiv (!) eindeutig mehr, als der Anwender dieser Methode meint, dass diese Worte (bzw. das Gesetz oder der Gesetzgeber) meinen sollten. Um die damit angedeutete Gefahr einer subjektiven (kriminalpolitischen) Manipulation des Gesetzes zu vermeiden, soll diese Methode nach der h.M. nur angewendet werden, wenn eine verdeckte planwidrige „Gesetzesüberregelung“[146] besteht und der Gesetzeszweck sehr sorgsam erforscht und richtig erkannt wurde.[147] Das ist freilich wieder schwer einzugrenzen. Auch wenn die teleologische Reduktion zugunsten des Täters eingesetzt wird, ist ihre Verwendung im Hinblick auf die allgemeine Rechtssicherheit daher im Grundsatz abzulehnen.[148] Selbst im Falle der verfassungskonformen Reduktion maßt sich der Rechtsanwender eine Gesetzesteilverwerfungkompetenz an, die nur dem BVerfG zusteht. Das Fachgericht muss die Norm dem BVerfG nach Art. 100 I GG zur Kontrolle vorlegen.[149]

144 OLG Dresden NJW 2005, 452.
145 *Brandeburg*, Teleologische Reduktion, 35; *Larenz*, Methodenlehre, 6. Aufl. 1991, 391.
146 Eine „Lücke“ in Form einer „Unterregelung“ liegt gerade nicht vor.
147 *Bydlindki*, Methodenlehre, 570; *Engisch*, Juristisches Denken, 141; *Canaris*, Lücken § 76, 83.
148 Kritisch auch *Fischer*, Topoi verdeckter Rechtsfortbildung im Zivilrecht, 2007, 51.
149 *Degenhart*, Staatsrecht I, 32. Aufl. 2016, Rn. 837.

Beispiel für eine teleologische Reduktion: *T zündet ein Haus an, hat sich aber vor der Brandlegung überzeugt, dass niemand in dem Haus wohnt. Das Gebäude hat nur 2 Zimmer und einen Dachboden und ist so sehr übersichtlich. Einige wollen hier wegen der geringen Gefahr in Anbetracht der Strafhöhe § 306a StGB teleologisch reduzieren.*[150] *Die h.M. hält mit traditionellen Auslegungsmitteln dagegen – zumindest wenn nicht nur einräumige Kleinhäuser und Hütten betroffen sind.*[151]

III. Sprache (Deutsch)

106 Ihr wichtigstes formales Handwerkszeug ist die Sprache. Sie müssen sich grammatikalisch korrekt in verständlicher Sprache und einem sachangemessenen Sprachstil ausdrücken.[152] Wenn Sie hier noch Probleme haben, nutzen Sie Hilfsangebote Ihrer Universität oder bearbeiten Sie Ihre Schwächen autodidaktisch mit entsprechender Übungsliteratur.[153] Ich kann hier nur einige grobe Fehler ansprechen, die immer wieder in Hausarbeiten auffallen:

1. Der „strafbare Genitiv": Beachten Sie: „strafbar ... wegen", „eines Delikts ... schuldig"

107 Ein Täter macht sich nicht *„für"* den Tod strafbar, er macht sich *„wegen"* einer Handlung strafbar (und nicht *„einer Handlung strafbar"*) bzw. ist eines Delikts *„schuldig"* (und nicht *„wegen ... schuldig"*).[154]

2. Fremdwörter

108 Vermeiden Sie Fremdwörter. Fragen Sie sich, bevor Sie ein Fremdwort benutzen, ob damit ein Erkenntnisgewinn beim Leser verbunden ist. In der Regel finden Sie für ein Fremdwort auch ein deutsches *Synonym*. Verwenden Sie Fremdwörter jedenfalls nur, wenn Sie wissen, was sie bedeuten!

3. Arbeiten Sie an Rechtschreibung, Interpunktion, Grammatik und Stil

109 Sehr bedenklich ist die teilweise äußerst mangelhafte Beherrschung der deutschen Sprache. Unabhängig von der Muttersprache gilt: Die Sprache ist Ihr Arbeitswerkzeug. Nur wenn Sie dieses beherrschen, werden Sie in der Lage sein, ein sprachlich einwandfreies Gutachten zu verfassen.

Insbesondere wenn Sie nicht sicher formulieren können, sollten Sie in knappen Hauptsätzen schreiben. Bauen Sie Ihre Sätze nach dem Schema: Subjekt, Prädikat, Objekt auf.

---

150 Etwa *Radke*, ZStW 110 (1998), 848; *Jäger*, BT Rn. 506, hält diese Prozedur noch für Auslegung. M.E. ist es, wenn auch eine vom Willen des Gesetzgebers – vgl. BT-Drs. 13/8587, 47 und § 326 IV StGB – gedeckte, also subjektiv-teleologische, Reduktion.

151 BGHSt 34, 115; Vgl. zu diesem Beispiel *Eisele*, BT, Rn. 24 und 762 f.; *Wessels/Hettinger/Engländer*, BT 1, 46. Aufl.. 2022 Rn. 968. Jeweils m.w.N. Gegen jede Einschränkung *Rengier*, JuS 1998, 397 (398); *Geppert*, FS-Weber, 427 (434).

152 BVerwG, Beschl. v. 3.4.1997 – 6 B 4/97; OVG Münster, Urt. v. 23.1.1995 – 22 A 1834/90.

153 *Walter*, Kleine Stilkunde für Juristen, 2. Aufl. 2009 (sehr empfehlenswert!); *Mix*, Schreiben im Jurastudium; http://www.juristischer-gedankensalat.de/2010/02/27/der-juristische-stil-formalia-tipps-und-tricks/; *Renners*, Stil- fibel: der sichere Weg zum guten Deutsch, 2007; *Engel*, Deutsche Stilkunst, https://de.wikibooks.org/wiki/Hilfe:Wie_man_seinen_Schreibstil_verbessert; *Schopenhauer*, Die Kunst Recht zu behalten, Neudruck 2009.

154 *Walter*, Kleine Stilkunde für Juristen, 2. Aufl. 2009, 44.

Bezeichnen Sie klar und deutlich wer was tut. Verwenden Sie dabei einen aktiven und möglichst keinen passiven Stil. Dies gilt sowohl bei der Subsumtion als auch bei der Erwähnung des Sachverhalts:

Positivbeispiel (aktiv):

T vergiftete den Wein.

Die h.M. lässt die Rechtsfigur der alic nur gelten, wenn der Täter seinen Defektzustand vorsätzlich herbeigeführt hat.

Negativbeispiele (passiv):

Der Wein wurde vergiftet.

Wenn der Defektzustand vorsätzlich herbeigeführt wurde, lässt man die Rechtsfigur der alic gelten.

Im zweiten Satz weiß man nicht, wer den Defektzustand herbeigeführt haben muss (alic-Täter oder eine Dritter?) und wer die die Rechtsfigur der alic gelten lässt (h.M.? Rspr.? m.M.?)

Achten Sie darauf, dass der Bezug der Sätze zueinander klar ist. Verwenden Sie „Satzmörtel"[155] sinnvoll. Überlegen Sie, ob Sie an den vorstehenden Satz mit: „Daraufhin", „dann" anschließen müssen, oder ob Sie nur Satzraum füllen. Der Einsatz solcher Übergangswörter macht guten Sinn, wenn Sie das Verhältnis zum vorigen Satz beschreiben, oder Sie tatsächlich eine zeitliche Reihung ausdrücken wollen. Auch Übergänge wie „andererseits" oder „hingegen" können Sie einsetzen, wenn Sie einen Gegensatz ausdrücken wollen. „Dabei" oder „in Zusammenhang damit", wenn Sie einen engen Bezug darstellen wollen.

Problematischer sind Wörter, die ein Subjekt aus dem vorigen Satz vertreten: „Dies", „Solches" etc.

Umstritten ist, ob § 34 auch dann Anwendung finden kann, wenn der Träger der kollidierenden Interessen identisch ist. Dieser ist grundsätzlich nur für ein Mehrpersonenverhältnis ausgelegt.

Da es im vorigen Satz mehrere Subjekte gibt (§ 34 und Träger), wird der Bezug im zweiten Satz undeutlich. Wollten Sie auf § 34 Bezug nehmen, wäre „jener" besser als „dieser" gewesen, da Sie das weiter entfernte Wort meinen. Aber auch dann wird der Zusammenhang durch eine kleine Beschreibung klarer.

Dieser Rechtfertigungsgrund ist grundsätzlich nur für ein Mehrpersonenverhältnis ausgelegt.

Wenn Sie Nebensätze verwenden, sollten Sie die auf das Subjekt bezogenen Verben möglichst im Satzbau nahe an das Subjekt rücken. Sonst wissen weder Sie noch der Leser Ihres Gutachtens am Ende wer was getan hat.

155 *Walter*, Kleine Stilkunde für Juristen, 2. Aufl. 2009, 64 f.

a) Nominalstil und passiv oder wenige Nomen und aktiv?

110 Juristische Sätze sind häufig mit vielen Hauptwörtern durchsetzt und zudem im passiv geschrieben: *Das Kraftfahrzeug des T verunfallte, als die Lichtzeichenlage Rotlicht anzeigte.*

Besser: *T fuhr mit seinem Auto bei Rot über die Ampel. Er rammte dabei den von rechts kreuzenden Lastwagen des O.*

Oder: *„Der Ansicht Wolfs wird vorgeworfen, dass …"*

Nennen Sie möglichst die handelnden Personen. Ein passiver Stil führt dazu, dass man nicht erkennt, wer oder was die Ursache eines Geschehens ist. Der passive Stil ist allerdings in dogmatischen Darstellungen zu einem Merkmal der Wissenschaftlichkeit geworden, weil er Objektivität suggeriert. Wenn nicht *ich* oder *Wissenschaftler XYZ* einer Ansicht (oder oft der Rspr.) etwas vorwerfen, sondern dieser *etwas vorzuwerfen ist*, drückt letztere Formulierung Allgemeingültigkeit aus, erstere nur eine subjektive Meinung. Welche sprachliche Darstellung finden Sie rhetorisch überzeugender? Vermeiden Sie daher zumindest in Anfängerarbeiten das Wort „ich". Soweit Sie fremde Gedanken referieren, ist dieser Rat auch sachlich richtig. Wenn Sie eine eigene Ansicht darstellen (bei der Entscheidung eines Meinungsstreites kann das durchaus vorkommen), muss ich das aus hausarbeitstaktischen Gründen ebenfalls empfehlen. Ihnen ist vielleicht aufgefallen, dass ich mir in diesem Text die Freiheit nehme, dieses Wort spendabel zu verwenden. Ich halte das für wissenschaftlich redlich, weil Sie so erkennen, dass ich jeweils meine persönliche Meinung vertrete und gerade keine Allgemeingültigkeit vortäuschen will.

b) Hauptsatzstil

111 Versteigen Sie sich aber nicht zu lyrischen Formulierungen und langen „Bandwurm-Sätzen", wenn Sie diese nicht durchstehen. Bleiben Sie prosaisch. Verwenden Sie im Zweifel einen trockenen Hauptsatzstil mit wenigen und kurzen Nebensätzen.

Beispiel: *T vergiftete den Wein nach dem Geschehen am Donnerstag. T dachte, F würde den Wein trinken. Tatsächlich trank aber O den Wein. O starb, weil der Trunk eine Vergiftung seiner Leber verursachte.*

Dieser Stil wirkt hölzern, ist aber nicht falsch und leicht verständlich. Wenn Sie kein Sprachkünstler sind und noch Formulierungsschwächen haben, d.h. wenn Sie durchschnittlich talentiert und geübt sind, nehmen Sie zunächst in diesem einfachen Stil Zuflucht.

Sie sollten Ihren Stil danach aber von dieser Basis aus kontinuierlich verbessern.[156] Dann können Sie sich später auch an mächtigere Satzkonstruktionen wagen (aber denken Sie auch dann an Ihre Leser, die das Geschriebene verstehen sollen).

156 Nutzen Sie dazu *Walter*, Kleine Stilkunde für Juristen, 2. Aufl. 2009, 31 ff.

c) Schachtelsatzstil

Vermeiden Sie – insbesondere als Anfänger – komplizierte Schachtelsätze, die mehrere Zeilen umfassen. 112

Negativbeispiel: *Nach dem Geschehen am Donnerstag war es so, dass T, der davon ausging, dass F den Wein trinken würde, den Wein, der die Vergiftung der Leber des O verursachte, was den Tod des O herbeiführte, vergiftet hat.*

Vor dem Verb „vergiftet" treten drei Personen auf. Wer hat nun den Wein vergiftet? In diesem einfachen Sachverhalt mag das noch verständlich sein, übersichtlich sind solche Sätze aber nicht. Je länger und verschachtelter die Sätze werden, desto größer ist die Gefahr, dass Sie den Satz nicht durchstehen und das endständige Verb entweder fehlt oder in einer falschen Form verwendet wird. Überprüfen Sie regelmäßig die Länge Ihrer Sätze. Erstreckt sich ein Satz über mehr als drei Zeilen, ist es in der Regel besser, den Satz zu teilen. *„Der Leser verkraftet pro Satz nur einen Gedanken."*[157]

Des Weiteren sollten Sie den speziellen juristischen Gutachten-, Urteils- und Feststellungsstil verwenden.

IV. Juristische Grammatik: Gutachtenstil, Urteilstil und Feststellungsstil

Mit der Technik der Falllösung korrespondiert ein bestimmter Schreibstil. Dabei wird zwischen Gutachtenstil, Urteilsstil und Feststellungsstil unterschieden. Auch in der Hausarbeit sollten Sie nicht sklavisch am Gutachtenstil[158] haften, sondern intelligent zwischen Gutachtenstil und Urteilsstil wechseln. Die Stile haben sich in Abhängigkeit von der Technik der Falllösung herausgebildet. 113

1. Grundsätzlich im Gutachtenstil

Sie schreiben ein Gutachten. Schon dieser Titel legt nahe, dass der Gutachtenstil das stilistische Grundgerüst Ihrer Argumentation sein sollte. Sie sollen grundsätzlich ein nicht offenkundiges Ergebnis mit anerkannter juristischer Methodik erst erarbeiten. Dies ist eine wesentliche Prüfungsleistung. Wenn Sie einem Ergebnis eine ausführliche Begründung nachstellen, ist das deshalb ein Fehler. Falls Sie ein Ergebnis fälschlich für unproblematisch halten und darum in den Urteilsstil verfallen, ist das ebenfalls falsch. 114

Beispiel für den Gutachtenstil:

„T hat O mit dem Faustschlag das Nasenbein zertrümmert. Daher hat T den O körperlich misshandelt."

Für die Hypothesenformulierung (Oberstätze) wird häufig der Konjunktiv verlangt, weil damit die Ergebnisoffenheit des Gutachtens schön zum Ausdruck komme.

T könnte sich durch den Schlag auf die Nase des O nach § 223 I strafbar gemacht haben.

---

157 *Walter*, Kleine Stilkunde für Juristen, 2. Aufl. 2009, 65.
158 *Valerius*, Einführung in den Gutachtenstil, 19 ff.

Sie können stattdessen auch ein „fraglich ist" oder dergleichen verwenden und hiernach den Indikativ nutzen. Das „fraglich ist", ist aber in der inflationären Verwendung in Hausarbeiten sprachlich unschön.[159] Verwenden Sie stattdessen „wenn A, dann B"-Kombinationen, sobald Sie ein Merkmal isoliert haben und nicht alle anderen Merkmale des Tatbestandes im weiteren Sinne aufführen müssen:[160]

T hat ein gefährliches Werkzeug verwendet, wenn der Schlauch in der konkreten Art der Verwendung geeignet war, erhebliche Verletzungen herbeizuführen. Das Würgen mit einem Gartenschlauch durch einen kräftigen Mann kann die Halsgefäße [...], daher [...].

Mithin hat T den O körperlich misshandelt.

Bei aller technischen Finesse geht es bei der Stilfrage immer darum, dass sie eine Begründung für Ihr Ergebnis angeben. Beim Urteilsstil ist die Begründung nur dem Ergebnis nachgestellt, während beim Gutachtenstil das Ergebnis der Begründungsentwicklung nachfolgt. Der Gutachtenstil soll Ihren Gedankenweg vom Anfang des Problemaufrisses bis zum Ergebnis darstellen. Dies ist aber nicht nötig, wenn das Ergebnis der Prüfung eindeutig ist. Der ausladende Gutachtenstil steht dann nicht im richtigen Verhältnis zur geringen Problemtiefe, langweilt also bei einfachen Abschnitten den Korrektor und kostet wertvollen Raum in der Hausarbeit.[161] Differenzieren Sie also unbedingt wie folgt:

2. Einfache Subsumtionen im Urteilsstil

115 Einfache Subsumtionen können und sollen Sie aber sogar im Urteilsstil verfassen.

„A hat B körperlich misshandelt, weil er B mit dem Faustschlag das Nasenbein zertrümmerte"

Sie sehen, dass der Gutachtenstil dem Leser hier überhaupt keinen Verständnisvorteil bringt.

Teilweise wird auch dazu geraten, einen „vorgetäuschten" Gutachtenstil zu verwenden. Dabei wird eine Subsumtion – also die Folgerung aus dem Vorstehenden – nur „angetäuscht".

Beispiel: *„A hat B eine DVD mit der Musik von K.-H. Stockhausen vorgespielt. Daher hat A den B körperlich misshandelt."*

Hier wird nur ein Sachverhaltsteil einem gesetzlichen Merkmal zugeordnet, ohne dass der durch *„daher"* vorgetäuschte Folgezusammenhang besteht.

---

159 Zudem ist es oft falsch eingesetzt, wenn gerade nichts fraglich ist und – so wie eigentlich hier in diesem einfachen Beispielsfall, der nur aus didaktischen Gründen im Gutachtenstil läuft – Urteilsstil angezeigt wäre, vgl. z.B. HA 1 Rn. 28.

160 So kann man einen praktikablen Kompromiss zu dem strikten „Wenn A, dann B" Stil von *Wolf*, JuS 1996, 30 ff. und dem klassischen „könnte"-, „fraglich ist"-Gutachtenstil bilden.

161 Verwenden Sie trotzdem einen möglichst sauberen Gutachtenstil, obwohl Sie sich im zweiten Examen auf den Urteilsstil umstellen müssen.

Diese Taktik kann jedoch nur mäßig genaue Korrekturassistenten täuschen und ist inkonsequent (falsch): Die kennzeichnenden Konjunktionen *„mithin"*, *„folglich"*, *„daher"* etc. dürfen Sie nur verwenden, wenn auch tatsächlich der so begonnene Satz aus dem vorstehenden folgt. Wenn Sie keine komplizierten Feststellungen treffen, nutzen Sie besser den Urteilsstil.

3. Feststellungsstil

Der Gutachtenstil enthält notwendig auch den Feststellungstil. Die Evidenzbehauptung im Untersatz einer Subsumtion ist immer eine Feststellung.[162] **116**

Beispiel für eine (erlaubte) Kombination aller Stile:

A könnte sich nach § 17 TierschG strafbar gemacht haben, wenn er durch den Schuss mit der Pistole ein Tier ohne Vernünftigen Grund getötet hat. (Gutachtenstil)

Der Hund E ist ein Wirbeltier, weil er über ein Rückgrat verfügt. (Urteilsstil) *E hat dieses Tier erschossen.* (Feststellungsstil)

Daher hat E das Tatbestandsmerkmal Tötung eines Wirbeltiers erfüllt. Weiterhin müsste er ohne vernünftigen Grund gehandelt haben. Wenn das verspeisen des Hundes ein solcher Grund ist, hat …. (Gutachtenstil)

Der Feststellungsstil ist aber außerhalb dieser Untersatzbildung nur selten anzuwenden. Er enthält keine Begründungselemente und kann keine Probleme lösen. Mit ihm stellen Sie nur ein Ergebnis fest, wenn es sicher erfüllt ist. Das ist nur dann ohne gutachterliches Vorgeplänkel zu unternehmen, wenn der Sachverhalt bereits rechtliche Angaben enthält.

Nehmen wir an, dass der Sachverhalt lautet:

„A hat es auf das Rad des R abgesehen. Er wartet auf einen günstigen Moment als R unaufmerksam ist, steigt auf das an der Mauer lehnende Fahrrad des R und fährt damit weg. Später verkauft er das Rad auf dem Flohmarkt."

Eine Feststellung ohne Subsumtion wie *„A handelte vorsätzlich."* oder *„A hat den Tatbestand des § 242 I erfüllt."* ist hier zu knapp. Sie müssen auch in einfachsten Fällen wenigstens eine Zuordnung der Sachverhaltskonkreta (Tatumstände, vgl. § 16 I StGB) zu den Tatbestandsmerkmalen vornehmen, selbst wenn diese hier in gewisser Weise erst aus dem eindeutigen Sachverhalt erschlossen werden.

„A handelte bezüglich der Fremdheit des Fahrrades vorsätzlich, weil er wusste, dass es R gehörte."

Kein Gericht kann einen Angeklagten mit Recht verurteilen, wenn es in den Urteilsgründen nur behauptet: *„es ist klar, dass A den Tatbestand erfüllt hat."*

Erwähnt der Sachverhalt jedoch bereits explizit, dass T vorsätzlich gehandelt hat, können Sie den Feststellungstil (also eine Urteilsstilformulierung ohne konkrete Zuordnung oder Begründung) wählen:

„A handelte auch vorsätzlich."

162 *Wieduwildt*, JuS 2010, 288 (290); *Lange*, Jurastudium erfolgreich, 8. Aufl. 2015, 287.

Bei der „Prüfung" der Ausnahmevorschriften im Rahmen von Rechtswidrigkeit und Schuld spricht nicht viel gegen den Feststellungsstil, weil dort gerade keine positive Prüfung stattfinden muss. Das Gesetz geht davon aus, dass der Täter in der Regel rechtswidrig und schuldhaft handelt.[163] Gibt der Sachverhalt keine Anhaltpunkte für Ausnahmen, etwa, dass T unter 13 Jahre alt, betrunken ist, bedroht wird etc. können Sie davon ausgehen, dass keine Einwände gegen Rechtswidrigkeit und Schuld bestehen.

Auch dann rate ich aber zu Ihrer eigenen Sicherheit im Zweifel zum Urteilstil. Das Ansprechen der Rechtfertigungsgründe und der Einwände gegen die Schuld erinnert daran, diese zumindest gedanklich kurz durchzugehen.

Beispiele:

„Da keine Rechtfertigungsgründe vorliegen, handelte T auch rechtswidrig."

Es geht aber auch mit Feststellungsstil:

„An der Schuld bestehen keine Bedenken."

4. Überschriften

117 Wählen Sie aussagekräftige Überschriften. Für Tatbestände ist dies grundsätzlich die erforderliche Paragraphenkette und der mögliche Täter. Teilweise wird auch die Handlung bzw. im Fall des Unterlassens das nicht ausgeführte Verhalten oder der Hilfszeitpunkt aufgeführt.

„§ 223 I Var. 1 StGB des A zu Lasten des B durch die Ohrfeige"

5. Obersätze

118 Tatbestände und auch die Rechtfertigungs- und Entschuldigungsgründe müssen mit Obersätzen eingeleitet werden, die Ihr Prüfungsprogramm festlegen. Auch bei komplexeren Tatbestandsmerkmalen sind weitere Obersätze notwendig, damit Sie zielführend auf das Ergebnis hinarbeiten können.

A könnte sich gemäß § 223 I Var. 1 StGB strafbar gemacht haben, als er B eine Ohrfeige gab.

Oft wird die Handlung, durch die sich die jeweilige Person strafbar gemacht haben kann, leider weder in der Überschrift noch im Obersatz benannt. So ist unklar, welche Handlung der Verfasser prüft. Der Fehler wirkt sich vor allem bei Fällen aus, in denen derselbe Tatbestand bezogen auf verschiedene Handlungen mehrfach geprüft werden muss.

Ich meine, dass es ausreicht, die Handlung entweder im Obersatz oder in der Überschrift zu nennen. Teilweise wurde in der Übungsliteratur sogar vorgeschlagen, die Überschrift mit einem Fragezeichen zu versehen und auf den ausformulierten Obersatz zu verzichten.[164] Mit dem Prinzip der Gutachtensparsamkeit ist das gut zu vereinbaren und eigentlich ist damit auch das wesentliche Prüfungsprogramm festgelegt. Für gute Bearbeiter ist auch nichts gegen diese radikale Kürze einzuwenden. Punktabzüge durch unverständige Korrektoren sind verschmerzbar.

---

163 Für die Schuld: *Perron*, in: Schönke/Schröder, § 20 Rn. 1.

164 *Tiedemann*, Die Anfängerübung im Strafrecht, 4. Aufl. 1999.

Bearbeiter, die um die Punkte für das Bestehen kämpfen, sollten vorsichtiger sein. Ich halte diese an sich richtige, aber nicht allgemein anerkannte Vorgehensweise für riskant und höchstens in einer Klausur bei extremer Zeitnot für ungefährlich. Andere wollen den Obersatz hingegen besonderes genau und umfangreich gestalten. Ich rate davon ab, sich in Anfängerhausarbeiten allzu experimentell zu verhalten. Formulieren Sie solide Überschriften und Obersätze (jeweils mit Erwähnung der Handlung)[165] und subsumieren Sie sauber.[166]

6. Überleitungssätze

Neben den Obersätzen zu Beginn jeder Deliktsprüfung müssen Sie – und das ist der **119**
eigentliche Kernbereich ihrer Arbeit – häufig neue Hypothesen und weitere Obersätze gewinnen.

Sie müssen nun irgendeinen Ihre Leser führenden Überleitungssatz verfassen, um deutlich zu machen, dass eine unmittelbare Subsumtion des Sachverhalts unter das Gesetz (als obersten Obersatz) nicht ohne weiteres möglich ist – die Evidenzbehauptung wäre für den Leser des Gutachtens nicht zweifelhaft – und Sie daher das Gesetz auslegen müssen.

Für diese Ein- und Überleitungssätze werden oft Formulierungen wie „fraglich ist" oder „zu prüfen ist" verwendet. Vermeiden Sie aber möglichst „Regieanweisungen" wie „zu prüfen ist" oder gar „ich muss untersuchen".[167] Erzählen Sie dem Korrektor nicht, was Sie machen, sondern nehmen Sie die notwendigen Schritte stattdessen einfach durch, prüfen Sie also lieber, als dass Sie darüber reden, dass Sie nun prüfen wollen. Nehmen Sie dabei trotzdem Ihre Leser mit und führen Sie regelmäßig subtil, und nur wenn es wirklich wichtig ist, pointiert.

Das beliebte „fraglich ist"[168] oder „zweifelhaft ist" sollten Sie nur verwenden, wenn auch wirklich erhebliche Unklarheiten bestehen.

Negativbeispiel: Gesetzt den Fall, dass der Sachverhalt eindeutig darlegt, dass A das Rad des R entwendet, ist die Fremdheit des Rades gerade nicht *fraglich*. Ungeschickt wäre daher:

Fraglich ist, ob das Fahrrad für A fremd war. Eine Sache ist dann fremd, wenn...

---

165 In der Sache hat Tiedemann Recht. Vom Standpunkt einer effektiven Bearbeitung aus ist eine ausführliche Überschrift mit „?" bereits ein vollständiger Obersatz, der nur mangels Prädikat stillos wirkt. Auch könnte man unter reinen Effektivitätsgesichtspunkten auch eine Tatkomplexüberschrift als Handlungsangabe für alle Delikte in diesem Abschnitt ausreichen lassen. Auch davon raten wir aber aus Gründen der Üblichkeit eher ab.

166 Zu den Einzelheiten der Methodik vgl. ausführlich *Beaucamp/Treder*, Methoden und Technik der Rechtsanwendung, 2011; *Wienbracke*, Juristische Methodenlehre, 2. Aufl. 2022; zur Vertiefung vgl. *Bode*, Auslegungsmethodik im Strafrecht, 2009; *Canaris/Larenz*, Methodenlehre der Rechtswissenschaft, 4. Aufl. 2014; *Zippelius*, Juristische Methodenlehre, 11. Aufl. 2012 und die Beiträge in: *Gabriel/Gröschner*, Subsumtion, 2012.

167 A.A. *Wohlers/Schuhr/Kudlich*, Klausuren und Hausarbeiten im Strafrecht, 6. Aufl. 2020.

168 Alternativen zu „fraglich ist" auch bei *Schimmel*, Juristische Klausuren und Hausarbeiten richtig formulieren, 15. Aufl. 2022, Rn. 160.

Subsumieren Sie hier gleich (in diesem einfachen Fall wäre sogar der Obersatz entbehrlich):

(Eine Sache ist dann fremd, wenn es – zumindest auch – im Eigentum eines anderen steht.) *Das Fahrrad gehörte R, war also für A fremd.*

Das beliebte „fraglich" können Sie einsetzen, wenn Sie die Fraglichkeit begründen können:

Fraglich ist, ob auch die Entwendung der Sache, die ein Toter bei sich hat, i.S.d. § 242 I StGB „Wegnahme" i.S.d. § 242 I StGB ist.

Auch dieser Satz wäre aber (methodisch schöner) anders möglich:

Ob die Entwendung einer Sache, die ein Toter bei sich hat, „Wegnahme" i.S.d. § 242 I StGB ist, ergibt sich nicht aus dem insoweit unergiebigen Wortlaut der Norm. Die Lösung dieses Problems ist von der Definition des Gewahrsams abhängig […].

V. Der besondere Stellenwert von Problemen und Meinungsstreitigkeiten

120 Inhaltlich ist jede Strafrechtshausarbeit durch ein(ige) Rechtsproblem(e) gekennzeichnet („Ostereier"). Wenn Sie die Arbeit völlig problemlos von oben nach unten gelöst haben, besteht die hohe Wahrscheinlichkeit eines Fehlers. Die Rechtsprobleme liegen oft darin, dass für die Auslegung eines gesetzlichen Merkmals mehrere vertretbare Ansichten bestehen, die Ihnen nur teilweise aus Vorlesung, Arbeitsgemeinschaften und Lehrbüchern bekannt sind. Manchmal müssen Sie sogar unbekannte Problem lösen. In fast jedem Fall müssen die Problemlösungen auf ihren Fall angepasst entwickelt werden – nur ganz selten kopiert der Aufgabensteller den Sachverhalt einer Gerichtsentscheidung ohne Änderungen. Führen Sie Ihren Leser mit einer nachvollziehbaren Struktur, aussagekräftige Zwischenüberschriften und problemerklärende Überleitungssätze durch ihre Gedanken.

1. Problemaufriss

121 Wenn Sie ein Problem erkannt und dessen Relevanz für den Fall herausgearbeitet haben, müssen Sie dies auch mit Anbindung an das Gesetz in ihrer Arbeit durch einen Überleitungssatz darstellen (Problemaufriss).

Versuchen Sie dabei möglichst gesetzesnah zu bleiben:

Fraglich ist, ob B die Tat als Mittäter gemeinschaftlich i.S.d. § 25 II StGB mit A beging, weil B selbst das Fahrrad nicht einmal angefasst hat.

Sie können aber auch hier ohne „fraglich" einleiten:

B hat das Fahrrad selbst nicht angefasst, kann also nicht unmittelbarer Alleintäter sein. Er ist ***dennoch*** *gemäß § 242 I StGB zu bestrafen,* ***wenn*** *er die Tat nach § 25 II StGB gemeinschaftlich mit A beging. Unter welchen Umständen Mittäterschaft vorliegt, ist generell strittig …*

Sie sollten aber nach dem Problemaufriss auch innerhalb der Entwicklung oder Darlegung einer relativ abstrakten Lösungsmöglichkeit für Fälle dieser Gruppe wieder auf einem Obersatz nach dem „Wenn A, dann B." Modus zusteuern.

Unter welchen Umständen Mittäterschaft i.S.d. § 25 II StGB vorliegt ist generell umstritten.

Jetzt müssen Sie dann die Lösungsmöglichkeiten (bzw. bei Standardproblemen die dazu vertretenen Ansichten) darstellen.

*a) Nach der subjektiven Theorie der älteren Rspr. liegt Mittäterschaft **dann** vor, **wenn** der Betreffende die Tat (auch) als eigene wollte, was sich vor allem nach einem gemeinsamen Tatentschluss und einer eigennützigen Interessenlage bestimmen lässt. B hatte mit A und C verabredet, dass.... **Daher** wäre B auf Grundlage dieser Ansicht Mittäter.*

*b) Die Tatherrschaftslehre der h.M. interpretiert § 25 II StGB stärker objektiv als die Rechtsprechung. Danach ist dem Betreffenden der Tatbeitrag des anderen nur **dann** zuzurechnen, **wenn**...*

Bei aller Sparsamkeit der Verwendung von „Regieanweisungen", sollten Sie aber Ihre Schwerpunktsetzung ab und an durch Kommentierungen deutlich machen.

Die für die Strafbarkeit des A einzig entscheidende Frage zwischen diesen Ansichten ist also nur, ob der Betreffende am Tatort [...]. Das schlagende Argument gegen [...].

Nur für den Fall, dass die Ansichten zu unterschiedlichen Ergebnissen führen, müssen Sie sich begründet für eine Ansicht (oder bei mehreren Ansichten, die Ihr Ergebnis unterstützen, zumindest gegen die Ansichten, die zu einem anderen Ergebnis kommen) entscheiden. Die Probleme können aber auch in der *„schlichten"* Rechtsanwendung ohne bekannten Meinungsstreit liegen, wenn die Subsumtion unter das Gesetz einen erhöhten Begründungs- oder Auslegungsaufwand erfordert.

2. Subsumtion immer unmittelbar nach Darstellung einer Ansicht!

Bei der Darstellung eines jeden Meinungsstreits ist wichtig, dass unmittelbar nach der **122**
Darstellung einer Ansicht der konkrete Fall unter diese subsumiert wird. Wir korrigieren immer wieder Hausarbeiten bei denen diese wichtige Subsumtionsarbeit fehlt. Dieser Teil des Gutachtens ist dann unbrauchbar, weil völlig unklar bleibt was die dargestellten wissenschaftlichen Ansichten für den konkreten Fall zu bedeuten haben. Eine Falllösung wird insoweit mit der Wiedergabe eines Lehrbuchs verwechselt. Als Korrekturanmerkung findet sich dann in aller Regel auch die Rüge die Darstellung sei lehrbuchartig. Das Unterlassen der Subsumtion wiegt dermaßen schwer, dass eine solche Arbeit nicht mehr bestehen kann.

Negativbeispiel:

[...] Notwehr liegt daher nicht vor.

Es könnte aber ein Erlaubnistatbestandsirrtum vorliegen. Zum Erlaubnistatbestandsirrtum werden verschiedene Ansichten vertreten:

a) Die strenge Schuldtheorie stuft das Unrechtsbewusstsein als selbständiges Schuldelement ein und behandelt den Irrtum über Rechtfertigungsumstände als Verbotsirrtum nach § 17 StGB. Diese Lösung heißt „streng" weil sie keine Ausnahmen von dem Prinzip zulässt, dass Irrtümer im Bereich des Unrechtsgehalts der Tat nur entschuldigen können. Diese Theorie wurde von früher besonders prominent von Welzel und Warda vertreten. Diese Theorie findet aber auch heute noch einige Anhänger, die darauf hinweisen, dass die Folgen einer anderen Lösung wegen [...] nicht [...] hinnehmbar sei.

b) Die eingeschränkte Schuldtheorie…

Positivbeispiel:

[…] Notwehr liegt daher nicht vor.

A stellt sich vor, dass B ihn angreife und er keine andere effektive Verteidigungsmöglichkeit als den Wurf mit dem Defibrillator hat. Er nimmt also (subjektiv) Umstände an, die ihn objektiv nach § 32 StGB rechtfertigen würden. Es erscheint daher bedenklich A, der immerhin glaubte, mit dem Tode bedroht zu werden, ohne Weiteres für eine vollendete Vorsatztat zu bestrafen.

Die Rechtsfolgen einer solchen Konstellation, in der sich der Täter irrig Tatsachen vorstellt, die bei ihrem realen Gegensein einen anerkannten Rechtfertigungsgrund erfüllen würden (sog. Erlaubnistatumstandsirrtum oder Erlaubnistatbestandsirrtum) sind umstritten:

a) Die strenge Schuldtheorie stuft das Unrechtsbewusstsein als selbständiges Schuldelement ein und behandelt den Irrtum über Rechtfertigungsumstände als Verbotsirrtum nach § 17 StGB. ***Danach wäre A hier grundsätzlich nach § 17 I StGB entschuldigt. Allerdings nur, wenn der Irrtum unvermeidbar nach § 17 II StGB war. A konnte wegen der schlechten Sicht… Daher war der Irrtum für A unvermeidbar. A wäre also auf Grundlage dieser Ansicht entschuldigt.***

b) Die eingeschränkte Schuldtheorie …

3. Darstellung von Ansichten und Streitargumenten

123 Eine Frage der Darstellung, Technik und Übersichtlichkeit ist die nach der Darstellung von Meinungsstreitigkeiten abgesehen von genannten Subsumtionsproblem.

Ob man dann in der Darstellung zu einer (vorläufig) unkommentierten Darstellung der quasi „nackten" Ansichten greift oder eine vermischte Darstellung der Einzelansichten und der Argumente des Streites zu diesen Ansichten wählt, ist allein eine Frage der Übersichtlichkeit und hängt von der Länge der Darstellung ab.

a) (Vorläufig) Unkommentierte Darstellung der Ansichten

124 Die Arbeitsweise, die Beschreibung und Argumentation trennt, ist vor allem bei übersichtlichen Meinungsstreitigkeiten zu empfehlen, denn dann ist die Wiederholung des beschreibenden Teils nicht notwendig. Die Ansichten sind dem Leser gedanklich noch präsent und auch die Beschreibung der ersten Ansicht ist im Text nah genug an der Streitdarstellung, dem Leser kann auch das Zurückblättern der Seite zugemutet werden. Die klassische und sichere Aufbauvariante besteht darin, jede Ansicht zwar mit anschließender Subsumtion aber unkommentiert darzustellen – dabei ist es aber gar nicht so einfach Argumente vorerst zu unterschlagen und die Ansicht gleichsam blutleer zu präsentieren.

Etwa:

[...]

a) Nach der strengen Schuldtheorie wird auch der Tatsachenirrtum hinsichtlich eines Rechtfertigungsgrundes nach § 17 StGB behandelt und fragt nur danach, ob der Irrtum vermeidbar oder unvermeidbar war.... ***A, der eine Notwehrlage annahm, wäre also auf Grundlage dieser Ansicht grundsätzlich nach § 17 I StGB entschuldigt, es sei denn, er hätte den Irrtum vermeiden können. Wegen der schlechten Sicht und [...] war der Irrtum zudem unvermeidbar.***

b) Auch die eingeschränkte Schuldtheorie ..., aber....

c) Die Lehre von den negativen Tatbestandsmerkmalen...

d) Die rechtfolgenverweisende....

Argumente für und wider werden erst nach der Darstellung der einzelnen Ansichten (jeweils mit Subsumtion) und nach der Feststellung gebracht, dass der Streit auch im konkreten Hausarbeitsfall zu unterschiedlichen Ergebnissen führt. Der Vorteil ist, dass so eine sehr klare Struktur entsteht.

Nachteilig ist aber, dass in der eigentlichen Diskussion der Argumente für die Ansichten nochmals auf die Darstellung der Einzelansichten eingegangen werden muss, damit die Verständlichkeit nicht leidet, insbesondere wenn der Anfang der Streitdarstellung einige Seiten entfernt liegt. So kommt es zu platzraubenden Doppellungen:

e) Streitentscheid

Gegen die strenge Schuldtheorie, die den Irrtum in § 17 I StGB verortet und nur bei Vermeidbarkeit des Irrtums überhaupt eine Entschuldigung gewährt, spricht, dass...Auch die Lehre von den negativen Tatbestandsmerkmalen, nach der [...] ist.... Entscheidend für die [...]theorie streitet hingegen die Parallele des Erlaubnistatumstandsirrtums zu [...]. Sie ist daher vorzugswürdig. Mithin ist A [...].

Diese Arbeitsweise, die Beschreibung und Argumentation trennt, ist vor allem bei übersichtlichen Meinungsstreitigkeiten zu empfehlen, denn dann ist die Wiederholung des beschreibenden Teils nicht notwendig.

Die Ansichten sind dem Leser gedanklich noch präsent und auch die Beschreibung der ersten Ansicht ist im Text nah genug an der Streitdarstellung, dem Leser kann auch das Zurückblättern der Seite zugemutet werden.

Beispiel: *A will O mit einer geladenen Schusswaffe niederschlagen. Bei dem Schlag löst sich – von A nicht vorhergesehen – ein Schuss, der O tödlich verletzt.*

A. Körperverletzung mit Todesfolge, § 227 StGB

1. Das Unmittelbarkeitserfordernis: Zwischen der Körperverletzung und dem Tod des Opfers muss ein engerer Zusammenhang als die kausale Verursachung bestehen. Erforderlich ist eine unmittelbare Verursachung des Todes.

Nach der Rspr. muss sich gerade die tatbestandsspezifische Gefahr im Erfolg niedergeschlagen haben. Das gilt aber nicht nur für Fälle, in denen der Tod gerade durch den

Erfolg der Körperverletzung verursacht wird. Der deliktsspezifische Gefahrzusammenhang ist danach auch erfüllt, wenn der Tod des Opfers aus der Körperverletzungshandlung resultiert.[169]

Dagegen ist nach einer in der Literatur vertretenen Ansicht der Körperverletzungserfolg Anknüpfungspunkt für § 227 StGB.

Diese Auffassung beruht auf einem anderen Verständnis des Begriffs Körperverletzung in § 227 StGB. Darunter sei der Erfolg der Körperverletzungshandlung zu verstehen (sog. Letalitätstheorie). Die Rechtsprechung verdient schon deshalb Zustimmung, weil der Tod notwendigerweise auch einen Körperverletzungserfolg voraussetzt. Da es vorhersehbar ist, dass sich ein Schuss aus der Waffe lösen kann, wenn sie als Schlagwerkzeug verwendet wird, handelt es sich bei der Schussverletzung um eine unwesentliche Abweichung vom vorgestellten Kausalverlauf, sodass die für § 227 StGB erforderliche vorsätzliche Körperverletzung gegeben ist. […]

b) Vermischte Darstellung der Einzelansichten und des Streites

125 Bei umfangreichen Streitständen, ist es schwierig, Argumente und Gegenargumente in der Darstellung zu trennen, wenn zwischen ihnen großer Raum liegt. Werden bei einem voluminösen Meinungsstreit etwa sieben Ansichten dargestellt und dann in dem Streitentscheid Gegenargumente gebracht, droht der Zusammenhang zu den erstgenannten Ansichten – die u.U. mehrere Seiten zurückliegen, verloren zu gehen. Sie können den Meinungsstreit daher auch so darstellen, dass Sie nach jeder Ansicht und der Subsumtion bereits Argumente und Gegenargumente für die Ansicht aufstellen. Da das pro und contra der einzelnen Ansichten bereits an die Darstellung angeschlossen wurde, wird die Entscheidung des Streites kürzer ausfallen als in der zuvor genannten Alternative. Sie müssen nur noch eine Gewichtung der Argumente vornehmen, die Sie zuvor bereits genannt haben. Um dabei nicht auch Wiederholungen – diesmal der Streitargumente statt der Beschreibungen – zu produzieren, bietet es sich an, die von Ihnen favorisierte Ansicht ans Ende zu stellen und mit den überzeugenden Pro-Argumenten für diese Ansicht die Diskussion (ohne Repetition der bereits oben abgelehnten Ansichten) zu schließen.

a) Die strenge Schuldtheorie […]. ***A wäre also auf Grundlage dieser Ansicht entschuldigt. Gegen diese Lehre sprechen vor allem im Sinne fehlender „Einzelfallgerechtigkeit" problematische Ergebnisse. Insbesondere wenn der Irrtum fahrlässig entsteht, wird der sich verteidigend Wähnende wegen vollendeter Tat bestraft, obwohl er sich unter Umständen mit dem Tode bedroht sah. Diese Ansicht geht daher an den psychologischen Realitäten einer solchen Ausnahmesituation vorbei.***

b) Auch die eingeschränkte Schuldtheorie …, aber ….

Für diese Theorie spricht daher insbesondere ….

c) Die Lehre von den negativen Tatbestandsmerkmalen …

d) Die rechtfolgenverweisende ….

e) Streitentscheid

---

169 BGHSt 31, 95 (Hochsitzfall).

Nach den bereits im Verlauf der Streitdarstellung angeführten Argumenten scheiden die Theorien [...] aus. Entscheidend für die [...]theorie streitet hingegen die Parallele des Erlaubnistatumstandsirrtums zu [...]. Sie ist daher vorzugswürdig. Mithin ist A [...].

Diese Technik ist riskant, da Korrektoren die erste Aufbauvariante erwarten, nach der zuerst explizit herausgestellt werden muss, dass die Ansichten zu unterschiedlichen Ergebnissen führen, bevor Sie sich dem Streit widmen. Dies ist gedanklich auch nach unserer Ansicht unbedingt erforderlich, uns geht es nur um das Aufzeigen eines alternativen, aber nicht falschen Gliederungsweges. Daher ist auch bei dieser Alternative unbedingt notwendig, dass Sie den Streit gründlich durchdacht und gedanklich sowie auf einem Skizzenblatt durchdrungen, seine Erheblichkeit festgestellt und ihn entschieden haben.

Ob Sie die Argumente gegen die abgelehnte Meinung zuerst darstellen oder die von Ihnen favorisierte Ansicht zuerst aufbauen, bemisst sich letztlich nach taktischem Kalkül. Wollen Sie einen Spannungsbogen aufbauen, bringen Sie die schlagenden Argumente an letzter Stelle ihrer Argumentation. Wollen Sie stark präsentieren, beginnen Sie mit „Ihrer“ Ansicht und verteidigen diese gegen die Argumente der anderen.[170]

VI. Endergebnis und Konkurrenzen

In Anfängerklausuren sind Konkurrenzen teilweise erlassen. Dies trifft auf Hausarbeiten **126**
nicht zu. Zur Vollständigkeit gehört das Endergebnis. Textlich ist ein Endergebnis sehr kurz zu fassen, hierzu hat sich eine besondere Schreibweise eingebürgert. Ein Fehlen des Endergebnisses wird sehr übel genommen.

Im Gliederungspunkt „Endergebnis und Konkurrenzen“ müssen Sie anführen, ob und nach welchen Vorschriften sich die Beteiligten strafbar gemacht haben. Dazu sind die Delikte in der Reihenfolge ihrer Schwere bei Handlungseinheit und chronologisch bei Handlungsmehrheit aufzuführen. Hinter den Delikten machen Sie kenntlich, ob es sich um Tatmehrheit oder Tateinheit handelt, indem Sie nach dem verwirklichten Delikt § 52 oder § 53 StGB zitieren. In einfachen Fällen müssen Sie sich nicht extra zu den Konkurrenzfragen äußern. Sie teilen einfach im Urteilsstil mit, dass sich z.B. *„A wegen gefährlicher Körperverletzung in Tateinheit mit Sachbeschädigung nach §§ 224 I Nr. 5; 303; 52 StGB“* strafbar gemacht hat. In vielen Fällen können die Konkurrenzen aber durchaus Probleme verursachen.[171] So kann es problematisch sein, ob Tateinheit oder Tatmehrheit vorliegt, wenn zwischen den Taten zwar eine geraume Zeit liegt, diese aber durch ein Dauerdelikt, wie Freiheitsberaubung oder eine Trunkenheitsfahrt verbunden sind. Des Weiteren kann fraglich sein, ob ein Delikt hinter ein anderes im Wege der Gesetzeseinheit zurücktritt, also gar nicht im Endergebnis als zu bestrafende Tat aufgeführt werden darf. In der Regel bietet es sich an, die Gesetzeseinheit bereits bei dem Delikt zu erörtern, das ein anderes

170 Vgl. zur Reihenfolge und Beispielen für Überleitungssätze, *Schimmel,* Juristische Klausuren und Hausarbeiten richtig formulieren, 15. Aufl. 2022, Rn. 168 ff.

171 Eine schöne Übersicht zu diesem Thema bei *Heinrich,* https://www.jura.uni-tuebingen.de/professoren_und_dozenten/heinrich/materialien/arbeitsblaetter-zur-vorlesung-strafrecht-at-pdf-dateien/39-konkurrenzen.pdf, m.w.N.

verdrängt, bzw. das verdrängt wird. So wird auch der Unterschied zwischen echten Konkurrenzen (Einfluss auf Tenor des Urteils und die Strafzumessung nach §§ 52, 53 StGB) und Gesetzeseinheit (Delikt „fällt unter den Tisch“) besser deutlich.

M. Salvatorische Klausel

127 Für alle vorstehenden Hinweise gilt: Besondere Vorgaben des Aufgabenstellers gehen immer vor. Ein „Hausarbeitsanfertigungsgesetz“ existiert nicht, es liegt also im Ermessen des Aufgabenstellers und ist von seiner Freiheit der Lehre (Art. 5 III S. 1 GG), von den üblichen Vorgaben abzuweichen. Ich rate Bearbeitern daher, sich unbedingt an die üblichen bzw. die speziellen Vorgaben zu halten. Andernfalls werden völlig unnötig Punkte verschenkt.

Nutzen Sie dieses Buch nicht, um sich Versatzstücke im „copy & paste“-Verfahren aus unseren Lösungen herauszuschneiden. Nutzen Sie unsere Fälle stattdessen, um mit der Induktionsmethode – vom Besonderen zum Allgemeinen – zu lernen, wie man Hausarbeiten erfolgreich schreibt.

Sachregister

E bezieht sich auf die Einleitung, **A** auf den Anhang und **1**, **2** usw. auf die entsprechende Hausarbeit; die mager gedruckten Zahlen beziehen sich auf die Randnummern.